图书在版编目（CIP）数据

大繁荣时代 /（美）弗雷德里克·刘易斯·艾伦著；秦传安译. -- 南京：江苏人民出版社，2019.8
书名原文：Only Yesterday
ISBN 978-7-214-23170-3

Ⅰ. ①大… Ⅱ. ①弗… ②秦… Ⅲ. ①美国—历史—20世纪 Ⅳ. ①K712.5

中国版本图书馆CIP数据核字（2018）第299079号

书　　　名	大繁荣时代
著　　　者	【美】弗雷德里克·刘易斯·艾伦
译　　　者	秦传安
责 任 编 辑	石　路
装 帧 设 计	末末美书
版 式 设 计	张文艺
出 版 发 行	江苏人民出版社
出 版 社 地 址	南京市湖南路1号A楼，邮编：210009
出 版 社 网 址	http://www.jspph.com
印　　　刷	天津光之彩印刷有限公司
开　　　本	710毫米×1000毫米 1/16
印　　　张	25.75
字　　　数	394千字
版　　　次	2019年8月第1版 2019年8月第1次印刷
标 准 书 号	ISBN 978-7-214-23170-3
定　　　价	58.00元

大繁荣时

【美】弗雷德里克·刘易斯·艾伦 _著

秦传安_译

江苏人民出版社

总　序

毫无疑问，弗雷德里克·刘易斯·艾伦是研究美国20世纪前半叶历史中读者最众且文笔独好的不多的几个史学家之一。就一个非科班出身的历史学家而言，这绝对是莫大的成就：与得到众多读者的畅快阅读相比，还有什么比这个更能令作者心怀感动呢？这大概也正是美国众多大学愿意将其著作列为学生指定阅读读物的原因吧。

艾伦一生著述颇多，但其最重要、影响最深远者，莫过于读者在这儿看到的《美利坚帝国成长三部曲》。他用翔实的资料、优美的语言，为我们展现了一个伟大国家从传统步入现代、从偏居美洲一隅上升为具有全球影响力之世界强国的全过程。对中国而言，大约可以从中借鉴良多。

作为本系列的第一部《大繁荣时代》，可以称之为美国的20世纪20年代简史。史虽简，但影响却无比深远。当1919年美国《时尚》杂志预言"今后的流行趋势可能是裙子越来越短"之后，我们显然看到了个性解放、民主兴起、社会主义运动蓬勃发展，以及妇女权益伸张的影子。事实上，这段美国全面繁荣的历史进程可以为我们今天回首审视我国改革开放40年的发展变化提供某些借鉴。同样是对原有封闭藩篱的打破，同样是社会思想多元化和创新精神的展现，同样是经济迅猛发展、人民生活水平和社会产品的极大丰富……或许，这会令每个历史参与者感到惶惑甚至不安，仿若原本平静的水面被掷入一粒石子，涟漪蔚然，动荡却有趣；或如日暮炊烟的小山村铺进了第一条柏油路，探视村外已是每个人内心按捺不住的骚动。

所以，每个阅读这本书的人都会猛然发现，原来那些现在已经成为生活必然的组成部分，早已在那时种下了种子，并萌发出小芽：比如，令老年人深恶痛绝的"闪婚"；比如，令国民趋之若鹜的国外旅行；比如，青年人的早恋、中年人的婚外情；比如，让北京、上海等城市居民抱怨的交通拥堵；再比如，泳装选美、高尔夫、网球、拳击……谁能设想，所有这一切竟然都在八九十年前的美国轮番上演过呢？

而本系列的第二部《大撕裂时代》，则为我们描述了一个充满痛苦和绝望的时代。不知道是否算是巧合，那个时代竟然像梦一般在21世纪的今天开始重演。在那个当头一棒的年代，道琼斯指数暴跌达90%；曾经牛气冲天的大企业的股票纷纷缩水；数以万计的人们顷刻间财富蒸发、穷困潦倒；超过5000万人从此失去工作；数以十万计的企业纷纷破产……我们不知道今天的人们是不是可以从中得到某些启示、某些借鉴？现时代的知名人物，像格林斯潘、恩道尔已经在预言：我们将面临一次百年一遇的大危机，甚至远胜于20世纪20年代那次绝望的萧条。对此，我们只能盼望，希望下次的危机不会似过去那样。

本系列的第三部《大变革时代》，则跨越历史，给出了美国通过20世纪前半叶的发展和转型，最终成为具有全球影响力的国家的全景。我们完全可以说，假如19世纪，令全球中心从东方转向西方（主要是欧洲），那么，20世纪前半叶则实现了世界中心从欧洲向美国的转移。经过第一次和第二次世界大战的洗礼，老欧洲已经日暮寒秋，逐渐地退出了主导全球的舞台，而美国则如新星，冉冉升起。除去主导思想的改变，我们应该更容易看到全球经济实力的消长。经过50年的发展，美国经济从万花筒般的大繁荣时代，经历大衰退时代的痛苦转折，经济发展逐渐平稳上升，社会格局也逐渐趋于稳定。在这50年间，美国人均收入从不足500美元，增加到1600美元；汽车拥有量从13000多辆暴增至4400万辆；地铁建设也迅猛发展，城市化进程日渐完成。在社会层面，民众权利得到基本保证，社会保险已经广泛普及，童工已经被禁止，黑人和妇女也从法律角度得到了公民的全部权利,为底层利益呼吁的社会主义运动也给保守思想注入了新的活力。

正是思想、社会和科技等各个领域的广泛变革,为美国的最终崛起奠定了广泛而坚实的基础。对此,艾伦认为,"美国大发现"的本质就是:如果你把有利的条件带给广大的底层民众,他们就会抓住机遇,并成为负责任的公民。

在这里,我不能对全书做出更好的描述,亲自阅读肯定能使你更好地理解那个时代。虽然作者的部分观点有其历史局限性,但假如我们能够超越历史的局限,从历史的演进中,找到一些对自己、对本国可以借鉴、可以警示的东西,则本书也就达到了它的历史使命。

秦传安

推荐序

《大繁荣时代》初版以来，距今凡25年，如今可以说——这一点早就显而易见——这是一部美国经典。关于美国在极其疯狂的20世纪20年代所发生的一切，此书是迄今为止最好的一份记述。它为社会史著作树立了一个典范，其他作者仿效过，但未能超越。这本书一直被人们广泛阅读，并深受喜爱——在美国、英国、意大利、日本和俄国共发行了50万册以上。需求仍在继续，而且，只要美国人想阅读关于美国过去的明白晓畅、机敏睿智的书籍，这样的需求无疑还会继续下去。

撰写本书的弗雷德里克·刘易斯·艾伦是一位毕业于哈佛大学的编辑和人类行为的鉴赏家，他总是把引人入胜的历史细节与著名人物的行为混在一起。在《大繁荣时代》一书中，他写到了麻将和H. L. 门肯，写到了卡尔文·柯立芝的自我暗示，写到了利斯特公司从广告的奇思妙想中脱颖而出和林德伯格夫妇飞往巴黎。在他为初版所写的那篇谦逊得体的序言中，艾伦暗示，时间可能会让他对主要事件的判断产生某些变化。然而，关于本书，一件值得注意的事情是，它经受住了后来研究的照察。自本书出版以来，我们已经有了一些全面彻底的、有学术品位的著述，关于1929年的华尔街崩盘，关于哈定丑闻，关于禁酒，关于这一时期的政策和外交。然而，这些书当中，没有一本书从根本上改变了艾伦为我们描绘的这幅全景图。它们全都利用了他所描述的事实和他所给出的解释。

当然，就其总体主题而言，《大繁荣时代》是非常幸运的。它所处理的是任何一个亲历者一生当中最令人愉快的10年。在这方面，我是心存偏见的，其他任何一个有幸在20世纪20年代长大成人的人想必都会如此。如果你把第一次世界大战之后的那10年跟第二次世界大战之后的那10年做个比较的话，你该如何做出选择呢？你更愿意有哪一种威胁——是阿尔·卡彭还是乔·麦卡锡？你更喜欢哪位来自底特律的先知——是亨利·福特还是查尔斯·E.威尔逊？你更喜爱哪位本垒打击球手——是强有力的贝比·卢斯，还是米基·曼托(连同他的泡泡糖和光滑的黄色脸颊)？你更愿意要哪一种国家丑闻——是有着石油喷井和美元喷泉的蒂波特山油田，还是在哈里·杜鲁门的华盛顿闹得满城风雨的一件半貂皮大衣？

诸如此类的比较可以无休无止地进行下去，它们全都有利于20世纪20年代。仅以作家为例吧：斯科特·菲茨杰拉德，全盛时期的辛克莱·刘易斯，年轻的海明威，以及托马斯·沃尔夫。有谁可以跟他们并驾齐驱呢？本书告诉我们，在20世纪20年代，电影依然提供了"漂亮的爵士乐女孩、香槟浴、午夜狂欢、狂野的青年男女的爱抚舞会，全都结束于一阵让你喘不过气来的令人恐怖的绝妙高潮中"。现如今，我们只能在金赛博士与埃尔维斯·普雷斯利之间做出差强人意的选择。

这一切，全都把我们带向一个不可避免的结论——20世纪20年代是美国个人主义甚嚣尘上的最后一个10年，这之后，对安全保障的狂热(和需要)把我们所有人全都挤压进了一种逆来顺受的心态中。当然，我们在20世纪20年代有"常态"，正如我们在20世纪50年代有"平衡"一样。当然，在战后两个10年里，我们有打高尔夫球、走中间道路的总统。而且当然，随着大崩盘和大萧条的出现，这一切全都结束于1929年，况且，政治家们总是告诉我们，只要我们循规蹈矩，这一切就决不可能再次发生。

未来似乎是一个人人心满意足的无尽远景，汽车被漆成了浴室瓷砖一样的颜色，冰箱里塞满了水蜜桃冰激凌。但不知何故，它似乎不像《大繁荣时代》中的T型车和私烧金酒那么富有刺激。

罗杰·巴特菲尔德
1956年10月

作者序

本书试图对一战后10年的美国历史进行讲述和解释。自1918年11月11日美国结束第一次世界大战开始,到1929年11月13日股市恐慌达到顶点,在这段长达11年的历史时期中,美国总统柯立芝以及胡佛是如何建立起繁荣的时代,这一时代又是如何被终结的?本书对此过程做了戏剧性的表现。

历史翻开新的一页后,我们对这段历史进行回顾,显然,在描写过程中要做一些创新。普雷斯顿·威廉·斯格森教授在他的著作《伟大的圣战及以后》中对这段历史有所论述,当然,他的记叙角度和编排方式与本书大相径庭。另外,后世也有许多其他的作家从各种角度描写了这段特殊的历史时期,但我还是有些惊讶地发现,他们并未将这段时期内的很多历史事件完整地收录进去。比如,哈定政府的丑闻事件(其中的一些隐情到现在也仍然是个谜)除了在某些片段中被提及外,还尚未被完整描述过;大牛市也是如此,虽然后来有数千部论著对它的全过程进行了分析和讨论,但大牛市的真面目究竟是什么?却从来没有人试图揭示,也从来没有人把大牛市当成一种特殊的经济现象和社会现象全方位地展示。

凡事无完美,本书也势必会存在一些错误和不足之处。尤其随着研究的深入,本书的一些缺点会显露出来,而且随着时光流逝,人们对历史认识得更加深刻,作者的历史局限性也会逐渐显现。但是,笔者通过撰写本书,将许多未经披露的大量史料以一种全新的方式进行归纳和综合。我相信,经过这种新的方式来描述,许多经历过或了解这段历史的读者会发现,他们脑海中的信息被激活了——仿佛这一切都是刚刚发生不久的事。任何读过本书的读者,在合上书卷后,书中所描写的历史历历在目,这就是本书与大多数历史著作相比最大的优点。

另外,作者在撰写本书时,并未重点描写政治历史事件,而是刻意将着眼点放在公众思想的变化和一些日常生活中的小事上。这是因为，那段历史距离现在时间不长，对很多人来说记忆犹新，通过对那个时代流行的事物和荒唐的事件进行回顾，同时也对当时人们的想法和兴趣进行如实地记录。我希望通过将这些线索进行整合，向读者们展示20世纪20年代这段时期美国社会生活和思想方面的全貌。（在这里，我要特别感谢马克·沙利文先生，他在其后续的作品《我们自己的时代》中将这种描写当代历史的方法继续发扬下去。）至于那些政治层面的事件，尤其是外交领域的事件，由于它们和民众的生活没有直接关联，而且其影响在短时间内难以估量，因此，我在本书中并未将它们作为主要线索。

我在本书的撰写过程中，参考了许多前人的研究成果，为了对他们表示感谢，我在附录中列出了参考文献的主要来源。

弗雷德里克·刘易斯·艾伦

目录

第01章	序曲：1919年5月	1
第02章	回归常态	19
第03章	红色大恐惧	51
第04章	美国逐渐康复	89
第05章	习俗与道德的革命	103
第06章	哈定与丑闻	133
第07章	柯立芝繁荣	169
第08章	喧嚣的岁月	205
第09章	知识分子的反抗	247
第10章	酒和阿尔·卡彭	271
第11章	佛罗里达——温馨的家	299
第12章	大牛市	325
第13章	大崩盘	357
第14章	1930~1931：剧震余波	377
附录	材料来源与致谢	395

第01章

序曲：1919年5月

假如现在让你回到过去，回到第一次世界大战刚刚结束之后的时代，在你的眼前将会呈现什么样的景象呢？也许你环顾四周，发现周围的一切都和现在不一样。没错，因为自从1919年到现在，美国的社会生活发生了巨大的变化。那么，究竟是怎样变化的呢？

下面，就让我们走进1919年的一对美国年轻夫妇的家庭，以他们的视角去观察当时美国的社会生活吧。这对夫妇是史密斯先生和史密斯太太，假设他们活在一个小康家庭。他们定居在克里夫兰、波士顿、西雅图或是巴尔的摩——事实上，具体是哪个城市并不重要。

那么，我们就来看看他们在1919年5月的某一天的生活。之所以选择5月，那是因为5月份正好是1918年第一次世界大战结束后6个月。此时的美国社会基本上已经结束了战时的混乱状态，恢复到和平时代的生活方式，但是战后10年即将出现的深远影响却基本上还没有开始。我们就从这个时间点开始，看看数年之后，美国社会究竟会发生什么样的变化。

1

1919年5月的一个阳光明媚的早晨，史密斯先生像往常一样，走到餐桌前，准备吃早餐。你打量一下史密斯先生的着装，发现他着装的风格和20世纪30年代的风格区别不大，也许只是裤腿短一些，但总的来说，男士的着装风格在这十几年来没有太大变化。但是，你再看看史密斯太太的装扮，就会发现和20世纪30年代的风格大不相同。

史密斯太太今天早上穿的是套装，套装的裙子很长，一直到脚踝，距离地面只有6英寸，因为在当时，正式的裙子离地高度就是6英寸。裙子的下摆遮挡住史密斯太太的脚跟。不过，史密斯太太在最新的一期《时尚》(*Vogue*)杂志上读到一则令她大吃一惊的文章，文中说："自从波旁王朝到现在，时尚女性的裙子都是要盖住脚踝的，但今后的流行趋势可能是裙子越来越短。"

"裙子越来越短？这还能穿出去见人吗？"史密斯太太嘟囔着。

1919年的女性装束

由于春天到了，天气日渐温暖，所以今天她特意换了一双低帮鞋；可是在几个月前的冬天，她可不敢这样穿，她外出的时候要么穿上厚厚的鞋罩，要么穿着带有蕾丝装饰的高筒皮靴，若是在家里或者参加朋友聚会，她会特意穿上高筒的黑漆皮鞋，鞋尖有漂亮的麂皮装饰。史密斯太太在袜子的选择方面也很有讲究，她通常穿黑色的长袜，若是穿褐色皮鞋，那一定要搭配褐色长袜，总之，绝不会穿肉色长袜。在内衣方面，史密斯夫人穿得也相当保守，她用筒型女式内衣和衬裙将自己的身体紧裹起来，而内衣上还装饰着厚厚的荷叶边褶皱——这在当时是标准的家庭主妇的风格。

第01章 序曲：1919年5月

史密斯夫人并不热衷于化妆。尽管在她那个时代，社会舆论对妇女化妆已经相当宽容，涂脂抹粉不再被当作妓女的专利，一些大胆开放的年轻女性也开始接触化妆品，但绝大多数受到传统教育的女性仍然对其心存偏见和抵触。在当时的美国，美容业刚刚出现，街头的美发厅屈指可数，至于整容手术对史密斯夫人这个时代的女性来说更是闻所未闻。史密斯太太在外出购物时，她会在帽檐的下部挂上一副面罩，以避免直接抛头露面。当然，在炎热的夏天，史密斯太太也喜欢去游泳池畅游一番，但是她肯定穿最传统的泳衣，比如那种丝织的束腰外衣，或者外面罩有印花棉布的紧身内衣，而且，泳衣必须连着一双长筒袜。

像当时的所有正统女性一样，史密斯太太留着一头长发。她可从来没有想把头发剪短的念头。因为在当时的社会普遍有这样一种印象：留短发的女人和那些留着长发的男人一样，要么是鼓吹自由性爱者，要么是崇尚激进主义的激进青年。当时在纽约棕榈花园发生的一件事就很能说明问题。那是1918年11月的一个晚上，一群信仰布尔什维克主义的年轻人找到纽约棕榈花园的经理，要求租一间礼堂来召开集会。不料集会期间却发生了一场严重的骚乱。事后，记者在遍地狼藉的礼堂采访经理的时候，经理满腹委屈地说："我怎么知道他们是布尔什维克主义分子？他们脑门上又没写着字！当时前来求租礼堂的是一位女士，我只看到她穿着得体，彬彬有礼，可我忽略了她留的是短发。若是我当时注意到她的发型，打死我也不会将礼堂租给他们啊！"

史密斯夫妇坐在桌前，开始用餐。他们的早餐除了麦片、牛奶外，还有一些牛肉。在当时，人们已经对食物的"卡路里"（热量）这个概念有了深刻的了解，但是，当时人们还不知道有维生素这种物质的存在。

史密斯先生一边吃着早餐，一边读着今天早上的报纸。当然，这份报纸并非一份格调不高的小报，因为在那个年代，真正意义上的通俗小报还没有面世呢。虽然在当时，赫斯特也创办了小开本的图片日报，可算是今天小报的雏形，但真正意义上的小报的出现，还要等到1919年6月26日《纽约每日新闻》(*Daily News*)的面世。《纽约每日新闻》一经面世就大受欢迎，其日发行量在一年内达到了近25万份，在5年之内超过了80万份，而在10年之内更是达到了令人吃惊的130多万份。

史密斯先生的目光被头版的一条新闻所吸引。这条新闻讲述的是美国海军的水上飞机NC-4经由亚述尔群岛、飞越大西洋的盛况。当时，由于技术所限，人类还无法做到不间断飞行，但人类首次飞越大西洋成为1919年5月最激动人心的事件。（真正做到不间断飞越大西洋发生在1919年6月14日，伦敦《每日邮报》出资1万英镑赞助，美国飞行员约翰·威廉·埃尔库克和他的领航员阿瑟·布朗，于6月14日冒险驾驶一架双引擎的"威克斯-威米"双翼机从美国起飞，16小时后顺利降落在爱尔兰克里夫顿附近的一块农田里，首次成功完成人类不间断飞越大西洋的壮举。而著名飞行家林德伯格从纽约到巴黎，实现单人飞越大西洋的壮举则是8年之后的事了。）

史密斯先生又开始看其他版面的新闻。比如：在要闻版上用大篇幅刊登了有关巴黎和会的新闻，目前该会议已接近尾声，会议各方进入条约起草阶段；在国内新闻版上，也汇集了近日来美国社会的重大新闻：为庆祝一战获胜，政府发行"超额胜利国债"；赴海外参战的士兵返回美国；评论家宣称有发生一场新罢工的危险；西雅图市长奥勒·汉森将这个时代的苦难归咎于世界产业工人组织；万众期盼的《国家选举权修正案》有望获得通过，该法案将使妇女们在"国家生活中扮演更重要的角色"；亨利·福特对《芝加哥论坛报》提起诽谤诉讼，因为后者将他比作本尼迪克特·阿诺德。①

看完国内新闻，史密斯先生又翻开了体育新闻版。他注意到在棒球比赛的新闻中，提到了一位名叫贝比·卢斯的球员。史密斯先生对这位球员有点印象——这位球员是波士顿著名棒球队红袜队近年来崛起的一位新秀，是一位优秀的投手兼外场手，在1919年4月的时候，他打出了一个本垒打；5月打出了两个。但史密斯先生还不知道，在接下来的几个月内，卢斯即将创造一个新纪录——一年之中打出29个本垒打；

---

① 本尼迪克特·阿诺德（1741—1801）是美国独立战争时期的革命家和军事家。1775年他在马萨诸塞的莱克星顿爆发战争时志愿从戎，参加殖民地人民对英国人的战争，他作战英勇，屡负重伤，官位终至少将，因为残废调往费城，接着为奢侈生活弄钱而破坏州法和军规。1779年他向英国方面出卖美军情报。1780年9月阴谋通敌的计划败露后脱逃，后来作为英军的一名准将，1781年率兵对康涅狄格的新伦敦进行袭击，在伦敦度过余生。阿诺德被乔治·华盛顿判处缺席死刑。因此，本尼迪克特·阿诺德被认为是个道德败坏的人物，他的名字由此成为"叛徒"的美式代名词，等同于圣经中的犹大。——译者注

棒球是美国人最喜爱的体育运动（图为赛场上的泰·柯布）

后来，纽约扬基队看到卢斯身上蕴含的巨大潜力，在赛季后出资12.5万美元将其召入麾下，最后卢斯果然成为一代巨星，甚至后来有一位观众在看他打球时，看到球飞向露天看台，因过于激动导致猝死，其巨大号召力可见一斑。当然，这些都是后话了，因为在史密斯先生的时代，美国棒球联盟锦标赛的"一哥"并不是卢斯，而是老将泰·柯布。

史密斯先生在体育版上还看到：在托莱多市将举办一场有史以来最精彩的拳王争霸战，擂主是当时的重量级拳王杰西·威拉德，挑战者则是名不见经传的杰克·登普西。这场比赛后来发生在1919年7月4日，当时有19,650名观众到场观战，不过让他们大跌眼镜的是：在第三回合，身高6英尺6英寸的重量级拳王杰西·威拉德就被登普西击倒在地，从而让后者建立了属于自己的王朝！

在那天的体育版面，还有关于鲍比·琼斯的报道，他虽然年仅17岁，却已经是美国南部高尔夫球冠军了；同时还有关于威廉·梯尔登的新闻，他也时常在一些网球比赛中获得冠军。但他们二人目前还不是全国冠军。当时高尔夫运动方兴未艾，还没有成为美国上流社会最流行的运动。甚至，当时很多人还非常轻视这项"令那些成年人花费时间在地上敲击一个白色小球"的运动。连打高尔夫球时穿的"灯笼裤"也成为人们嘲弄的对象，如果哪位打高尔夫球的人穿着灯笼裤走在大街上，他后面一定会有一群调皮的孩子在叫喊着："快看哪！看那个男人的裤子！"

2

1919年5月,虽然第一次世界大战已经过去了整整6个月,但和战争有关的新闻仍然出现在史密斯先生手中的报纸上。除了前面提到的巴黎和会的新闻,还有关于传奇英雄阿尔文·约克中士载誉归来的消息。约克的传奇经历是这样的:在第一次世界大战中,约克是第82步兵师(全美师)第328步兵团G连的一个士兵。进入法国后,328团负责守卫马斯河-阿尔贡地区的夏帖儿-榭艾利附近的223高地后面的铁路段。在1918年10月8日的早晨,约克所在的第328步兵团被德军机枪火力所压制,约克和另外16名士兵在伯纳德·厄尔利军士的指挥下,被派遣向德军机枪阵地的侧翼迂回。这一群人由于看错了地图(法语地图)而跑到敌军战线后面,结果他们发现一个德国军官和一些士兵在吃早餐。这些德国人认为他们被包围了,于是就投降了。然而,山顶上的德国机枪手意识到美国人的人数可能很少,于是他们大声用德语叫被俘虏的德国士兵趴下,同时用猛烈的机枪火力横扫了这支美军小部队。一半的美军士兵非死即伤,厄尔利军士也被17发子弹打中而阵亡。厄尔利死后,美军小队失去了指挥官,这时阿尔文·约克挺身而出指挥了这支8人小队。约克看到德军机枪的位置大约有30码远,当时他除了一支恩菲尔德M1917步枪外,还携带了一把柯尔特M1911自动手枪。而德军机枪手由于怕打到自己人,所以不敢把机枪的枪口压得太低。约克的恩菲尔德开火了,一枪干掉一个机枪手。由于约克来自田纳西州的山区,他们那里的人个个都是枪法精准的猎手,他一枪一个德国人。这时,在约克视野的盲区,一些德国人利用地形的掩护向前推进,偷偷接近约克的射击位置。他们一边躲着一边计算约克步枪的枪声,想像他的射击动作。他们算准了他的恩菲尔德连续打了5枪并开始装弹的时候就跳出来冲击,然而他们隐藏的小土坡距离约克的位置却还有20多米,这正好是在手枪的战斗射程内,他们也没想到约克身上还有一把自动手枪。约克用手枪射倒了多名德国士兵,而且他的行动也激发了其他几名幸存的美军士兵。最后

这支美军小分队一共打死了25个德国兵并俘虏了132人。事后计算,约克开了20枪,射杀21名德国士兵。由于约克的英勇,他被提升为中士并获得国会荣誉勋章。

不过,除了这些新闻之外,报纸上还有最让人难过的消息,那就是每天不断增加的伤亡名单,这份名单就好像战争留下的阴影,长久地笼罩着美国人民。

史密斯先生看完报纸,开始与史密斯太太聊起天来。聊着聊着,他们就聊到了当前生活成本高昂的话题上来。史密斯先生说:"现在哪还有不涨价的商品?无论是食物、衣服、房租的价格,还是纳税,都在不断上涨。老板给我增加的那点薪水早被上涨的物价抵消了。所以咱们家今后开销要节约一些。"

史密斯夫人也随声附和着说:"是啊,从1914年到现在,每夸脱牛奶从9美分涨到15美分,每磅沙朗牛排从27美分涨到42美分,每磅黄油涨了29美分,每打鸡蛋也涨了28美分,可收入却没什么大的增长,人们生活不拮据才怪呢!而房屋租金就更离谱了,自从战争结束后,房源越来越少,租金也就水涨船高,钱都被那些牟取暴利的房东和中介们赚去了!""是啊!"史密斯先生愤愤地对妻子说,"这些该死的黑心房东和中介,简直和世界产业工人组织没什么两样!"

史密斯夫妇二人用过早餐,来到车库,准备驾车前往公司上班。当时的美国,最流行的汽车品牌主要有来克星敦、马克斯威尔、布里斯科、泰普勒,以及道奇、别克、雪佛兰、凯迪拉克或者哈德逊。但肯定不会有克莱斯勒汽车,因为这个时候,克莱斯勒汽车的发明人——沃尔特·克莱斯勒先生还没有创办自己的公司,他正在通用汽车公司做第一副总裁。

无论是什么牌子的汽车,在1919年那个时代,汽车的车身比19世纪的汽车都要高很多,因此车内的驾驶者和乘客仿佛置身于一个小小的观景台。我们估计,史密斯先生开的多半是一辆敞篷车,因为在那时,约90%的汽车都是敞篷车,轿车还是新鲜事物。而且,在大众的心目中,只有牟取暴利、投机倒把的奸商才开轿车。

让我们假设史密斯先生驾驶的是一辆福特T型车吧。福特T型车是福特先生和他的通用汽车公司于1908年10月1日推出的一款车型,一经推出很快就令千百万美国人着迷。它的价格非常合理，最初售价仅为850美元。而当时同类型汽车价格则为2,000～3,000美元。T型车的成功，也奠定了美国汽车工业在世界汽车格局中的首要地位。

下面，就让我们用一分钟时间观察一下史密斯先生是如何驾驶这辆汽车的。只见他站在车外，打开汽车右侧的车门——因为当时的汽车前部只有右侧有车门。然后开始调整火花塞和油门杆的角度，接着用右手拉住一根曲柄，左手食指插进一个线圈中，用力拉动，同时右手转动曲柄，直到引擎发出阵阵轰鸣。然后史密斯先生迅速爬到驾驶位置上，再次移动火花塞，将油门杆调到两点二十五分的位置。上述一系列动作要一气呵成，因为如果他没有碰到油门杆，发动机就熄火了，那他只好再重复一遍上面的动作。在寒冷的冬天，经常要反复几次才能发动汽车。因此，史密斯夫妇经常一个人在车下，一个人在车上，共同配合完成发动汽车的工作。

终于，史密斯先生凭自己一个人就发动了汽车。他手握方向盘，一手松开紧急手刹，踩下低挡位的踏板，汽车向前缓缓开动，当汽车开到街道上时，他再将挡位踩到高速，汽车飞快地跑了起来。不过史密斯先生丝毫不敢掉以轻心，因为他的汽车昨天在一段陡坡的路段把刹车装置烧坏了，而且还没来得及修理，因此现在他必须控制速度，目前他只能通过降低挡位来减速了。

史密斯先生驾车驶出街区，来到公路上。放眼望去，公路上车辆稀少。这也难怪，因为在1919年，全美国登记在册的汽车还不到700万辆，而到了1929年，美国的汽车达到了2,300万辆。虽然公路上车辆稀

最早的福特T型车

少，但史密斯先生的车速却始终快不起来。因为当时的美国大多数公路还不是混凝土公路，如果车速过快则很容易发生事故，因此汽车的速度备受限制。比如在加利福尼亚州和纽约州，都对车速进行了限定：1919年的平均速度为每小时30英里，而其他州的时速是20英里，直到1931年才允许每小时35英里或40英里。1919年的伊利诺伊州，汽车在城市住宅区最快只能跑到每小时15英里，在房屋和人口稠密的地方，速度只能是每小时10英里，在转弯处则更降低到每小时6英里。因此当有一次一位朋友宣称他在两个半小时内驾车跑了100英里，史密斯先生的第一反应是：你没有出车祸真是上天的眷顾。虽然这样的速度在20世纪30年代时已经变得稀松平常，但放在1919年当时的路况，开慢一些能够保证司机多活几年。

3

经过一个多小时的车程，史密斯先生来到办公室。他和同事们交流了近来的经济状况，看来形势还不错，经济正在一天天转暖。因为大战刚刚结束的时候，曾经有一段时间内商业出现了停滞的状态，股市低迷，政府订单取消，那些为了赢得战争而加班加点开工的工厂都变得不景气而纷纷裁员。不过现在已经好多了，经济出现了复苏的迹象。很多人都认为，在不久的将来，国际贸易和航运业必将迎来新的机遇，因此造船厂都在铆着劲儿生产新的货船。

尽管经济形势大为好转，可罢工仍屡屡发生，因为工人们不断要求提高工资。有时候，史密斯先生也很同情那些工人，因为不断上涨的物价连他这样的中产家庭都觉得吃不消，就更不用说那些挣扎在社会底层的工人了。

所幸，战后日趋频繁的商业活动，提供了大量的工作机会，因此那些退伍士兵能够较容易地找到工作。而在今年的早些时候，很多退伍军人找不到工作，他们成群游荡在街头，甚至惹事生非。史密斯先生记得当时的《生活》杂志上曾刊登过这样一幅漫画——山姆大叔正在问一个退伍老兵:"你们是国家的英雄,提出什么要求都不过分,你想要什么呢?"老兵则回答说:"我只想要一份工作。"而如今,这些"国家英雄"们都找到了饭碗,社会稳定了许多。也许目前,对商业领域最大的威胁是工人的罢工浪潮和股市里充斥着的投机的味道。

纽约证券交易所门口

报纸上对经济形势的分析文章也比比皆是,经常能看到诸如"经纪人的神经在大牛市中备受摧残",以及"应该让员工加班"这样的标题。事实上,在1919年,股票市场的日交易量非常大,全年有6天的交易量突破了200万股——创造了当时的历史纪录,还有145天的交易量在100万股以上,连美联储的专家们都对此忧心忡忡,认为投机浪潮太严重了。因此,在1919年5月31日,美联储决定暂时关闭股票交易市场。财经报纸对此举评论道:"高度的投机主义,令主导纽约股票市场和债券市场的高度专业化机器心力交瘁,必须停下来好好检修一番了。"

不过史密斯先生和他的同事们并不知道,在11年后,也就是1930年的股票市场,一天的交易量达到1,600万股那是再平常不过的事,如果某日交易量仅为300万股,股评专家们会认为那简直是"经济上的停滞""连专业人士都不屑于关注"的阶段。另外,在1919年,纽约股票交易市场的一个席位年费大约是6万美元,最贵也才11万美元;而到1929年股市最高潮的时刻,一个席位如果没有50万美元根本别想拿下来!

1919年5月,财经报纸上的股票交易信息只占很少的篇幅,股票交易市场也非常简陋,很多属于"路边交易市场",但股民的交易热情却空

前高涨。这些"路边交易市场"往往设在一栋临街的楼房中,操作人员从临街的窗户中探出脑袋大声报出交易价格,股民则站在楼下的街道上仰着头与操作人员交流信息。一时间,叫喊声、嚷嚷声、面部表情、手势,通通成了沟通信息的方式。1919年那场所谓的"史无前例的大牛市"为敢于冒险、勇于投身股市的股民们创造了丰厚的经济回报。从2月到5月短短3个月时间,鲍德温机车公司的股价从72涨到了93,通用汽车从130涨到了191,美国钢铁从90涨到了104.5,而国际商用船队的普通股则从23涨到了47,增长了一倍还多。显然,股民们对美国航运业的前景充满信心。

完成了一上午的工作,史密斯先生驾车去餐厅吃午饭。可是他发现通往餐厅的道路被一群拥挤的人们堵得水泄不通。"又是游行!简直没完没了!"史密斯先生暗自抱怨道。由于大批大批的士兵从欧洲战场胜利凯旋,每归国一批士兵,就要在纽约港举行盛大的庆祝活动。今天这批士兵是从法国布雷斯特乘坐军舰返回的,军舰停靠在港口,凯旋的将士们列队站在甲板上,接受以纽约市长海兰为首的"纽约欢迎委员会"的热情接待。

麦迪逊广场的凯旋门

纽约市政府为了纪念士兵凯旋归来,特意汇集了40位艺术家的创意,在麦迪逊广场的第五大道建造了一个巨大的拱门型的建筑。不过这座拱门看起来是一个七拼八凑的作品,任何世界各地著名的拱门上的式样、风格,都能在这里找到翻版。比如门顶上的那四匹马,明显就是抄袭德国的勃兰登堡门①。无怪乎《纽约论坛报》这样讽刺说:"从这件作品中能看到400位,而不是40位艺术家的功劳。"

穿过拱门,沿着第五大道向前走,远远就能看见阵亡英雄纪念馆,专门纪念在一战中阵亡的美国军人。纪念馆门口种植着一片棕榈树,整个纪念馆貌似一座圣殿,房檐的装饰体现了建筑师的奇思妙想。不过《纽约论坛报》对这些装饰并不买账,尖刻地评论道:"这些装饰物看上去不那么牢靠,反倒增加了行人死亡的危险。"

经过阵亡英雄纪念馆再向北走大约几个街区,只见一座拱门横跨在第五大道上方。那座拱门用种种晶莹璀璨的材料装饰,拱门上还设有各色彩灯,到了夜晚,交相辉映,仿佛一张用珠宝玉石织成的网,煞是好看。为了欢迎士兵凯旋归来,旗帜和标语挂满了整个第五大道。数以万计的市民拿着小旗,翘首以盼归国士兵列队经过。当美军27师归国的队伍经过拱门时,周围的群众一下子沸腾了,人们挥舞小旗欢呼着,还有的人专门爬到街道两边的楼顶,撒下五彩缤纷的纸屑,整个第五大道被人们狂欢的喜悦所笼罩着。

不仅在纽约出现这样的盛况,在美国的各个城市,民众都自发地举办类似的欢迎和庆祝活动:政府官员站在阅兵台上,大群民众在道路两侧挥舞旗帜,由当地乐队演奏的《漫长的小径》的乐曲声在空中飘荡。列队行进的士兵们高举着手中的刺刀,刀锋在5月的阳光下闪着耀眼的光芒。所有参加庆祝仪式的民众拿出百倍的热情,欢迎着国家的英雄们。可这些英雄们内心异常疲惫,他们只希望庆祝仪式快快结束,这样他们就可以顺利回家与妻儿团聚,然后脱下肮脏的军服,换上睡衣,睡一个漫长而又香甜的觉。当醒来以后,把所有和战争有关的东西全部忘掉。

这天,史密斯夫妇接到邀请参加今晚的一个舞会。因此一下班,

---

① 勃兰登堡门:位于柏林市中心菩提树大街和6月17日大街的交汇处,是柏林市区著名的游览胜地和德国统一的象征,1791年竣工。此门顶端设计了一套青铜装饰雕像:四匹飞驰的骏马拉着一辆双轮战车,战车上站着一位背插双翅的女神,她一手执杖一手提缰,一只展翅欲飞的普鲁士飞鹰鸷立在女神手执的饰有月桂花环的权杖上。在各通道内侧的石壁上镶嵌着沙多创作的20幅描绘古希腊神话中大力神海格拉英雄事迹的大理石浮雕画。30幅反映古希腊和平神话"和平征战"的大理石浮雕装饰在城门正面的石门楣上。此门建成之后曾被命名为"和平之门",战车上的女神被称为"和平女神"。——译者注

史密斯先生就驱车接上史密斯太太，前往舞会的举办地——纽约非常有名的一个酒店。由于这个酒店比较豪华而且现代，因此肯定会请爵士乐队作为舞会伴奏，而不会让传统的管弦乐队伴奏。当然，当时还没有被威廉·伯莱索称之为战后"时代精神"的那首动人心弦的音乐——"无尽的悲伤，却没有丝毫的感情，没有过去，没有记忆，没有未来，没有希望。"当时比较流行的乐曲是哈里·卡罗尔在战时根据肖邦的《幻想即兴曲》改编的《彩虹之后》，这是一首非常优秀的拉格泰姆风格的音乐。在热门曲目中，还有《微笑》《达达尼尔海峡》《印度斯坦》《日本的睡精灵》《我爱星期天》以及《我说她会的》这些乐曲。后来，"我说她会的"这句话逐渐成为一句俚语，在战后10年内被广为引用，长盛不衰。

舞会开始了，跳舞的人们在舞池内旋转着狐步。史密斯夫妇看到很多舞者穿着军装，甚至其中还有一位身着蓝色军装的法国军官。因为当时人们对战争还保有较高的热情，因此非常乐于邀请身着军装的外国军官，为晚会增加些许战争时期的罗曼蒂克的氛围。在舞厅的深处，一间间卧室里也有许多青年男女在跳舞。他们在暗淡暧昧的光线下进行爱抚舞会。不过史密斯夫妇对年轻人的这种举动不会觉得反感，因为这个时候斯科特·菲兹杰拉德提出的"年轻一代的问题"还没有引起普通大众的关注。

在这场舞会上，台下的一些年轻女人还抽起了香烟，甚至会故意学着男人的样子吐起烟圈，看上去挑衅的意味十足。1919年的香烟比1930年的香烟要长很多，但全国香烟的消费量却不及1930年的一半。

跳了几支舞后，史密斯先生觉得有点热，就走出酒店，来到附近的一家酒吧。只见很多酒客已经在酒吧里痛饮布朗克斯鸡尾酒和加冰的苏格兰鸡尾酒了。他们纷纷对即将实施的禁酒令大声抱怨着。原来，到了7月1日，"战时禁酒法令"就要正式生效了，而且这项禁酒法令得到宪法第十八修正案的批准，将永久执行。其实这项法令本应在战争期间就颁布，可直到停战时才得到总统的批准。

在当时的美国，酿造酒和蒸馏酒都被当局所禁止。因此，仅有少部分酒才允许生产，而且酒价不菲，很多酒客在痛饮之后，不得不以钱袋被掏空作为代价。当然，你在酒吧只能看见男人，绝对不会看到女人，因为在当时，女性在公开场合饮酒是被看作有伤风化的行为，就更不用说去酒吧这种地方饮酒了。因此，当时的舞会也不像现在的鸡尾酒舞会，而是以茶代酒的茶舞会。

史密斯先生端着一杯酒，倚在吧台周围的黄铜栏杆上，一边啜饮，一边听四周的酒客谈论即将颁布的禁酒令，听着周围的酒客们对禁酒法令的评论。尽管很多酒客对此表示不满，但也有一些人表示赞同。比如一个男人喝了一大口布朗克斯鸡尾酒后，无限感慨地说："以后恐怕喝不到这么美味的酒了！不过也好，因为今后我的儿女们将远离酒精的困扰！"听了他的话，其他几位酒客也表示赞同。事实上，全美国绝大多数的民众都支持禁酒法令，因为战时的那种万众一心的激情还没有消退，政府的每项举措都很容易博得人们的拥护。只是每个人心中都多少有些遗憾，禁酒令颁布的那天，恐怕也就是与杯中之物道别的日子了。

舞会结束后，如果时间充裕，人们会去看电影。当时正在热映的是查理·卓别林的《从军记》、道格拉斯·费尔班克斯的《纽约牧童》、玛丽·皮克福德的《长腿叔叔》，或者是蒂达·巴拉和珀尔·怀特的电影作品。还有由大卫·格里菲斯执导的非常热门的影片——《凋谢的花朵》，很多影评人评价此片"令人潸然泪下"。

不喜欢看电影的人，可以去玩桥牌。当时通行的玩法是"竞叫式桥牌"，后世流行的"合约式桥牌"要到1925年才被发明出来。至于来自东方的麻将，这时还没有在美国出现。

喜爱读书的人们会去谈论当时的畅销书，例如《四骑士血洒自由魂》(*The Four Horsement of the Apocalypse*)、塔金顿的《伟大的安巴逊家族》(*The Magnificent Ambersons*)、康拉德的《金箭》(*Arrow of Gold*)、布朗德·维特劳克的《比利时》(*Belgium*)，以及韦尔斯的《不朽的火》(*The Undying Fire*)。具有划时代意义的《世界史纲》(*The Outline of History*)要到1920年才能出版呢。

晚上去看戏剧也是纽约市民们的消遣方式。在1919年5月流行的剧目主要有《友好的敌人》《三张东方脸》以及《更优秀的奥勒》。除此之外，还有《听，听》、吉里特主演的《亲爱的布鲁图斯》，以及弗朗西丝·斯达的《老虎！老虎！》。另外，卧室闹剧这种表演形式崭露头角，在《在梅布尔的房间里》这部讲述花边新闻的戏剧中得以体现。埃尔文的《约翰·弗格森》正由剧院协会在筹备，即刻就可推出。在普林斯顿的上流社会

剧院门前（纽约）

中刚刚结束的一次对最受欢迎的剧目的票选活动中，人们最喜爱的剧目前三名分别是《麦克白》《哈姆雷特》和《莱宁》；而最受观众欢迎的女演员则分别是诺玛·塔尔梅奇、埃尔西·弗格森、玛格丽特·克拉克、康斯坦斯·塔尔梅奇和玛吉·肯尼迪。

尽管人们打发夜晚时间有很多事情可做，但是有一件事他们肯定不会做，那就是收听广播。虽然美国科学家费森登进行的人类第一次无线电广播实验是在1906年，但是真正出现无线电广播节目还要到1920年。

在1919年，人们已经掌握了无线电的奥秘。喜欢钻研机械的孩子可以自己组装一台无线电接收机，甚至他们能收到海上船只与陆地信号站之间用摩尔斯电码通讯的嘀哒声。当时，无线电话通讯业有了较大进展，乘客坐在曼哈顿上空的飞机里，就可以与曼哈顿地面的亲人通电话。但直到1920年的春天，匹兹堡西屋公司的弗兰克·康拉德博士才在研究中发现，他在实验过程中从实验室里发出的各种有声节目信号，比如音乐和棒球比赛的资讯，居然有大批业余无线电爱好者收听。由于听众群日渐庞大，开始出现了专门销售收音机配件的公司，提供给市民"收听康拉德博士的节目"。西屋公司从这件事中发现了商机，为了促进收音机配件的销售，于是决定建立人类历史上第一个广播站，从此，人们也就能听到广播节目了。

4

这就是史密斯夫妇一天的生活,从他们的生活中,我们能够对1919年的美国社会有一些了解。在对他们的生活介绍的尾声,我还要补充一句。在1919年,史密斯夫妇还有很多东西没有听说过,比如:库埃、戴顿小镇的审判案①、填字游戏、泳装选美比赛、约翰·拉斯科布②、诈骗钱财者、蒂波特山③、珊瑚阁、《美国信使》④、萨科-万泽蒂

---

① 戴顿小镇审判案:20世纪20年代初,美国社会兴起了一场由民主党政客布莱恩领导的反进化论运动,这股潮流对美国政治产生的影响是如此之大,乃至1925年田纳西州的法令明确宣布:本州的一切大学、师范学校和其他各级公立学校,它们的任何教师如果讲授了任何否认上帝创造了人的圣经学说的异端,都将作为违法论罪。随着这股潮流的泛滥,1925年5月7日,布莱恩伙同田纳西州戴顿镇地方政府向法院起诉,指控当地年轻的生物教员斯科普斯在课堂上讲授进化论,违反该州法律。控告书上这样写道:"要是人是由猿猴进化而来的,那么上帝干什么去了呢?"戴顿镇法院决定在7月10日开庭审理此案。这一案件惊动了整个美国。最终,法官宣布判决:被告斯科普斯被处以100美元罚款,并偿付全部审判费用。100美元在当时是个不小的数目。这也是在美国科学史和法学史上一个经典的诉讼案。——译者注
② 约翰·拉斯科布:1929年时通用汽车的高级财务主管,他在那年8月接受记者采访时表示:美国正处于工业大发展的起步阶段。投资者每月投15美元到一只优质普通股,在未来的20年内投资者可以预期他们的财富稳定地增长至80,000美元。也就是说,年回报率达24%,这样高的回报率是前所未有的,但是在20世纪20年代牛市的大环境下轻而易举地聚敛大笔财富并不是不可能的。他的观点让投资者兴奋,数百万的人们把他们的积蓄投入股市以期在短期内迅速获利。1929年9月3日,也就是在他的观点发表后不久,道·琼斯工业平均指数到达历史高点:381.17点。可几周以后,股市崩盘。在接下来的34个月里,发生了美国历史上最具破坏力的股价下跌。1932年7月8日,当这场灾难最终结束时,道·琼斯指数仅剩41.22点。世界上最大几家公司的市值缩水程度达到了令人难以置信的89%。数百万投资者赖以生存的积蓄消失了,成千上万名借钱投资股票的投资者被逼破产。美国陷入了历史上最严重的经济萧条。——译者注
③ 蒂波特山:1921年发生在怀俄明州蒂波特山的丑闻是美国联邦史上最大的政治丑闻之一。哈定政府的内政部长艾伯特·福尔同海军部长合谋,在没有竞标的情况下,把加利福尼亚州的埃尔克山油田的钻井权给了百万富翁爱德华·多赫尼,另一个俄怀明州的蒂波特山油田给了另一个石油巨头哈里·辛克莱。福尔从两人手里接受了40万美元的贿赂,而多赫尼和辛克莱每人从开采石油上至少得到了几千万美元的利润。福尔在事情败露后成为美国历史上第一个被投入监狱的内阁官员。——译者注
④ 《美国信使》:由20世纪20年代期间,美国知识生活的中心人物门肯主编的杂志,是当代最有影响力的杂志。——译者注

审判案①、婚前同居、经纪人的贷款统计、迈克尔·阿伦、华尔街爆炸案②、忏悔杂志、霍尔-米尔斯案件、美国无线电公司股票、地下酒吧、阿尔·卡彭、红绿灯,或者是查尔斯·林德伯格③。

战后10年即将来临。

---

① 萨科-万泽蒂审判案:1920年,萨科和万泽蒂因谋杀罪在马萨诸塞州被捕,警察还在他们的车上找到了反政府传单。当时美国正充斥着反共宣传气氛,司法部长米切尔·帕尔默决定将他们当作"赤色分子"来审判。审判很快进入尴尬境地,一方面是世界各地的声援者抗议美国对政治犯的不公平审判;另一方面在美国国内,陪审团裁定两人有罪并判他们死刑。被告辩护人当时提出8点复审请求,但被州法院驳回。1927年8月23日,萨科和万泽蒂双双被电椅处死。——译者注

② 华尔街爆炸案:1920年9月16日中午,华尔街摩根大通银行前一枚炸弹爆炸,造成38人死亡,400人受伤。炸弹引爆前不久,一封警告信被投进柏树街和百老汇路口的信箱,上面写着:"记住,我们不会再忍受下去。释放政治犯,否则你们肯定统统都会死。"落款是"美国无政府主义战士"。经过20年的调查,当局仍然无法找到嫌犯,1940年联邦调查局将档案闲置,放弃调查,尽管仍然有众多理论试图解释华尔街爆炸案和猜测嫌疑犯的身份。——译者注

③ 林德伯格:美国飞行员,1927年,成为第一个进行单人不着陆跨大西洋飞行的人。——译者注

第02章

回归常态

1

1918年11月11日的清晨,美国总统伍德罗·威尔逊坐在白宫的办公室里,在一张普通信纸上用铅笔写下了给全国人民的一份通告。他是这样写的:

我亲爱的同胞们:我欣喜地告诉大家,今天早晨已经签订了停战协定。美国赢得了战争的胜利。我们是非常幸运的,同时我们也肩负着责任,通过以身作则、善意而冷静的忠告以及物质援助,去帮助建立全球范围内的公正与民主的大环境。

这封通告体现了典型的威尔逊的个人风格。读到这段文字的人,眼前首先出现的是一位清教徒教师的形象,在一个热情洋溢的时代,这位清教徒教师仍然保持着一贯的理智,仿佛在用冷静的语调为学生们布置一天的作业;其次,人们仿佛看到一位道义上的理想主义者,他的理想是全世界实现充满和解的和平,而不是靠武力得到的和平;同时,人们仿佛也看到一位独断的民主主义倡导者,威尔逊总统发誓要把他毕生信奉的制度推行到全世界各个角落。只不过他显然没有意识到,他心目中最理想的制度,未必适合所有国家。

不过,在美国历史上还有一位总统的风格和威尔逊类似,他就是林肯——也是一位战争时期的总统。相信如果由林肯总统来撰写这份通告,也一定会体现出类似的风格。

也许,威尔逊总统在撰写通告时眼前真的浮现出亚伯拉罕·林肯,但林肯总统最终流芳千古,而伍德罗·威尔逊总统就没这么幸运了。

2

下面让我们来到1918年11月11日,看看这个激动人心的日子是什么样的吧。

11日凌晨两点多,各大媒体记者家中的电话铃声疯狂地响起,将他们从睡梦中吵醒。原来是政府向他们披露一个重大消息:停战协定已经签署了!

其实早在4天之前,就有一则非官方的消息刊登在媒体上,声称战争双方已经结束对峙状态。消息一传出,举国上下一片欢腾。无论人们是在工作,还是在商场购物,都纷纷冲到大街上,用游行欢呼的方式欢庆战争的胜利。他们用国旗裹在身上,拼命敲打着铃铛,司机也狂按汽车的汽笛,一些情绪激动的人们甚至抓过别人的帽子撕成碎片。如果此时有身穿军装的士兵走过街头,人们会冲上去与他热烈拥抱。那一天简直比最盛大的节日还热闹。狂欢的民众将纽约第五大道堵得水泄不通,城市的每一间窗户都飞扬出撕碎的纸屑,庆祝这一激动时刻。事后,据环卫部门统计,这些纸屑就重达155吨。不过,第二天被证实,这是一条失实的报道,人们空欢喜了一场。

不过,11月11日这一次的消息是千真万确的。美国人民的激情再一次被点燃了。这天凌晨四点半,在美国的数十个城市中,同时响起了震天的警报声、汽笛声和钟声。人们睁着朦胧的睡眼,拉开窗帘,只听报童们在漆黑的大街小巷中高喊:"胜利了,战争结束了!"人们带着半信半疑的心情走出房门,想看个究竟,因为前几天的假消息已经让他们白白兴奋了一次,他们可不想再被愚弄。

在华盛顿,在政府官员聚居的街区附近,报童稚嫩而清脆的声音回荡在街道上:"战争终于结束啦!这是来自政府的千真万确的消息!"他并没有像往常一样放低音量,因为他只有用这种特别的方式才能让所有人相信,他的消息是可靠的。最后,人们渐渐地接受了这个好消息,也逐渐意识到：一个充满和平与希望的新时代真的到来了，新的一页揭开了!

庆祝停战日
（华尔街）

就这样，仅仅一个上午，战争胜利的消息就传遍全国。无论是城市还是乡镇，人们纷纷推开手中的工作，走上街头欢庆。商店也都纷纷停业，一家店铺的老板还别出心裁地挂出了"为庆祝德国皇帝的葬礼而歇业"的牌子。像4天前一样，人们载歌载舞地在街道上游行。年轻漂亮的女孩们大胆地亲吻着街上素不相识的士兵；在拥挤的人群中，汽车像蜗牛一样缓慢地行进。一些司机故意让发动机发生回火，使汽车的排气管喷出火焰并发出爆燃声，这些声音与周围的汽车喇叭声、引擎声掺杂在一起，为喧闹的环境更增添了一丝热闹的气氛。来自纽约州巴纳德学院的800名女大学生在纽约中央公园北边的高地上跳起了优美的蛇舞。在时代广场，人们为了战时运动修建了一座"自由厅"，在11日的早上，甚至有一位女学生站到了"自由厅"的屋顶，面向广场数以万计的人群用悠扬的声音唱起了《上帝赞美诗》。

然而，人们并没有遵循威尔逊总统所倡导的"善意而冷静的态度"，相反，在一切庆祝活动中，美国民众表现出了身为胜利者的骄傲自大与洋洋得意——狂欢的人们冲上街头，将德国皇帝的雕像当众焚烧。在纽约的华尔街，人们用稻草和布条制成德国皇帝的假人，然后用消防用的水龙将其冲个七零八落；在第五大道上，人们用废弃的肥皂盒制成棺材的样子，一边扛着它游街，一边高喊道："德国皇帝已经成为躺在棺材里的碎片了！"在第七十街的百老汇，一个少年坐在人行道边的台阶上，在纸上画着德国皇帝的肖像，然后分发给路人，路人纷纷将肖像扔在地上狠狠地践踏，用来发泄对战争的愤怒。

就这样，一个和平的新时代在喧闹、骚乱、发泄之中拉开了序幕。

但是，尽管战争随着停战协议的签署宣告结束，但战争给人们带来的影响却远未终止。当时，美国部队的现役军人仍然超过350万，其中的200多万人还在欧洲战场服役。因此在美国街头，身穿军装的士兵们随处可见。尽管11月11日美国总统已宣布战争结束，但欧洲战场的远征军仍然不敢有丝毫松懈，他们枕戈待旦提防着德国军队的反攻。美国的普通民众们还和战时一样，以黑面包作为口粮，并在地窖里储藏了大量的白糖和煤炭以备不时之需。为节约电能，美国燃料管理局在战后仍然遵循战时的法令，不允许城市夜间点灯。这一法令直到11月21日才被撤销，百老汇等数十条著名街道也才开始重放光明。

铁路的运营权依然由政府所有，民众若想购买车票必须在铁路管理局统一的售票厅购买；市民们上街买东西都带上了口罩，因为在前不久爆发的一场流行性感冒夺走了无数人的生命，有统计表明：死于这次流感的美国人甚至远多于死于战争中的美国人。不过目前这场流行性感冒已经过去，人们终于可以从死亡的恐慌中稍微解脱了。

随手翻开一份报纸，关于欧洲军队的报道随处可见——德国爆发了革命、威尔逊总统积极斡旋力求和平、联合战争运动如火如荼地进行……除此之外，你几乎看不到别的新闻；但人们仍然每天购买报纸，因为那上面刊登最新公布的战争伤亡名单。从缅因州到俄勒冈州，每个家庭都以万分紧张的心情查阅这些名单，看看自己的丈夫、兄弟或儿子的名字是否在上面。

在平常的年份，11月正是美国橄榄球赛季好戏连台的季节。但由于战争刚刚结束，各大学的橄榄球队的人手都不充足，只能由学生军预备队临时拼凑起来，匆忙上阵。即便这样，他们仍然以高涨的热情举办各种义赛，以便筹募战争基金。他们还在报纸上打出广告，有一幅广告的画面是这样的：当时哈佛大学橄榄球队最擅长踢反弹球的查理·布里克利凌空一脚，将球踢过华尔街，直接飞到股票交易所的阳台上，在那里，另一位橄榄球好手——耶鲁大学的杰克·盖茨稳稳将球接住。

不仅在广告专栏里充斥着战时情绪，在新闻专栏，战时情绪同样浓厚。比如：有一篇社论的题目就叫《10个憎恨德国丘八的理由》；还刊登过这样一篇读者来信,信中建议说:必须对德国皇帝进行处罚,每个国家都应把他列为"不受欢迎的外国人"并将其驱逐出境。这些文章篇篇都对德国的战争机器进行了畅快淋漓的批判,可是在文章旁边,总能看到联合战争基金所作的大篇幅广告,不厌其烦地请读者慷慨解囊,为基金捐款!

翻开报纸的另一版,首先映入眼帘的是一条"为美国重建世界而准备"的大标语。再读下面的文字,你胸中的热血再一次被爱国主义情怀激荡得沸腾起来——"自由获得胜利,权利的力量将开始对人性道德进行重建,当今的世界,人类面临着一个巨大的任务……"你很好奇,究竟是什么任务呢,于是你只能继续向下看那些华丽的、煽情的词句,最后你看到"……要想完成这样的任务,请使用布兰克公司出品的优质钢窗!"

战后美国(华盛顿,1918)

军人的退伍复员工作在紧张有序地进行,一批批士兵从前线返回,脱下军装回到各自的故乡。随着时间的推移,战时的审查制度已经取消,城市之间人口流动更加频繁;到了夜晚,城市里的街道开始变得灯火通明;商场里的货架上也开始供应白糖等食品,人们再也不用每天啃难以下咽的黑面包了。

虽然和平的光明已经照耀了这个国度,战争的阴霾已经散去,但人们还免不了用战争时期的思维来考虑问题。因为在此前长达19个月的战争期间,人们已经习惯了以武力对待敌对的势力——没有讨价还价的余地,没有丝毫犹豫,直接向敌人发动攻击。现在,虽然德国已经被击败,但似乎另一种苗头又在萌发,并大有席卷全球的趋势,那就是布尔什维克主义。

在1918年，布尔什维克主义从俄国发源，开始向整个欧洲蔓延。美国民众担心布尔什维克主义有一天也会蔓延到美国的领土，因此他们决定先发制人。因此，停战协定刚刚签署一周后，纽约市长海兰就迫不及待地宣布：城市里的公共场合禁止出现红色的旗帜。同时他向市警察局下令，"凡看到非法集会，不问缘由，一律驱散"。结果几天之后，还真的有一群集会的社会主义者撞到枪口上了。当时这群社会主义者正聚集在麦迪逊广场花园，附近的一群士兵和水手听说了这个消息，就纠集了大约500多人前来挑衅，他们向这群社会主义者发起冲击。好在22名荷枪实弹的警察及时赶到，将两方人马驱散，否则恐怕会酿成血案。

一波未平，一波又起。第二天晚上，在距离市中心不远的棕榈花园门口，又发生了一起骚乱。这也是一次社会主义者的集会，他们向人们宣传俄国革命的思想。一群退伍老兵和水手们闻讯后，手持家伙，将第58大街上的一个街区堵得水泄不通，然后叫骂着准备冲进棕榈花园，攻击那些集会者。随后双方爆发了一场混战，在混战中，共有6人受重伤。其中最倒霉的是一名保守派股票经纪人，他完全是无端地被卷进这场斗殴中的。当时，他和一位同伴正好路过莱克星顿大街，看到这里打得不可开交，就好奇地问："你们在做什么呢？"结果旁边一个水手听到，就大喊起来："快来人啊，这里还有一个漏网之鱼！"顿时，一群人将他包围起来，一顿拳打脚踢之后，他的衣服都快被撕烂了，这个可怜的家伙也昏死过去。我介绍的这些情况都表明，战争虽然结束，但暴乱行为还远没有消除。

在战争期间，美国为了稳定劳工阶级的军心，稳定社会秩序，政府强迫公司和雇主为工人们加薪。

战后美国（纽约第五大道）

现在,战争结束了,外部矛盾消除了,那些心怀怨恨的雇主们觉得德国已经被击败,下面就要收拾劳工阶级了。因此,他们一方面给工人领袖扣上布尔什维克分子的帽子,另一方面也开始给工人们增加工作强度,逐步减少薪水。面对雇主们的压迫,工人们也不会逆来顺受,他们发现,罢工是一个很有力的武器,因此,他们也铆足了劲儿要教训一下那些高高在上、大肆牟利的雇主们。于是,美国各地的罢工和停工事件屡屡发生。

对于酒类的问题,美国人同样也是令行禁止。禁酒运动的起源可以追溯至殖民地时期,以清教徒为主体的第一批殖民者将酒视为"堕落之源",19世纪中期,随着酿酒业的发展和城市酒馆的日益增多,酗酒的人到处都在增长,酒的问题逐渐具有危害性,很多具有高尚情操的法学家、社会学家都把酒看成是犯罪和贫穷的根源,甚至称之为"魔鬼的甜酒"。因此,很多州和地方的法律都已经明令禁止饮酒。到1914年末,已经有14个州实行禁酒,而到1918年末,则有四分之三以上的人民生活在禁酒州或县里。在第一次世界大战时期,生产酒精不仅会消耗大量国家资源,而且酒精也会明显降低战斗力,影响士气。1919年1月,各州的立法会委员聚集在一起,商讨全国推行禁酒法令的事宜,最后,新出台的禁酒法令被写入《法令全书》,1919年7月1日开始生效。

由于民众已经习惯了战争时期的团结一心,因此,新出台的禁酒法令根本没有遇到什么阻力,就很容易地被老百姓接受了。《纽约论坛报》对此评论说:"这好像一艘帆船在某种不知名的力量的推动下,劈波斩浪,勇往直前。"《纽约时报》的社论则宣称:"人们似乎把禁酒法令作为一种时尚,就如同曾经把饮酒当作一种时尚一样。"停战协议签署之后9个星期不到,全联邦就有36个州的议会投出了赞成票。根据美国宪法规定,只要有36个州同意,法令即可生效。于是,禁酒令推行全国,这可苦了那些酒吧老板和酒类经销商们。当然,也有人对禁酒令提出质疑,认为武断地禁酒也许会损害饮酒者的利益。但是,整个国家上下都已经被"令行禁止,没有妥协"的战争精神所左右,禁酒令最终被不折不扣地执行。

不过,虽然战争结束了,但由于惯性的作用,人们的思维和情绪还在延续。但毕竟和平来临了,人们的某些方面还是发生了深刻的变化。

在战争进行过程中，人们的精神异常亢奋，而且思想高度一致。比如：陆军统帅在战争期间曾发表言论说："凡是活着的德国士兵，都是我们最凶恶的敌人，他们中的善良分子都死绝了！"这样的极端言论居然得到国民的一致认同；还有的政客在演说中宣称："要将德国皇帝下油锅！"他的话也引来听众疯狂的喝彩声。

伍德罗·威尔逊

而且，数百万的美国人始终坚信：他们投身于一场正义的战争，他们为解放受奴役的国家，为了结束战争的杀戮，为了威尔逊总统倡导的精神而浴血奋战。就如同，时代广场上那个女孩演唱《上帝赞美诗》，就如同狂欢的人们烧毁德国皇帝雕像一样，这都是美国人民真实的感情的流露，因为他们坚信：自己是站在道义的一边。

然而，随着停战协定的签订，一种微妙的变化就已经开始了。

有些人很讨厌威尔逊总统，他们觉得大学教授出身的威尔逊总统实在太迂腐了，还带着浓厚的理想主义色彩，他们觉得威尔逊的血管里流淌的是牛奶和水，而不是热血，并不适合领导一个处于乱世的国家；有些人觉得威尔逊对待前任总统西奥多·罗斯福和官员伍德太过刻薄；还有些人认为威尔逊是一个危险的极端分子，比如，他要求召开民主党大会进行选举，以及他主动参加巴黎和会，这些都被民众当作是自大的表现。现在，这些人都纷纷站出来反对威尔逊总统。

还有一些人也站在了威尔逊总统的对立面。他们既讨厌法国盟友，又讨厌英国盟友，他们觉得威尔逊口口声声"我们高贵的联盟"实在很恶心。他们觉得，美国人民卷入到这场史无前例的战争中的唯一目的就是拯救自己，因此，威尔逊那套"缔造世界安宁""全球推行民主"的理论完全是屁话。因此，他们也站出来，屡屡发表反对威尔逊总统的言论。他们宣称："德国已经被我们踩在脚下，那些布尔什维克人也即将成为我们的手下败将，现在，我们该把矛头对准威尔逊和他那帮和平主义者了。"

就这样,随着战争的结束,理想主义的色彩也渐渐褪去,美国社会各阶层之间的矛盾开始凸现了。

3

战争不但影响着美国民众的思想,也影响着威尔逊总统的想法。

他的脾气出了名的执拗。在美国,任何与威尔逊总统意见相左的人都不同程度地受到压制和排斥。尤其在战争发生后,此时如果谁提出不同政见,就会被威尔逊总统指斥为"不爱国"。在美国政界,威尔逊总统的辩才无人能出其右,即使是在全球政要中,他的雄辩口才也是数一数二,因此他每每发表演说,经常能说动其他国家的政治家们,心甘情愿接受他的思想,同意按照他的意思起草停战协定。甚至全世界很多国家的人拿他的讲话和耶稣基督的传经布道相提并论,认为是同样有分量的言论。

威尔逊总统经历过这次战争以后,对战争的残酷性和危险性深有感触,因此他的脑海里萌生了一个想法——建立一个名为"国际联盟"的国际组织,以防止下一次战争灾难的发生。于是,这一梦想推动他前往巴黎参加巴黎和会,旨在游说与会国家的领导人,实现他的伟大构想。

当时一些官员,比如参议员洛奇和国务卿兰辛,都建议威尔逊总统不要亲自前往巴黎,只需派代表前去即可。因为眼下还有更重要的事情要做,那就是应率先和德国恢复和平的外交关系,只有这样,才能迅速建立平衡的全球新秩序。但是,面对洛奇和兰辛等人的劝谏,威尔逊总统半点也没有听进去。他心想:"既然在战争期间,我都能让你们统统闭嘴,现在战争胜利了,你们怎么还能反对我呢?"于是,一意孤行的威尔逊总统还是在12月4日,乘坐"乔治·华盛顿号"从纽约出发,前往巴黎。他站在舰桥上,看着码头上数以万计的群众前来为他欢呼,祝愿他此行顺利,港口的其他船只也鸣起了汽笛,奏响礼炮为他送行。他微笑着看着这一幕,不禁心中志得意满。

在到达法国、英国和意大利等国之后，他受到的盛情接待更让他觉得飘飘然。在英国，当地媒体报道说：美国的威尔逊总统是"英国历史上最受欢迎的外国人，他在伦敦街道上受到欢迎的盛况，恐怕只有英国女王加冕礼才能与之相比"。在意大利，无论是老人还是妇女儿童，都蜂拥到街头，只为一睹威尔逊总统的风

威尔逊总统在巴黎

采；而在法国，威廉·伯禾兰在评论中这样描写："在我的印象中，我从来没见过有人受到这样的礼遇。潮水般的欢呼在巴黎的街道上回响，让我永生难忘！在这条熟悉的街道上，我曾经看到过很多名人，比如福煦①，看到过克列孟梭②，我也看过劳埃德·乔治③，至于著名的将军，浩大的部队阵容，更如过江之鲫。但是，今天我看到威尔逊总统坐在马车里行驶过巴黎的街头，我似乎从群众的欢呼声中，听到了一些特别的东西，听到人们对一位超人的景仰。"

同威廉·伯禾兰一样，伍德罗·威尔逊总统坐在马车里，听着车外夹道欢迎的法国民众热情的欢呼呐喊声，他得意洋洋地想："是啊，我是不可被战胜的！只要此行能够顺利地让巴黎和会的代表们接受我的主张，那么谁还能阻碍我实现建立'国际联盟'的伟大构想呢？"想到这里，威尔逊总统闭上眼睛，他仿佛看见命运女神就站在他的面前，向他伸来橄榄枝，在不远的将来，充满了光明和希望。

可这回威尔逊的如意算盘打错了。因为在当时，无论在欧洲还是

---

① 福煦：Ferdinand Foch，法国陆军元帅，军事战略家，第一次世界大战指挥官。——译者注
② 克列孟梭：第一次世界大战时的法国总理，在战争中稳健的表现为他赢得"胜利之父"的封号，1919年举行的巴黎和会中，与美国总统威尔逊、英国首相劳埃德·乔治并称三巨头。——译者注
③ 劳埃德·乔治：第一次世界大战时的英国首相。——译者注

美国，理想主义的风头渐渐减弱。欧洲的民意开始站在英国首相劳埃德·乔治一边。因为长久以来，劳埃德·乔治首相的观点一直受到欧洲民众的拥护，而他现在主张向德国复仇，力主"将德国皇帝送上绞架，然后对德国政府进行重新选举"。这样的观点一经提出，就得到了公众的支持。

而与会代表之间，也是同床异梦。他们都希望能借助巴黎和会，多让本国瓜分一些战利品。他们向本国的民众极力鼓吹惩罚德国、勒令德国支付战争赔款的种种好处，这样一来，许多原本充满理想主义的民众，就转而变得现实起来，开始支持本国外交家的观点——一心想从战败国身上捞取到什么经济利益——这就与威尔逊的想法渐行渐远了。

威尔逊总统的此次巴黎之行，本想推行自己的构想，孰料欧洲民众和各国首脑都不买他的账。就在此时，美国国内也出了问题，真可谓是"后院失火"。原来，在华盛顿的参议院内，也出现了许多反对威尔逊的"国际联盟"和十四点计划的声音。

其实，参议院一直在与威尔逊总统分庭抗礼。早在1918年12月21日，参议院的共和党的精神领袖亨利·卡波特·洛奇就宣称："参议院在签订条约方面和总统享有同样的权力，并且在谈判之前，美国民众对

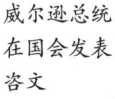

威尔逊总统在国会发表咨文

我方观点有知情权。"他还对威尔逊总统的国际联盟计划大泼冷水,他说:"建立国际联盟未必一定要放到巴黎和会的台面上来谈,因为还有很多更重要的事情要做。"同时,洛奇还针对建立国际和平新秩序,提出了与威尔逊总统相左的意见,即:首先解除德国的武装,让其支付巨额的战争赔款,最好能将德国领土分割成几个部分,由欧洲的英、法、意等盟国掌控。至于美国,越少涉足欧洲事务越好。

基于这样的"少介入欧洲事务"的立场,参议院仔细研究了威尔逊拟在巴黎和会上提出的关于国际联盟的计划,但凡某项条款涉及"纠缠不清的联盟",参议院立即反对。于是,威尔逊总统的完整的"国际联盟"体系就被他们删改了个七零八落。

就这样,在欧洲,威尔逊遭到欧洲各国外交家的抵制;在本国,又受到参议院和公众意见的反对。但更可悲的是,他对这些威胁似乎毫不察觉。

事实上,命运女神正在将威尔逊抛弃。就像历史上每次战争结束后那样,人们的思维方式和战时相比已经发生了变化。在全球范围内,人们的思想不再高度统一,而是出现了百家争鸣的景象;人们也不再对理想主义孜孜以求,而是拜倒在现实主义的祭坛之下。因此,随着时间的推移,事态的发展对他越来越不利。

导致威尔逊最终失败的原因,除了欧洲各国外交家的抵制和美国参议院的反对,还有威尔逊与生俱来的在思想和性格上的局限性。威尔逊在出任总统之前,曾担任威斯莱扬大学的历史学和政治学教授、普林斯顿大学校长及法理学和政治学教授,人称"书生总统"。他的目的太单一,他的思想也太缺乏弹性和变通,虽然这些特质帮助他成为伟大的理论倡导者,但是当他来到巴黎和会的谈判桌上,他的这些特质又成为他的拖累,最后使他归于失败。

由于威尔逊在思想和性格上这种与生俱来的弱点,使他在巴黎和谈中备受牵制,因为他没有办法与自己的同伴们进行有效的沟通,他不能对自己的同伴进行必要的支持,也得不到来自同伴们的建议和意见。他只能一个人与那群欧洲的外交家们作战。

同样,当时在巴黎和会期间,美国也去了大量媒体记者随行报道,可是威尔逊不善于与他们进行交流。这样一来,威尔逊的一些想法

也就很难通过美国媒体传回到美国国内,美国的民众对他更加缺乏理解,他自然也就无法获得美国国内的支持。

总而言之,威尔逊虽然对国际政治局势高瞻远瞩,但是他却一再地在公众面前犯下失语的毛病。瑞·斯坦纳德·贝克一针见血地评价过威尔逊总统,说:"这位'书生总统'看来经常从书籍、文件等材料中获得信息,他不习惯倾听民声,也不习惯从公众那里获得反馈。换句话说,他在人际沟通方面完全不及格……"

的确,在书面谈判方面,威尔逊经验老到,简直是手到擒来。但是在口头谈判方面,哪怕仅仅是几个人之间的小范围交换意见,他也屡屡败下阵来。最后,克列孟梭、劳埃德·乔治和奥兰多等人提议,由他们4个人组成特别委员会,进入秘密会谈阶段。这3人联起手来共同算计威尔逊,此时,威尔逊纵有天大本事也无回天之力了。这就好像打扑克牌一样,三方联手对付一方,那倒霉的一方很难有胜算。在这种情况下,要想在巴黎和会上获胜,除非伍德罗·威尔逊是超人,可惜他不是。

可怜的威尔逊总统在巴黎和会如此险恶的环境中,为了自己的伟大构想,拼命斡旋。其过程之漫长和痛苦,我们可想而知。他调动了他的全部聪明才智,迸发了顽强的精神,与他的反对者进行战斗,最终,居然成功地令其他各国的首脑们做出了种种让步。

比如英、法、意等国的首脑们都希望优先解决领土和军事问题,第二步再探讨建立国际联盟的问题,但在威尔逊的多方奔走下,他们不得不将国际联盟议题放在优先讨论的位置。

威尔逊作为国际联盟的发起人,自任《国际联盟盟约》起草委员会主席,他将自己关在房间里奋笔疾书,最后拿出了一份盟约的草案。草案一经公布就遭到了美国国内一些政客的反对,比如塔夫脱、鲁特和洛奇等人——这一点威尔逊早就料到了。但是他对来自国内的反对意见并不放在心上,他关心的是如何说服巴黎和会上的各国政要,让他们同意这份草案。

当时,在巴黎和会上,各国与会代表都提出要求,认为必须剥夺战败国德国的全部殖民地,将这些殖民地瓜分殆尽,不仅如此,还纷纷把手伸向了德国的领土。他们之间互通声气,互相声援和支持。显然,这样将有违"国际联盟"的精神，因此威尔逊费尽全力游说各方，最后终于成功地说服会议，对德国的领土和殖民地采取"委任统治"的方案，因为威尔逊认为唯有这样，才能建立战后的新秩序。

为了让各国首脑接受自己的意见，威尔逊与他们上下周旋、斗智斗勇。为了让法国总统克列孟梭修改对德国领土主权的要求，威尔逊以退出巴黎和会相要挟；为了迫使意大利总统做出让步，少瓜分一些领土，他向全世界人民大声疾呼："都看看自己的良心吧！"

若不是威尔逊一次次地阻止，恐怕德国领土早就被战胜国瓜分殆尽了。细心的读者如果每天关注报纸上的连续报道，就会发现：正是由于威尔逊的努力，巴黎和会最后才出台了一份对与会各方都尽量公平的条约——《凡尔赛条约》。平心而论，该条约确实降低了未来世界再次发生争端的几率。

然而，毕竟《凡尔赛条约》也是各方面角力和妥协的结果。因此，条约中也存在许多不公正之处。最初威尔逊很想把《国际联盟盟约》也纳入《凡尔赛条约》体系中去，但后来发现，这样做恐怕会让美国深深地卷入欧洲的军事事务，思来想去，最后只能作罢。

就这样，在巴黎逗留了6个多月后，1919年6月巴黎和会闭幕，威尔逊完成使命返回美国。随着时间的推移，《凡尔赛条约》中的一些缺陷开始逐步显露出来。因为当初坐在谈判桌前信誓旦旦的各国政要们，回国以后由于相互间的嫉恨，对利益的贪婪，以及狭隘的民族主义，他们都开始动摇了，行为自然也就渐渐偏离《凡尔赛条约》的约束了。另外，在美国国内，华盛顿参议院对《凡尔赛条约》的反对声音也一浪高过一浪。这个时候，唯独威尔逊仍坚持着梦想，可是，除此之外，他还能怎么办呢？难道他站出来解释说："这个条约的确很糟糕！中国山东的相关条款明显是不公正的，意大利边境条款也是不够透明的，法国通过这个条约攫取了德国很多领土，而且高额的战争赔款几乎把德国榨干了。"——威尔逊能这样对公众解释吗？他不能，因为《凡尔赛条约》的签订过程中他也有份儿，如果他这样说，无异于自抽耳光。因此，他不得不为该条约进行辩护，硬着头皮宣称这份条约是一个完美无瑕的条约。

同样，他也不能说："当时谈判环境极其恶劣，所有的代表都和我

对着干,万般无奈之下,才形成了今天这份条约。"因为这样说的话,就等于承认自己的失败和无能,辛辛苦苦树立起来的威信也就毁于一旦了。

既然在出使法国之前,威尔逊就已经对美国民众打了包票,说一定会将事情圆满解决,而且在会议期间,也一直坚持说事态正在向有利于美国的方向发展。那么,在会议之后,威尔逊怎能承认说"条约中还有许多缺陷、不完善、不公正之处"呢?

威尔逊总统在发表演说

于是,尽管他也看到了条约中的种种缺陷,听到国内许多抨击的声音,但他仍然违心地发誓说:"巴黎和会在一片友好的气氛中进行,而且每项决议都建立在客观公正的基础上。克列孟梭、奥兰多、劳埃德·乔治几位巨头,以及其他与会代表也都是为了拯救世界这一共同目标走到一起来的。因此,《凡尔赛条约》是完美的、无可挑剔的,是建立田园诗般的世界新秩序的宪章!"

威尔逊违心地说完了上面的话后,自己也陷入了深深的痛苦之中。因为在残酷的现实中,他的理想永远无法实现。在这种矛盾心情之下,他只能将这个谎言继续编造下去,用扭曲的、虚幻的景象代替了事实真相,不仅欺骗了美国国民,也在麻醉着自己。在他口中讲述的巴黎和会是一个无比和谐、无比融洽的盛会,各国首脑聚在一起为全世界的人类谋福利。他说:"假如美国不承认巴黎和会的功绩,不认为它是一个为人类带来安宁与和平的会议,那么全世界的人们都会感到遗憾。"

可是,巴黎和会的真实情形,却是他内心中深深的遗憾。

4

亨利·卡波特·洛奇是美国参议院中一位以风格优雅、精于游说而闻名的人物。他身材修长，仪态优雅，灰白色的头发和胡须修剪得非常整齐，浑身上下透出一种贵族的气质，同时，他身上还兼具绅士风度和学者风范。他是美国外交关系委员会的主席，同时，他也是美国共和党的领袖。

他就像福尔摩斯扮演者威廉·吉尔特那样，只要往舞台上一站，无需提高音量，更不用扩音器，全场观众的目光自然就会汇聚到他的身上，倾听他的讲话。而他的思维也超乎常人的敏锐，别人的讲话只要他听上一两句，就能迅速抓住要点。

可惜，就是这样一个睿智的共和党人——亨利·卡波特·洛奇，成为民主党人威尔逊总统的主要反对者。

亨利·卡波特·洛奇

洛奇始终信奉美国精神，他是个好斗分子，美国的对外战争的支持者中几乎都有他的身影。他认为，美国外交政策应当立足于"永远使美国远离任何来自国土以外的争端，除非美国的荣誉受到损害，假如那样，美国必将战斗到底，决不允许美国的利益有一丝一毫的损害！"

洛奇和威尔逊在很多方面存在分歧。因为在洛奇看来，国家的荣誉和国家的权益密切相关，如果权益受到损失，就意味着国家和民族蒙受了奇耻大辱；而威尔逊却不这么看，他认为国家的荣誉属于道德范畴，和权益是两码事，只有在做出令人不齿的行为后，国家的荣誉才会丧失。

洛奇身为外交关系委员会的主席，认为：保证美国的利益不受到任何国际条约的损害，是他义不容辞的责任。"国与国之间的外交，往

往是尔虞我诈的关系，根本不会像童子军那样重感情、重信义！"他说："怎样评价一份条约的好坏？两个国家关系好的时候条约有效，那还远远不够；如果两个国家关系破裂，条约依然发挥作用，那才说明这个条约真的有效。在我看来，《凡尔赛条约》是一个只会带来大量的麻烦的条约。"

同时，洛奇参议员也是一个经验丰富的政治家。他知道自己马萨诸塞州的选民中有几十万爱尔兰人，为了讨好这些选民，他要求参加巴黎和会的代表们召开一个专门针对爱尔兰选民的听证会，希望听取以弗兰克·沃尔什、爱德华·顿和迈克尔·瑞恩等人为首的"美国争取爱尔兰独立委员会"的意见。尽管人们都清楚，爱尔兰的独立和巴黎和会几乎没什么关系。

另外，在美国也有很多意大利裔的居民，洛奇很希望得到这批选民的选票，因此，当巴黎和会讨论到"意大利危机"这个议题的时候，洛奇不失时机地在波士顿发表演说，声称："我支持意大利人民，意大利应该得到亚得里亚海北岸的港口阜姆，并控制亚德里亚海。"——他当然知道，这恰恰是威尔逊不愿意看到的，但洛奇故意这样做，就是要给威尔逊出个难题。

洛奇几次三番与伍德罗·威尔逊作对。比如，威尔逊自认为参加巴黎和会是为美国人民谋取正当利益。但洛奇对此非常怀疑，他认为威尔逊有其不可告人的目的。因此，在美国参加巴黎和会的代表团临行前，洛奇得知在代表团中的亨利·怀特是共和党人士后，就秘密与他见面，并交给他一份文件。这份文件是与威尔逊截然相反的意见，他希望怀特到巴黎后，背着威尔逊将这份文件交给英国外交大臣、法国总理和意大利总理等人看，并且让怀特转告这些人说："如果不接受威尔逊的主张，而是接受洛奇在文件中的主张，那么你们的地位将大大加强！"从这里我们不难看出，且不论洛奇的主张是否更高明，只从他这种暗箱操作的手段，就说明他根本不想让威尔逊总统的方案得到通过。

除了洛奇外，当时还有很多社会影响非常大的人士也反对威尔逊签署的《凡尔赛条约》，比如：顽固的保守党人布兰德吉、理想主义者波拉等人，他们不相信与欧洲国家和谈会得到好处，就好像早期的舞台剧中的情节：从农村来的小伙子认为城市里的人们个个奸诈狡猾，对城里人充满了不信任；还有长期以来一直反对威尔逊总统的政客，比如拉福莱特和吉姆·里德等人；至于共和党人就更不用说了，因为威尔逊总统是民主党人，他们非常乐于看到民主党总统陷入泥淖、寸步难行；还有那些参议员们，他们也给威尔逊总统设置重重障碍，他们要让人们明白，如果谁胆敢甩开参议院独自制定协定，那么他的日子将会非常难过；当然，还有不少反对者，他们对威尔逊的计划并不关心，他们只是很讨厌威尔逊独断专行的说话方式。

由洛奇领头的参议院外交关系委员会

在美国民众中间，也有很多群体对威尔逊投了反对票。首当其冲的是爱尔兰裔居民，因为《国际联盟盟约》规定，国联中有6个席位给了他们的死对头——英格兰；意大利裔的居民也不满意，因为威尔逊曾经反对把港口城市阜姆划拨给意大利；至于德国裔的居民，他们无法接受各战胜国对德意志共和国的瓜分，以及国际联盟将德国排斥在外，因此他们也对威尔逊一肚子抱怨。还有一些美国人通过《国际联盟盟约》了解到，根据盟约规定，美国要担负很多责任和义务，但美国从中获利太少、太微薄了！

除了上面提到的种种反对意见，还有一个最主要的原因。随着时间的推移，许多美国人开始厌恶战争，厌恶一切和战争有关的东西。他们看到欧洲各国为了利益明争暗斗，感到厌倦透顶。美国人恨不得完全从欧洲事务中抽出身来，保持中立，因为生活中除了外交、除了战争，还有很多更精彩的东西值得关注，比如威拉德与登普西之间的比赛，以及英国飞艇R-34号抵达长岛。可是《国际联盟盟约》仿佛又要将美国拉回欧洲大陆剪不断、理还乱的错综复杂的国际关系中，难怪数百万美国人要对威尔逊心存不满了。

1919年7月10日，威尔逊总统结束了巴黎和会回到了华盛顿。虽然

第02章 回归常态 37

巴黎和会圆满结束，但威尔逊总统还不能高枕无忧，因为他必须说服美国参议院支持《国际联盟盟约》。因为只有参议院对该盟约批准之后，才意味着美国对这份盟约的认可。

不料，由共和党人占多数的参议院不但没有马上批准，还对他进行了疾风骤雨般的质询，认为他签订的盟约"根本毫无原则性，没有体现'门罗主义'，也没有写明国际联盟的权利范围，更没有明确各国有退出的自由，可见，该盟约是迫于欧洲国家的强大压力才不得不接受的"。

众所周知，在巴黎和会上，若不是威尔逊对英、法、日作出了一定战略性的让步，国际联盟根本就不会实现。但这些"战略性让步"，都成了参议院抨击威尔逊的话柄。对此，威尔逊用激烈的言辞予以回击，他说："巴黎和会搭建了舞台，全世界的命运就在这里揭晓，今天我们看到的结果并不是所有与会者决定的，而是上帝的旨意。现在弓弦已经拉开，箭已搭在弦上。因此我们不能退缩，只能向前看，朝着美好光明的前景进发！我们每个人生来都梦想着这一天的到来，现在，道路就在我们面前，让我们勇敢大胆地走下去吧！"

难怪人们都说威尔逊总统是一位演讲天才，听听刚才的话，是多么优美动听啊！但是，参议院和民众却丝毫没有被打动。因为，这个国家的人们在战时对威尔逊这种优美风格的讲话已经听得耳朵都起茧子了，现在人们都厌倦了，再也无法振奋起精神。

最后，参议院将《国际联盟盟约》转交给外交关系委员会审议，但不幸的是，外交关系委员会的主席正是威尔逊的死对头洛奇。经过长达一个月的漫长的"研究"，洛奇在参议院的会议上发表了审议结果，他说："《国际联盟盟约》令其他强国也能对美国军队和舰队发号施令，这将严重危及美国的独立和安全。而且，美国过多地涉入他国的纷争，只会加重我们国民的负担，与其掺和别国的事务，还不如独善其身，想想怎么样给自己的国民带来更多的实惠！"他还直指威尔逊，说："总统的做法就是在牺牲美国！"

两周后，洛奇率领的外交关系委员会经过商讨并投票，提出了一个对《国际联盟盟约》的修改方案，主要针对以下条款进行修改，比如：将德国占领的山东归还给中国；美国退出国际委员会；在国际联盟中，美英两国的投票权均等；取消英国自治领对大英帝国重大问题的干预权等等。

威尔逊不愿意看到参议院对条约做出修改，但以他一己之力，又无法阻止洛奇等人，于是威尔逊决定拼个鱼死网破，他不顾医生的劝阻，毅然决定在美国西部各城市间进行巡回演讲，以便赢得广大民众的支持。

当时威尔逊总统已经63岁高龄了，而且身体状况一直不佳，因此他的专职医生建议他放弃巡回演讲的计划。其实早在几个月前的巴黎和会上，威尔逊总统的身体就出了问题，由于背负着内外两方面的压力，他整日情绪低落，经常一夜夜地失眠，甚至出现了中风的先兆。当时同去参会的瑞·斯坦纳和德·贝克回忆说："总统每天早上开会时，总是强打起精神步入会场，与各国政客唇枪舌剑、谈笑风生。但当冗长而繁忙的一整天的会议结束后，回到卧室里，总统仿佛受到重重一击。他面色苍白，他精疲力竭，累得一句话也不想说，一侧的脸颊还痛苦地抽搐着。"在巴黎期间，他的身体甚至马上就到了崩溃的边缘，当时他得了流行性感冒，曾一度高烧到43摄氏度，剧烈的咳嗽快让他窒息了——即使这样，第二天他仍强撑病体出现在巴黎和会的会场上。现在，他刚刚从巴黎回国两个多月，身体还没有完全复原，如果再度奔波，很可能旧病复发。

威尔逊也清楚此行必定异常艰险，但他头脑中始终放不下他的国际联盟。他不允许洛奇等人破坏他的构想，为此，巡回演讲之行哪怕是一条不归路，他也必须走下去。因此，他拒绝了医生和助手的劝阻，9月3日，他离开首都华盛顿前往美国西部诸市，开始了他的巡回演讲之行。

这次美国西部之旅注定是一条艰险的旅途。他的行程安排得如此之满，每天都要进行一到两次演讲，每次都长达两三个小时。由于没有麦克风，因此他不得不完全靠自己的嗓音，在庞大而又闷热的礼堂里向听众宣传他的观点。比如在盐湖城，总统在摩门大会堂面对15,000名听众进行演说。在空气不流通的礼堂里，拖着病体的总统不一会儿就汗流浃背，衬衣完全湿透了。一个晚上的演讲，他不得不换好几次衣服。

为了尽可能多地进行一些场次的演讲，他经常上午还在某个城

市，下午又乘坐敞篷汽车转战另外一个城市，在进入城市的时候，他还要在车内站起来，向道路两旁的群众挥帽致意。每到一座城市，他还与热情的群众握手，接受当地记者连珠炮似的采访，同时他的眼睛也受到照相机闪光灯的轮番轰炸。他的很多个夜晚都是在颠簸的列车上度过的，可是火车不停的咣当声无时无刻不在摧残着他衰弱的神经，并让他夜夜难眠。

这次西部之行，每到一地，伍德罗·威尔逊都不厌其烦地向听众们畅谈《凡尔赛条约》以及国际联盟在未来将给世界带来的种种好处。他在演讲中说："巴黎和会是一次非常和谐的大会，各国首脑摒弃了私心，精诚合作。克列孟梭、劳埃德·乔治和奥兰多等人与世界人民同呼吸共命运。因此，他们签订的条约也充满了人性，条约不仅代表了美国的利益，甚至代表了世界上所有国家的利益！"威尔逊甚至煽情地说："世上的人们，每人的脸上都流着泪水，这泪水不仅是对苦难生活的辛酸之情，更是对未来美好生活的希望之情！——而这希望，此刻就掌握在在座各位的手中！如果你们不投赞成票，如果条约不能通过，那么整个世界将陷于动荡之中！"

威尔逊总统以他超人的毅力，连续进行了40多场演讲，而且演讲的内容绝不雷同。他的每一次演讲，都经过缜密的构思，言辞优美华丽且饱含深情。每一场演讲都堪称经典中的经典！

可是，公众的麻木的反应却让总统一次又一次地失望了。也许人们都知道，华丽演讲所描述的条约、国际联盟，只不过是一个虚幻的梦罢了。如今，全国的人民都已从梦中醒来，只有总统还沉浸在自己编织的梦幻之中。

威尔逊总统在发表演说

终于，9月24日参议院的投票打破了总统的幻梦。43票对40票，总统的主张被参议院驳回，威尔逊失败了。

此时，威尔逊总统还在巡回演讲的途中。他一直受到消化不良和失眠的困扰，身体已经到了崩溃的边缘。参议院投票结果传来，他终于完全垮了下来。9月25日，他拼着最后的力气，在科罗拉多州的普韦布罗市进行了最后一次长篇演讲后，他就感觉无力支撑，在众人的搀扶下勉强回到火车上。因为他还要赶往下一站——堪萨斯州的威奇托。在夜里11点多的时候，他突然觉得头痛欲裂，他的妻子伊迪丝找来几个枕头让他垫在头下，但是也缓解不了头痛，就这样一直折腾了5个小时，最后在一些镇静剂的帮助下，他才昏昏睡去。然而在他第二天一早醒来时，他发现自己的身体不能动了，一张嘴说话，左嘴角就流出口水，口齿也变得不清晰了——他瘫痪了。

威尔逊总统的西部演讲之行被迫中断，总统随行医生立即给白宫发了电报：总统病重，即刻返回。然后，专列载着病重的总统掉头向华盛顿驶去。回到华盛顿，在医护人员的医治下，总统的精神状态稳定下来，但是由于脑血栓的影响，他的左半身彻底瘫痪了。威尔逊总统为了他的事业，落得如此地步，可谓是命运之神给他开的一个沉重的玩笑吧。然而，一切悲剧还没有结束。

5

刚回到白宫后的几个星期，威尔逊的病情曾一度严重到无法开口说话的程度。他只能半睁开右眼，在助手的帮助下阅读文件。他每天只能看几篇最紧急的文件，因为每看一篇文件，都会消耗掉他大量的元气，他不得不闭上眼睛休息好一会儿，才能继续看下一篇。他的手仍然无法握紧笔，因此一些重要的文件是通过他的夫人代签的。这件事被洛奇等人抓住了把柄，他四处宣扬，说："总统已经病入膏肓，白宫实际上已经被第一夫人掌控了。"

现在总统无法管理政务，国家的常规性的事务还在照常进行，比如司法部长帕尔默还像往常一样，对所谓的"激进分子"进行打压，对罢工工人予以镇压。但是毕竟，许多决策性事务还是离不开白宫的。因此，总统一病不起，日子久了，国家机器的运转就不那么灵了。社会物价飞涨，导致商人破产和失业率高企；劳资关系紧张，罢工事件层出不穷。短短几星期间，就连续在钢铁和煤炭行业发生了大规模的罢工。民众对政府部门的重组呼声日益高涨，战后的外交政策也留下一个烂摊子需要收拾……一切的问题都摆在了威尔逊总统——这位卧床不起的病人面前，然而他却无能为力。他的民众支持率也如水银泻地般急剧下降。

当时人们对总统的看法也由原来的崇拜逐渐转变为讨厌，乃至憎恨。大约两年后，爱德华·劳瑞在他的《华盛顿小传》(*Washington Close-ups*)一书中这样描述道：

"在那段时间，尽管可怜的总统卧床不起，但人们对他的怨气仍然难以平息，渐渐地这种怨气影响到了社会的气氛，以至于整个华盛顿都仿佛进入了政治的冬天。在人们心目中，白宫仿佛变成了一座与世隔绝的监狱，那里被铁门和栅栏包围起来，还有全副武装的卫兵在那儿彻夜巡逻……人们看到白宫，想到躺在里面病榻上的总统，心里就会泛起一种凄凉、痛苦、不幸和备受挫折的感觉。"

由于总统很久不在公开场合露面了，因此流言蜚语满天飞，小道消息遍地走。报纸上有说"总统已经病危"的，有说"总统精神错乱"的，还有的报纸认为"总统既然无法对政府行使权利和履行义务，副总统就应该做好接班准备了"。尽管他的医生不止一次出面澄清，但还是有很多类似的消息在华盛顿飞快流传，甚至有人说总统已经去世。白宫每天的主要工作就是回应那些询问总统是否患上了精神病或是死亡的电话，忙得焦头烂额。

为了确认传闻的真伪，共和党参议员福尔和民主党参议员希区柯克代表参议院到白宫探望病榻上的总统。威尔逊总统虽然不能行动，头脑却很清醒，他当然明白两位参议员探病的真实目的。因此，在妻子以及医护人员的帮助下，总统在参议员到来之前做了一些准备，比如练习了几则预先准备好的笑话，还专门阅读了一些当前世界政治形势的文章。当一切准备停当后，这才与二位参议员见面。准备工作果然没有白做，参议员们惊奇地发现，在交谈过程中，总统不时表现出敏捷的思维和幽默感，还就世界上的一些热点问题进行了深入的交流。通过这次探视，总统病危的谣言不攻自破。

但是，总统身边的人们心里都清楚：这位国家元首和曾经的演讲大师如今已经病得只剩一具毫无生气的躯壳了，虽然他的思维还算敏捷，但目光中的神采已经不见了。总统的头脑里还是萦绕着陈旧的想法，他的想法缺乏生机和活力，他依然把自己封闭在自己亲手建立起的梦幻世界中，他不甘心让自己建立国际联盟的梦就此破灭。

威尔逊总统是一个孤独的人，他的朋友寥寥无几。自从他生了重病以后，他的脾气变得更加焦躁、易怒，结果仅有的几位忠于他的好朋友也一个个地被他得罪，纷纷离他而去。

比如，总统多年以来的首席顾问和挚交好友——豪斯。在巴黎和会期间，两个人的关系逐渐产生了裂痕。原因是，威尔逊总统觉得豪斯在谈判中不够强硬，结果屡屡让老狐狸克列孟梭占到便宜。和会结束以后，威尔逊总统就将和谈中的种种不顺迁怒于豪斯，任凭豪斯怎样解释都不予接受。最后，这对交往多年并始终保持着珍贵友谊的老朋友就这样分道扬镳了。

威尔逊总统和夫人

国务卿罗伯特·兰辛也是一个例子。他与威尔逊总统的关系也非常好，由于总统生病不能执掌国事，兰辛觉得自己身为国务卿，必须替总统分忧。于是，他就在白宫召集了内阁会议，商讨一些国家要务。可是总统知道此事后，二话没说就将兰辛解职了。

最冤枉的，恐怕要属总统的机要秘书约瑟夫·塔默提了。威尔逊总统无论身处顺境还是逆境，约瑟夫·塔默提都忠心耿耿地伴随在他左右。早在1910年，威尔逊在新泽西州担任州长的时候，他就是威尔逊

的秘书了。后来威尔逊入主白宫后,他担任总统秘书也长达8年,可以说是总统最倚重的心腹之一。然而就是这样一位忠心的助手,总统也不惜与其决裂,而且决裂并不是因为政见不合,而是一件很微不足道的小事,这就不能不让人觉得总统也许有点老糊涂了。

事情的原委是这样的:1922年4月,当时威尔逊已经离任。那天,民主党在纽约举行一次晚宴。约瑟夫·塔默提在参加晚宴之前,首先去拜访了老上司威尔逊,在交谈过程中,威尔逊向他说:"我愿意和任何拯救美国的人站在一起,因为,这些人会平等地对待国内的每个阶级。"后来,塔默提就辞别了威尔逊,前去参加晚宴。在晚宴上,他引用了威尔逊的上述言论,因为塔默提跟随威尔逊多年,知道这句话无伤大雅,在这种场合引用应该毫无问题。但是,碰巧,在这次晚宴上考克斯州长也发了言。晚宴后,人们就错误地将两人的发言联系在一起,认为考克斯州长对前总统威尔逊的言论表示赞同。

此事传到威尔逊的耳朵里,他非常生气,立即给《纽约时报》写了一封信,信中说:他从来没有授权,也不允许别人到处散布他的观点。很明显,他这是在发泄对塔默提的强烈不满。塔默提得知此事后,立即写信向威尔逊诚挚道歉,并解释说他丝毫没有冒犯老上司的意思,他之所以引用威尔逊的话,完全是出于对他的一片忠诚之心。尽管威尔逊的夫人很客气地给他回了一封信,但威尔逊却永远和塔默提断交了。塔默提又提笔写了一封信,非常诚恳地在信中说:"如果您需要,我愿意永远伴随您身边。"但此信仍然如石沉大海,威尔逊没有理睬他。

我们再回到1919年,威尔逊为首的民主党和洛奇为首的共和党仍然在为条约和国际联盟的问题争得不可开交。最后,洛奇将条约做了一些无伤大雅的改动,提交参议院审议。伍德罗·威尔逊当时由于病重,便没能仔细阅读改动的内容,就密令民主党参议员:"但凡条约有改动,就投反对票,总之不能让共和党人的改动得逞。"

如果他当时仔细看一下条约就好了,因为只不过是细微的改动,不会影响大局。可惜,威尔逊这步棋走错了,结果民主党参议员忠实地执行了总统的密令,投出了反对票。最后在统计票数时发现,其实反对票比赞成票只多了一点,若是没有"自己人"投出的反对票,说不定条约就通过了。就这样,1919年11月19日,条约终于被彻底击败。

威尔逊内阁

几个月后，不甘心失败的总统再次将条约的议题提出，结果又一次一败涂地。这次，参议院和众议院决定，与德国签订"独自和解"的条约。但是威尔逊对这一提议断然否决，他说："如果美国这样做，美国的勇敢和荣誉将会永远蒙羞！"于是这个提议就没有通过，直到后来的哈定总统继任，才与德国签订了类似的和平决议，当然这已经是后话了。

不过，总统的霉运还没有最后结束。1920年，又开始了新的总统大选。威尔逊总统把这次大选看作政治生命中最后的一次希望，他要谋求第三次连任。对此，他信心满满，他说："这次总统大选将成为有史以来一次最伟大的公民投票，富有正义感的、严肃的公民将站出来支持我，支持这个国家！"——随后，进行了总统竞选资格的投票。投票结果出来了，公民们的确站了出来，只不过这些票都是反对票。整整700万张选票，让威尔逊吞下了失败的苦果。

当威尔逊总统的政治事业一次次遭受打击，当他为了自己的理想付出深重的代价却屡屡受到世人的冷眼，他的心情必定是无比痛苦的。我们不知道，他究竟是什么时候才彻底绝望的。因为当他在白宫的深宅

大院里卧床不起的时候,他所听到的外界的消息,也许都是正面的。为了让他安心养病,他的夫人、助手和医护人员从来都是报喜不报忧,因此他始终对外界的事情进展满怀信心和希望。

然而,这样的善意谎言终于难以长期维系,当真相大白的一天,也就是威尔逊总统内心世界彻底破碎的一天。现在,我们终于能够理解为什么威尔逊在卸任之后,只因为一句话就与忠诚的约瑟夫·塔默提断交了,因为,经历了这么多的风波之后,他对身边的所有人都失去了信任。

6

现在,让我们再度回到1919年的早春,看看总统大选的全过程吧。

当时,总统威尔逊还在巴黎参加和会。当时一位具有丰富经验的政治问题评论家就在《纽约晚邮报》上发表了一篇文章,其中记述了民主党内部分成员的抱怨:

"让保守派接受新观念比登天还难……他们会暂时退缩,但是不会消亡。因此,一些年迈而且思想守旧的民主党人自以为掌控了民主党的命运,他们在管理党派的时候,还用1896年的那些陈旧的套路。看来,战争没有让他们变得清醒……他们不会向前看。"

显然,民主党内的这些抱怨是冲着威尔逊总统去的。此时,民主党的内部已经开始出现了反对威尔逊参加1920年大选的声音,他们打算抛弃这位"因循守旧"的理想主义者,选出一位新的总统候选人,代表民主党参加大选。

于是,民主党内部开始寻找合适的候选人。首先进入人们视野的是伦纳德·伍德将军。他性格耿直,不畏挑战,而且与前总统西奥多·罗斯福类似,对上帝充满敬畏;他与威尔逊形成强烈的反差,但似乎个性太强,难以驾驭;其次走进人们视线的是伊利诺伊州州长洛顿,不过他也并非最佳人选；接下来，人们又想到了在战争时期担任食品管理局局长的赫伯特·胡佛，他因成功化解比利时危机而声名鹊起。可是在竞选方面，他实在是个菜鸟，因为他直到马上要参加竞选了，还没弄清楚自己究竟属于民主党还是共和党，这样的人自然也就被淘汰了。民主党也曾经考虑过让哈里姆·约翰逊参选，因为他已经是参议员了，这对于竞选很有帮助。可是此人顽固得像一头驴子，最后他也被排除在外。

而共和党那边，推选出来的总统候选人是来自俄亥俄州的参议员——沃伦·甘梅利尔·哈定。1865年11月出生的哈定从小在农村长大，他最初是一个小报记者，后来与一位富商的女儿结婚，在其支持下，才投身政界。哈定的确是共和党参加竞选的最佳代表。因为他为人低调、谦逊、毫不张扬，不仅在共和党内有着极好的人缘，在党外，甚至在民主党中，也有着不错的口碑。

威尔逊与哈定相比，有很大的差别。威尔逊是一个理想主义者，他喜欢空想，自认为非常有远见；而哈定非常务实。劳瑞曾这样评价过他，说他如同"雪茄店门口站立的印第安人一样，淳朴而守旧，好像在安全剃刀①之前那个时代的一朵花"。哈定不是一个爱玩弄权术的人，他认为在麦金利总统和参议员福拉克的那个时代，政治权谋就已经达到了巅峰，现在应该回归自然了。

沃伦·甘梅利尔·哈定

另外，威尔逊是学者出身，骨子里透着清高和冷漠，常常拒人于千里之外；而哈定平易近人、和蔼可亲，就像一位普通小镇的居家男人。哈定非常随和，和朋友们能玩到一起去，即使当了参议员，还经常在周末晚上与朋友们玩牌。

对于社会阶级的看法，二人也有截然不同的观点。威尔逊厌恶商人，支持劳工阶层，他推崇"工业民主"的观点；而哈定则对商人阶层充满好感，他非常怀念战前那段美好时光，在那时候政府不对商人们设置重重障碍，而是一路绿灯，帮助商人赚取更多利润。

---

① 安全剃刀：1901年，吉列建立了吉列安全剃须刀公司，他被认为是安全剃须刀的发明人，此处指安全剃刀发明以前的19世纪。——译者注

前面提到，威尔逊清高而冷漠，因此他经常与国会，尤其是参议院发生矛盾，在他的政治生涯中处处树敌；而哈定则被各派交口称赞，认为他是一个"非常有良心的参议员"。正如查尔斯·威利斯·汤普森形容的那样："哈定对人表里如一，他待人和蔼，绝对不会与人交恶。"

两个人思考问题的立足点也不尽相同。威尔逊着眼于全球，他希望美国能在世界上发挥一个大国的作用；而哈定则务实得多，他首先要考虑美国的利益，他想让疲惫的美国休养生息，不要再卷入是非之中。哈定在波士顿的一次发言中这样表示："美国现在不能打肿脸充胖子，而是需要静静地修养、疗伤；美国要想恢复元气，不需要秘方，而是正常的秩序；美国也无需革命，而是休养生息……总之，美国不需要特别的治理，只要让她安静地休息，自然就会慢慢恢复。"哈定的这番讲话说出了美国人民的心里话。他讲话中的"常态"这个字眼，恰如其分地点明了民众的心中所想——美国人已经厌倦了扮演世界救世主的角色去承担道德义务，美国人只想过着"常态"的生活。

在共和党这边派出哈定角逐总统宝座的同时，民主党方面还没有选出合适的总统候选人，而此时威尔逊的病情恶化了，彻底丧失了成为总统候选人的资格。最后，民主党人赶紧提名选出俄亥俄州州长——詹姆斯·考克斯，让他与哈定竞争。

可惜考克斯此人政治能力一般，只能算是个平庸的人。但既然被推到台前，就不得不大张旗鼓地高调表示强烈支持国际联盟，并且也学着威尔逊的样子到全国各地进行竞选演说，拉选票。可惜他的水平远不及威尔逊本人，虽然从语气到手势模仿得像模像样，可就是得不到民众的支持。

而哈定则以静制动，像前总统麦金利·威廉的"前廊竞选"[1]一样，他哪儿都不去，只呆在自己的家乡的小镇。早上起来，他和助手给马匹钉马掌，他在衣襟上别着一支麦金利康乃馨[2]，在田间闲庭信步，如同度假一般悠闲。

---

[1] 前廊竞选：美国第25任总统威廉·麦金利在竞选时，表面上冷静沉着，他不搞巡回演讲拉选票，而是静静地坐在自己家的前廊，最多就是在家门口接待一些支持者，直到竞选运动结束为止，可见他对自己当选多么有信心。——译者注

[2] 麦金利康乃馨：因为麦金利总统出生于俄亥俄州，俄亥俄州的州花是红色康乃馨，故也叫麦金利康乃馨。——译者注

哈定谦逊、低调的个性博得了各个派系的好感。由于他说话很有分寸,因此在民主党阵营中,也有很多资深民主党人拥护他;同时,哈定反对威尔逊的国际联盟,自然也就得到无数憎恨国际联盟的民众的支持。哈定曾经在演说中向国民保证,如果他上台以后,他绝对不会发动人们去涉足欧洲事务,比如去帮助多灾多难的捷克斯洛伐克。

经过几轮投票,到了11月3日清晨,哈定与考克斯对决的结果终于出来:哈定以1,600万张选票的压倒性优势击败了仅获得900万张选票的考克斯,顺利登上总统的宝座。而作为失败者的考克斯,则成为政坛的失意者,很快被人们遗忘了。

7

在受到这次沉重而彻底的打击之后,伍德罗·威尔逊回到他在华盛顿S大街上的那栋宽敞而舒适的宅邸里,他整日闭门不出,就这样又度过了3年多的时光,直至生命的最后一息。

威尔逊一家

在这期间,有很多人来探望他。人们惊讶地看到,以前那个精力健旺、充满激情的总统不见了,他们看到的是一个仿佛苍老了10岁的男人,坐在向阳房间里的一把大椅子上。他裹着厚厚的衣服,身体蜷缩成一团,凑近壁炉取暖。他坐在椅子上,双手无力地搭在大腿上,头部歪向一旁,仿佛脖

子无法承载头部的重量一样。

他几乎完全秃顶了，只有额头前面还有一些花白的头发，向后整齐地梳着。当他和人们说话的时候，头部几乎无法移动，只能靠眼睛的目光跟随对方。不过，当谈到美国的外交政策，以及他的政敌的话题时，他好像一下子焕发了活力。他情绪变得很激动，还打着手势帮助自己表达观点，甚至有时候胳膊敲打在椅子的扶手上，他都浑然不觉。他用充满仇恨的语调恨恨地说："现在还没到高枕无忧的时候，把装满玫瑰香水的瓶子丢掉，拿起武器，继续战斗！党派之争无可避免！我们绝不能妥协！"他仿佛用尽全身力气说完了这些话，然后一下子变得神情委顿。喘息了好半天，他仿佛又恢复了一些体力，继续用严厉的语气说道："等我身体复原，到那时，我要他们好看！"看来，威尔逊到了这个时候，仍不肯放弃自己的希望，他希望民主党能把握最后的机会，给政敌迎头痛击。此刻，他虽然非常无助，而且内心委屈、痛苦，但他仍梦想有朝一日能够重回权力之巅。

威尔逊最后一次在公众面前露面，是在纪念第一次世界大战胜利5周年的纪念日。他在助手的搀扶下，颤颤巍巍地来到门口，站在房子门口的台阶上，向群众发表了讲话。他说："有些人虽然对自己的信念非常坚定，但是对这一信念是否会最终获胜却漠不关心。可我却不然，我一定要坚持推动我的信念，让它走向最终的胜利！我这一辈子，看到过傻瓜向上帝宣战，最后怎么样？我看到了那些傻瓜的毁灭！而如今，我们的敌人将再一次落得个毁灭的下场，我们必然会胜利！这就像上帝统治世界一样，是毋庸置疑的！"

3个月后，威尔逊带着满腹的遗憾和痛楚，离开了人世。

第03章

红色大恐惧

1

　　第一次世界大战的硝烟刚刚散去，美国人民期待的和平来临了。在战后最初的几年里，伍德罗·威尔逊总统为了实现世界持久和平，就建立战后国际联盟一事在各国间奔走呼吁，颇费心机，但是国内民众似乎并不关心这些，这倒不是他们对这些牵涉精力的国际事务感到乏味，而是这时有一件被他们认为是更重要的大事，以至于人们无时无刻不在关注着。这件拨动美国成百上千万人神经的大事究竟是什么呢？原来，由于俄国布尔什维克革命成功的影响，在美国也造就了"红色恐惧"，导致对几十万激进分子及共产主义革命运动的敌意。因此一个时期以来，各种各样令人不安的传闻充斥着美国社会：据说社会主义分子已经渗透到美国的各个角落，一场密谋反对美国政府的大阴谋正在悄悄策划之中，说不准什么时候就会发出恐怖炸弹的爆炸声；有的人还似乎听到了布尔什维克主义者渐渐走近的脚步声；甚至还有人推测，很可能在下一周或是一个月内美国就会发生可怕的红色革命。如此等等，让人们战后刚刚平静下来的心又悬了起来，感到不安和惶恐，觉得这件事非同小可，哪里还有心思去关心总统的国际联盟呢？当然，民众并不否认总统先生寻求世界和平、宣扬美国的理念是一种高尚的努力，但与这一时期的国家安全和民众自身利益相比较，他们有理由相信这件事情更重要，必须每时每刻都不放松警惕，甚至要凝神静气，竖起耳朵仔细听着周围的动静。当时至少有数百万人抱有这样的看法。

　　这个时期，不仅相关的街头巷议搅得人们心绪不宁，就是最贴近百姓生活的报纸，也经常在头版散布着各种各样的消息，给人们心中投下巨大阴影，比如哪里发生了大罢工，某个行业已全面瘫痪；哪里又发生了一群敌视布尔什维克主义者的激进分子暴乱等。更让人心悸的是这样几条消息：一条发生在1918年11月11日停战日那天，正当民众为欢庆胜利在首都华盛顿森特里亚大街游行时，突然有一群激进分子闯入游行队伍中,朝着人群开枪射击。事件发生后,参加游行的美国公民展开了报复行动。他们为了发泄心中的怒火,强行把一个被关押在监狱里的世界产业工人组织的成员拖出来,将绳子套在他的脖子上,然后从高高的桥上扔了下去……这个可怜的美国白人成了双方争斗的牺牲品。另一条发生在印第安纳州,有一个外国人仅仅因呼喊了一句"见鬼去吧,美国佬!"就被激进分子开枪杀害了。凶手本应伏法,但却在当地陪审团的庇护下,堂而皇之地逍遥法外了;说来你可能不信,原来陪审团仅用了短短两分钟就宣判凶手无罪。当时,在全美各地还发生了许多类似的事情:在纽约州,一些通过合法程序选举出来的州议员被强行驱逐出境,他们的公民权利也被剥夺了,原因很简单,就是因为之前他们都曾是社会党成员(当时还是颇受人尊敬的);有几所大学间举行校际辩论赛,甲乙双方辩手唇枪舌剑,气氛相当热烈,但当拉德克利夫学院的一个女学生在辩论中对"雇主如果承认工会的存在,对劳资双方谈判将是非常重要的"这一观点表示赞同时,立刻遭到了许多人的嘘声和非议,原本热烈的气氛一下子变得非常糟糕。后来这件事传到了副总统的耳朵里,副总统先生也认为持这种观点是激进主义的可怕表现,在青年学生中决不能泛滥。总之,在战后最初的那个年代,人们对布尔什维克主义的恐慌情绪是全国普遍性的,几乎到处都充满了冲突和内部怀疑,劳工动乱,种族关系紧张,一切都杂乱无章,毫无法律和秩序可言。

骚乱经常发生

为什么会出现这种情况呢?原因是多方面的,其中主要是战争期间劳工运动迅速发展,其规模不断扩大,威望不断增强,大有一呼百应之势。战争结束后,社会对产品的需求情况发生了变化,加之工人的期

望没有得到满足,农民也生活在水深火热中,于是爆发了百余起地区性甚至是全国性罢工,这都是战时劳工力量蓄积的表现。一方面是劳动者为了争取自身利益,他们对薪水不涨,而生活必需品的价格却不断上涨的现实不满;另一方面则是他们看到罢工斗争带来的成果,对劳工团结起来的力量价值有了新的认识,认为应充分利用这一斗争形式。在战争期间,美国政府为了维护工业界稳定和发展国内经济,保证工业产量不断增长,在劳资双方的冲突中以积极的态度进行调停。政府不仅鼓励劳资双方进行谈判,改善关系,还在华盛顿的战时理事会中给时任美国劳联主席的塞缪尔·冈珀斯安排了重要位置,让他享有很大权利。政府千方百计描绘未来的蓝图,让工人们相信和平会给他们带来许多好处,诸如薪水增加、劳动条件改善、生活水平提高等等。但是现实情况却非如此,虽然工人们期待的和平到来了,可并没有享受到政府许诺的东西。在物价不断攀升的情形下,雇主和资本家不但坚决反对增加薪水,还继续延长工人的劳动时间,这样势必激起了工人们的强烈不满。遗憾的是伍德罗·威尔逊总统忽略了民众的这种情绪,虽然他为了创造战后和平的世界环境而辛苦奔波,不遗余力,但是国内民众却再也忍耐不下去了,他们要拿起手中唯一的武器,以罢工来表达心中的愤怒和诉求了。于是战后的头几年,全国各地、各个行业的罢工运动此起彼伏,参加的人数也越来越多,不仅有地铁站、造船、建筑、码头装卸、储运场行业的工人,也有木匠、制鞋工人、电话接线员等。一时间,全国罢工总人数达到200多万,这其中,工业州的罢工人数约有100万,非工业州的人数就更多了,因为还有不少人虽然没有加入到罢工队伍中,但他们却自动放弃了工作,并以这种方式支持罢工。

　　罢工者们的主张也不尽相同。多数人还是围绕增加工资、减少劳动时间和承认工会的合法性等传统要求,但是也有的罢工者提出由政府从雇主和资本家手中接管行业控制权,或者至少先把他们所在行业的控制权接过来,实行生产资料国有化——这实际是一种比较接近社会主义体制的做法。如1919年9月美国联合矿工工会的工人们投票进行罢工时,就旗帜鲜明地提出矿山国有化的主张。当时参加罢工集会的人很多,有一个煤矿主代表想借机发表观点,就不顾满头大汗,费劲地穿过拥挤的人群挤到台前,当他发言时刚说到"矿山国有化是不可能的"时,

罢工（纽约，1919）

下面的人群中立刻嘘声和嘲笑声一片，甚至还有人挥舞着拳头大声叫喊道："不要让他胡说，滚下去吧！快把这个可恶的家伙扔到沟里去！"吓得这个煤矿主面如土色，只好尴尬地溜掉了。北达科他州及相邻的几个州是盛产谷物的地方，这里的农业比较发达，大约有20多万农民参加了汤利的无党派联盟，这个联盟按照敌视布尔什维克的人的说法就是仿照苏维埃的农耕管理模式。此外，世界产业工人组织也没有停止斗争，他们正在西北部组织成员集会，提出建立以世界工会联合会为基础的大工会的主张，寻求对资本的控制权。

铁路行业相对比较保守，政府对这个关乎国家经济命脉的行业实行的是"铁锤计划"，就是政府对铁路行业进行指导，工人可以参与对铁路的管理，一直很保守的铁路工人对这样的管理方式持赞成态度。这一时期，不仅在工人阶层，在自由知识分子阶层中倾向社会主义的思想潮流也在涌动，还有一些社会主义党派在密切关注着十月革命成功后的俄

国。值得注意的是，有一群以俄国人为主的无政府主义者和社会主义者很活跃，他们提出了更加激进的主张，并且经常深入到穷人居住的贫民窟和工厂住宅区，宣传他们的主张。这些人的背后很可能有俄国政府的资金支持，甚至就是在按照莫斯科的指示行动。

说到这些，读者大概会认为美国社会中的社会主义者一定很多，势力强大，其实不然。在战后的激进运动中，由无政府主义者和社会主义者所组成的群体在当时的美国人中所占比例是微乎其微的。我们不妨来看一下伊利诺伊大学的戈登·沃特金斯教授提供的数据，他在1919年晚些时候给《大西洋月刊》(Atlantic Monthly)撰文估计：全国的社会党成员大约是39,000人；社会主义劳动党成员大约是10,000～30,000人；社会主义政党成员大约是30,000～60,000人。假如他的估计基本准确的话，那么社会主义者的人数充其量是全国成年人数量的千分之一，即使把三个党派加起来，也不过是千分之二。以这样的人数比例来试图掀起一场大众性的革命运动，恐怕是成不了气候的。想一想国内那么多骚乱其实都是围绕着占全国成年人口千分之一二的这些人进行的，我们真的不知该说什么好。

当我们在这里仔细研究人数比例会给激进运动带来什么影响的问题时，有一个美国商人却是例外，他可没有心思去琢磨这些比例大小有什么意义。曾经的战争激发了他的一腔热血和好战的爱国主义精神，在他的精神世界里既有商人唯利的自私动机，又有战争激发出的满腔热情和空想主义，二者结合竟然让他产生了一股狂热的信念：他认为工会组织是拦路虎，为了国家的安宁、绝对美国精神弘扬以及开国先驱的教义，商人有权利踢开工会组织。现在战争结束了，他期待再回到他所熟悉的生意场上，继续商海拼搏，享受成功的喜悦。他要随时踢开一切妨碍他获取利益的绊脚石，而工会组织和劳工就是横在他面前的绊脚石，必须坚决清除。这个美国商人不仅狂热，而且还变得性格多疑甚至有些神经质。经历过战争的他不再信任国外的任何东西，尤其是他曾听到许多关于战争期间的间谍和各种阴谋的传闻，他坚定地认为现在仍然存在着危险，比如网球场的某个角落里可能隐藏着炮台；有些同情德国的人在山顶上用灯光发射互相联络的暗号，甚至在医用敷料剂里掺入玻璃碎渣等等。当他看到劳工们为提高工资而举行的罢工斗争，就认为一场由布尔什维克领导的红色革命已经点燃了导火索，并为此紧张得彻夜难眠。更可笑的是，当他听说某个大学教授在课堂上为了向学生阐明人们对任何事物总会有赞成和反对的道理，举出社会主义这个例子时，他就固执地认为这个教授有问题，一定是受了某个东欧游民的唆使才这么说的。他还仿佛看到这个留有胡子的东欧人正不怀好意地盯着美国，一只手拿着鼓鼓的钱袋，另一只手举着冒烟的炸弹。他相信自己的判断，这是多么可怕的事情！

罢工者在集会

2

这个商人的心态在美国社会有一定代表性。1919年4月连续发生的事情也确实证明了恐怖威胁的存在。4月28日这一天，法国首都巴黎热闹异常，伍得罗·威尔逊总统正在这里进行签订和平条约的谈判，凯旋门下一队队回国的法国军人正在游行，夹道欢迎的人群在不停地欢呼着。美国西雅图市市长奥勒·汉森的办公室像往日一样，又收到了一大堆邮件。这天的邮件中有一个包装严实、沉甸甸的包裹，工作人员小心翼翼地打开后，发现里面竟装有一个药量多得足以炸毁半边办公大楼的邮包炸弹！这件事让汉森市长震惊不已，他回想起自己曾就恐怖问题在全国进行过巡回政治演讲，他在演讲中对恐怖深恶痛绝的态度给人们留下深刻印象，炸弹的出现印证了恐怖威胁的存在。这类恐怖事件还没有

完结，第二天，也就是4月29日下午，佐治亚州亚特兰大市参议员托马斯·哈德威克家中发生了一桩惨案。这一天，他的黑人仆役照往日惯例打开各地邮给参议员先生的包裹，突然"轰"的一声巨响，仆役顿时倒在血泊中——他被藏在包裹里的炸弹炸飞了双手。哈德威克参议员之所以招致袭击，因为他担任参议院移民委员会主席，为了防止激进主义分子移民美国，他曾提出过严格限制的措施。

恐怖事件还在继续。4月30日凌晨2点左右，天气阴冷，在纽约邮局包裹部忙碌了一整天的查尔斯·柯普兰拖着疲惫的身体下班回家，途中他从报纸上看到了哈德威克参议员家遭炸弹袭击的消息，当看到"装有炸弹的包裹长约6英寸，宽约3英寸，是用褐色的纸包裹，落款上写的邮寄人是纽约的金贝尔兄弟"这段文字时，他愣住了，觉得这样的包裹他好像在哪儿见过，于是就绞尽脑汁拼命地回想，突然间他似有所悟，匆忙回转身向邮局跑去。他打开包裹间的门，发现自己昨天整齐摆放在木架子上的16个包裹还在，这些包裹的大小、颜色和报纸上描述的一模一样，邮寄人也都是金贝尔兄弟——当然这都是伪造的姓名。昨天之所以没有投递出去，是因为这些包裹邮资不足。他再仔细看看包裹的收件人，更是惊出了一身冷汗，因为司法部长帕尔默、邮政管理局局长博列森、芝加哥的法官兰迪斯、最高法院法官霍姆斯、劳工部部长威尔逊、移民局局长卡米内特、J.P.摩根、约翰·洛克菲勒这些大名鼎鼎的人物都在收件人之列，还有其他很多政府官员和资本家们。如果这些包裹都投递出去……查尔斯·柯普兰不敢再想下去了，他赶紧报警。迅速赶来的警察将这些包裹带到附近的消防队进行检查，发现里面都装有炸弹。警察按照邮寄包裹的底单查对，发现以金贝尔兄弟名义寄出的包裹总共有36个，除了这16个还没有投递以外，其余包裹已经在邮递的路上了（当然也包括前一天在哈德威克参议员家发生爆炸的那一个）。这一事件经报纸传播，立即在全国引起极大恐慌，以至于人们谈"褐"色变。在接下来的日子里，人们在打开包裹，尤其是褐色包裹时都极其小心，生怕会发生什么不测。化名的金贝尔兄弟究竟何许人也？从包裹收件人都是国家政要或富豪显贵来看，充分证明这些装有炸弹的包裹肯定是那些外国激进主义分子干的。

人们还没有从连续三次的恐怖事件中回过神儿来，二十几天后发生在司法部长帕尔默位于华盛顿住宅的爆炸声再次震撼了人们。这次爆炸的威力很大，几乎炸飞了半栋住宅，庆幸的是帕尔默先生侥幸躲过一劫。爆炸发生的那天晚上，帕尔默先生先是在一楼的书房读书，后来当他准备休息、刚刚离开书房回到卧室关灯上床时，突然听到震耳欲聋的一声巨响，住宅前门像被什么东西重重地击中，接着就传来爆炸声和夹杂在其间的墙壁倒塌和物品玻璃散落声。帕尔默先生惊恐之余，发现自家住宅的前半部已被摧毁，大门外是一个男人残缺不全的肢体，那情景真是惨不忍睹。他还在附近的地面上发现了一份名为《素语》的小册子，这是激进主义分子编印的刊物，由此这起爆炸案的始作俑者也就不言而喻了。这期间在全国各地还发生了一系列炸弹爆炸案，只不过这一起是最成功的。

　　报纸关于激进分子肆无忌惮暴行的报道激怒了美国人，他们再也无法容忍，决定以牙还牙，向这些激进分子们展开报复。于是接下来的一段日子里，在各地就发生了数十起这样的报复事件。在这里，我们选取发生在1919年劳动节那天的两件事讲给大家：第一件发生在劳动节那天下午，在一家由社会主义者办的报纸——《纽约召唤》(*New York Call*)的报社大楼里，聚集了男男女女和孩子们总共有几百人，大家嬉笑谈论着，气氛很热烈。原来今天是报社新办公室正式启用的喜庆日子，社长和员工及家属们正举行庆祝会。突然，一群面色冷峻的士兵和水手闯进大楼，他们呵斥道："赶快撕下这些宣传布尔什维克主义的海报！"楼里的人们没有理睬，这些士兵和水手恼羞成怒，冲进各个办公室，将室内物品统统砸烂，就连桌子上印好的报纸和其他宣传品也被撕碎扬散。这还不算，他们连推带搡地把几百人都赶出了报社大楼，在街上当众挥起拳头对这些人痛打。几乎没有一个人能够幸免，因为暴徒们在大楼门外围成了一个半圆形的圈，凡是看到有人从报社大楼里出来，就有两三个暴徒冲上去揪住拳打脚踢，导致7名报社员工被打伤住进了医院。

　　另一件也是在劳动节这一天，有一群社会主义者正在克里夫兰街头游行，他们打出标语，呼喊着口号，还在队伍前面高高地举着一面红旗。这时有一名中尉军官迎面走过来，大声地让他们把标语收起来，把旗子举低点儿，但是游行者拒绝了，依然行进着。这名中尉随即带领一

大繁荣时代
Only Yesterday

劳动节游行

伙士兵冲进队伍，与游行者发生了混战，更为严重的是一群警察也赶过来助阵，结果使游行者多人受伤。也就是从这一天开始，蔓延整个城市的骚乱开始了并且愈演愈烈，受伤人数不断增加，一名男子甚至因此丧命。社会主义者总部也成了重点袭击目标，有一伙以维护美国制度为名的暴徒冲进这里，肆意打砸，把各种办公用具统统扔到了大街上，砸坏打字机和印刷设备，将这个总部彻底毁坏。

1919年这个不安宁的夏天终于过去了，人们的心绪也逐渐平静了一些，生活又恢复了常态。威尔逊总统提出的和平条约条款正在参议院进行辩论；禁酒法令也被众议院通过了；国会批准的选举权修正案已开始在全国施行。还有人们感兴趣的R-34号进行了第一次在英国和长岛的米尼奥拉之间跨越大西洋的可操控安全飞行。看电影是美国人娱乐生活中的一个重要内容，这时的人们坐在电影院里，一边笑着观看《年轻的来访者》，一边还蛮有心情地猜想着影片中的戴西·阿什福德究竟是谁？他真的就是詹姆斯·巴里吗？

生活必需品价格不断上涨，报业在对那些生活艰辛的人们报以同情的同时，也严厉抨击那些通过囤积居奇而大发横财的奸商们。举行飞

60

机葬礼是人们不敢想像的，但这种令人称奇的举动竟然完成了，要知道这可是世界上的第一例。牧师们时刻没有忘记履行他们的职责，看到年轻人的道德意识日益衰退，他们颇感焦虑和痛心。虽然这个时期的国内局势相对平静了一些，但是由于物价持续上涨，劳工们对现实不满，罢工运动频发，而且他们的情绪显得比以往更加激烈和具有攻击性。整个欧洲显现出被红色革命所席卷的势头，对此，美国民众的心头始终被恐惧和疑虑所压抑，尤其是9月份在波士顿发生的警察大罢工事件，更让人们忧心忡忡。

3

波士顿警察大罢工发生在1919年9月9日。这是全国多起罢工中唯一的一起警察罢工，因此也更为国人所关注。说起来波士顿警察也是很委屈的，他们每月收入很少，最低只有1,100美元，这其中还包括购买制服的支出。按1919年国内的物价水平，每月的这1,100美元所能购买的东西极其有限，有不少人还要维持一家人的生计，因此过得很窘迫。他们看到不少行业建立了工会组织，也紧跟潮流成立了警察工会，并且与美国劳工联合会建立了联系。波士顿警察局长柯蒂斯是个极为顽固而严厉的人，他坚决反对警察工会的存在，更不准他们与外部组织有任何联系。他责令将参与工会的19名警员暂时停职，并对他们提出了指控。警察们对局长的这种蛮横态度极为愤慨，并以举行罢工相威胁。警方内部的矛盾冲突惊动了市长，市长担心这一事件如果处理不好会给全市安全秩序带来麻烦，就任命了一个专门委员会对这一事件进行调解。调解委员会竭尽全力劝说双方，建议达成妥协，但是没有结果，因为柯蒂斯局长坚决不肯让步，他认为让步就是屈服，始终坚持自己的强硬立场，并声称要对不听招呼的警察严惩不贷。9月9日警方照例晚点名时，警察和局长又发生了激烈的冲突，于是一大批警察愤而走上街头，开始了波士顿历史上影响颇大的警察罢工事件。

警察是确保城市治安的防线,也是为非作歹者的克星。这回警察们撂挑子不干了,整个城市就如同一座没有大门的宅院,小偷、歹徒们闻讯欣喜若狂,他们把9日那个晚上视为狂欢夜,三五成群地尽情地享受着放纵和自由。他们砸碎玻璃、掠夺商店、肆意破坏,吓得市民紧闭门窗,整个城市被一片恐怖所笼罩。波士顿的彼得斯市长焦急万分,紧急召来州地方军维护治安。第二天,州长又派遣州近卫军和一批志愿警察前往波士顿设法控制局势,但效果并不理想,因为州近卫军和志愿警察主要是由

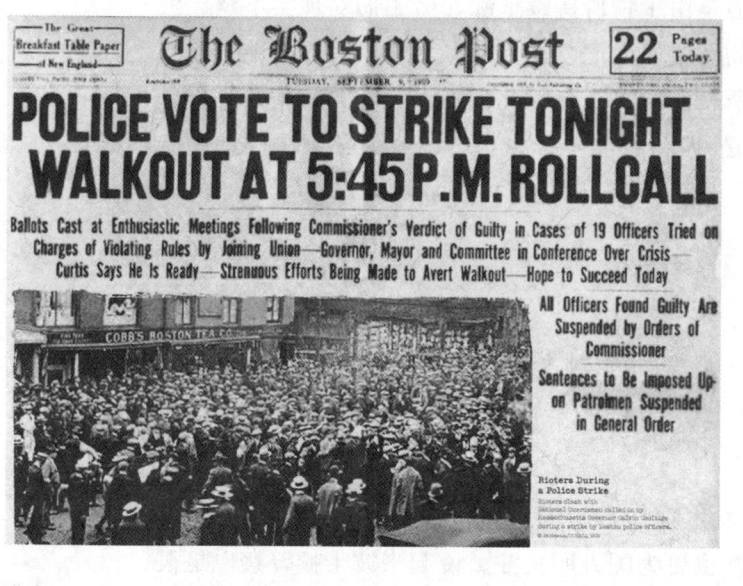

警察罢工成了头条新闻

退役警察、哈佛大学学生以及一些后湾区的棉花经纪人组成,并不像职业警察那样训练有素。他们仓促上阵,毫无经验,而歹徒们却对这些临时拉来维持治安的人的底细了如指掌,根本就没有把他们放在眼里,继续兴风作浪。眼见形势无法好转,州近卫军在各方压力下被激怒了,他们在南波士顿向作恶的暴徒开枪了,当场打死了两人。这其间一系列的暴力事件中,要数发生在波士顿公园一个清教徒花园里的事件最严重。那天,一些暴徒正在花园里玩双骰子游戏,他们旁若无人,吆五喝六,前来维持秩序的近卫军出面制止,暴徒就对近卫军大打出手,结果双方发生了激烈的争斗,各有伤亡。像这样的暴力事件在波士顿断断续续持续了很多天,几乎每天都有伤亡。此时,代表这个城市商人工会成员利益的中央劳工联合会又来乱中添乱了,他们为了表示对警察的同情和支持,决定代表警察举行一次大罢工。他们的这一举动让整个国家都动荡起来,很多人猜测:"难道一直以来风传的红色革命就要开始了?"

后来,中央劳工联合会试图举行罢工的行为失败了,因为不仅是在波士顿,包括其他很多地方的民众都对警察罢工事件表示了坚决的反

对意见。警察们只能顺从民意，取消了这次罢工行动。局长柯蒂斯却毫不手软，很快解雇了先前已经被他暂时停职的19名警员，并招募新人充实警察队伍。

有一个人也关注着波士顿警察罢工事件，他就是曾在华盛顿战时理事会中享有很大权力的劳工领袖老塞缪尔·冈珀斯。现在他意识到这场斗争将会无果而终，于是出面干预了。他给马萨诸塞州州长发去一封措辞严厉的电报，声称柯蒂斯局长的所作所为是没有法律依据的专制行为，要求州长予以阻止。老塞缪尔·冈珀斯对自己的影响力充满自信，期待着事情的扭转，但是这回他错了。

马萨诸塞州州长卡尔文·柯立芝是一个城府很深、在官场沉浮多年的政客。他平时行事低调，一向说话不多，从政以来为了避免危害自己的政治地位，从不轻举妄动。接到塞缪尔·冈珀斯的电报后，他脸色阴沉，在办公室里踱来踱去，沉思良久，最终他做出了正确的举动。他给冈珀斯回信说，"维护公共安全是每个公民的责任。无论任何人在任何时间、任何地点都没有权力进行罢工危害公共安全"。州长的鲜明态度掷地有声，是对那些热衷于罢工者的有力回击，于是一夜之间他成了维护国家利益的英雄，受到整个国家人民的广泛拥戴。这时候如果还有谁对持续许久的罢工事件的走向不清楚的话，那么只要看看这个国家的人民对卡尔文·柯立芝州长的拥戴也就清楚了。在州、市各级政府官员的努力下，波士顿的形势慢慢好转，在接下来的许多日子里，那些临时调来被迫执行紧急任务的业余警察们，终于可以喘息一下，晚上也可以回家睡个安稳觉了。虽然白天的工作不会让他们再紧张分分，但他们还总有抱怨的事情，比如感觉在街道上指挥交通要比在乡间俱乐部玩上一整天的高尔夫球可累多了；什么时候才能结束这种无聊透顶的工作呢。招募新警察的工作还在进行，虽然花费了不少时间，但是新军总算是建立起来了，尤其是这些新人朝气蓬勃，经过训练已完全可以胜任维持城市治安的任务，波士顿又重新步入了正常轨道。

虽然有组织的劳工们重新回到了工厂里，但他们仍然带着罢工的情绪，就如烈火熄灭后，还会有余烬，一遇干柴还会燃起冲天烈焰一样。若干天后，就真的发生了这样的事情。美国钢铁公司总裁盖奇·加里是个与柯蒂斯局长一样顽固强硬的人物，当钢铁工会代表提出关于增

加工人工资的谈判要求时，他傲慢地拒绝了，甚至连工人代表的面都不见。几十万工人愤怒了，他们离开炼钢炉，走出工厂，开始了新一轮声势浩大的罢工。

这次钢铁行业的工人罢工主要是反对低工资和过长的工作时间，在他们的行动和宣传中已经看不到任何激进主义的色彩了，这一点和前期的一系列罢工有明显的不同。罢工的钢铁工人中，确实有很多人每天工作长达12个小时，收入微薄，有的还患上严重的职业病，他们是在为维护自身的利益而战。对于工人大罢工，老板们并未放在心上，因为前些日子波士顿警察罢工事件所引发的一连串社会反响，让这些大老板们有一个新发现：这就是让红色恐惧搅得紧张不安的社会公众，此时心理非常脆弱，他们会对任何与罢工沾边的事件进行谴责。在这种社会舆论下，雇主、资本家当然也包括他们这些视罢工为洪水猛兽的钢铁大老板，毫不费力就能借公众谴责给这些罢工者钉上激进主义者的标签，使之受到公众的谴责，无形中转移人们对钢铁工人低工资、高劳动强度的注意力，达到借公众之口对罢工施加压力的目的。

有这样一个例子：威廉·福斯特被推举为某次罢工的组织者。他有干劲也很聪明，尤其是文笔出色，写出的文章极富煽动性，很多报社里都可以看到他编写的号召工人联合起来的小册子，在人们的印象中他是一个十足的革命者。当时，像美国钢铁公司这样的大财团控制了很多行业工会。同业工会就是在其控制之下，工作平庸，效率低下，福斯特则试图用各行业组成的统一工会来代替同业公会，以此来扩大工会组织的影响和战斗力。他一提出这一主张后，报纸上就频频出现对他的负面报道，说福斯特是一个"来自内部的蛀虫"，而罢工也被认为是激进主义阴谋的一部分。报纸的宣传让公众非常害怕，尤其害怕和激进主义沾上边，因此人们关注的焦点一下子放在了如何击败来自内部的蛀虫上，而不再是那些迫于无奈、呼吁改变自己一天工作12小时现状的钢铁工人了。风向的转变就是这么简单。

钢铁业工人声势浩大的罢工开始几个星期后，一场席卷全国煤矿业的罢工又开始了，矿工们甚至冒着被贴上激进主义者标签的嫌疑，打出了支持矿山国有化的宣传标语。钢铁业、煤矿业这两大行业的罢工强烈震荡着美国社会各界，人们迷茫了，恐惧了！不知道接下去还会发生什么！民众读了报上消息后，大有山雨欲来风满楼的感觉。人们预测：如果政府对煤矿实行国有化，就意味着无政府主义猖獗泛滥，暴乱横行，投掷炸弹，民无宁日，甚至是国家的毁灭！战争的硝烟刚刚散去，难道国家还要面临着新威胁？人们期待着政府马上采取行动，必须要做些什么，制止这种现象。

有一个人始终在密切地关注着局势，他从纷繁复杂的局面中看到了出手的大好时机，决定对宪法进行拯救。这个人是谁呢？就是总喜欢被别人称为"战斗的贵格会教徒"的司法部长米切尔·帕尔默，以他为代表的政府行动终于开始了。

4

这一届政府组建时曾承诺给人民带来自由和繁荣，但是在接下来依然纷乱的3个月里，人们却看不到作为政府最高法律长官的帕尔默先生有什么作为。也难怪，正在白宫养病的伍德罗·威尔逊总统还是对一切事务都充耳不闻，他唯一关心的还是他的国际联盟。

其实，帕尔默先生一直在谋划着，只不过人们一时还看不透罢了。在战争期间，国家曾颁布过一条关于控制食品燃料的法令，规定战时不得对煤矿业的生产有任何限制，这实际是鼓励生产，为战争提供急需物资，当时帕尔默就是严格执行了这条法令。现在战争已经结束一年了，情况已经发生了根本性的变化，尤其要说明的是，当年哈斯廷参议员在宣布这条法令时曾经当众非常清楚地解释道：这条法令是劳工部部长威尔逊先生授权他宣布的，而且颁布这条法令并不表明政府无论是现在还是将来会禁止和平示威或罢工运动。帕尔默先生当时是政府要员，他应当完全清楚这一情况，但现在他对此却不置可否。（可能的原因无非这么几种：要么是他从来没听说过这种解释；要么是他根本就没有在意过这种解释；要么就是有什么不可告知的情况左右他，总之只有他自己心中清楚了。）在这次煤矿业罢工开始的前一天，印第安纳州的联邦

司法部长米切尔·帕尔默

法官严令罢工领导人不得有任何扩大罢工行为的举动，否则将予以严惩。司法部长帕尔默严格地执行了这条命令并迅速采取了行动，这样一来，矿工们的罢工从一开始就注定要失败了。第二天虽然仍有大约40万矿工走出了矿场，但是他们群龙无首，由于联邦政府的法令，罢工领袖们退缩了。

关于哈斯廷参议员代表政府宣布食品燃料控制法令时对罢工及和平示威作出的不予禁止的保证，公众可能会毫无所知，但即使是某个报社老板知情，谅他也不敢把真相在报纸上公布，因为在当时的美国社会，人们普遍对罢工示威这些举动感到恐惧，他们担心这是激进分子爆发红色革命的前奏，政府对罢工活动的种种限制，也正迎合了民众的求安心理，试想哪家报纸还敢冒这样的风险与政府唱反调呢？很多媒体就像曾经对卡尔文·柯立芝表示支持一样，对联邦政府的命令大加赞赏，如《纽约世界》(New York World)就刊文说："任何来自'红色恐惧'或世界产业工人组织的危险并不可怕，我们相信，美国的普通警察就有足够的能力对付他们。"帕尔默这个"战斗的贵格会教徒"受到鼓舞，他继续发威，擒贼先擒王，对罢工领导人开始了一系列追捕行动。为逃避追捕，罢工领导人乘船取道芬兰流亡俄国。人们将他们乘坐的"布福德号"轮船戏称为"苏维埃方舟"，并为此津津乐道，成为饭后茶余的谈资，这时并没有人关心政府是否有权力将他们（按当年政府对罢工和示威的保证他们应是无罪之人）与家人拆散，使其亡命天涯。老谋深算的帕尔默先生又有了新的打算，他决定乘胜追击，扩大战果，继续进行新一轮的搜捕行动。事后证明，他确实创下了美国历史上行政部门侵犯个人合法权利的新纪录。

帕尔默的新打算是什么呢？简单说就是他要利用战时的《惩治煽动

叛乱法案》，与劳工部长联手出击。美国在战争时期出台的《惩治煽动叛乱法案》主要内容是：凡是身在国内的外国人，如果被怀疑是无政府主义者或者提倡用暴力推翻政府的，如果与任何被怀疑是无政府主义或提倡用暴力推翻政府的组织发生联系的，劳工部部长有权将其立即驱逐出境。这个法案在战争期间无疑是非常必要的，但现在帕尔默先生仍决定利用这一法案赋予劳工部长的权力，就未免有借刀杀人的嫌疑了。这一时期，他与劳工部长紧密配合，共同对社会主义政党里的外国成员进行大规模围捕并将之驱逐出境。他早些时候就派秘密特工混入了社会主义者的组织，充当内线，据说有一个还成了他所在地区的领导人。

一切准备停当后，大规模的搜捕行动开始了。仅1920年新年当天及其后的几天内，被捕入狱的人数就超过6,000，这之中当然并不全是社会主义者，因为帕尔默先生采取的策略是"广撒网"。有一天，正当几十个城市的社会主义者按约定同时在各自总部举行集会时，被帕尔默先生派出的警察、特工和志愿人员迅速包围了各个会场。他们不管有没有集会许可证，也不管是不是社会主义者，将在场的人统统都关进了监狱。为了拿到这些人涉及违法的证据，尽管没有搜查证，也对他们的人身和集会的各个房间都进行了仔细搜索，凡是认为可疑或是想像中的证据，诸如印刷品、书本、纸张、人员名单、墙上的图片等，都收集起来。帕尔默除了指挥白天突然袭击式的围捕外，还连续几个晚上闯入不少社会主义者或是嫌疑犯的家中，将他们捕获。几千人在监狱里关着，没有任何让他们申辩的机会，有不少人感到莫名其妙，不知道自己的罪名究竟是什么，更不清楚要在监狱里呆多少天。还有更可笑的事情出现了：有一个肯定不是社会主义者的美国公民，也被误抓进监狱关押了很多天，甚至差点还被流放出国，后来总算搞清楚了，原来抓人时警察弄错了名字，张冠李戴，把这个与社会主义者压根就不搭边的人给弄进来了。不仅如此，由于监狱人满为患，其恶劣条件也让人无法忍受。在底特律的监狱里，一个长30英尺、宽24英尺的房间竟满满地塞进了100多人，这么多人在狭小的空间里足足呆了一个星期，其境况可想而知。这种待遇甚至都被该市市长形容为"简直令人无法忍受"。在帕尔默的指挥下，警方对已被关进监狱的嫌疑犯还采取了进一步的防范措施。还是在哈特德福，当局不顾法律尊严，将那些前来探监的人予以逮捕关押；他

米切尔·帕尔默

们还把嫌疑犯的家人或朋友打来表示问候的电话，也当成这些人与社会主义政党有勾结的证据。总之为了寻找这些人的罪证，他们真是不遗余力。

帕尔默先生尽管费尽心机，但还是没有找到足够证据证明这些被关押的人都是社会主义分子，为了向社会公众有个交代，不得已，只好在一两周后将大量囚犯释放出狱。后来据官方泄露出的内部消息说，这次全国性大规模搜捕危险分子行动收获甚微，警方缴获的武器只有3把手枪，至于事先官方曾宣称的社会主义分子藏有大量炸药、炸弹，预谋发动暴乱云云，更是子虚乌有，连个影子都没有见到。事实就是这样，但帕尔默办公室发布的消息却与此大相径庭，他通过报纸不断发布又获取新证据的消息，而且一再强调这些证据足可以证明社会主义分子正在威胁着国家安全，人们不应放松警惕。这其中的内情公众当然不会知晓了，只能根据帕尔默和官方的宣传导向，依然相信红色革命随时都有可能发生，恐惧之心没有丝毫减弱，尽管这时国内钢铁和煤矿业的罢工数量和社会主义红色革命的威胁实际上都在逐渐减少。

为了对社会主义者继续穷追猛打，帕尔默先生又换了另外一种方式。他了解相当一部分有产者的心理，就公开对全国2,000万自由基金的拥有者、900万土地的拥有者以及1,100万银行存款的拥有者提醒说："你们要警惕了，社会主义分子发动红色革命的目的就是消灭私有经济，他们会夺走你们目前所拥有的一切！"这下可不得了，那些拥有自由基金、土地和银行存款的人整日惴惴不安，唯恐哪一天自己的财产会付之东流。帕尔默先生向媒体公布设计好的宣传材料时，还特意附上一些留着胡子、模样凶恶的人的照片，他指着照片告诉人们这就是危险的社会主义分子，并常常以煽动性的口吻询问人们："难道你们希望这样的人统治美国吗？"他的招数很奏效，让人们心生恐惧的同时，更增加了对这些红色革命制造者的憎恨。这时不少政客也相继发表对社会主义者仇视的言论，推波助澜。一些政客说："可以在任何五金器具店找到对付红色革命者的合适工具。"还有的政客者甚至宣称说："我对付红色革命者的原则就是不要理睬他们的SOS求救信号，让他们像遭遇海难的船只一样，任其沉没，或者干脆向他们开枪射击。"这个政客还心怀仇恨地说："我们应该把所有的社会主义者都赶到石头船上，用铅来做帆。"大学里的学生们也受到社会气氛的影响，呼吁学校开除所有被挂上激进主义标签的教授，并且要求学校的老师人人都要进行效忠宣誓，否则也将受到诘问。假如你是个持有不够正统的政治和经济观点的商人，这时千万不要开口说话，你如果想保住自己的饭碗，最好学会如何保持缄默。因为这一时期，美国社会歇斯底里的状态已达到了登峰造极的地步，草木皆兵，人人自危。实际上，当时美国的所谓"红色革命"威胁远没有人们想像的那么严重，只是人们的心理扭曲罢了。

5

这种近乎发狂的状态就像大海的波涛似的一浪接着一浪，难以消退，因为数不清的冠以超级爱国者的团体才刚刚出现，它们也要在美国社会的政治舞台上表演一番。这些团体都有自己的执行秘书，这些人可以称为职业的超级爱国者（不排除这里面有人是伪装成爱国者的特殊宣传人员），他们才刚刚投入到战斗中来，斗志正酣。还有无数绅士也发现，这时要想毫不费力地打败任何人或任何事物，最简捷的办法就是给他（它）贴上社会主义者的标签。于是各色各样人的伪装表演开始了：无论是海军政要、信奉义务兵役的人、禁酒者、反对烟草者、反对进化论的原教旨主义者、道德秩序的维护者、书本检查员、仇恨犹太人者、仇恨黑人者、地主、制造商以及多如牛毛的大大小小的经理人们，无论他们内心的真实想法是什么，也无论他们实际上是支持什么样的事业，现在统统都用美国国旗和爱国者的斗篷包裹自己，以此作盾牌把自己严密

地保护起来；反之，则给他们所敌视的人贴上社会主义者的标签，拼命将这些人与俄国布尔什维克及列宁联系起来，借此表明这些人就是红色革命者，是国家的威胁。比如那些既雇佣工会会员也雇佣非工会会员的自由雇佣企业变成了红色革命者的"美国计划"，这也是很多演讲者和作家在多年里一直向人们讲述的"险恶而具有破坏性的颠覆者"的故事。类似这样的故事很多，有不少老妇人是坐在自家华丽画室中镀金椅子上从执行秘书那里听说的，她们还从行政秘书那里听说政府特工又发现了新的激进主义阴谋，但现在还不便透露等等，执行秘书的探访让她们知道了不少外面的情况。还有她们的丈夫回到家中也会把在午餐俱乐部中听来的消息讲述一番。整个国家被一层怀疑主义的阴云所笼罩。

既然美国全社会都在关注着给国家安全带来威胁的社会主义者，那么这样的人究竟又有多少呢？据威廉·伯恩斯估计其固有人数大约有422,000人；国家安全同盟的斯坦伍德·门肯则估计在600,000左右（是前面沃特金斯教授估计人数的10倍）；联合爱国社团主席德怀特·布拉曼反映的情况就更惊人了，他告诉纽约州州长说每周在全国各地召开的社会主义者会议累计就有10,000次，而且目前已经有350家激进主义的报纸创办达半年之久了。

有人对某些全国性联盟组织中的布尔什维克或者同情者的人数也做过统计。全国公民联盟拉尔夫·伊斯利说在美国饥荒基金委员会里就有60个同情布尔什维克主义者的成员。还有一个颇有分量的超级爱国者把矛头直接指向全国裁军委员会的弗雷德里克·利比牧师，说他也是一名社会主义者，不仅在俄国接受了教育，还曾借出访俄国的机会去接受指令。其实这纯属是捏造事实，这名信奉和平主义的牧师与俄国没有丝毫联系，甚至都没有去过俄国，可见当时也是真伪混杂，有不少人无辜受冤。此外，各类出版物中也有不少被贴上社会主义标签，例如《民族》(*The Nation*)、《新共和》(*The New Republic*)和《自由民》(*The Freeman*)杂志就被划入"革命性"出版物的范围，受到监视；《调查》(*The Survey*)杂志也因"革命团体曾感兴趣"，而受到《拉斯克报告》作者的猛烈抨击；还有妇女选民联盟、联邦基督教协会和外交政策协会等团体，也都被拉尔夫·伊斯利用警惕的目光注视着；甚至是国家信息局中由罗伯特·德福雷斯特所领导的慈善行动组织也被列入怀疑的行列。德福雷斯特先生可以说是纽约最受尊敬的人,他大概平时工作太过繁忙,没有察觉到他周围也有人受到激进主义影响,像拉比·威斯、诺曼·托马斯、斯科特·尼尔林等等。在联合爱国社团的人看来,只要是由自由主义的公民所组成的团体,都有激进主义的色彩,它们的存在就会让公众感到恐惧发抖,必欲除之而后快。

他们还把目光瞄向了剧院、电影院和各类图书,认为这些公众经常光顾的地方也潜藏着危险。美国防御协会的惠特尼先生甚至对影剧界的名人指名道姓地说:"我们在社会主义者的文件中,不仅看到有诺玛·塔尔梅奇的名字,甚至还有查理·卓别林和威尔·罗杰斯的名字,他们难道不值得怀疑吗?"

他们对图书也不放过,认为字里行间也会渗透罪恶,要求实施更加严格的审阅和管理措施。由加利福尼亚爱国者组成的优化美国联盟更是关注这个方面,其执行秘书赫敏·施韦德小姐就激烈地反对《布衣街》(*Main Street*)这本书,认为人们读了它就会"对传统美国美好生活形成一种令人担忧的嫌恶情绪";提出要警惕"对年轻人影响最大的危险人物",指出约翰·杜威和詹姆斯·罗宾逊就是代表人物。这些超级爱国者对社会主义分子的怀疑几乎无处不在,甚至到了有些神经质的程度。他们对中学和大学更不放心,总觉得学校里布满了更加阴险、影响更为深远的各种威胁,甚至对哈佛大学的费利克斯·法兰克福特和扎克丽亚·恰费教授以及耶鲁大学的弗雷德里克·韦尔斯·威廉姆斯和马克斯·所罗门·曼德尔教授也产生了怀疑,担心这些"充满睿智"的教授在公开场合或是教室里说出来的话,也会对社会主义分子产生极大的煽动作用。他们要求

参议院布尔什维克调查委员会

主管教育的官员对中学必须严格控制；对学生课本必须仔细地梳理检查，以便找出任何轻蔑或歪曲美国的历史及英雄的内容。并且强调在教育阵地有发言权的是保守主义者，激进主义分子是破坏国家安全和法律的罪魁，大、中学校都必须无条件地开设尊重宪法的课程。

这种压抑气氛带来的直接后果是破坏了人与人之间的正常关系，人们对激进主义的恐惧日益加重，唯恐自己也被贴上社会主义的标签而遭到排斥。这时假如你想进入商界，就必须被戈弗·普瑞或者是中心镇的圈子所接受，认同他们所处的环境。更重要的是你的言谈话语必须与盖奇·加里及帕尔默先生的意见相一致，若有一丁点儿背离，就会受到怀疑，不要说进入商界，恐怕今后都将永无宁日了。有一个印第安纳州人以前说话非常坦率，现在也变得谨小慎微了，一个信奉自由主义的记者前去采访他，这个印第安纳州人吓坏了，实在拗不过，只好把记者请进屋，赶紧反锁上自己办公室的门，又将窗户关严。因为这扇窗户正对面是一个大约有50英尺宽的通风口，他担心通风口那边的屋子里可能有人正将耳朵贴在墙上偷听他们的谈话。等这些事都妥当了，他才敢与记者谈论政治话题，采访结束后，他还是先到门口张望了一阵才让记者离去。还有一个人曾在某个中西部城市生活过，后来离开了那里，当多年以后他又重返这座城市的时候，感到这里变得让他陌生了，他再也感受不到当年的轻松与和谐，"所有的人都在害怕、躲避着某些东西，人们之间的信任也淡漠了许多，他们害怕的究竟是什么呢？"这个人无限感慨着。有一位孤独的持不同政见者也道出了他的处境：公众舆论犹如钢铁般沉重，在这种让人难以承受的压力下，他只能退让并被迫接受这种环境。他是做学问的，但却不敢公开发表自己的经济主张，因为只有符合全国退伍军人协会或扶轮社成员们著作的观点才可以，哪怕稍有一丁点儿偏离，就会被贴上布尔什维克主义者的标签。为了逃避这个压抑的社会，他只能每日深深地埋头于自己的著述中。这就是一个有代表性的学者当时无奈的心声。

战争结束后的几年里，这种社会现状一直没有改变。直到1922年凯瑟琳·富勒顿·杰罗尔德夫人给《哈珀斯》(*Harper's*)杂志的文章中写道："现实让我们看到美国已经不再是一个传统意义上的自由国家了，人们期待的自由在这个国家正逐渐成为一个修辞学上的符号，因为任何一个理性公民都不能自由地表达自己诚实的信念(绝对不是包含罪恶的信念)，他们自由发言的出口都被牢牢地堵塞了，唯一畅通的出口就是无处不在的怀疑。我认为在这种不正常状况下，如果一个人对国家所有社会问题和政治问题感兴趣并想自由表达的话，他的唯一办法就是选择一个对他最为同情的犯罪团伙，然后躲在这个团伙的保护之下保持'容忍'的美德，要知道，这该是一件多么令人可悲的事情啊。"

杰罗尔德夫人的文章对当时的现状带有明显不满的情绪，一经发表，犹如在湖水中投下一块巨石，顿时在社会上掀起轩然大波，要知道，1922年仍是超级爱国者们横行的天下，要说出这样的话是需要极大勇气和魄力的。《哈珀斯》办公室和她的家中收到了数百封来信，很多谴责者用粗俗下流的语言辱骂和诅咒她，说她是布尔什维克主义者的帮凶；当然也有些来信对她的勇敢行为表示赞许，认为她站出来说出了事情的真相。写这种信的自然是那些被无端怀疑的人，也可能是心存不满却又没有勇气说出事实真相的人。由此不难看出当时的美国竟然被超级爱国者们控制到何种程度。在后来的日子里，像杰罗尔德夫人这样敢于顶住压力，将强烈的不满情绪发泄出来的人就越来越多了。

6

一个传统意义上的自由国家，应当是以人与人的和谐相处为基础的。但是战后很多美国人的心态发生了变化，导致出现了很多无法忍耐的表现形式，其中最明显的就是对黑人、犹太人以及罗马天主教徒突然爆发的愤怒之情。在战争的特殊环境下，一方内部或敌对双方群体忠诚和群体憎恨的情绪得到了膨胀，战后的和平环境又让这种膨胀情绪遭到否定，很多人转不过这个弯儿，于是就通过不正当的方式宣泄非理性的情绪；既迫害那些受到怀疑的激进主义分子，也迫害那些被美国白人统治群体认为是外国分子或者是"非美分子"的人，种族矛盾也凸现出来。

在战争期间,由于受到北方工业区高额工资的吸引,数十万黑人纷纷涌入,他们在各种制造工厂辛勤劳作。随着黑人数量的不断增多,很多地方已经没有工作岗位可供他们选择,于是这股黑色潮流继续朝着从前只有白人工作的地方涌动,与当地的白人竞争公交车和公共场所,竞争着生存空间,慢慢地,在多个方面打破了种族调节的微妙平衡。这时的黑人普遍有一种激昂的独立情绪,无论是南方的还是北方的黑人,面对始终轻蔑他们的白人,他们坚定地认为:难道我们没有和白人一样应征入伍吗?难道我们没有为民主和被压迫的少数民族而战斗吗?难道我们没有通过辛勤劳动为国家作出贡献吗?他们有理由相信自己在这个国家的作用,但是随着和平的来临,他们却发现自己的尊严再次受到了贬低,这个社会似乎

黑人的居住环(20世纪20年代)

不属于他们,于是有些黑人内心由激昂的独立变为愤恨不平。这在当时那种不安定的社会环境下,同样是非常危险的事情,因为这种充满暴力倾向的情绪一旦失控,就会让隐藏在人性表面之下的种族暴力激情爆发,这是白人们最为担忧的。他们可不想两面受敌:布尔什维克主义已经非常令人心焦,黑人如果也变得无法控制……局面将不可收拾。

当时,美国社会里的种族歧视很严重,黑人在很多公共场合受到严格限制。1919年夏天就曾发生了这样一件令人痛心的事情:一天下午,天气闷热难耐,人们纷纷拥到海滩去游泳。那时海岸活动区域是有严格划分的,一部分区域只供白人使用,严格禁止黑人进入,黑人只能在另外的一个区域活动,水中有一条分明却又看不见的界限,这一点白

人和黑人都是清楚的。有一个17岁的黑人男孩也在芝加哥海水浴场的密西根湖区域游泳，慢慢地这个黑人男孩有些体力不支，发现前面漂浮着一块铁道枕木，他顺势抓住了，不经意间就游过了那条黑白不得超越的界限，湖边的白人开始向他抛掷石块，一个白人男孩也向他游过来准备驱赶，不知是否石块击中了黑人男孩，只见他松开了手中的枕木，挣扎着游了几下之后就沉入水里，不见踪影，他淹死了。一条鲜活的年轻生命就这样消失了，无论如何都让岸边的黑人们难以接受，他们认为白人向男孩抛掷石块是导致他死亡的原因，于是心中积郁了很久的怒火终于在这一刻爆发了。虽然这起事件并不大，但却像一根导火索，迅速点燃了种族仇恨的烈火，芝加哥的大量黑人（数量比10年前增加了一倍）成群结队地涌进白人居住区，他们聚众滋事、横冲直撞、烧杀打砸，发泄着最原始的怒火。黑人街区更是混乱不堪，到处都有人在打架斗殴、群伙行刺，还有的黑人为了防御而开枪射击，他们对街区的房屋、商店以及各种财产肆意破坏着，整个城市都充满了严重对抗和失控的情绪，暴力事件比比皆是。芝加哥这种内战状况持续了将近一周的时间，稍后秩序才算安定下来。这场内战的代价是惨痛的：有15个白人和23个黑人在街头混战中丧生，有537人受伤，还有1,000多人的房屋财产都被毁坏抢劫一空，他们成了地地道道无家可归、穷困潦倒的人。

　　事隔一年以后，类似的黑人骚乱又在塔尔萨发生了，同样造成了很多伤亡和财产损失。由于种族关系的紧张，哪个地方只要有黑人，就如同有一个随时可能会爆炸的火药桶，令当政者寝食难安。一些演讲者和作家在鼓吹白人至上的同时，也极力夸大黑人对社会造成的威胁，如《颜色狂潮》（*Rising Tide of Color*）的作者就宣称说："与德国人或布尔什维克主义者相比，黑人对西方文明的威胁更严重，他们的存在会给这个社会造成动荡和不安。"这些论调也成了加剧这种种族对立情绪的催化剂。

　　此外，美国白人对犹太人也是"另眼相看"，虽然没有像对黑人那么歧视，但也对这个民族存有偏见。犹太人是一个很有特点的群体，他们聪明、坚忍、执着，群体里充满了互相帮助的忠诚。犹太人中有不少都是著名的俄国布尔什维克主义者或美国激进主义移民者，这对许多具有纯粹美国精神的人来说也是难以容忍的，因此犹太人，尤其是"国际

纽约下东城的犹太人区

化的犹太人"也成了被怀疑和排斥的对象。亨利·福特在《迪尔伯恩独立报》（Dearborn Independent）上发表言论说："国际化的犹太人"对美国的威胁最大，他们不仅策划了对整个世界的征服行动，还为美国带来了无数的痛苦。为了给这种说法提供证据，他还牵强附会地把社会上出现的高额房租、农场劳动力短缺以及盛行的爵士乐、赌博、酗酒、道德沦丧等等这些民众厌恶的事情，一股脑儿地都算在了犹太人的头上，甚至还把穿短裙拿出来说事。福特的这番严厉谴责和攻击虽然夸张、荒谬，但反映出当时白人对犹太人的偏见和敌对情绪普遍存在：犹太人很难租到房子，因为白人房东不愿意接触他们；学校不愿意接收犹太人的孩子就读，在安纳波利斯还发生了一桩欺侮犹太男孩的丑闻；著名的哈佛大学竟然也围绕一个议题展开了激烈的辩论，对阵双方各不相让，其议题就是该不该限制犹太学生的人数。总之，人们对犹太人避而远之。在这种不友好环境下，犹太人普遍感到很孤独，他们觉得仿佛有一道巨大的屏障横在他们与那些非犹太人之间，任凭你怎样努力都不易突破。不仅在人口相对集中的城镇是这样，即使在比较偏远和罗马天主教徒人数很少的地区，犹太人的日子也不好过，各种责难不时会落到他们头上。他们心里很郁闷，想不明白人们为什么会这样对待他们，难道这里的教堂可以不听从外国教皇的命令？难道天主教徒们没有权利用自己的方式教育孩子，而必须是在美国的公立学校里才可以？难道所有的这一切都是"非美"而不忠吗？他们虽然也很想为这个国家尽力，但是以白人为统治者的社会却怀疑和排斥他们。

对社会主义分子及红色革命的恐惧，对黑人的种族歧视和对像犹太人这样的"非美分子"的怀疑和排斥,给美国造成了一种不安和压抑的社会气氛。正是这种特殊环境为后来臭名昭著的三K党的发展和壮大提供了土壤,并助其最终掌控了权力。

以佐治亚州的威廉·约瑟夫·西蒙斯上校为首在1915年建立了三K党,他们是受到历史上美国南部重建时期的三K党的启示(早期三K党的出现可以追溯到1865年,当时在美国南部各州产生,其经费由大资本家提供。党旗是三角形,黄底红边,上有黑龙。党徒姓名严守秘密,集合时身穿蒙头的白色或黑色长袍),代表的是白人至上主义和伤感的南部理想主义。建党之初的5年间,这个组织发展得非常缓慢,只有几百名成员怀着"爱国主义"情绪在兄弟会中工作。但是到了1920年情况发生了很大变化,原因是西蒙斯把三K党的组织工作交给了一个名叫爱德华·克拉克的人。克拉克来自南方宣传协会,他接手三K党以后,凭借惊人的组织能力和如同商品推销员一般摇唇鼓舌的天赋,完成了很多让人无可挑剔的重要事情,例如罗斯福纪念协会和近东救济工作,使三K党的影响力大大增强,人数也不断增加。克拉克谙熟党的标志设计和故弄玄虚的言词以及幼稚可笑的仪式,都可以成为工具,诱惑那些潜在的成员,尤其是对那些生活在乡村存有偏见的人来说,使他们幻想成为生活在无形帝国中的骑士,激发他们去追求秘密探险的热情,而这种热情对所有注定要在单调环境里生活的成年人来说是极具诱惑力的。因此,三K党徒的白色长袍和头巾、燃烧的十字形符号、党内秘密性质以及仪式上所使用的荒谬词汇等都出现了,还有刚刚被激起的人们对荒诞小塔的恐惧之情也都被他有效地利用了。经过一番努力,他清楚地知道,如今的时机对于三K党来说已经成熟了,不仅可以作为白人对抗黑人的力量、非

三K党创始人西蒙斯上校

犹太人对抗犹太人的力量、新教徒对抗天主教徒的力量，假如组织得好的话，三K党也完全可以成为一个盈利的组织。在这里我们不得不佩服克拉克居然还有着商人般的精明。

为了把三K党搞成一个盈利的组织，克拉克还设计出一套办法，总体来说就是以出售成员身份为核心，划分区域、确定负责人、按比例分配。他给各级人员都冠以迷人的头衔，其命名艺术简直达到了炉火纯青的地步：每个身份为销售人员的成员的头衔是"克利格"；整个国家被划分成若干领域，每个领域由"王者克利格"领导；每个领域内又被划分成不同的属地，每个属地由"大鬼"领导；克拉克作为最高组织者被称为"皇帝克利格"；西蒙斯上校则被称为"皇帝奇才"。凡销售一个成员身份收取10美元，其中4美元装入销售者克利格的口袋；领域的王者克利格和属地的大鬼从其余的6美元中抽取少量佣金；剩下的就全部归亚特兰大的皇室国库所有。由此我们可以看出，假如一个销售克利格非常勤勉卖力的话，他可以收入很多，不需要害怕任何债权人。在那10年中，做克利格是个盈利的行业，因而也成了那个时期不少人热衷于做的事情。

三K党经常使用私刑、绑架和集体屠杀等手段对敌人进行打击，开始时并没有引起过多关注。后来有关这个组织的报告不断出现，同时《纽约世界》又披露了很多不为人知晓的关于三K党的秘密，促成1921年国会对三K党展开调查，最终将克拉克这个皇帝克利格驱逐；皇帝奇才西蒙斯上校的位置也由一名牙医取代了。这名牙医叫希兰·韦斯利·伊凡斯，是得克萨斯州人，他自称是"最普通的美国人"，或许这个说法也符合实际，但此时他麾下的三K党却不再普通，由于其旺盛的销售网已经形成，三K党继续以不可遏制的势头发展壮大，以致到了1924年初，它的成员数已经达到令人惊愕的近450万。随着三K党人数的急剧增加，他们开始涉足政治领域并产生重要影响，在一个时期内他们控制了俄勒冈、俄克拉荷马、得克萨斯、阿肯色、印第安纳、俄亥俄以及加利福尼亚等7个州。虽然三K党的主要据点是在西南部、中西部和太平洋海岸，但实际上它的触角几乎遍及美国各地，甚至纽约市犹太区、天主教徒区及混合区的门口都有它的踪迹。克拉克不愧是"皇帝克利格"，短短几年时间，他就把这支队伍打造得如此庞大，他的天才和好客精神真是令人叹为观止。

三K党是个很奇特的组织。虽然在理论上对"纯粹的美国精神"作了表述,如在他们的党章里描述兄弟会的目标时是这样说的:"联合美国所有的成年白人男子和土生土长的非犹太人,他们对外国的任何政府、国家、组织、宗派、统治者、个人或民族没有任何性质的任何臣服义务,他们拥有良好的道德和堪为模范作用的名声和职业……将他们联合起来是为了培养和增加对政府的爱国热情;为了在成员之间施行令人尊敬的三K党精神;为了一个可以实行善行的表率作用;为了保护家庭的圣洁和女性的纯洁,为了永久维持白

三K党在游行

人至上主义,为了在高尚的仪式中体现并忠诚地灌输崇高的精神哲学;为了用实际的奉献来保存、保护并且维持富有特色的制度、权利、特权、原则、传统以及纯粹美国精神的理想主义。"

但实际上,在不同地区和不同的时期,这种目标的内涵又有着不同解读,如在南部地区,"白人至上"是三K党的首要目标,而其他大多数地区的克利格们则把矛头对准了犹太人和天主教徒。各地三K党组织大部分都是不受亚特兰大控制的自治组织,这些组织的头目不过是一些接受教育和训练都很少的白人新教徒社区成员。由于上面这些因素,他们的行为也就丝毫体现不出"崇高的精神哲学"了。印第安纳州某市的一个观察家曾这样比喻说:"只要看看他们游行时穿的鞋子,你就清楚那些所谓有影响的人是什么样的了,床单是遮不住鞋子的。"以诙谐的语言道出了这些素质低下组织者的形象。虽然亚特兰大的"皇帝奇才"伊凡斯对这种素质低下的状况很不满,并试图阻止,但是当地的三K党成员

却依然我行我素,他们已不再满足于投票反对允许孩子们进入该教区的学校或是天主教徒候选人进入政府部门工作这类事了,也不再认为在城镇的小山顶北部燃烧血十字这种向黑人们示威的做法有多大意义了,他们要干更大的事情,以三K党的秘密性引起更多的直接行动。

其后他们屡屡制造恐怖,让人们极其紧张不安。他们仇视黑人,随意抓人滥施私刑,如果有人控告一个黑人男子向某个白人女子求爱,这伙披着白床单的家伙不管指控属不属实,就把这名黑人男子诱骗到森林里"接受教训"——一顿鞭打或是其他惩罚;他们还任意抢夺黑人的财产,如果一个黑人女子的土地被某个三K党成员看中,而这个黑人女子认为对方出的价格太低拒绝出售,就有可能收到三K党的最后通牒——要么出售土地,要么立刻滚开;另外一名黑人被打得直到他忍痛将自己的土地以远低于实际价值的价格卖给了一名白人男子才算了事。

帕顿在《当代历史》(Current History)杂志披露了一系列三K党在亚拉巴马州的残暴行为:一名黑人男孩遭到树枝抽打,尽管孩子苦苦哀求,但三K党成员还不肯住手,直到他的脊背上露出了一条一条模糊血肉;还有一名黑人女子遭到毒打后被抛弃在荒野,由于受伤无助最后感染肺炎而死去;路易斯安那州也发生了一起可怕的悲剧,5名男子遭到绑架后,三K党在他们身上缠上电线,将他们推进湖里淹死了。不仅对黑人是这样,对那些同情黑人的少数白人或是违反三K党规定的人,他们也加以迫害。如果在种族冲突中,一名白人男子对黑人表示了支持,他就有可能遭到绑架和毒打;有个已经加入美国国籍的外国人也遭到鞭打,后背被打得皮开肉绽,原因仅仅是他娶了一位美国妻子;还有一名白人女子因离婚而受到三K党成员的忌恨,闯进她的家中把她打得不省人事。三K党还联合抵制犹太商人,拒绝雇佣天主教徒或是将房子出租给他们。

三K党的暴行遍及全国很多地方,即使某些地方没有发生这种暴行,但他们的恐怖威胁也让人们不寒而栗。夜晚当人们看到身穿白色长袍的队伍在行进,看到山谷间燃烧的十字架闪耀出的火光时,就会在黑暗中相互耳语:"这次他们跟踪的对象是谁?天哪!今晚不知道谁又要遭殃。"三K党投入人们心中的阴影就像鬼火一样,恐惧和怀疑如影随形,从这所房屋蔓延到那所房屋。更可恶的是当地那些流氓恶棍也学会仿效三K党，如果他们想焚烧某个谷仓或是袭击某些贫民窟，他们就照着三K党的样子，可以随心所欲地作恶却又不用担心被处罚；住宅的围墙上经常可以看到用粉笔写的K.K.K三个字母，这也都是那些流氓恶棍们任意涂画的，人们无时无刻不生活在恐惧中，这个责任难道不该由三K党负吗？这一时期三K党带给人们的梦魇，就像红色恐惧事件中所表现出来的那种歇斯底里状态一样，无休止的恐惧行动使得恐惧永久存在，随之而来的则是愈演愈烈的残暴与罪行。

燃烧的十字架是三K党的标志

时间可以消磨一切，慢慢地人们的战时情绪也淡化了，三K党的势力也从鼎盛开始走向下坡，直至在很多地区完全消失。在极少数地方，这个组织虽然存在，但也不过是受利益分肥者控制的政治小集团。三K党历史基本完结，可是在数百万人的心中，它已经成为了恐怖的代名词。

7

转眼到了1920年初，天气依然很寒冷。这时帕尔默先生指挥的大规模袭击搜捕社会主义者的行动已经结束了，但是对激进主义分子的追捕仍没有停止。在4月份纽约州议会上，根据审判委员会提供的情况，认为有5名议员是"一个完全由叛国者所组成的不忠组织"的成员，不容他们有任何申辩，当即就驱逐了他们。斯威特还在会上对年轻议员小西奥多·罗斯福进行了严厉的谴责，认为他反对这种驱逐行动是可耻的。

他在发言席上大声朗读着小西奥多·罗斯福的父亲老西奥多·罗斯福曾说过的一段话,用父亲所代表的美国精神来批驳儿子所代表的非美国精神,由此形成对比,其间带给小西奥多·罗斯福的痛苦只有他心里清楚。在议会发言过程中,库维勒议员突然发现议员席位上还坐着两名社会主义者(当然他们都是通过选举而取得了合法议员席位),于是大声叫嚷道:"快看,那里还有两个小托洛茨基!别看他们脸上带着笑容,可那都是虚伪的假笑,他们都是苏维埃俄国政府的代表,混在我们中间,企图颠覆我们的政府。"库维勒的叫喊引起了会场里的一阵骚动,愤怒声一致响起,随后的投票结果就可想而知了,这两个人同样被赶出了议院。就连一向出言谨慎的《纽约时报》这次也一反常态,发表评论盛赞说:"议院的行动代表了我们的爱国精神,这是一次美国人的集体投票,我们相信,绝大多数美国人都会赞同并认可议院的这次行动。"可见,当时人们的标准情绪依然像《纽约时报》的评论这样。

尽管如此,随着时间推移,这种情绪还是在悄悄地发生着转变。纽约联合俱乐部的查尔斯·埃文斯·休斯是议院很多人公认的共和党中才华出众的小伙子,前途远大,由于他对议院的这次行动表示了反对,差点使他那些老成持重的同伴们背过气去,他们这次倒没有别的举动,只是担心这样一位很有前途的共和党小伙子会转变成一名温和的社会主义者。1920年劳动节很快又要到了,对这一天人们是既期待又担心,真的到了这一天竟平静得什么事情都没有发生,人们悬着的心才放了下来。因为在这之前帕尔默先生曾言之凿凿地告诫人们说,激进主义分子已经选定劳动节这一天作为发动大规模罢工和暗杀的日子,要求人们提高警惕。全副武装的警察们也集结待命,等待着一场永远都不可能发生的革命大爆发。帕尔默先生的这次预言失灵了。在后来召开的共和党大会上,曾经平息了波士顿警察大罢工的卡尔文·柯立芝几经拼搏,冲进了竞选副总统职位的候选人名单,耐人寻味的是民主党大会却没有给帕尔默先生这样的机会,他甚至连任何职位的候选人推举都没有,这让帕尔默备感失落。不仅如此,人们对他的反对声还持续不断,让他追剿社会主义激进者的战果也在这一片反对声中有些黯然失色。反对他的人幽默地称他为"颤抖的战斗者""假冒的战斗者"以及"颤抖的胆小鬼"等等,美国人开朗幽默的天性似乎又在这一刻重新恢复了。

1920年的夏天到来了，虽然这时整个国家的社会秩序还并不很安定，国会关于罢工、骚乱和反对激进主义分子的立法行动和审判规则也仍在继续进行中，但是人们的目光已不再只聚焦在这些事件上了，他们注意到了周围发生的其他事件：比如正在如火如荼进行的总统大选，英俊潇洒、气度不凡的美男子沃伦·哈定先生正在自己住宅的前廊上洪亮地发言，试图在总统竞选中一搏；伍德罗·威尔逊总统建立国际联盟的行动也正面临困境，考克斯先生正在国内巡回发表演讲，试图帮助总统先生；还有一大堆难以处理的经济问题，如国内物价依然攀升，人们已经抗议好几个月了，包括举行游行、递交请愿书等；还有更加别出心裁的事情，费城乔治·埃尔斯布里牧师身穿工装裤进行布道，纽约举行的一场集体婚礼上，牧师和新娘、新郎全都穿着工装裤（为一家报纸副刊拍照片）；人们的购买力下降，百货商店打折降价等等，都进入了人们的视线并成为最为关心的问题了。这时的国内商业局势很糟糕，人们也顾不得罢工和激进主义分子还有什么举动了。

　　此外，还有不少事情让人们感兴趣。比如禁酒法令的实施就成了人们晚餐桌上一个议论最多的话题。那些天里，人们经常是屏住呼吸，心情兴奋地围坐在桌前，听说着各种新鲜而又让人激动的消息：像某某人在自己的酒窖里酿造出了非常醇美的杜松子酒啦，按照什么样的比例可以将葡萄干的效用发挥到最大限度啦，走私者是通过什么渠道将酒从加拿大运到美国啦等等，传播消息的人讲得眉飞色舞，围坐的人则是听得津津有味，因为好长时间以来他们都没有议论这些事了，之前人们的神经总是绷在罢工、暴乱和社会主义者的红色革命上。还有波士顿的查尔斯·庞兹由于伪造了一夕暴富的计划而遭到追捕；以及妇女参政权者经过几十年政治运动，成功争取到的选举权法案在8月18日得到国会正式批准的事情。虽然这一年夏天，国内又发生了一场无政府主义暴徒的骚乱事件，但人们不再惊慌失措，始终保持了镇定自若的态度，静观政府对这一事件的处置。人们的这个变化充分说明，几年来令人颤栗的红色恐惧对人们的影响已明显地开始削弱，人们不再为此而终日惶恐不安了。

　　下面再来说说当时另一个让人关注的问题。如果有人问你："美国有哪个地方可以被称作这个国家的金融中心？"你能回答吗？那就是纽

约百老汇毗邻华尔街的交汇点。在这个区域耸立着多个建筑,它们紧密相连,全部都是政府或私人的金融大本营。华尔街的北边矗立着国库分库大楼,旁边就是同样高大的美国检验办公室;这两栋大楼对面的东南拐角,有一幢朴素的三层石灰石小楼,你可能猜不到,那里就是举世皆知的J.P.摩根公司的总部,也是全世界资本主义的核心地带。西南拐角处将要建起纽约证券交易所的附属建筑,地基已经开挖,一个深深的大坑摆在面前。百老汇街就紧挨在这个深坑的旁边,街上耸立着纽约证券交易所那柯林斯式的立柱。这个区域是全世界资本主义的经济神经,它象征着政府、金钱力量和商业方面"三位一体"的联合体系。而这样的体系一直以来就受到激进分子的猛烈抨击。

　　人们没有预料到,几乎就是在这个精确的地点,9月16日又传来了震耳欲聋的爆炸声。本来这天上午一直都很平静,在各个大楼里工作的职员们像往常一样紧张而有序地忙碌着。临近中午的时候,职员们停下手头的工作,正准备出去吃午饭,突然一道刺眼的蓝白色光闪过,紧接着又是一声巨大的金属撞击声,哗啦啦!大片大片的碎玻璃从数不清

华尔街爆炸

的房间窗户上坠落下来，发出刺耳的声响，混杂着男人和女人的尖叫声，人们奔跑着，呼喊着——"轰"的一声，又一声巨响传来，就在检验办公室的门前，也就是摩根公司的正对面，一枚巨大的炸弹当街爆炸，弹片四散，地上炸出一个深深的大坑，有30人当场丧生，数百人受伤，摩根办公室的内部也遭到严重毁坏。这枚炸弹的威力非常大，爆炸点相邻的好几个街区的门窗玻璃都被震得粉碎，还有一枚炸弹碎片在爆炸掀起的巨大气浪推动下，飞上半空，甚至穿透了位于公正大楼第34层的银行家俱乐部的玻璃。

爆炸过后，只见在摩天大楼之间有一团巨大的黄褐色蘑菇云缓缓上升，烟云下的空气中充满了灰尘，迷得人们睁不开眼睛，有些灰尘来自摩根公司和其他公司办公楼的破碎的窗户，有些灰尘来自弹片撞击的石灰墙，有些灰尘来自地面炸出的大坑，总之一片灰蒙蒙的。灰尘下的街道上躺着横七竖八的死伤者，地面被鲜血染得通红。人们被这突如其来的爆炸惊呆了，那些偶然逃脱了炸弹袭击的人们瞬间明白发生了什么后，立刻惊恐地四散逃跑，而这时被爆炸冲击松动的玻璃和石头、瓦砾碎片则如雨点般地从人们头上方的大楼里落下，又砸中了许多人。慌不择路的人群四处乱转，不知哪里是安全的地方，一时间呼喊声、呻吟声、尖叫声充斥在楼内外、街道上，现场的人试图帮助那些受伤者，眼前的情景令他们不知所措，不知道应该先做什么，反而被跑来跑去的人撞得头晕眼花，大喊大叫。直到消防车和救护车到了现场，警察和医护人员从人群中挤开道路，开始了紧张的救援工作，才慢慢地恢复了秩序。

从炸弹引爆的地点看，这次爆炸显然是针对像摩根这样的国家金融大腕的。但这次爆炸的受害人并不是这些大腕，而是普通的银行职员、经纪人、华尔街收款员以及速记员们。因为爆炸发生时，摩根先生本人正在国外，摩根财团的其他合伙人也都侥幸不在爆炸的中心，不是在大楼的另一侧开会，就是出城去了，只有一个人被飞起滑过的玻璃割伤了手。普通职员伤亡得就多了，有一个主任办事员丧生，数十人受伤，17人被送往医院。

距离爆炸点不到200英尺就是股票交易市场，当时这里正在进行着繁忙的交易活动。因为那些日子每天的交易额都能达到约50万股，所以

人们以"大量"二字来形容每天的股市交易。这一天人们都很兴奋，因为股票的价格还在持续上涨，交易所显示屏上的指数已经升到了93.75，上涨了2.125点。鲍德温机车公司的股票价格为110.75，美国钢铁公司的股票价格是89.375，势头都相当不错，还有中部石油的股票交易也异常活跃。可是突如其来的爆炸震动了大楼，只见交易大厅的巨大玻璃顿时成了碎片，哗啦啦地就像雨点似的散落一地，靠近百老汇街道那侧的人们赶紧拉上了厚厚的丝绒窗帘才得以幸免，否则会有数十人被这从天而降的玻璃雨击伤。"究竟发生了什么？"人们用探询的目光相互看着，片刻间愣在那里。瞬间，股票经纪人们四处奔跑起来，交易大厅的人们也就随着这股人流东奔西撞，寻找安全之地。在几分钟之前，地面中间的显示屏前还挤满众多的观看者，很快他们也意识到站在这里最危险，就都朝着大厅的墙边跑去，以防被坍塌的屋顶砸中。交易所的老板威廉·雷米克当时就在现场，面对乱纷纷的情形，他却始终保持了头脑清醒，对站在身边的朋友平静地说："我想该是敲锣的时候了。"于是他按惯例敲响了结束当天交易的铜锣。这一天发生的事情着实让人们受到了惊吓，不少人都猜测明天的股市会怎么样？告诉你吧，第二天股市的指数继续上扬，就好像没有发生过任何事情一样。

爆炸过后，随着硝烟慢慢散去和伤亡者得到清理和转运，人们发现华尔街的街中央躺着一匹已经被炸成碎块的马，在它周围散落了许多小钢铁碎片、碎木头块和炸得稀烂的帆布片，不远处还发现了马蹄铁和全套马具。根据现场留下的这些证据，警方推测这是完全一场有预谋的爆炸案，是马车夫预先将烈性炸弹藏在马车里，把车赶到华尔街金融核心的摩根总部旁边后，自己迅速离开现场，随后炸弹就爆炸了。对于这样一场惊天大爆炸，人们议论纷纷，这个马车夫究竟何许人也？他幕后的指使者是谁？警方展开了全力侦查，侦探和联邦调查员们围绕着现场发现的各种蛛丝，仔细追踪着每一条可能的线索，他们把这个城市的每一辆马车都筛了一遍，对可疑的还实行定点追踪；专家们对现场周围发现的零星钢铁和锡也进行了研究，还把那些嵌在周围大楼的金属小块取下来进行了检查(后来搞清楚那是被割成碎片的吊窗锤，为的是增加杀伤力)，他们甚至细心地找到这些钢铁制造商了解情况，并对销售记录进行了查阅。其中有一块碎铁片被证明是保险柜的把手，于是顺藤摸瓜，把保险柜是哪个制造商什么时候生产的也都识别出来了。这台保险柜一时成了警方关注的重点，派了一名经验丰富的侦探对这台保险柜的历史展开了调查：首先追溯到保险柜最初的制造者，然后查询到第一个买主是谁，后来又把无数个曾经是这台保险柜主人的人查了个一清二楚，最后发现这台保险柜竟然还在战争期间随着军队去了法国，后来它又回到了霍波肯市。说来真是令人称奇，这样一个小小的保险柜居然踪迹如此复杂。侦探查到霍波肯市后，它的踪迹就再也找不到了。警方还从现场发现的马蹄铁入手，但掌握的情况也就是有人发现在爆炸发生数天以前，有一个西西里人把它们钉在了一匹马掌上而已，其他再无任何有价值的信息了。现场目击者、一些在爆炸发生前受到恐怖警告的商人等也都被警方传唤去进行测试、分析和追踪，但也都无果而终。甚至还逮捕了一些受到怀疑和监控的激进主义分子，希望从他们那里得到一些对破案有价值的东西，但是也令人失望。虽然费尽了心力，但是几年过后，除了认定这是一起有预谋的爆炸外，侦查工作却始终没有任何进展。唯有一个情况（不知能不能算点儿证据？假如是点儿证据的话，它究竟重不重要？没有人能够说清楚）：据说，几乎就在爆炸发生的同一时刻，有一名邮差在距离爆炸地点两三个街区以外的一个空邮箱里（这个邮箱半小时前清理过），发现了5张纸，纸上印着几行很潦草的字，内容是这样的：

世界金融的中心

听着

我们已经受够了

赶快释放政治犯

否则

爆炸声还会响起

你们注定是死亡的下场

美国无政府主义者
勇敢者

当警方和人们还都对是谁写的字条疑惑时,有一位在爆炸发生前几分钟,正巧到摩根财团拜访,当时正坐在办公室里的煤炭业著名人士宣布说:"事情明摆着,这肯定是激进主义分子干的!"在对爆炸事件进行调查的初期,全国民众都密切关注着,但没有像以前那样,遇有恐怖事件发生就会掀起大量反对激进主义的骚乱活动,如今的美国人民已经变得理性了。他们清醒地认识到,制造恐怖,伤害无辜,使用这样野蛮而骇人的手段,除了一小撮狂热分子外,美国的广大民众是绝对不会支持的。这桩爆炸事件就如迷宫一样,在经多年调查后仍无结果,虽然众说纷纭,但都没有令人信服的答案。

第04章

美国逐渐康复

1

来势汹汹的红色恐惧渐渐地、缓慢地消失了。

究竟是什么导致了它的消失呢？主要有两个因素。

第一个因素，人们渐渐明白过来，曾经给举国上下带来巨大恐慌的红色恐惧也许并不存在，大多数人都是杞人忧天；而且，在俄国等国家爆发的社会主义运动仅仅局限于欧洲大陆，即便德国等欧洲国家都被社会主义大潮所席卷，远在大西洋彼岸的美国也不会受到太大波及。

另一个因素，此时，激进主义思潮在美国慢慢地减弱。不管人们如何看待，贵格会教徒[①]对冲突和战争的深刻反省也起到了一定的效果。在1921年的时候，美国的企业家们纷纷变得保守，连美国劳工联盟的领袖也变得像美国钢铁公司的总裁贾奇·加里一样保守。保守的风潮也刮进了大学校园，学者教授们不再看自由杂志，他们觉得这种文学杂志不应该出现在自己的桌子上；在前两年曾经活跃的社会改革者们也偃旗息鼓了，因为他们根本看不到社会有任何改变的希望。

另外，越来越多的人反感禁酒令，他们不想再跟着政府的指挥棒行动，他们开始追求个人的自由。他们对那些习惯发号施令的联邦政府的公务员们越来越不信任了，因为在战时，人们的精神绷得太紧了，就好像一个连续工作了72小时的工人，已经快到了精神崩溃的边缘，现在一下子松懈下来，人们开始对娱乐和狂欢变得无比向往。

整个国家的人们就好像一下子得到了度假的机会，瞬间解脱了，人人都想要尽情享受自由自在的生活，把以往错过的美好时光统统弥补

[①] 贵格会：贵格会兴起于17世纪中叶的英格兰和北美殖民地。其教义的精神特征是和平主义，认为暴力导致分裂，而所有具备高度道德价值的行为都是一种深刻而潜在的人类统一的表现，因而反对任何战争。贵格会教徒因其信仰拒绝参加战争，却并不能避免战争发生。正因为如此，教徒们有一种特别的义务感去致力于治愈战争创伤，自兴起到现在的300多年间，教徒们在西方每次战争中都尽可能为交战双方提供援助，并致力于通过教育渠道消除既是战争原因也是战争后果的仇恨和误解。——译者注

回来。于是，人们把种种约束和禁令都抛在了脑后，开始追寻潮流、追逐时尚，体验各种娱乐方式，让身体和内心得到极大的愉悦。于是，1921年，新鲜奇特的娱乐方式和时尚商品层出不穷，当然，丑闻也随之而来。

2

1921年首先流行的时尚娱乐方式就是收听无线电广播。毫无疑问，收音机的普及将对美国人民的生活产生重大的影响。

1920年11月2日，就在哈定和考克斯展开总统宝座争夺战的那一天，世界上第一个无线电广播站在匹兹堡建立，这个广播站名叫KDKA，是由西屋公司运营的。虽然广播站有了，收音机也发明出来了，但听众却寥寥无几。这主要是因为广播节目非常匮乏。广播站每天只能用唱片翻来覆去地播放音乐，而且，广播的信号干扰极其强烈，甚至令无线电报都受到很大的影响，人们抗议不断。

1920年，收音机还是个奢侈品

后来，广播站为了吸引听众，别出心裁地建立了演播室，把管弦乐队请到演播室内，现场演奏，然后通过无线电波将音乐传递出去。可很快他们发现，演播室中墙壁产生的共鸣影响了播音效果。后来，广播站又在屋顶上支起一顶帐篷，让乐队在帐篷里演奏，不料一场大风连帐篷都给吹翻了。最后，他们又不得不回到室内，但是他们意外地发现，原来在演播室内的墙上挂上布帘可以吸收多余的声音——声音共鸣的问题就这样被解决了。

随着人们对无线电广播的深入了解，节目也变得丰富起来，广播站如雨后春笋般出现。广播节目中出现了对市场和经济局势的报道。在匹兹堡的圣墓教堂，迪范·埃顿博士通过广播向听众布道；在威斯康星大学，校园音乐会在广播节目中播出；政客也发现广播是一个非常好的传播工具，他们在广播中滔滔不绝地进行着冗长乏味的演说，至于有多少人收听，那要另当别论了。

1921年7月，发生了体育节目转播史上的一件大事。在登普西与卡庞蒂之间的拳击比赛中，首次使用无线电广播对赛况进行了现场解说，广播节目面向全国的听众。事后经统计，这次节目的收听率高达80点。连《纽约时报》都对此事高度评价，称其为一次"无线电技术的成就"。

1922年11月，在阿灵顿国家公墓举行了一场盛大的为战争中阵亡的无名英雄下葬的仪式。无线电广播对这次仪式进行了直播，大批群众聚集在纽约的麦迪逊广场花园和旧金山的大礼堂收听实况直播。当时人们对这种形式还觉得非常新奇和有趣，不过，人们此时还不知道，要不了多久，广播就会普及到每个人的家庭，他们可以坐在客厅的椅子上收听各种演讲和节目。

1921～1922年，人们谈论的焦点话题并不是刚刚发明不久的电话，而是收音机。一份旧金山当地的报纸描述道："每天晚上，当你走在居民区的街道上，你就能听见家家户户传出收音机的声音，全家吃完晚饭后，就围在收音机旁边收听音乐节目。收音机的结构是那样简单，一个普通的小男孩花一个小时就能组装一台收音机。"

1922年2月，连哈定总统都用上了最新的广播接收设备。当时著名的高尔夫球俱乐部——迪克斯摩高尔夫俱乐部也宣称，他们将在球场四周装上扩音器，以便让会员们在打球的时候也不会错过教堂的布道。

4月的时候，在开往纽约西部拉克万纳的一辆火车上，乘客们通过广播收听了音乐会节目。不久，飞机上的乘客也第一次听到了广播，那是梅纳德中尉在一次飞行中，首次通过广播为飞机上的乘客进行复活节布道。

报纸上也出现了介绍广播节目的栏目。收音机的风行，让成千上万原本对物理丝毫不感兴趣的人，也开始关注起诸如再生电路、钠离子管、来复电路、晶体检波器及中和接收法等新名词了。随着收音机的风靡，一首歌曲也跟着流行起来，因为歌词中提到：一位男人希望他倾慕的女孩能够"通过收音机听到自己的表白"。这首歌让人们体会到了时尚的浪漫意味，因此在当时受欢迎程度上，甚至超过了齐格飞在《1922年的时事讽刺剧》中的经典曲目——《我的激情玫瑰》。当时，不仅人们乐于听美国的广播节目，还有一些发烧友们专门搜索收听其他国家的广播节目。当你走在大街上时，他们可能会拉住你，兴奋地说："昨天晚上我头戴耳机，熬夜调试了几个小时，终于收听到了古巴首都哈瓦那的广播节目！"人们对广播的关注淡化了对红色浪潮的恐惧。试想，当人们都把精力集中于"怎样组装环形天线"上时，他们还会有时间关注红色恐惧吗？

如果你不相信上述观点，那么看看下面的数据吧。《期刊文献读者指南》(Readers' Guide to Periodical Literature)是对国内所有杂志文章题目按照内容进行分类的索引。在1919~1921年的《期刊文献读者指南》中，以激进分子和激进主义为主题的文章题目排了两页，关于收音机的文章题目只有不到四分之一页；而在1922~1924年的《期刊文献读者指南》中，激进分子和激进主义的文章只有半页，而关于收音机的文章题目则激增到19页。可见收音机在当时人们的生活中扮演了一个多么重要的角色！

3

除了收音机以外，另外一个让美国人迷恋的爱好就是体育运动。1921年，当时的拳击重量级冠军的经纪人叫多克·基恩斯，他打算策划一场拳击比赛。经过多方联络，多克·基恩斯联系到了另一位拳击名将乔治·卡庞蒂的经纪人泰克斯·里卡德。两人一拍即合，决定在泽西市波义尔的"30英亩"拳击场进行一场拳王争霸战。

此次比赛受到了公众的热烈追捧，其门票收入创造了体育比赛的历史纪录——150万美元。在比赛的那天，共有近75,000人到场观战，

不过让观众们大失所望的是，乔治·卡庞蒂在第四回合就被击倒在地，被抬出场外。尽管如此，各大报纸的体育记者都抓住这次机会，用大量版面连篇累牍地进行报道，也算开了一种先河。

棒球运动也成为美国人最喜爱的体育运动之一。1921年在美国举办了一场棒球世界大赛，其门票收入和观众人数都创造了该运动的世界纪录。无数的热衷体育运动的老百姓们蜂拥到门票售卖点，只为观看耶鲁大学的马尔科姆·阿尔德里与哈佛大学的乔治·欧文之间的比赛，造成一票难求的局面。与这二位的球星身份相比，他们所就读的大学的名气，反倒被人们忽略了。这场激动人心的比赛也给体育媒体的记者们带来了不少稿费收入，他们通过广泛挖掘比赛的周边信息，写成专栏文章，刊登在报纸上。据统计，当时围绕这一比赛，数十家报纸共开设了数百个专栏。

其他的体育运动也有了很大的发展。田径比赛受到越来越多人们的关注，网球俱乐部也如雨后春笋般涌现，商人们把高尔夫球场当作时尚的谈生意的地方。人们对美食的欲求也变得更加强烈了，有一段时间流行吃爱斯基摩派，结果导致短短3个月内，纽约市场的可可豆价格上涨了50%。

1921年的夏天，人们又被一种新鲜事物吸引了，那就是"泳装美女"。那年的7月初，一场时装表演比赛在华盛顿的波多马克海水浴场举行。显然，很多参赛者受到马克·塞内特在其电影中扮演的游泳者形象的影响，也纷纷模仿她的扮相——身穿束腰外衣式的泳装，头上戴着漂亮的帽子，腿上是高高的长筒袜，结果这样的扮相果然大受欢迎。其中有一位选手大胆地将长筒袜卷到了膝盖以下，令所有的观众眼前一亮。

1921年9月初，在亚特兰大举行了全美首届选美比赛。当然，这个时候，法令已经不要求人们必须穿紧身泳装了。于是选美比赛变得更富有观赏性。当时一位记者撰文写道："数以千计的观众现场观看了选美比赛，他们在感到大饱眼福的同时，也感到非常惊讶，原来泳装还可以这样穿！"在那次比赛中，华盛顿小姐夺得了全场冠军。而连身泳装也变成泳装美女的标准款式。受到亚特兰大的启发，许多海滨城市也在策划举办泳装美女比赛。这也给大大小小的画报编辑们提供了更多的创作空间，他们仿佛看见大把的美元正滚滚而来。

20年代初，小报开始繁荣起来。随着小报的遍地开花，激进主义逐渐衰退。也许你觉得小报和激进主义之间并无因果关系，实际上，小报的出现在一定程度上促进了激进主义的衰退。因为小报极少刊登政治、经济等沉重话题，而是大量刊载体育、案件以及性这些吸引眼球的文章。因此，当忙碌了一天的工人们回到家里，看着百老汇斯克兰顿小姐的图片，或者被斯蒂尔曼事件①和阿巴克尔案件②吸引，并对莫维奇③获胜的秘诀进行研究时，他根本不在乎所谓的阶级矛盾呢！

20世纪20年代的泳装美女

不仅产业工人如此，即便是那些受过高等教育的读者们也喜欢阅读一些轻松的书籍来消遣。获得过1919年普利策奖的《亨利·亚当斯的教育》(*The Education of Henry Adams*)是当时的畅销书；《世界史纲》(*Outline of History*)也吸引了很多读者，他们都觉得书中描述的古生物知识非常有趣，不过此书越往后越难读，一般来说读到成吉思汗部分的时候，许多人就纷纷放弃了这本书。

人们在读书之余还做些交流和探讨。人们经常相互询问："美国真

---

① 杰米·斯蒂尔曼：当时任花旗银行总裁，可惜他不具备管理一个国际大银行的才能。在古巴银行业迅速膨胀之际，他受到古巴糖价不断高升的引诱，冒冒失失地在食糖上投下巨额资本。1921年，当食糖泡沫崩溃后，花旗遭到了严重的打击，几乎一夜之间丧失了全部资本金的80%。——译者注
② 阿巴克尔：美国早期无声喜剧电影明星，被控奸杀一位女电影演员，对他的审判轰动一时，后因证据不足无罪释放。——译者注
③ 莫维奇：是美国当时的一匹纯种赛马，自1921年以来的几年内，它几乎包揽了全美各项赛马比赛的冠军。——译者注

第04章　美国逐渐康复

的像辛克莱·刘易斯[①]在《布衣街》中描写的那样丑陋吗？""弗雷德里克·奥布莱恩在《南海白影》(White Shadows of the South Seas)描绘的塔希提岛[②]真的那么美丽吗？"读者们被《酋长》(The Sheik)带到热带地区，去领会那里狂野的爱情；读者们被阿斯奎思夫人描写的英国皇室的生活吸引得如痴如醉；读者们还为《如果冬天来临》(If Winter Comes)一书的感人情节流下了热泪。

除了阅读，人们还对社会新闻产生了极大的兴趣。尤其是那些以凶杀、暴力为主题的新闻，常常成为老百姓茶余饭后的谈资。1922年9月16日就发生了这样一桩凶案。案发地点是新泽西州新不伦瑞克附近的一个废弃农场，人们在这里发现了教堂的牧师的尸体，在他旁边，还有一具女尸。后来经调查，原来死者是教堂唱诗班领唱的夫人——他们双双被枪杀在这里。这则凶杀案包含了所有吸引人的因素：首先，一座废弃的农场，两具血淋淋的尸体，足以让听众们觉得恐怖而刺激；其次，这两具尸体被并肩摆放，似乎在暗示死者之间的某种暧昧关系；最后，死者都与神职人员有关，更增添了几分轰动效应。最重要的是，案发地距离大城市不远，因此消息借助媒体，像长了翅膀一样迅速传开。即使目不识丁的美国农民也在很短时间内知晓了这个消息，以及由此衍生出来的种种流言蜚语。

4

在20世纪20年代初，从遥远的中国传到美国一种新的游戏——麻将。当时，美国标准石油公司向中国苏州派驻了一位代表，名叫约瑟

[①] 辛克莱·刘易斯：是美国第一位获得诺贝尔文学奖的作家。1920年他的《布衣街》出版后引起了爆炸性的反响。《布衣街》在当时美国出版史上创了销售量的最高纪录，千万读者争相购读，一年之内印刷了28次。此书通过描述一群美国人的生活，对他们保守、狭隘、实利主义、自我陶醉的观念和行为进行了讽刺和批判。——译者注

[②] 塔希提岛：南太平洋上的波里尼西亚群岛118个岛中最大的岛，是法属波里尼西亚国际机场和首府所在地，总面积约1,000平方公里，形状从空中鸟瞰似尾鱼，也被称作"大溪地"。——译者注

夫·巴布考克。他来到苏州以后，很快对中国的麻将产生了浓厚的兴趣。不久，他就学会了这种有趣的游戏，并且他还对麻将的一些繁琐的规则进行了简化，使之更适合美国人的口味。

后来，怀特兄弟又将麻将带进了在上海的美国人圈子中，并且大受欢迎。不久，麻将就被引进了美国。看到麻将在美国的潜在市场，旧金山一位叫做哈蒙德的伐木商人放弃了木材生意，开始转作麻将牌的进出口生意。短短1年间，他的进口额就超过5万美元。为了

中国麻将在20世纪20年代曾风行一时

配合麻将牌的营销，经销商在美国各地纷纷做广告宣传这种新兴的娱乐方式，还为顾客提供免费的指导，凡购买麻将牌的顾客，都可以免费学习麻将技法。这些举措都大大地促进了麻将在美国的发展。此后不到1年，美国上下出现了一股麻将风，上至政府官员，下到贩夫走卒，都喜欢上了麻将。这时，麻将经销商们已经不满足于从中国进口麻将，他们纷纷开始自行生产麻将。到1923年，你在很多家庭可以看到这样的情形：四位好友聚在一起，将收音机打开，一边听着悠扬的音乐，一边在牌桌上将麻将搓得哗啦哗啦响。

尽管中国麻将的玩法和规则非常复杂，但绝对难不倒聪明的美国人民。很快他们就对这种游戏玩得烂熟，他们一边熟练地"吃"着上家打出来的牌，一边对下家严防死守，同时手里则把四季、风、红中、发财和白板码得整整齐齐。一套高档的麻将牌甚至要价500美元，但是那些嗜好玩麻将的富人们眼睛连眨都不眨就出钱买下。各地出现了大大小小的生产麻将的工厂。全美的麻将爱好者还组建了美国麻将联盟，在联盟中，会员们整日商讨制定新的麻将规则，开会研究记分标准，争论究竟

怎样才能"听牌"。虽然每次开会讨论的时候，会员们都争论得脸红脖子粗，但会后，大家都和和气气、怡然自得地支起麻将桌，在一片哗哗的打牌声中结束讨论工作。

就在麻将方兴未艾之时，一种新的事物又开始在美国流行开来，那就是"暗示与自我暗示的方法"。而把这种方法带到美国来的，是一位来自法国南锡的执业医生，名叫埃米尔·库埃。这位个头瘦小的男人起初是研究催眠术的，但是1923年初他来美国学习想像力对意志的控制，逐渐对这个领域产生了浓厚的兴趣，并逐渐创建了自己的暗示与自我暗示方法。他的理论和方法主要源于两个基本观点：所有的暗示都是自我暗示，自我暗示只是一种"想像"或"心理"行为；意志被想像力所压制。以这两种观点为基础创立的治疗方法使他声名远扬。他每年要接待上万名病人，后来又前往伦敦举办系列讲座和演示，引起轰动，英国专门成立了"库埃自我暗示实践学会"，每年有成千上万的病人接受治疗。他在美国的讲学和治疗，是他事业的顶峰。美国纽约市成立"国家库埃学会"，真正奠定了他作为暗示学创始人的地位。而他最有名的一句话就是："日复一日，我所有方面都变得越来越好！"

不久以后，一个考古方面的重大发现又让美国人民激动不已。1922年11月26日下午，以英国考古学家霍华德·卡特为首的一个探险队在埃及打开了一个沉睡几千年的古墓——古埃及新王国时期第十八代法老图坦卡蒙之墓。当这条消息通过海底电缆从遥远的埃及传来时，引起了美国全国上下的巨大轰动。以至于服装设计师们都受此启发，将埃及风格的元素加入到他们下一季的时装作品中。

接下来，法庭审判激进主义分子以及三K党的种种丑行又相继占据了国内各大媒体的头条。最后，一首歌曲又成为了美国人民的新宠。这首歌的名字叫《对！我们没有香蕉》。"对！我们没有香蕉"这句话最初是意大利水果摊贩在香蕉销售告罄的时候写在广告牌上的一句话。后来，一度被引申为"插科打诨"的意思。再后来，卡通人物泰德·道甘将这句话谱写成歌词，还用选自《哈利路亚大合唱》《我梦见蜗居在大理石堡中》以及《黛娜姊姊的缝纫小组》的音乐为它谱曲，结果这首"杂烩"歌曲居然有了令人意想不到的效果。此歌被传到纽约后，迅速走红，风头立刻超过了当时最红的歌曲《盖勒先生和希恩先生》，从繁华都市的高楼广厦，到偏远地区的农家茅舍，都能听到这首歌的美妙旋律。

这个时代是一个具有娱乐精神的时代，人人都被新鲜的事物所吸引着。当然，这个时候，大街上仍然有激进分子在鼓吹革命；小巷里仍然闪动着联邦特工搜捕社会主义分子的身影；报纸上仍然有文章表示对社会主义者的声援；黑暗中，三K党仍然在策划着种种罪恶。尽管政治斗争无处不在，但人们已经学会将红色恐惧抛在脑后，人们开始学会享受生活，享受这短暂的宁静。

或许，我还能举出很多导致红色恐惧消失的原因。不过，也许我们现在应该关注另外一种威胁——来自年轻一代的威胁。

5

在战后10年的其余时间里，只有一种争论在全国范围内区分出了1919年和1920年间的自由与保守之间的界限。

现在让我们回到1920年，看看在那年的4月份发生的一起命案。之所以选择这个时间点，那是因为，1920年4月是巨大的红色恐惧达到最顶点的时候。

那年的4月，在马萨诸塞州的南布雷特里发生了一起抢劫杀人案。一位鞋厂的出纳和一名保安从银行取了两箱现金，为的是给工厂的工人发工资。可当他们刚走出银行大门不远，从路边的一辆汽车里突然跳下两名歹徒，他们开枪射杀了出纳和保安，然后抓起钱箱跳上汽车，绝尘而去。这种光天化日之下抢劫杀人的案件在当时并不少见，因此人们丝毫没有在意，连第二天的《纽约时报》都没有提及。两周之后，两名意大利裔的激进主义分子被当成犯罪嫌疑人逮捕。他们一个叫萨科，是一位鞋厂工人；另一个叫万泽蒂，是一个鱼商。后来，警察在他们的汽车上还搜出了一些反政府的传单。原来他们曾经参加过激进主义的游行活动——这样一来，原本普通的刑事案被蒙上了一层政治色彩，法官也倾向于将他们当作政治犯，准备严惩。

一年以后的1921年，"萨科-万泽蒂"案件开始进行法庭审理。这个时候，美国社会已经发生了很多变化——华盛顿的泳装美女开始大胆地穿着长筒袜在照相机面前展现曼妙的身姿；登普西和卡庞蒂之间的拳王大战也拉开了战幕；RCA通用电子公司的戴维·萨尔诺夫首先提出将收音机出售给听众，引导他们收听广播节目。

在对"萨科-万泽蒂"案件庭审的过程中，尽管种种迹象表明，他们二人也许是无辜的，但韦伯斯特·泰尔法官与陪审团最后还是宣判萨科和万泽蒂是杀人抢劫的凶手。这一审判结果当时也并未引起人们的注意。可是短短几个月后，因为另一件事的发生，使得萨科和万泽蒂成为万众瞩目的焦点人物。

原来，"萨科-万泽蒂"案件审理过程中，一位意大利驻波士顿记者在两名青年的帮助下，一直在对萨科和万泽蒂的命运进行着跟踪报道。他把文章发往法国、意大利、西班牙等欧洲和中南美洲国家，刊登在当地的激进主义媒体上，在激进主义分子中引起了轩然大波。

很快，激进分子的报复式袭击就接二连三地发生了。美国驻法国的大使赫里克在巴黎的寓所被人安放了炸弹，房屋在爆炸中损毁；同时，在巴黎又发生了一起爆炸案，造成20人丧生；在罗马，抗议的人们包围了美国驻罗马大使馆，指责美国政府对"萨科-万泽蒂"案件的不公正审理；在葡萄牙首都里斯本，美国驻葡萄牙总领事的住宅也险些遭到炸弹袭击；乌拉圭首都蒙得维的亚工人纷纷罢工，抗议美国，甚至还号召人们抵制美国商品。在阿尔及利亚首都阿尔及尔、波多黎各和墨西哥，激进主义媒体对这起案件的审理炒得沸沸扬扬。这一系列的事件，都让"萨科-万泽蒂"案件在美国的关注度急剧飙升。

虽然在世界各国发生了恐怖袭击事件和声势浩大的抵制运动让更多的美国人民关注了"萨科-万泽蒂案件"，但这两个人的遭遇却没有得到大多数美国人的同情。于是，案件就被拖了一年又一年，被告在狱中不断上诉，但每次都被驳回。在长达7年的上诉过程中，一些新发现的人证物证似乎在提示法官，最初的判决可能是错误的，萨科和万泽蒂可能是无辜的。而且，人们心中也逐渐产生了疑问：他们二人并非道德败坏之人，尤其是万泽蒂，尽管他是一位无政府主义者，但他具有高尚的品格，怎么可能成为当街杀人抢劫的凶犯呢？他们的动机何在呢？人们

萨科-万泽蒂案引发了大规模抗议潮

都在暗想:也许凶犯另有其人吧。

对于这些疑点,法官和陪审团却根本听不进去。1927年,泰尔法官再一次将被告的上诉请求予以驳回,并且维持原判,宣布他们死刑。但面对公众舆论的强大压力,马萨诸塞州州长富勒不得不重新召集会议,商讨是否重新审理萨科和万泽蒂。后来,州长亲自率领一个委员会进行商讨,委员会成员都是当时社会各界的精英,比如哈佛大学校长洛威尔、麻省理工学院校长斯特拉顿以及罗伯特·格兰特法官。然而,经过几周的讨论,委员会出具了一份报告,报告指出:萨科和万泽蒂有罪,因此必须被判处死刑,不能得到赦免。1927年8月22日,在国际的一片抗议声中,他们二人被送上电椅,执行死刑。①

事后回顾这起案件,也许没人知道他们是否有罪。但可以肯定的是,萨科和万泽蒂的悲剧就在于"他们是激进分子"这件事上。因为在1920年案发时,美国社会视红色恐惧为洪水猛兽,恨不得除之而后快。因此可以说,他们两个人是撞在枪口上了。当时对这二人有两种不同的看法,一些人觉得激进主义分子必须被斩尽杀绝,他们强烈支持对萨科和万泽蒂处以死刑;而还有一些人认为,应该慎言死刑,毕竟,他

---

① 此后,人们不断要求为萨科和万泽蒂昭雪。半个世纪后,由马萨诸塞州州长M.S.杜卡基斯组织法学专家,对该案进行全面复审,1977年7月17日宣布萨科和万泽蒂无罪,恢复名誉。——译者注

们两人是意大利裔，从保护少数民族的角度讲也不应该轻易痛下杀手。于是这些人就来到波士顿州议院门前，开展游行示威活动，请州长将萨科和万泽蒂无罪释放。波士顿警察则站在了州长这边，将游行群众抓上汽车，拉往监狱关押，这才将游行示威弹压住。

萨科和万泽蒂被处死于1927年。此时，股市正牛气冲天，劳工运动偃旗息鼓，社会空前的繁荣衬托出激进主义日趋没落。但当这两名嫌疑犯被处死的消息传出，人们还是觉得心中一凛，"帕尔默大搜捕"①的情形仿佛又在眼前重现。同时，人们心中沉寂已久的恐惧和仇恨也被再度勾起。尤其是后来出现的一件件证据，比如：落在案发现场的帽子被证明并非萨科的，以及普罗克特上尉给出了关于子弹的证词等等，这些证据之后似乎都在表明：萨科和万泽蒂是无辜的，凶手另有其人。而就距离正确答案仅差一步之遥时，萨科和万泽蒂却被武断的法官送上了电椅。当人们从报纸上看到这个消息的时候，不仅感到脊背发凉，也许他们会想：难道政府又要对"赤色分子"进行大清洗了吗？今天被处死的是萨科和万泽蒂，他们可是枉死的啊！那明天这种横祸会不会落在自己头上？

但是，这个恐惧的念头没有在脑海里停留多久，人们就将它抛在脑后了。随即，人们又把目光转向了另一个版面，看看林德伯格跨越大西洋的飞行已经飞到哪里了？然后又打开金融版面，看看通用汽车公司今天在做些什么呢？

---

① 1919年6月2日，轰隆一声巨响，一颗炸弹在司法部长米切尔·帕尔默家的正门前爆炸，炸坏了门廊。在废墟中发现的传单表示要用暴力推翻资产阶级，署名为无政府主义者。此前的一个多月，已发生了多起针对知名人士的炸弹事件，但只有这一声，刺激了司法部的反激进活动。帕尔默制定了向激进分子全面开战的计划，胡佛被挑选出来领导反激进工作。1919年11月7日，俄国革命两周年纪念日的这一天，在调查局的协助下，纽约等10个城市的地方警察袭击了俄国工人工会的活动场所。联邦调查局局长胡佛提出了600人的名单，实际被逮捕的却远远高于此数。这起事件也被叫做"帕尔默大搜捕"。——译者注

第05章

习俗与道德的革命

1

早在战后10年的早期,反对公认秩序的剧烈斗争就已经在美国发生了。但是这场斗争与俄国没有丝毫关系,因为发起人并不是来自国外的煽动者,而是本国的富家子弟。他们本身对布尔什维克主义知之甚少,并且明显对此也毫不关心。他们蔑视那些已经为大家所公认的美国秩序,但是他们既不是在秘密的激进主义刊物上发表文章表现这种蔑视,也不是站在肥皂箱上发表演讲来表现这种蔑视,而是坐在家中的早餐桌上通过发表言论来表达这种蔑视,却因此吓坏了他们那仍然保守的父母。人们还仍然对"红色恐惧"感到瑟瑟发抖,但此时他们却突然醒悟到,"年轻一代的问题"同样令人担忧。他们意识到,即使美国的宪法仍然暂时安全,但这个国家的道德准则已经走到悬崖的边缘了。

美国社会有一些道德准则主要是用来约束年轻人的。比如,社会传统观点一直认为:女性必须严格恪守社会道德,因为上帝造人的时候,将女性造得比男人精致,因此女人一定要比男人优雅。年轻的女孩在结婚之前,必须保持纯洁的姿态。在遇到自己的"真命天子"之前,她们绝对不能和其他男人有过于亲密的接触,比如接吻。当然,有些女性也许会去主动诱惑男人,但这些女性主要是从事皮肉生意的"特殊"女性,任何一个受过良好教养的女孩子,都不应用自己的容貌去诱惑男人。在看待烟酒的问题上也是如此,虽然不同的家庭管理自己孩子的尺度不同,但绝大多数父母都认为,一个叼着烟卷的女孩多半不是什么好女孩,而喝得酩酊大醉的女孩则更一无是处。

在从前,这种道德准则起着约束作用,因此做父母的也很放心地听任男孩女孩们在一起学习和玩耍,因为父母们清楚,有这层约束存在,孩子们就不会做什么出格的事。然而战争结束后不久,父母和老师们就发现道德准则对孩子的约束力渐渐消失了,这些带有青春期躁动的男孩女孩已经开始跃跃欲试,正准备打破道德准则的樊笼,脱身而出了!

　　这种状况首先在女孩子们的穿着上体现出来。如果生活在10年前的人突然看到她们的穿着，准会被吓一跳。在1920年7月的一期《纽约时报》上有一篇评论服饰时尚的文章，文中说道："现在美国年轻女性的裙边居然离地达9英寸——这已超出了传统所能容忍的范围，不过我敢预言，再过几个月，等冬天来了，女人们的裙边还会降低到原来的高度。"可是让评论家大跌眼镜的是：到了冬天，裙边不但没降，反而又向上提高了好几英寸。

　　在初冬清冷的空气里，一些衣着入时的女性穿着刚刚过膝的裙子，走在大街上，引来路人频频注视。到了晚上，一些女性出门时，穿的衣服甚至连衣袖都没有。还有一些更加大胆的女性甚至将丝袜卷到小腿的位置，露出膝盖和一部分小腿。伴随着这样的装扮，她们还给自己化一些淡妆。对于女人化妆，桃乐茜·斯皮尔在她的《黑暗中的舞者》(Dancers in the Dark)中这样解释说："也许男人们不知道，每个少女都曾有一个阶段，对胭脂和口红特别偏爱。"很多家长苦口婆心地劝说自己的女儿不要打扮得花枝招展，但收效不大。因为女儿会振振有辞地反驳父母说："社会就流行这样！而且，如果不化妆、穿着保守地参加舞会，根本找不到男舞伴！"

　　如果你已经有好几年没有走进舞厅，在1920年当你重返舞厅的时候，你会发现：曾经用来伴奏的优雅浪漫的小提琴不见了，取而代之的是热情奔放的萨克斯风，在演奏者口中吹出婉转悠扬的曲子。一对对青年男女身体紧紧贴在一起，脸颊靠得很近——距离还不到1英寸，就仿佛被胶水紧紧粘在一起。他们在哀怨的萨克斯风的乐声中在舞池中游动。

　　一贯以传统保守著称的辛辛那提的《天主教电讯报》(Catholic Telegraph)不禁惊呼道："尽管音乐非常美妙动人，但舞者的姿态动作却如此丑陋——女性居然裸着上半身，与男舞伴卿卿我我，实在不堪入

20世纪20年代年轻女性的装束

目。政府为什么还能容忍这种舞厅存在呢？查封十次八次都不冤枉！"

这些家庭环境优越的少女们经常在聚会中抽烟喝酒。往往有这样的情况——一些女孩的父母是遵纪守法的好公民，对传统道德规范不敢越雷池一步，可他们的女儿却在舞会上喝得烂醉如泥，然后在凌晨4点的时候坐在男人汽车的副驾驶位置上，在公路上高速兜风。更令一些父母担心的是，在传统的舞会上，只要父母稍微一不注意，他们的女儿就会溜到舞厅旁边昏暗的房间或者汽车里，和她的男友爱抚和接吻。

著名作家菲兹杰拉德[①]此时还只是一个名不见经传的普林斯顿大学学生。此时他对这种社会现状耳闻目睹，但是直到他1920年4月写出小说《人间天堂》(This Side of Paradise)，并在小说中反映了年轻人的心态和现状之后，才引起社会上更多的父母的关注。

其实早在1916年，在青年男女之间就已经广泛流行一种名叫"爱抚晚会"的活动了。菲兹杰拉德在作品中描述道："经历过维多利亚统治时期的母亲们，压根就没想到，自己的女儿们居然能很随意地和男人接吻，甚至在舞会结束后，凌晨3点钟就和男人跑出去，号称是吃夜宵——可是谁都知道，那个时间大街上所有的饭店都关门了。而且，青年男女们在聊天时，脸上的神情也经常带着一种暧昧的神色，这种神色正是道德沦丧的证明！无论是纽约，还是芝加哥，全美的各大城市都是如此，可见这种道德沦丧已经如同一种传染病，蔓延全国。"

菲兹杰拉德的作品一经发表，全国舆论顿时哗然。因为在这本书里，作家描述了一位受过高等教育的女主人公"大言不惭"地说："我已经和几十个男人接过吻了，我想这远远不够，还要再吻几十个男人才行。"作家还描述了另一位女主人公和一位少男的对话，女子说："哦，也许50个男人中都找不出一个对性有深刻理解的人。弗洛伊德曾经说过：世上的真爱都是由99%的激情和1%的嫉妒构成，虽然这话听起来有些令人沮丧，但我非常认同！"

[①] 菲兹杰拉德：美国小说家。1896年9月24日生于明尼苏达州圣保罗市。父亲是家具商。他年轻时试写过剧本。读完高中后考入普林斯顿大学。在校时曾自组剧团，并为校内文学刊物写稿。后因身体欠佳，中途辍学。1917年入伍，终日忙于军训，未曾出国打仗。退伍后坚持业余写作。1920年出版了长篇小说《人间天堂》，从此出了名，小说出版后他与吉姗尔达结婚。婚后携妻寄居巴黎，结识了安德逊、海明威等多位美国作家。1925年《了不起的盖茨比》问世，奠定了他在现代美国文学史上的地位，成了20世纪20年代"爵士时代"的发言人和"迷惘的一代"的代表作家之一。——译者注

上面这些文字如果被正统的父母们看到,他们会是什么心情?他们一定在想:"这简直难以置信,这种龌龊的想法居然大行其道,难道就没有羞耻感了吗?难道自己的女儿也像小说中描写的那样,习惯于和男人接吻了吗?"不过,父母们转念又一想:"应该不会,这些行为只会在那些堕落的少女身上发生,自己的女儿一直是父母眼中的乖乖女,绝对不会背着家长做这种不体面的事情的!"

可是在菲兹杰拉德的作品之后,又出现了好几部作品向父母们发出警示,比如《黑暗中的舞者》《塑胶年代》(*The Plastic Age*)和《烈火青春》(*Flaming Youth*)等,而且,一些有关青年男女的丑闻也屡屡见诸报端。当然,这些作品和报道中也只是一些个案,毕竟还是有很多守规矩的女孩,根本不会做那些出格的行为。但是,这些耸人听闻的报道毕竟更容易吸引人们的眼球,于是,社会开始对"年轻一代的问题"担忧了起来。

抱着收音机跳舞的年轻人

很快,社会舆论开始集中力量,对这些"年轻一代的问题"进行抨击。一些社会团体纷纷发表言论,比如基督徒奋进会的领袖弗朗西斯·克拉克博士宣布说:"只有女性确保纯洁,我们的家庭生活和社会生活才能稳定,而'下流舞会'则玷污了女性的纯洁。"保守的宗教期刊更是对这些"爱抚晚会"不依不饶,以最严厉的口吻进行谴责,认为这种晚会是"不洁的玷污、腐蚀,引起道德败坏,甚至充满了淫荡气息的活动"。

在宗教团体的号召下,全国的母亲、姐妹以及神职人员都回到家庭,对家中的年轻人进行劝诫,希望他们"摒弃那些淫荡、堕落的娱乐方式,回到正道上来"。佛罗里达大学的校长墨菲大声疾呼道:"魔鬼和他的使者用短睡袍、卷至膝盖的长筒袜和短裙来诱惑我们的子女,要把他们带往堕落之池!"在纽约,一群德高望重的圣公会女教徒们提议,政府需要建立一个专门的监督机构,控制在娱乐场所出现"过度裸露"和

"出格的跳舞动作"。女青年会也在全国的女高中生中开展宣传,希望她们"文明穿着"。同时,还在街头巷尾散发《职业女性响应号召,文明穿着》以及《高跟鞋在法国未必代表时尚》等宣传单。在费城,政府专门成立了一个服装革新委员会,委员会成员都是该市各阶层优秀人士,他们经过漫长的调查研究,最后终于设计出了一种"风纪长袍"。这种长袍宽大而松垮,袖子到前臂的位置,长袍距地面则不到7.5英寸。这种设计风格顿时得到15个教派领袖的认可,被认为能起到"约束风纪"的作用。

不过在费城之外的其他城市,都对这件"风纪长袍"的设计并不满意,最后,决定由各州的立法会分别制订一系列法令制度,来约束女性的穿着问题。比如,1921年,犹他州制订了一项法令:女性在公共场合穿"裙边与脚踝之间距离超过3英寸"的裙子,将被处以罚款和监禁;弗吉尼亚州的立法会也在考虑,是否"禁止女性的连衣裙或晚装领口低于喉咙超过3英寸";而俄亥俄州起草的一份法令只允许衣领比喉咙低2英寸,同时禁止商家出售"过分勾勒女性身体线条的外衣",而且还禁止"14岁以上的女性穿边缘高于脚面的裙子"。

除了少男少女的穿着打扮令父母们忧心忡忡,子女们偷偷抽烟、酗酒以及夜晚在公路上高速飚车都让很多家庭大伤脑筋。父母们苦口婆心地劝说、威吓甚至打骂,而孩子们要么对父母撒谎,要么我行我素,被问急了,甚至还恼怒地与父母顶嘴说:"至少我们和那些思想肮脏的成年人不同!我们只不过就是喝点酒、抽点烟、出去玩玩,犯得着这样大动干戈吗!以后我们还会继续这样,不要奢望我们能改。"

尽管父母们对这种叛逆想法感到心惊肉跳,但一些思想开明的牧师和老师们却能够理解孩子们的想法,他们安慰孩子们的父母说:"别担心,年轻人虽然叛逆,但至少比我们这些成年人坦率、诚实。随着时代的发展,注定有一些道德标准要被淘汰,也许他们的选择是正确的,更有助于我们子孙后代的进步。"听到开明人士的安慰后,父母们逐渐放心了,他们想:也许这只是一种青春期的萌动,是青年人激情的释放,再过几年,当他们都成熟以后,就恢复常态了。

然而,他们没想到的是,年轻人的这种叛逆行为并非简单的青春期的萌动,而是对传统习惯和社会道德的一次革命。这次革命注定将会给整个国家的人们带来影响。

2

这次由年轻人带来的传统习惯和社会道德的革命无可避免，这是由战后的社会现状决定的。

首先，战争让人们的思想发生了变化。由于战争的残酷性，前线的士兵们今天还好端端的，也许明天就血染沙场，所以上前线的士兵都抱着一种"及时行乐"的心态。这种心态逐渐影响了一代人，"闪婚"变得流行起来，男女之间保持暧昧关系也非常普遍。在法国，据统计有200万的男人发生过婚外恋。美国在战争时期，也派出了很多年轻女性赶赴欧洲战场，从事医护工作，这些年轻的士兵和医护人员在残酷战争的强大压力下，受到"及时行乐"心态的影响，便渐渐地开始把曾经恪守的道德准则忘到了脑后。他们通过放纵和享乐，来让自己被炮火摧残的神经得到麻醉。

当战争结束后，这些年轻人回到国内。社会秩序要求他们重新回归到战前单调、循规蹈矩的生活；社会还希望他们重新遵守父辈祖辈们的道德信条。这些都让年轻一代感到无所适从，因此叛逆行为不可避免地发生了。

1920年9月，约翰·卡特作为"年轻一代"的代表，在《大西洋月刊》撰文指出："我们从父辈手里接过这个世界的时候，它已经被战火毁得满目疮痍、支离破碎，甚至有崩溃的危险。当我们哭丧着脸接过这个已经变成烂摊子的世界时，父辈们还非常惊讶，觉得我们应该显得异常兴奋与荣耀才是，真是站着说话不腰疼！"

美国社会的中年人没有直接面对战争，也没有被残酷的战争弄得精神崩溃，但他们也感觉自己的生活不那么令人满意。在战争前，他们曾经享受过安宁、平静和美妙的时光；如今战争虽然已经结束了，可是他们也觉得美好的时光一去不复返了。尤其是看到年轻一代在性方面变得如此开放，中年人们也变得跃跃欲试起来，他们不想一辈子过着循规

哈定总统在白宫接见女性社会活动家

蹈矩的生活,也想给自己的人生道路带来一抹亮色。

另外,美国女权意识兴起,女性日趋独立,这也推动了社会道德革命的产生。1920年,美国女性获得了选举权,可以参加投票选举。不过,虽然女性获得了政治权利,但很多年轻的女性认为政坛是一个充满肮脏交易的地方。她们觉得,投身政坛根本看不到任何曙光和希望,因此女性选民对投票漠不关心,介入政治的女性更是寥寥无几。也许得克萨斯州的女州长玛·弗格森是个例外,但她也无力扭转政坛中男性占绝对主导地位的状况。尽管这样,女性赢得选举权还是女权主义的一次巨大的胜利,它代表女性与男性地位日趋平等。

女权主义还表现在,女性显得更加独立,她们不愿意整日被家务活束缚在家中。年轻夫妇结婚后往往离开父母,住进公寓,因此家庭的规模逐渐变小,家务也更容易打理和照料,女性再也不必像以前那样花很多时间在家务上。

随着生产罐头技术的发展,罐头食品出现在家庭的餐桌上,食品店也遍布城市的大街小巷。有数据显示:食品店在1910~1920年间增加了3倍,在1914~1924年的10年间,面包店生产的面包也比以前增加了60%。现在家庭主妇不用再为一顿饭忙碌两三个小时了,只要去食品店买点熟食,再打开一瓶罐头,一顿丰盛的午餐就摆在餐桌上了。还有一些电器的出现也大大减轻了主妇们的家务负担。从1914年到1924

年，干洗店的数量增加了57%。即使不把衣服送到干洗店去洗，家庭洗衣机和电熨斗也让主妇们省了不少力气。据美国某个中心镇的电力公司提供的数据表明：1924年，这个小镇电熨斗的普及率接近90%。另外，主妇们开始尝试用电话来订购商品，开始去成衣店订做服装。吸尘器也走进千家万户，主妇们再也不用花大量时间来擦地板，吸尘器帮她们节省了大量时间。总之，美国的女性们正在从繁琐的家务中解脱出来，开始更加"丰富多彩的生活"。

这些"丰富多彩的生活"都包括什么呢？

首先，女性可以参加工作，有了自己的事业。此前，尽管少数中产阶级女性也可以外出找工作，但职业一般只限于教师、护士、速记员、商场文员及一些社会工作。但现在不同了，大量的中学和大学女毕业生有了更多的选择，她们有的走进出版社和广告公司，有的进入茶室担任经理，还有的进入快餐店成为烤制鸡肉饼和肉桂面包的技师，在古董交易、房屋销售等领域也频频见到女性的身影，还有一些女性选择了自立门户——建立自己的小店，做起了女老板。

1920年的时候，人们普遍瞧不起百货公司销售员这个职位，认为只有走投无路的人才去站柜台。但到了20世纪20年代末，人们的观念改变了，百货公司招聘处的门口排起了长龙，一群群女大学毕业生前来应聘。一些小地方的年轻女孩们也怀揣着淘金的梦想，带着盘缠只身前往纽约或芝加哥等大都市，去那里寻找属于自己的机会。那些已婚的女性就没这么幸运了，她们由于要照顾家庭和孩子，不能到外面工作。她们的丈夫就安慰道，操持家务和相夫教子也是对家庭的贡献，也是一种"高尚的"职业。

美国人在吃午餐的时候，最爱讨论的话题就是："已婚女性究竟是以家庭为重还是以事业为重？"对于未婚女性来说，这个问题只有一个答案，当然是以事业为重了！相反，如果一个女孩没有工作，周围的人反倒会觉得很奇怪。

随着美国女性纷纷参与工作，她们的经济独立意识也正在增强，对于丈夫和父母的依赖也慢慢减弱。为了事业，很多未婚女性离开父母，租住在公司附近的小小公寓里。人们心目中"家庭是神圣的"这一概念逐渐改变了，家庭在更多的时候成为一个休息的地方，就好像宿舍或

旅馆。美国女性已经越来越对观念陈腐、管理机械化的家庭没有满足感了,她们心中充满了热情和能量,她们已经做好准备去迎接另一场革命——精神与信仰的革命。

和绝大多数革命一样,这场精神与信仰的革命也是受到外界宣传的影响。只不过那些宣传并非来自莫斯科的"赤色分子",而是来自维也纳的心理医生——西格蒙德·弗洛伊德。早在19世纪末,弗洛伊德就已经名动欧洲大陆,他首创了心理分析学说。1909年,他还和弟子荣格一起访问美国,给美国的心理学家们作演讲。但弗洛伊德的学说真正在美国民众中广泛地流行开来,是在第一次世界大战结束后。

20世纪20年代的工作女性

战争结束后,人们对很多东西的观念都受到颠覆,但科学的地位却没有受到任何影响,人们仍旧把它看作是一种伟大的知识力量。科学知识不再像以前那样高高在上居于庙堂之间,而是普及到社会各个阶层。比如,生物学和人类学的知识,已经被人们所广泛掌握。假如你在大街上拦住一个妓女,她都会跟你就上述问题侃侃而谈:男人和女人是非常复杂的动物,情感是建立在性的基础之上,性才是推动人类进步的主导力量!

受弗洛伊德观点的影响,人们认为,不单单人类的情感和性有关,人类的几乎全部动机都与性有关。比如:爱国者对国家的忠诚,小提琴家对音乐的钟爱,这背后都是性的因素在支配;人们要想拥有健康的身体、饱满的情绪,一定不能抑制自己的性冲动。

一些新的名词开始成为人们茶余饭后的谈资,比如自卑情结、虐待与受虐,以及俄狄浦斯情结。对精神分析学说笃信不疑的女性到欧洲去找心理医生咨询。美国本土也产生了很多精神分析学派的心理医生,他们通过暗示与催眠的疗法,帮助病人的情绪恢复正常。而那些崇尚

"自控自律"的牧师们则受到了冷落,人们都认为自控学说已经过气了,而且压抑欲望对身体没什么好处。

当然,还有很多别的因素推动了美国人对习惯与道德的革命,这些因素都是彻头彻尾美国式的,比如:禁酒令、汽车、忏悔杂志、色情杂志以及电影。

当年,宪法第十八修正案的出台正式标志着禁酒令的全面推行。但是禁酒令难不倒嗜酒如命的酒鬼和酒馆老板们,许多酒类走私者和地下酒吧在各地出现,尤其集中在东部和北部的大城市。而且,禁酒令使人们产生了逆反心理,法令越是禁止,人们越要偷偷摸摸地喝,而且还聚在一起喝。在这期间,酒精度数更高的蒸馏酒大行其道,集饮酒与社交于一身的鸡尾酒会风靡于世。而酒吧里也渐渐出现女人的身影,这在以往是不可想像的。正如埃尔默·戴维斯对此的评价:"过去的时候,父亲和他的男性朋友们在卡西迪酒吧间消磨整个晚上,可现在不同了;父亲会带上母亲一起去那里饮酒放松。"可见,禁酒令不仅没有完全起到禁绝饮酒的效果,反倒扩大了饮酒的人群——连女人都加入到饮酒的行列中来了。

另外,轿车的普及也大大地拓展了人们的交际范围,换句话说,使人们变得更自由了。据统计,1919年,美国生产的汽车中只有不到10%是轿车,而到了1924年轿车剧增到43%,而到1927年更达到了82.8%。轿车给人们提供了一种快速到达几十公里以外的另一个城市的方法。年轻人可以用汽车逃离到父母的视线之外,跑到另外一座城镇玩个痛快。就像林德夫妇在《中心镇》中描写的:"现在的男孩女孩们只要愿意,就可以立即跳进汽车,开到20英里外的另一个镇上参加舞会,根本不需要征得父母的同意。在那里,没有父母的约束,没有老师的

汽车的普及彻底改变了人们的生活方式

第05章 习俗与道德的革命

管束,他们想怎么玩就怎么玩。"

另外,轿车还给人们提供了一个安全的、密闭的空间。无论刮风下雨,还是白天夜晚,人们都可以随时随地钻进汽车里,做自己想做的事情。连卖淫女也选择汽车作为交易场所。据一位法官说:"在某一年中我审理了30名涉嫌卖淫的少女,其中有19个承认是在汽车上与嫖客进行性交易的。"

最后,思想和道德的革命催生了许多色情出版物。一大批色情杂志、忏悔杂志以及低俗电影出现在人们的面前,一些思想很保守的人通过这些作品也了解到弗洛伊德、恋母情结、性欲望等概念。为了刺激人们购买,又避免国家有关部门的查抄,精明的出版商们总喜欢给色情杂志冠以一些打擦边球的标题,比如《女儿结婚前夜,我有话要说》《慵懒的吻》以及《注意你进入的方式》等等,而那些所谓的忏悔杂志上面刊登的故事,虽然核心思想是对自己"失足"的忏悔,但作者往往花大量笔墨去描绘"如何失足""怎样失足",那些情节被描绘得绘声绘色,读者们也看得津津有味。其实这些文章大多数都是虚构的,出版商雇佣一群写手迎合读者的口味,编出一个个离奇的故事。比如今天写一篇《歌舞团女演员的自白》,明天再写一篇《我是怎样诱惑出租车司机的》,引得读者争相传看。色情杂志和忏悔杂志获得了空前的成功,发行量扶摇直上,其中的一本名叫《真实故事》(*True-Story*),1919年创刊,到了1923年发行量超过30万,1924年剧增至84.8万,到1925年达到150万,而到1926年发行量竟然接近200万,创下了杂志出版的纪录。

出版市场上除了色情杂志和忏悔杂志外,还有一种介绍时下最流行的电影的杂志。由于到电影院去看电影成为当时的一种时尚,每天晚上,都有数百万人走进遍布全国的电影院,观看热映的电影。影片发行商们为了扩大影响,获得更多的利润,不惜重金在杂志上为自己的电影做广告。一则广告是这样写的:"性感的男人、漂亮的爵士乐女孩、香槟浴、午夜狂欢、狂野的青年男女的爱抚舞会……在影片里你都能看到,绝对让你兴奋得窒息。"而另外一部电影的广告语则写着:"本片有热情的吻、残酷的吻、热烈的拥抱,快来看看沉湎于享乐的女儿和陷入激情不能自拔的母亲会发生些什么吧!影片中充满了大量刺激、暴露的镜头,先睹为快!"尽管广告写得如此赤裸裸,但是走进电影院看过电影的观众们无不大呼上当，因为电影并没有广告上那么夸张。但是，一些电影的情节还是会对少男少女带来影响。比如一位16岁的少女在接受报纸采访时说："一些电影里有很多做爱的情节，因此看完之后，我和我的男朋友都禁不住想尝试一下，我的很多朋友也都是这样。"

战后10年初期，由于电影中的情节过于成人化，很多教会组织发起抗议，批评其对青少年造成不良影响。最后，哈定总统指派邮政管理局局长威尔·海斯负责对电影的道德标准进行评判。海斯接手这件任务之后，就立即承诺，必定在短时间内净化电影院的空气。他宣称："电影行业不同于其他行业，这是一个神圣的行业，要尽量记录一些纯洁的、清白的历史，不要总是反映那些丑陋、阴暗的一面。而且，一定要对青少年负责，为他们的未来负责。"海斯说到做到，他命令所有的电影效法忏悔杂志，在结尾处一定要设计成合乎道德的结局。结果导致60部电影里都加上了不少说教的台词，一些原本非常优秀的小说和剧本因为不愿增加这些画蛇添足的内容，而被封杀，不允许搬上银幕。虽然表面上，电影银幕得到了进化，实际上反倒抑制了电影的发展。

回顾上述的种种影响因素——战后幻想破灭、女性地位提升、弗洛伊德的性驱动学说、汽车的普及、禁酒法令的出台、色情杂志和忏悔杂志的大行其道，以及电影的变化——这些因素都对战后习惯与道德的革命起到各自的作用。这些因素相互影响，协同增效，最后发挥出了无法抵挡的巨大力量。

3

在战后受到冲击的种种传统社会习俗当中，最明显的变化当属女性服饰和外表的变化了。

学过经济学和商科的人都知道有一种曲线图，经常作为一种分析工具，被用来反映汽车的载货量和股票的走势。但是经济学家保罗·耐斯特姆教授却在他的《时尚经济学》(*Economics of Fashion*)一书中，别

女人的裙子是时尚的风向标

出心裁地采用这种曲线来介绍战后10年间女性裙子长短的变化。

耐斯特姆教授首先从图书馆搜集到1919年至1929年10年间的时尚杂志，将杂志中穿裙子的女性图片裁剪下来，作为研究素材。教授首先用尺子测量图片中女性裙子边缘距离地面的高度，将高度变化绘制成一条曲线；然后他再估算出图片中女性的身高，再画成一条曲线。通过比较两条曲线的关系，耐斯特姆教授发现了一个有趣的现象：1919年，裙边距地面的高度恰好是女性身高的10%，也就是说，裙边距离地面大约是6～7英寸；从1920年开始，曲线开始上扬，从10%升到20%。而在随后的1921、1922、1923三个年份里，曲线又逐渐向下，回到了10%的位置——而且1923年达到了最低点。转折发生在1924年，在这一年，曲线又开始上升，达到15%～20%之间，1925年甚至超过20%；此后，曲线上升的迹象一发而不可收，到1927年甚至突破了25%的标记，也就是说，裙子的边缘已经达到了膝盖的位置——这个高度一致保持到1929年。

从曲线上看，在1921～1924年之间，尽管裙子边缘的高度在下降，但下降程度非常微弱。那是因为当时巴黎的服装设计师们对流行趋势作出预测，他们认为长裙将像1920年那样再度流行起来，这一预测影响了美国的服装销售商，于是商店里的货架上都摆满了长裙出售。然而，女性顾客们却对长裙丝毫不青睐，她们仍然到处寻找更短的裙子，并且向服装销售商们抱怨说买不到更短的裙子。最后，服装销售商和制造商们还是顺应了顾客的意志，设计出越来越短的裙子，直至女性的膝盖。这下女性都满意了。短至膝盖的裙子最后也成为女性穿衣的标准，这一标准一直持续到20世纪20年代末期。

短裙的流行，不仅勾勒出女性优美的身材曲线，也引发了女性服装面料的革命。每个女性都梦想着展现出少女的苗条身材，质地坚硬的老式胸衣已经无人问津了。据统计，在1924~1927年这短短3年间，在克里夫兰联邦储备区百货商店里，老式胸衣和胸罩的总销售量下降了11%。让棉花供应商沮丧的是，传统的棉织品不再受到欢迎，而丝绸和人造纤维制造的长筒袜和内衣却成了女性的新宠——这令人造纤维的生产商们喜上眉梢。看一下美国人造纤维的产量就一目了然了，1920年，人造纤维的产量有800万磅，而到了1925年，人造纤维产量已逾5,300万磅。穿短裙，搭配肉色的人造纤维长筒袜，已经成为美国妇女的标准穿着，而衬裙几乎完全被淘汰了。

1928年的《商业日报》(Journal of Commerce)上的一篇文章说：在未来的15年内，除长筒袜外，一个女性所有衣着的材料用量将从19.25码减少到7码。该文还列出了一个女性衣着明细，其中包括：一件女式长罩衫(2码)、一条裙子(2.25码)、一件背心或衬衫(0.75码)、一条短裤(2码)，以及一双长筒袜。上述这些衣物几乎全都是由丝绸或人造纤维制成的！尽管听起来有些难以置信，但1926年全国纺织品销售商协会从全国百货商店采集到的数据显示：在过去一年里，售出的棉制女性内衣只占33%，另外36%是人造纤维制的内衣，以及31%的丝制内衣。丝袜也不再是富人的专利了，《中心镇》(Middletown)的作者在采访一位家庭年收入只有1,638美元的主妇时，这位主妇说："现在哪里还有女孩子愿意穿着棉袜去上学？即使在寒冷的冬天，我的孩子们宁愿挨冻，也要穿着莱尔线或是仿莱尔线织成的丝袜外出。"

越来越短的还有头发

除了在服装方面女性们突破了种种限制，追求装束的自由以外，在发型上也出现了很大的变化——留着短发的女性越来越多了。记得在战争刚结束时，短发还被看作是激进主义的标志。在本书的前面还提到，在1918年的时候，纽约棕榈花园的经理把留着短发的女性当作是激进主义分子。然而，短短几年后，短发在年轻女孩中已经变得非常普遍了，毕竟短发易于打理，使人们的工作和生活更加方便。

1922年5月,《美国理发师》(American Hairdresser)杂志预测:"尽管短发方兴未艾,但到这个夏天结束的时候,短发的风潮也就过时了。"然而令杂志主编没想到的是,这个夏天结束后,短发不但没有过时,反倒越来越受人们欢迎了。1924年,这份杂志拿出大篇幅的版面,对短发的流行进行了详细报道,并且开始向杂志订阅者介绍短发的护理与保养知识。在战后10年的后几年,如果你走在大街上,看到那些留着短发的女性,她们基本都是二十几岁的女孩;有一些三四十岁的中年妇女也留着短发;如果你看到有六十几岁的老太太留着一头短发,那也绝不要惊讶,因为这在当时已经是很平常的事了。女性不仅留着短发,而且头发短到接近头皮的程度,和男人几乎没有区别。留短发的女人通常戴着一顶钟型帽,她们不需要发夹和发网。因此,那些发网制造商、发夹制造商也和前文提到的棉花供应商一样变得日益沮丧。

与此同时,人们对发型发式的重视,也让美发师和理发师发现了新的商机。这两种职业为了在这个迅猛发展的行业中争夺最大利益而展开了激烈的竞争。美发师们认为,传统的理发店只善于为人理发,他们并不擅长美化发型;而另一方面,理发师协会也向各州的立法会提交议案,希望立法会通过法令——除非"美发职业"和理发师一样得到认证,否则不允许他们从事理发工作。对此争议,《美国理发师》显然站到了美发师这一边,杂志评论说:"由于理发店里相对松散、自由的气氛并不符合美国女性的高标准,因此硬逼着女性去理发店理发实在是有些强人所难。"

战后10年还令化妆品制造商和美容院老板发了大财。在1920年时,父母们看到女儿使用胭脂和口红,必定会大为光火;可是几年之后,化妆品已经成为流行时尚,连最偏僻边缘的乡村也不例外。在1920年时,很多女性把涂脂抹粉看作是"放荡女人才做的事",可如今,化妆已经成为女性日常生活中的一门必修功课,不化一点妆根本没法出门见人。

美容院如雨后春笋般出现在城市的每个角落。这些美容院的门口悬挂着广告招牌,上面写着"面部按摩""美容"等字样。走进美容院,只见一个个美容师正在娴熟地在顾客脸上忙碌着。有的女顾客在接受"除皱术",只见美容师将润发乳和紧肤水涂抹在女顾客的头上和脸上,据说这样可以消减年龄增长带来的皮肤松弛、皱纹等现象；还有女顾客在接受纹眉服务，美容师把她们的眉毛修剪成适当的形状，然后再涂上颜色；美容院里还有许多其他的服务，能让女性变得更加青春和美丽。除了美容以外，一种全新的外科手术形式——"整形术"也崭露头角。根据弗郎西丝·费希尔·杜布克的一份调查数据，1917年，全美容行业只有两个人缴纳了个人所得税；而10年后的1927年，美容行业已经有18,000家公司和个人缴纳了所得税。这标志着，"美容师"这个新的行当诞生了。

20世纪20年代末，美国女性究竟在化妆品和美容业上花费多少？下面让我们看一下经济学家保罗·耐斯特姆教授在1930年给出的估计值——7.5亿美元。而其他学者估算的数值更高，竟然高达20亿美元！1929年，《妇女家庭杂志》(*Ladies' Home Journal*)的编辑顾问克里斯蒂诺·弗雷德里克夫人也列举了一组令人吃惊不已的数字：在美国，一位成年女性每年要消费1磅的扑面粉，消费不少于8盒胭脂；在1929年，市面上的香水品牌超过2,500种，面霜1,500种。假如把美国一年消费掉的口红首尾连接，能从纽约一直排到里诺①——这个目的地对一些人来说，还真是符合逻辑。

下面让我们看一份保守派的杂志——《妇女家庭杂志》，将这份杂志在20世纪20年代初和20年代末所刊登的广告进行一个对比，就能很容易地看出民众对化妆品态度的改变。1919年6月，《妇女家庭杂志》刊登了4个介绍胭脂的广告，其中只有一个广告详细介绍了胭脂的成分。这些广告的广告词是这样说的："只要您正确使用它，是不会有人注意到你使用了胭脂的。"因为，在那个年代，女性都不希望别人知道自己使用了胭脂，至少在这份杂志的读者群里是这样的。而在1919年的爽身

---

① 里诺（Reno）：是美国内华达州西部的一个小城，上世纪20~50年代，它有着"世界离婚之都"之名。原来，20世纪上半叶，离婚不像现在这样普遍和自由，而且离婚被当作不光彩的事。但在里诺，有一种"无责任离婚"，离婚无需理由，只要足够规定的时间，交一定的费用就可离婚。所以，成千上万的美国人为了顺利离婚而蜂拥至此，使这个城市名噪一时。前来离婚的人把宾馆、农场、牧场、小别墅甚至家庭旅馆住得满满当当。有人找不到住房，甚至住在自己搭的帐篷里。当时，沿着特拉基河两岸是一排一排的"离婚帐篷"，成为小城一大风景。20世纪初的内华达州是一个贫穷的州，但离婚业带来的丰厚收入让内华达州尝到了甜头。离婚业的收入非常可观，仅律师费每个月的收入就有10万美元，加上旅馆、娱乐场、饭店和购物等收入，离婚业一年带给内华达州的收入是500万美元，占了这个州财政收入的很大一部分。——译者注

粉广告中，读者通常可以看到这样的画面：一位妈妈亲切地俯下身去，慈爱地望着一个活泼的婴儿。而翻开10年后的《妇女家庭杂志》，也就是1929年6月的这一期，上面刊登了一则唇膏广告，广告词是这样写的："如果你知道这种迷人的鲜红印记将伴随你好几个小时，你肯定会感到非常愉悦和舒适！"顺便说一下，这两期杂志上还可以看到另外一组关于利斯特防腐液①的广告。这两组广告的风格简直有天壤之别——1919年的利斯特防腐液广告词是："及时使用利斯特防腐液，小问题就不会发展成为大感染。"可到了1929年，这个广告开头就用了一段煽情的广告词："春天！属于每一个人，唯独她与春天无缘……"

　　短裙的流行，对苗条身材的追求，高腰直筒裙的风靡，以及对化妆品的坦然接受，这些时尚方面的变化，无一不证明着：美国女性心目中的形象发生了切实的变化，也许这也顺应了男人们的审美观。

　　长久以来，在种种传统的束缚下，女性在社会上很难有所作为。但现在不一样了，女性们倾心于自由，她们自由地工作，自由地娱乐，挣脱了以往那些束缚。当然，女性们所追求的自由并不是要离开男人，也不是要挣脱男人欲望的束缚，相反，女性希望通过获得种种自由来吸引男人的目光。在20世纪20年代，女性不仅希望在办公室里能吸引男人，也希望在高尔夫球场将男人迷得晕头转向。当周末的时候，在大街小巷随处可见身材娇小的时髦女郎留着齐耳短发，头上戴着容易打理的小帽子，穿着灯笼裤，当然，她们也绝不舍得放弃长丝袜和高跟鞋。不过，战后的女性们并不追求出类拔萃的智慧，也不向往为人处世的练达，她们心目中的完美形象是具有苗条的身材，扁平的胸部，时尚的短裙（因为短裙是青春的象征），以及纤细修长的腰所带来的少女般的感觉。可见，这一切都在有意或无意地显示：在战后10年中，女性并不是追求纯粹的青春，而是一种青涩的、尚未成熟的青春。她们希望做男人的伴侣，两人随意而轻松地生活在一起。她们只想成为男人的玩伴，不

---

① 利斯特防腐液，该产品发明于19世纪，最初被当成一种效果奇强的外科抗菌剂。它后来被一些商家进行提炼，然后当作地板清洁剂和淋病药物出售。可到了20世纪20年代，它被标榜为治疗"慢性口臭"的特效药，因为在当时，口臭被认为是一种健康不良的标志。结果这种药物大获成功，在此之前，人们一直没有把口臭当成是一个严重的问题。可利斯特防腐液的出现改变了这一切。就好像广告学者詹姆士·特维切尔所写的那样，"利斯特防腐液让人们感觉口臭甚至比淋病还要严重。"就这样，在短短7年的时间里，生产利斯特防腐液公司的收入从11.5万美元上升到800万美元。——译者注

想担负责任，更不想成为孩子的母亲，成为传宗接代的工具。

美国女性们追求青春的风格，但这并不代表她们就是幼稚无知。她们自己也很清楚，这种用来吸引男人的青春是冰冷无情、极度现实的。她们和男人交往，也不是从浪漫的爱情出发，而是为了性爱；她们也不会要一些欲擒故纵的小花招来吸引男人，而是采取单刀直入的直接态度。战后10年的女性在向男人表白的时候，通常会这样说："你累了，你也醒悟了，你需要的并不是家庭的呵护，也不是成熟智慧的伴侣，你想要的只不过是令人兴奋的欢娱和玩乐。幻想破灭了，你不想要家庭的照顾，也不想要成熟智慧的陪伴，你只想要激动人心的玩乐，只想在不承担任何责任的前提下，体验性生活所带来的颤栗的陶醉感。那么好吧，我会把这一切都给你。"随后她又补充了一句："对我来说，我也将获得自由。"

4

女性对自由的追求，除了体现在装束的改变以及对化妆品的接受外，还体现在她们迅速地接受了香烟这种东西。几年之内，从青年人到中年人，再到老年人，各个年龄阶层的女性都效法20世纪20年代初的那些时髦女郎的做法，叼起了香烟。尽管社会舆论对女性在大街上或办公室里吞云吐雾普遍比较反感，而且在新教统治的边远地区，传统的习俗也对女性抽烟表示反对，但在餐厅里、晚宴上或舞会上，甚至在剧院大厅等很多地方，女性用实际的抽烟行为表示对这些禁忌的反抗。

下面我们再通过10年来的广告变迁，来了解公众对吸烟态度的改变。战后10年初期，如果你对任何一个广告商说，要在广告上刊登女性抽烟的形象，他一定会断然拒绝，因为那将给他带来致命的打击；然而仅仅几年过去，广告上就开始刊登天生丽质的女孩子向男人暗示，要男人朝自己的方向吐出烟圈的画面；而到了战后10年末期，漂亮女孩手里拿着香烟的形象也屡屡出现在广告页上。虽然在农村等保守地区的人们

女性吸烟也渐成时尚

对这种广告充满非议,但刊登广告的烟草制造商们却毫不在乎,他们在广告上大肆宣称:"女性现在可以和丈夫及兄弟平起平坐了,大家一起享受香烟的美妙。"美国在1918~1928年之间的香烟产量整整翻了两倍!而同期雪茄和烟叶的产量却直线下降,这主要由以下几个原因导致:

首先,男人有一种偏见,即:卷烟在展现男子成熟、粗犷的气质方面远远无法与雪茄、烟斗相比;而现在,这种偏见荡然无存了。另外,香烟的方便性是雪茄或烟斗所不能比拟的;还有一个重要的原因,那就是由于大量女性也加入到这支抽烟大军中来——她们在餐馆里一边用餐一边掸着烟灰;百货商店女鞋柜台上也为她们设置了烟灰缸。尽管在正式的晚宴上,主办者还会按照传统礼仪将男女宾客分开,但这种礼节仅限于一种形式,因为当晚宴开始后,男人和女人们很快就找到了共同的话题——他们坐在一起,抽着同一种牌子的香烟谈笑风生。

比女性吸烟更具有标志性意义的事是饮酒。在富裕阶层举办的晚宴上,餐前提供鸡尾酒,这几乎已经成为一种固定的社交礼仪;至于普通的家庭,周末则选择到地下酒吧里一醉方休。由于禁酒令的推行,这些地下酒吧往往都开在隐秘之地,窗上拉着厚厚的窗帘,门口有人放风,只有凭借暗号才能获准进入。熟客趁着夜色蜂拥进入地下酒吧,男男女女都混杂在一起,女孩子们喝到兴起时,甚至把一条腿翘在酒吧的黄铜栏杆上,这在传统女性看来,是根本不可想像的。还有些人在傍晚时分租用旅馆的房间,在那里举行鸡尾酒会,男女客人们在尽情地跳完舞后,慵懒地躺在床上,将各种酒类混合在一起纵情畅饮。

由于人们住房的面积越来越小,在闲暇之余,人们不会呆在家里,而是选择到乡间俱乐部去娱乐。每到周六晚上,成群的男女在参加完鸡尾酒会之后就驱车到乡村,去那里的俱乐部参加晚宴和舞会。俱乐部早已经将冰镇牛奶和不含酒精的饮料准备在桌上,男人们却对这些饮料不屑一顾,而是从屁股后面的口袋里掏出装杜松子酒的酒瓶。若是从前,酒吧招待最鄙视这种装在扁平瓶子里的酒类，然而现在，这是最受人们欢迎的酒精饮料。面对美酒，女人们和男人们一起大快朵颐。可谁能想到，仅仅几年之前，她们对喝酒这事连想都不敢想。而喝醉的人们在酒会上常常做出失态的事，甚至惹是生非。这些八卦消息很快就会在第二天传出来，比如，某位女士昨晚11点钟喝得太多了，在洗手间吐了个一塌糊涂；某人醉酒滋事，砸坏了俱乐部的东西被俱乐部索赔；某位夫人只喝了三杯鸡尾酒，就醉得在宴会上乱丢面包了；还有很多已经结婚的男人借着酒劲对女服务员进行骚扰；参加爱抚晚会的年轻人也在酒精的作用下失去了道德约束，他们驾车将乡村俱乐部的高尔夫球场的草坪压出一道道车辙。

当然，上面这些酒后失态的事情都是一些个例。在大多数的乡村俱乐部没发生过这种事情。总之，虽然禁酒法令的反对者们嘴上不承认，但禁酒法令的推行的确让美国饮酒的人数减少了，尤其是工业城市的人们，他们中饮酒者的数字更是明显减少。大学的管理层也松了一口气，因为随着禁酒令的推行，男学生饮酒的现象大大减少，尽管女学生中也存在饮酒现象，但并不严重。事实上，真正饮酒现象的高发人群，反而是那些处于社会上层、制订社会行为标准的人群，只有他们才有接触酒精饮料的便利条件。

酒精饮料是社交的润滑剂，让男人与女人之间变得前所未有的坦率。由于科学怀疑论逐渐被人们接受，弗洛伊德学说盛行，人们的价值观念发生了很大的变化——曾经被视为美德的谦逊、低调和骑士精神已经被人们抛在脑后；女性也不再以作为一名"淑女"为荣，她们也不再强求自己的女儿"健康成长"。因为人们普遍觉得，过去推崇的"淑女"概念是对内心想法的伪装，而所谓"健康成长"的女孩也不过暂时克制了内心对欲望的冲动——这种压抑渴望的想法最终都不会有好的结局。"维多利亚式"和"清教徒式"的形容字眼已经慢慢成为耻辱的代名词，因为战后10年的人们觉得：所谓"维多利亚式"的女人就是整天穿着裙撑的上了年纪的女人，她们把自己的想法压抑在心里；而所谓"清教徒式"的女人，则通常被认为是一个长着青鼻子、粗俗而令人扫兴的女人。人们都希望能变得时尚，受人欢迎——聪明、反传统、擅长待人接物、思想开放。尤其是当人们畅饮很多鸡尾酒的时候，就很容易表现得思想开放。

1927年，玛丽·艾格尼丝·汉密尔顿写道："如果你在这个年代听两个人的对话，你首先会感到非常惊讶的是，对话中涉及的词汇量是如此之贫乏；其次，让你震惊的是，对话中充斥着在以前看来是'淑女羞于启齿'的字眼。"这主要是由于人们对口味刺激的酒精饮料的偏爱，继而影响到语言风格上，也开始喜欢措辞强烈的语言。若是在从前，纽约剧院的舞台上爆出"妈的"或"该死"等台词时，观众会先是惊愕，然后发出尖锐的笑声；然而现在人们都已经习以为常了，因为这些词语在平时的生活中也屡屡被使用。在上层人士聚会的桥牌桌上，人们也肆意地谈论着从酒吧里听来的逸闻趣事。在听到这些逸闻趣事时，每个人都极力想显出丝毫不惊讶的样子，同时，每个人又想显出一点点惊讶的样子，因此，在聊天中语言的分寸拿捏就相当重要。就像汉密尔顿夫人叙述的那样，彬彬有礼的谈话就像是一间被漆成猩红色的房间——让人感到尖锐、刺耳、烦躁不安。

由于人们日常生活中的谈话风格变得非常坦率，因此，在当时流行的书籍和戏剧中，其语言和台词也带有公开而坦率的色彩。以下是战后10年纽约出品的几部最优秀的戏剧，看看它们的主题，就能知道有多么坦率了——《光荣何价》(What Price Glory)背景为第一次世界大战时期，讲述一连美国海军陆战队在法国的一个小村登陆并作暂时停留，在这里发生的一连串故事。在该剧台词中使用了一些以前从未在舞台上出现过的语言；《罗马之路》(The Road to Rome)这部喜剧最大的笑点则是一位罗马护士长多么期待着被迦太基人掳走；《奇异的插曲》(Strange Interlude)讲的是，一位妻子发现丈夫有家族精神病史，不应生育后代，但她又非常期待给丈夫生个孩子，最后她决定与一位有魅力的年轻医生生一个孩子，不料她却与医生坠入爱河；《奇耻大辱》(Strictly Dishonorable)表现了一位迷人的少女与一位歌剧演员愉快地约会并发生了关系；而《俘虏》(The Captive)则让成千上万观众第一次知道社会上还有同性恋这个特殊群体。上面这些喜剧若是放在战后10年之前是根本无法容忍的，可到了20世纪20年代，这些戏剧作品开始大行其道，并且得到观众的欢迎和崇拜。据说，一位上了岁数的淑女在看完两幕《光荣何价》后，也一改淑女风度，对一旁闹个不停的小孙子大声申斥说："讨厌！约翰尼，坐下！"

不仅仅是戏剧，在战后10年出版的小说中，这种倾向也比比皆是：从《朱尔金》(*Jurgen*)、《深色的笑声》(*Dark Laughter*)到迈克尔·阿伦的故事，再到《美国悲剧》(*American Tragedy*)、《太阳照常升起》(*The Sun Also Rises*)、《孤独之井》(*The Well of Loneliness*)和《针锋相对》(*Point Counter Point*)，这些小说从不讳言性的话题。它们在谈论性的时候，要么坦率而公开，要么对其冷嘲热讽，或者完全是用一种客观的、不含任何道德评论的语调来叙述，而这种写法令美国读者大开眼界。尽管那些意志坚定的清教徒们还在拼命地试图阻止这种事情的发生，但历史潮流却无法阻挡。清教徒们向政府施加影响，禁止《朱尔金》出版和销售，却适得其反——此书一跃成为畅销书，作者也声名远播。清教徒们还向法庭起诉玛丽·威尔·丹尼特，控告她给小孩子分发性知识小册子，结果此举不但没有打垮丹尼特，反倒让更多理性的民众知晓了她，而且她还得到了一位开明法官的支持，最后胜诉。在波士顿，冥顽不化的清教徒和罗马天主教徒联合起来，对文艺作品发起了一系列打压，比如他们禁止批发出售书籍，禁止《奇妙的插曲》在舞台上表演，甚至还将某位出售《查特莱夫人的情人》(*Lady Chatterly's Lover*)的书商告上法庭，并判他有罪。结果，他们的举动不但没有将进步的文艺作品打压下去，反倒被整个国家的知识分子嘲笑。失败的清教徒和罗马天主教徒无奈之下，只好允许书籍继续发行，因为不仅仅是知识分子，整个国家都需要这些新的书籍作为思想源泉。

20世纪20年代的时尚女性

在战后10年早期，有一位著名的女性评论家，她写了一篇描写女性生育过程的文章，并将此文投递给当时最好的杂志社，希望得到发表，然而这家杂志的编辑阅读文章之后，旋即将其退还给作者。编辑说："我们认为这篇文章不适合刊登，因为对女性生育过程的描写会让读者感到厌恶和反感。"编辑说得不无道理，因为在那个时代，描写女性生育过程，会让女性读者感到羞耻。可仅仅几年之后，也就是1927年，这位曾经无情"枪毙"了稿件的编辑突然又想起这篇文章，于是就联

第05章 习俗与道德的革命

系作者要求再看看。结果这一看不要紧,他直拍脑门,懊悔自己为什么当时没有刊登这篇文章,因为他发现这篇文章用现在的眼光来看,是多么率直、自然!于是,编辑就将这篇文章刊登在了杂志上。不过这篇曾经内容非常超前的文章,在1927年的时候,所引起的轰动远较当年小得多。

在1918年,如果你是某个知名杂志的编辑,从作者来稿中看到这样的内容——一个匪徒对另一个匪徒说:"乔!看在基督耶稣的分儿上,给她汽油,他妈的恶心狗杂种杀死了埃迪。"你一定会毫不犹豫地拿起蓝色铅笔,将那句话改为:"乔,为了迈克,为了他的爱,把汽油给她吧。一个可恶的家伙害死了埃迪。"而到了1929年,还是同样的这份知名杂志,编辑在看到这样内容的稿件时,肯定一字不改,直接刊发。也许有些读者会写信给编辑部对文章的措辞表示抗议,但这些读者数量很少。毕竟,时代变了,杂志的标准也变了。20世纪20年代后期,有一位短篇小说家一语中的:"以前,如果我想挣点稿费,我就编一些内容刺激的故事,投给《星期六晚邮报》(Saturday Evening Post)和《画报评论》(Pictorial Review)等大型的流行杂志;或者写一些针砭时弊的文章提供给《哈珀斯》和《斯克里布纳》(Scribner's)这类严肃刊物。而现在我注意到,那些大型的流行杂志居然也刊登针砭时弊的文章。"

5

习惯改变,随之而来的就是道德的改变——许多还在读中学的少男少女们很早就懂得了性的秘密。下面的例子就能很好地说明问题。《中心镇》的作者曾在241名男中学生和315名女中学生中做过问卷调查,其中一个问题是:"每10个中学生中就有9个参加过青年男女的爱抚晚会,是这样吗?"而几乎半数青年学生的回答都是:"是的。"

至于这些男女学生中到底有多少人发生过性关系,尚不得而知。但是,林赛法官说:"少女们随身携带着避孕用具,这已经不是什么新鲜事了。"林赛法官还说："我曾经讯问过一个名叫卡罗琳的少女，她说她认识的朋友中，有58个女孩有过不止一次的性体验，不过都没有怀孕。"林赛法官的叙述和那些街谈巷议相吻合。在战后10年，人们不能肯定卖淫行业究竟是更加兴盛还是更加衰败了，但有一点可以肯定，那些妓女们破天荒地面临着巨大的挑战，这种巨大挑战不是来自同行，而是来自数量惊人的"业余者"。

同样，人们对已婚人士发生婚外情的统计数据也不得而知，因为毕竟这属于很私密的信息。但明显能看出：战后10年的离婚率节节上升。1910年，每100对夫妻中有8.8对离婚；1920年是13.4对；而到了1928年则达到16.5对。这意味着每6对夫妻中就有一对无法白头偕老。而且更关键的是，从前，离婚被看作羞耻的行为；而战后10年，离婚男女逐渐被越来越多的人坦然接受，离婚带来的羞辱感也随之下降了。当然，还有少数保守的人士认为离婚是一件耻辱的事，不过也有一些人觉得离婚是勇敢者的选择，令人无比向往。一个纽约女孩的话很能表达这种心态，她说：战后10年即将走过，现在她正在犹豫是否要和亨利结婚，虽然她并不是很爱亨利，但她也觉得没什么大不了的，即使结婚后日子过不下去了，也可以离婚。她解释说："与其做一个老处女苦守十几年，还不如做一个离婚女人更令人兴奋。"这个纽约女孩的想法代表了相当多年轻女孩的心态。

在战后10年的前几年里，参加爱抚晚会的还多是20岁上下的青年人，而不久以后，在年龄稍大的中年男女之间也开始流行起爱抚晚会了。在旅馆卧室里举行的舞会上，或乡间俱乐部的周末派对上，当人们畅饮杜松子酒，饮到微醺的时候，萨克斯手也停止了吹奏，那些风流潇洒的男人和已经成为孩子母亲的女人拥抱在一起，开始体验美妙的婚外性爱。

不要以为这种行为只发生在放荡女人们身上，那些有着良好家庭背景并且年轻聪明的女孩子们也经常这样做——她们在结婚之前，就与不同的男人发生关系。甚至她们在结婚之后，在自己丈夫面前也丝毫不避讳这些经历。当她们向丈夫叙述这些事情的时候，她们的丈夫不但不生气，反而对她们的行为表示理解。这些男人们还说："其实这没什么的，有一点点'经验'，对女孩子来说反倒是好事！"曾经有个花花公子

20世纪20年代的年轻人更开放

说过："什么是道德的恰当状态？道德的恰当状态就是'很低的性行为标准'。"如今，他的说法已经被数百万人接受。

当然，上述事例也并不代表所有人。因为，社会上还是有很多男人女人们坚守着传统的道德观念。有这样一个例子，在一家著名的报纸上，有两位婚恋专家专门开辟专栏，为年轻人回答各种婚恋困惑。这两位专家证实：每天他们都收到大量的咨询信件。这些信件只有很少部分是关于"是否要对男朋友坦白自己有一个私生子的事"，大多数问题是"作为女孩，主动邀请男朋友看电影是否合适""在社交聚会上，用刀子切蛋糕是否符合礼节"等等。在一些偏远地区，性对人们来说还是一件禁忌的事。就好像联合女性俱乐部门前的标语上写的那样："男人是上帝造出来的树，而女人则是男人的花。"在这些偏远地区，道德维护者的数量远远多于思想开放者的数量，他们推动了很多法律的出台，就是为了要维持道德的原状。其中最有代表性的就是1925年阿肯色州的诺费尔特通过的法令，其中包含着以下规定：

"条例1：从今以后，男女禁止在上文提及的城镇中的任何地方进行性行为，否则将被判为有罪。"

"条例3：条例1不适用于已婚男女之间的性行为，也不适用于丈夫和妻子之间，但如果这种行为有伤风化并且非常下流，也将按有罪处理。"

尽管如此，但当时美国社会的性关系和夫妻关系已经和以往大不相同了。人们普遍认为，现在讲究纯洁与忠贞的美德完全过时了，伯特兰·罗素夫人提出的"男女共同享有的、将男女从性体验中解放出来"的权利才是人人应该享有并享受的。少女在结婚之前就享有这一权利，结婚之后的夫妻更享有这一权利。越来越多的人认同这一观点，因此在

1927年，林赛法官提议：也许建立一种合法的"伙伴式婚姻"是最好的选择。同时他提出：避孕和节育行为应当合法化，因为在当时，尽管大多数夫妻都实行节育，但节育行为在名义上还是非法行为。他还指出：如果一对夫妻没有生育孩子，那么在他们双方都同意的前提下，可以离婚。不过，林赛法官的提议立即招致了公众的广泛抨击，也引来了社会有识之士的强烈争议。但是，从引发争议这件事本身来看，就说明传统的道德准则根基已经被动摇，新的道德的革命序幕已经徐徐拉开了。

6

当然，这是一个正在新旧更替的变革时代，却也是一个不适合人们生活的时代。旧的秩序很容易破坏，但怎样建立起新的秩序，这是个问题。而在这个重建新秩序的过程中，肯定会引起一些人的反感和不满。对那些思想传统、保守的人而言，他们一贯认为：抽烟喝酒的女性是堕落的；性这种"羞耻的"话题拿到午餐桌上当众讨论也是不可想像的；而一个女孩对于来自男人的暧昧的目光非但不表现出愤慨，反倒心存欢喜，这更是无法饶恕的。

这些传统保守的人的思维不会轻易改变，但那些崇尚新式自由的人们，却觉得可以通过自己的努力，让保守的人的思想在一夜之间改变。他们觉得，如果公开地讨论性的话题，让这种本该关起门来讨论的事情暴露在阳光下，那么整个社会也就变得更加开诚布公，纯洁得好像远在天尽头的南太平洋群岛的居民那样。但是，这种事情怎么可能发生呢？当这些崇尚新式自由的人们把性的话题拿到阳光底下来探讨的时候，在那些受过良好教育、讲究礼节的家庭里，子女们反倒要尽力将自己掩饰得很好，让父母认为自己仍然是那个"乖孩子"。

还有一个例子：在这个时期，很多人对女子学校表示反对。但反对的原因既不是因为课程的问题，也和毕业生的出路没有关系，其原因非常"时髦"，那就是：人们认为女子学校只有女性，没有男性，4年书

读下来会毁掉女生的性生活。

另外,一些性话题的小说还是堂而皇之地走进读者的视野——色情杂志和小报满街热卖,报纸也为了迎合读者口味,拿出许多版面刊登布朗宁爸爸与其"桃子夫人"的艳俗新闻。还有一点值得注意:凡是战后知识分子予以高度评价的小说家的作品,拿到审查者那里,往往都被否定,而普利策奖评审委员会也发觉很难找到能满足"展现美国健康的生活状态,展现美国方式与状态中的最高标准"这一条件的作品。最后,为了能完成评选,普利策评审委员会不得不对获奖条件进行了修改,变成"展现美国总体的生活状态,展现美国方式与状态"。

这些小说虽然不招评审委员会待见,但却得到"思想时尚"的读者们的推崇。比如,阿道斯·赫胥黎的小说中,青年男女们的乱交中充满了哲学色彩;迈克尔·阿伦文章中的堕落者虽然举动轻率,却仪态迷人;海明威在《太阳照常升起》中对女主人公布莱特·阿什利太太醉酒之后红杏出墙的大胆描写;安尼塔·卢斯描写的两个情妇与一位绅士的故事,以及拉德克利夫·霍尔在小说中对同性恋的描写等等。那些早在几年前,还对激进的经济学说或政治学说持支持态度的年轻人,现在他们支持的是新道德标准,而且经常和朋友们一起探讨、交流。性是其中最为显著的方面。

这场打破旧传统的革命还产生了一个后果,那就是人们礼仪礼节的丧失。在战后10年中,即使是一些小规模的晚会上,组织者也注意到,客人们似乎懒得在参加晚会之前仔细看看请柬上规定的时间,迟到和早退成了家常便饭;不请自来参加舞会的客人越来越多。当问及他们迟到的原因时,他们回答说:"为了担心别人误以为他们没有其他的业余生活,因此故意要迟到一小会儿参加晚会。"至于人们在参加乡间别墅举行的宴会上的礼节,则更不敢令人恭维:衣着光鲜的时尚女人和身穿宽大长裤的情人们离席时,顺手将燃着的烟头丢在红木桌子上,或者往漂亮的地毯上弹烟灰。当他们去人工湖上泛舟的时候,顺手将门廊上的小垫子拿到小船上,当他们泛舟归来,小垫子就被丢在船上,任其被雨水淋湿,他们觉得没什么大不了的;有些人自以为彬彬有礼,而且将这些当作优于常人的东西,可是几杯鸡尾酒下肚后,就立刻变了一个人,将好端端的一场晚宴变成了一个喧嚣的集市。可是他们尚未意识到，这种肆意的行为和所谓的追求自由完全是两码事。旧时代的栅栏已经被推倒，而新的栅栏还没有建立，就在这个新老交替的时代，人们也才有短暂的机会得以放纵。或许后人们在重翻这段历史的时候，会把这10年叫做"缺乏素养的10年"。

同样，旧日的道德准则被打破，新的准则尚未完全建立的时候，随之而来的是混乱和悲伤。尽管追求自由的人士宣称说："只要两情相悦，即使结婚，也可以和配偶之外的异性发生性关系，因为婚姻和性行为是两件相互独立的事。"话虽这么说，但真正能够挥洒自如地这样做，却非常困难。因为，一对夫妻从相识到相知，再到相恋，他们的感情和婚姻是相对稳固的，而当其中一人真的发生了性冒险经历后，要想让另一方接受其出轨的行为是几乎不可能的。林赛法官曾经讲过一位女人的经历：这个女人决心不再干涉丈夫的行为，即使丈夫出轨，她也将显示出非常大度的样子，并且继续爱他；可后来她发现，自己根本做不到，因为只要闭上眼睛想起丈夫的情人，她就恨得牙根直痒痒。原来，这种所谓的"大度"只是停留在表面，毕竟，爱情是自私的。这个女人并非个案，很多夫妻都有同感。虽然丈夫和妻子都在享受着所谓新式的自由，但他们内心中无法做到对配偶行为的宽恕，于是许多家庭解体了。即使有些家庭，看在孩子的分儿上仍然苦苦维系，但这种状态也绝不会长久。因为，相互的信任与彼此的尊严已经荡然无存了。

战后10年，在人们幻想的破灭声中，一些新的准则诞生了。虽然拥护新准则的人大肆宣扬他们的准则，谈论着有关新时代的话题，但是在他们内心深处，幻想破灭感依然存在。这个10年是心情抑郁的10年。旧的传统和秩序坍塌了，原有的、给人们生活带来充实感的价值评判体系也随之垮掉了，而新的价值体系却没有立刻建立。社会学家在发

20世纪20年代的年轻女性

第05章 习俗与道德的革命

问:"如果道德被赶下了台,将用什么东西来代替呢?"一些新时代的预言家们回答说:"由'正直'来代替,因为无论你做什么都无所谓,只要你对所做的事保持忠诚就可以了。"这样的回答有一定道理,但也不完全准确,因为这个词太过模糊和苛刻了,并且实现起来也非常困难。如果浪漫的爱情被赶下了台,什么东西可以代替呢?难道是性吗?但是,正如文学批评家约瑟夫·伍德·克鲁奇解释的那样:"如果爱情逐渐变得不再是罪过,那么它将丧失它的最高特权。"沃尔特·里普曼在《道德序论》(Preface to Morals)引用了克鲁奇的话,随后他又补充说:"如果人们最初就认为爱情只是瞬间的愉悦,那么,当它带来的只是瞬间愉悦的时候,你会觉得非常诧异吗?"性与爱情的不同就在于,对单纯的性的追求,到最后只能产生空虚与无聊。就像《太阳照常升起》中的女主人公布莱特·阿什利太太和她的朋友们来说,这种空虚与无聊则是她们注定无可回避的。

虽然,战后10年的美国像《太阳照常升起》女主人公布莱特·阿什利太太这样的人很少,但是,却有数百万的美国人曾一度有与她相同的心情——感到幻想的破灭以及随之而来的压抑。由于他们从小树立起来的、唯一的价值观被打破,又不能忍受没有价值观的生活,才会如此压抑和痛苦。不过,慢慢地,这些人逐渐想开了:所有的事情都丝毫不重要。与其生活在压抑和痛苦之中,还不如端起眼前的酒杯一饮而尽,或者以发牢骚的方式宣泄心中的苦闷,暂时忘记这个世界正在破碎的事实……于是,人们在萨克斯风悲伤的曲调中跳着旋转的舞步,杜松子酒瓶从一个人手中传递到另一个人手中,地下酒吧那紧闭的大门将外面那残忍而愚蠢的世界与酒吧里的客人暂时隔绝,哪怕只是一个晚上……

新的准则是需要漫长的时间才能重新建立的。直到战后10年快要结束的时候,新的准则才开始流露出萌生的迹象。在新的准则下,革命者们终于明白怎样在这个世界上愉悦地生活,人们也不再盲目地对性痴迷,而是将情绪调整到一个最能适应这个世界的状态。觉醒过来的人们在这个新时代中挥洒自如,过着无比自由和真诚的生活。因为他们在被打破的传统的废墟里,寻找到了新的生活信条——可以带来长久满足的生活信条。

第06章

哈定与丑闻

1926年3月31日，在纽约的法庭上，大法官撒切尔传唤哈里·多尔蒂出庭，要求他当着联邦大陪审团的面，提供关于哈定总统的证词。多尔蒂给出了如下的书面回答：

"我长期担任哈定总统的私人律师。早在沃伦·哈定任俄亥俄州议员之前，我就是他的律师，一直到他去世，他的法律问题都由我全权负责。在哈定总统过世之后，我还为哈定夫人担任了好几年的私人律师。

另外，在哈定总统担任俄亥俄州议员时，我是俄亥俄州中部国家银行的律师；在哈定总统任职期间，我的职位是美国的司法部长；哈定总统去世后，我在柯立芝总统手下也担任了一段时间的司法部长。

同时也做我的兄弟马尔·多尔蒂的律师。

我作为哈定总统等人的私人律师，也是他多年的老朋友，我曾经给他提供过很多专业意见。但至于是什么样的专业意见，请恕我无可奉告，因为这些都是机密。

因此，我拒绝回答法庭的任何问题！因为这些问题，可能会成为指控我有罪的证据！"

哈定总统的私人律师、美国的前司法部长多尔蒂为什么这样说呢？

哈定总统和多尔蒂之间究竟有什么不可告人的秘密？

一切还得从1921年说起。

1

　　1921年3月4日这天清晨,冬天的寒冷还没有完全消散,冰冷的雾气还笼罩在华盛顿的上空。在白宫高高的院墙内,美国国旗飘荡在半空。

　　目前白宫的主人还是伍德罗·威尔逊,他现在已经是重病缠身了。他在助手的搀扶下,走出白宫大门,进入门口的一辆汽车。车内是沃伦·甘梅利尔·哈定——他刚刚当选为总统但还未就职。威尔逊和哈定二人正是前往国会大厦,举行新总统的就职仪式。

　　汽车缓缓地开动了,威尔逊无限感慨地回头望了望白宫——权力将在今天交接,今后这里就要迎来新的主人了,可惜自己的很多梦想还没能实现。

　　两个小时后,哈定在国会大厦宣誓就职,成为美国新的总统。这也宣告着战时的统治已经结束,常态的统治序幕正式拉开。

哈定总统的就职典礼

　　1921年3月4日，此时的美国社会是一番怎样的景象呢？下面就让我们回到这一天，看看美国的情况吧。

　　1921年距离1918年第一次世界大战停战已经过去了两年多的时间。此时，伍德罗·威尔逊总统正为了《凡尔赛条约》的签署问题，与参议院交恶。德国和美国的外交关系还没有好转。

　　由于受到战争的影响，到了1920年中期，一度繁荣发展的经济终于显现出颓势，购买力不足，产品大量积压。

　　翻开报纸，处处可见对"萨科-万泽蒂"案件的报道，萨科和万泽蒂的命运牵动了人们的心，尽管很多民众为这两个人鸣冤叫屈，但泰尔法官却始终认定他们有罪。

　　此时巨大的红色恐惧正在散去，但三K党崭露头角，目前已经有了几十万名成员。

　　尽管1921年是禁酒令实行的第二个年头，但黑酒吧老板和酒类走私者依旧生意红火。时尚女性的裙子越来越短，这令那些正统的、保守的人士坐不住了，纷纷跳出来大加鞭挞。"风纪长袍"也就是这期间被发明出来的。青年人的叛逆行为也令父母们寝食难安，《文摘》(Literary Digest)杂志甚至还专门刊登了《年轻一代正在冒险吗？》的文章，探讨这一现象。

　　世界上第一个无线电广播台在4个月前出现在美国，民众们还对这一新生事物处于陌生阶段；女性的裙子越来越短，目前已经达到了膝盖的位置，而且有迹象表明今后还会更短；芝加哥黑帮活动猖獗，政府专门派出一个罪案调查委员会，进行彻底调查；在棒球领域，兰迪斯法官①通过审理"黑袜事件"成为独裁者；在这一年，登普西和卡庞蒂签下协议，定于第二年夏天在波义尔的"30英亩"场地举行拳击比赛；在文学领域，《布衣街》和《世界史纲》正高踞畅销书排行榜，遥遥领先。

　　1921年美国的精神状态已经从战争中的亢奋状态松懈下来，开始

---

① 兰迪斯法官：1919年，美国棒球联盟爆发了历史上最严重的打假球事件，史称"黑袜事件"。当年交战的两支球队分别是国家联盟的辛辛那提红人队和美国联盟的芝加哥白袜队。白袜队是当年战绩最佳的球队，也一致被看好拿下冠军，但先发一垒手甘地尔和当地的职业赌徒苏利文合作，买通7位对白袜老板不满的球员，在比赛中放水让辛辛那提红人队拿到冠军。隔年，放水传闻不胫而走，联邦检察官及大陪审团开始调查，最终判定对参与放水的7名球员均处终身禁赛，审理的联邦法官兰迪斯也被指定为执行长官以重建球迷对大联盟棒球的信心。——译者注

哈定总统的就职典礼

变得疲倦不堪。人们再也不想听到"战争"这个字眼,也不愿意被所谓的"红色恐惧"弄得草木皆兵,人们只希望在和平的生活中好好休养生息一番,让伤口得到平复。因此,威尔逊宣扬的那一套所谓"美国需要为全人类负责"的论调必然令美国民众大倒胃口。民众此时根本不关心政治,他们只希望自己在处理私人事务的时候,政府不要横加干涉。人们想过的就是一种"常态"的生活——也许辞典上找不到这个词语,但这就是人们真切想要的。

美国历任新总统上任时,民众都以宽容友善的态度来面对他。哈定总统也不例外,甚至民众对他的拥戴程度更为强烈,仿佛连首都华盛顿的空气都充满着热情的气氛。而新上任的哈定总统脸上也洋溢着笑容,仿佛一阵春风,吹进了人们刚刚解冻的心灵。

在威尔逊总统任职期间,白宫就好像一个禁地,大门紧锁,冷冰冰的警卫严防人们靠近;但哈定走马上任以后,第一道命令就是彻底敞开白宫大门,允许游客自由参观。禁令解除后,好奇的观光客们纷纷涌入白宫,他们在白宫的庭院里四处参观,兴奋地把鼻子贴在办公室的玻璃上向内张望,还有一些观光客在壮观的白宫北门的回廊下嘻嘻哈哈地摆出各种姿势,拍照留念。甚至白宫门口的大道也面向市民开放,无论

是廉价的小汽车，还是轰鸣的大卡车，都可以从总统府大门前经过。这让白宫和哈定总统的亲和力迅速上升。

一直以来，人们都把威尔逊当成独裁主义者，他有一种与生俱来的学者般的清高姿态，遇到问题也只求教于自己的智囊团；而哈定则不然，他曾谦虚地说："凡是最有才能的智者，都是我请教的对象。"哈定还在自己就职的誓词中引用了《圣经》中《弥迦书》的一句话："世人哪，耶和华已指示你何为善，他只要求你：行公义，好怜悯，存谦卑的心，与你的神同行。"

前总统威尔逊和新总统哈定对待商人和商业的态度迥异。威尔逊从来不信任商人，他拼命地监视着商人们的一举一动；而哈定则给商人们创造自由的空间，希望让商业步入正轨。

因此，民众对两位总统的印象也不一样。人们把威尔逊看作是一位严肃认真的学者，而把哈定当作一个老实巴交的人，和哈定总统相处，绝对不会感到压力。他在总统府与记者和访客会面时，总会亲切地与来访者握手，并热情地寒暄。哈定总统甚至在白宫养了一条宠物小狗，名字叫"小老弟"，这让美国人民都觉得他是一位富有爱心的总统。难怪爱德华·劳瑞在作品中这样描述哈定任职后美国社会的气氛："现在华盛顿的政治空气和威尔逊总统当政时期大不相同，现在就好像同学聚会般融洽，人人脸上洋溢着欢欣和笑容，一个充满善意的新时代马上就要来临了！"

和伍德罗·威尔逊总统相比，沃伦·哈定总统有两个很明显的优势。第一，哈定相貌堂堂，气宇轩昂，非常具有领袖气质。他有棱角的面庞，不凡的气度，无不流露着华盛顿上流社会的尊贵；再看他的双眼，时时流露出仁慈和善的目光；第二，哈定总统非常上镜。他屡屡在报刊上露脸，人们即使只看到他的照片，也会油

哈定总统

然生出一股尊敬与崇拜之意。在这两方面，威尔逊都不是他的对手。

可以说，哈定是美国有史以来历届总统中最有民众缘的一位。他对每个人都充满敬意，他也希望能为每个人提供帮助，他希望自己的政策给人民带去幸福和欢乐。哈定总统总是面带笑容，和那些伪善的政客们故意装出虚情假意的笑容不同，他是发自内心的真情流露。有这样一个例子，在战争期间，他与赫伯特·胡佛见面时，就很诚恳地说道："邻居，请问我能为你做点什么吗？"——这绝不是客套话，他的确是这个意思。现在，哈定已经贵为总统，他希望把美国民众看作邻居，尽自己所能，给他们最大的帮助。

但哈定也有很多缺点，有些缺点甚至非常致命。首先，他政治经验不足。正如威廉·艾伦·怀特所评价的一样，哈定"头脑里没什么真才实学，孤陋寡闻，其政治经验更是非常有限"。

他的思维和逻辑不是很清晰，如果你仔细听他的讲话，就会很容易发现，他在发言时思维非常混乱，而且常常犯词语搭配的错误，比如他说"拒绝介入欧洲事务"，以及"支持某某条约"。而且，他还会犯一些低级的语法错误，比如把单词的词缀搞混，把normality说成normalcy，把betrothal说成bethothment。当记者向他提问的时候，他很容易陷入慌乱之中。虽然他对待记者的态度非常和蔼，但他的回答却始终难以让媒体满意。

怀特回忆哈定的时候，讲述了这样一件事。一天，哈定总统和顾问们讨论某个税收问题。散会后，哈定一走进秘书的办公室就禁不住大叫起来："约翰，真他妈的见鬼了！这个该死的税收问题怎么处理呢？这一方的意见听上去挺合理，可是另一方的意见我听起来也没错，我究竟该怎么办呢？我想世界上一定有本书记载着这个问题的解决之道，可是我上哪儿去找这样的书呢；我也知道世界上一定有位经济学家能回答这个问题，可是我又上哪里去找他呢？就算我找到他，我能相信他吗？上帝啊？总统简直不是人干的啊！"——由于哈定政治能力平庸，解决问题乏术，因此他要想当好总统，就必须依仗他那些有经验和智慧的幕僚和朋友们了。

哈定政治能力平庸也就罢了，如果他善于用人，也能很好地弥补自身的不足。可惜，他在识人、用人方面，也是糟糕得一塌糊涂。他好

像慷慨大方的圣诞老人，将政府的一个个肥缺岗位送给了他的心腹好友们。由于哈定成功当上总统，得到俄亥俄州的鼎力支持，因此他在俄亥俄州，尤其是马里恩地区的那班好友就近水楼台先得月了。他的姐夫被擢升为监狱长。一位名叫索亚的医生，只因在俄亥俄州马里思索亚疗养院与哈定有过一点交情，就被哈定提携担任自己的私人医生，还被授为"准将"的军衔，被委派去政府的卫生部门进行监督管理工作。哈定还任命一位叫克瑞辛格的律师担任全国的通货监理官，此人只不过在马里恩担任过几个月的国家城市银行信托公司主席，此次成为全国通货监理官，可谓一步登天。当然，哈定用的也并非全是庸才，他也吸纳了一些精英进入到自己的内阁，比如出任美国国务卿的查理斯·埃文斯·休斯，出任商业部长的赫伯特·胡佛，以及出任财政部长的安德鲁·梅隆等人。

哈定用人不善，主要是因为他结交了太多虚伪的朋友。早在俄亥俄州担任议员的时候，他的身边就聚集了一群狐朋狗友，其中包括政治掮客、毒品大亨以及靠卖官鬻爵牟利的人。哈定不但没和这些人划清界限，反而和他们走得很近，因此当哈定成为总统、入主白宫以后，他也将这些人带到了华盛顿。其中大部分人都凭借和哈定的关系，从总统那里捞到了一官半职。哈定非常喜欢这群老朋友，也希望能提携这些人一把。可是，假如哈定静下心来好好思考一下，就不难想明白，这些狐朋狗友必定会把国家权力当作牟取私利的工具。可惜哈定此时正沉浸在当选的喜悦中，根本就没考虑这个问题。而等他最终意识到这个问题时，已经太晚了。

哈定每天在白宫处理完政务之后，总是喜欢溜出白宫，到位于H大街上的宅邸。在那里，他的俄亥俄州的狐朋狗友们早早就等候在那里了。哈定总统就和这群人饮酒作乐，彻夜狂欢。他兴致高的时候，还会坐在牌桌前赌几局。而此时，正是美国全国推行禁酒令期间，而哈定总统却躲在这里大肆痛饮，把法令和国家大事统统抛到脑后。身为总统，既然不能以身作则地遵守法令，那么也很难指望他在政治上有什么作为了。

那么，为什么哈定喜欢和这些狐朋狗友们为伍呢？

原来，虽然哈定外表气宇轩昂，但他毕竟还是在小地方出生和长大,他本质上并不是一个大气的男人。虽然现在已经身为美国最高领袖,但他还是喜欢在周末的时候敞着怀,嘴里斜叼着雪茄,手中端着盛满酒和冰块的杯子,在某个小酒馆呼朋引伴。

哈定本人私生活失检,两性丑闻频出。1905年春,哈定与有夫之妇卡里·菲利普斯开始有暧昧关系,这种关系一直持续到1919年。这时,哈定被提名为共和党总统候选人。共和党全国委员会担心丑闻暴露,遂出资让卡里夫妇去日本"长期旅游"。就在哈定和菲利普斯有染期间,他还和另一位情妇,一位比他小30岁的女人南·布里顿保持不正当关系。后来,南·布里顿在《总统的女儿》(The President's Daughter)一书里向公众爆料:哈定当选总统后一年内,他们的孩子就出生了,而且哈定还私下里给这个孩子提供抚养费用。南·布里顿甚至还说:她和总统偷情经常不分场合和地点,从戒备森严的参议院办公大楼,到肮脏邋遢的地下小旅馆,甚至还在白宫办公室的衣橱里发生过关系,她认为他们的私生女就是在一个小旅馆里怀上的。虽然《总统的女儿》里的描述让人觉得匪夷所思,但一件件事,从时间到地点,说得有鼻子有眼,不由得读者不信。实事求是地说,尽管南·布里顿在描述哈定的种种行为

哈定总统

时，可能带有自己的主观看法，但人们也不难看出，哈定此人也绝非什么品质高尚之士，他只不过是一个非常平庸的男人罢了。举个最简单的例子，哈定在非常正式的场合，也会用"嘿，宝贝儿！"和"哈，小甜心儿"这样暧昧粗俗的言语和人打招呼。

其实，早在哈定担任参议员期间，关于他的负面新闻就层出不穷。有一次在乘坐火车旅行时，他突然赌性大发，执意要和一些旅客玩牌，结果被那些人合伙骗走了100美元；还有一次，他和情妇南·布里顿偷偷到百老汇的一个小旅馆里偷情，遭遇警察查房，结果警察尴尬地发现房间里居然是参议员先生。哈定此时还泰然自若地安慰情妇说："没关系，警察不会拘捕我们的，我作为参议员，此行是前往华盛顿为美国老百姓提供帮助，警察拘捕我就是妨碍公务的非法行为。"

总统夫人、哈定的妻子希望丈夫仕途顺利，煞费苦心地为他进行包装，把哈定打造成高尚、优雅、睿智、备受尊重的形象。然而在这层外衣下面，哈定和他那群俄亥俄州的狐朋狗友们没什么区别。虽然哈定表面看起来待人谦逊，但那些不过是礼节性的伪装而已，在H大街上那个烟雾缭绕的总统的宅邸里，才是哈定真实的自我。

哈定刚刚当上总统后不久，华盛顿就出现了一大群靠政府公关谋生的人——政府说客。他们是一群经验老道的政客，这些人站在企业的立场上，向政府游说，促使政府制订有利于企业的政策。他们在白宫附近大大小小的旅馆里随处可见，经常衣冠不整，斜叼着雪茄，成沓的百元大钞随意地插在口袋里。他们对企业拍着胸脯说："只要你给我足够的钱，我就能帮助你们搞定政府！"听了这话，企业家们纷纷蠢蠢欲动，都希望从哈定总统那里捞到一点好处。

石油商人们就更加志得意满了，因为总统大选的时候，若没有这些石油财阀的鼎力支持，哈定难以坐上总统宝座。既然现在哈定成为总统，那么石油商人们也到获取回报的时候了。哈定的内政部长艾伯特·福尔势必将给石油商人们更优惠的条件。

内阁中来自俄亥俄州的派系也开始弹冠相庆了，他们想：哈定已经成为美国联邦政府的掌舵人，怎会不提携兄弟们一把呢？沃伦·哈定在当选总统前曾经发誓说过，他不会忘记这些哥们儿的。好！现在就是他为我们这些人提供机会的时候了。

2

前面提到那些龌龊的交易自然是深深隐藏在幕后,并不为美国民众们所知。美国人民关心的是哈定上台后,能否一改威尔逊时代的风气,用贤明的统治,开创美国政治上的一个新局面。

在哈定上任之初,并非没有任何作为。他首先取消了威尔逊在国内采取的战时措施,鼓励投资,让资本家放手自由经营。

战争结束后,美国国会拒绝签署《凡尔赛条约》,美国与德国在外交方面一直没有恢复正常。1921年7月2日,美国参议院通过决议,结束与德国、奥地利和匈牙利的战争状态,同年8月,哈定领导的美国政府与德国签署《柏林条约》,恢复了两国的和平关系。直到11月4日,美国总统哈定才正式宣布"一战"结束。

1921年6月10日,哈定总统还签字公布了国会提出的著名的《预算和会计法案》。根据该法案,在国会之下,设置独立的国家审计机构——会计总署,同时撤销财政部的主计长和审计官,并将这两项职权全部移交会计总署,从而使美国国家审计的发展实现了一次大的转折。这表明,美国在历史上首次建立了以统一预算为基础的政府。会计总署的署长由查尔斯·道斯担任。此人语言风格独特,经常叼着一只大烟斗。他在会计总署内,经常因为效率低下而呵斥他的手下,情绪激动时甚至冲下属挥舞着扫帚——这些特立独行的举动,都让他成为人们津津乐道的话题。

哈定领导的联邦政府还出台了一些限制国外移民的政策,以保护本土劳工,这令后者非常满意。共和党领导的国会为了保护本国贸易,还提高了关税。

为了鼓励投资,让资本家放手经营,财政部长梅隆还提议对大笔收入应降低高额附加税——此举深得华尔街金融大鳄们的欢心,尽管这个提议遭到了国会中的农业集团与民主党派议员的反对,最后将附加税

折中地定在50%的水平,但从这件事上,华尔街的金融巨头们都认为哈定是自己人。

司法部长多尔蒂

司法部长多尔蒂也是哈定一手提拔起来的亲信。他当上司法部长后,立即用各种高压手段镇压激进分子和共产党人,疯狂逮捕罢工的铁路工人,其手段比米切尔·帕尔默都有过之而无不及。工人的对立面——资本家们自然对这种行为大加赞赏。

哈定在总统任期内,还有一次非常伟大的成就。那就是召开"华盛顿限制军备会议",成功地通过谈判,与英国、日本等国签署协定,遏制这些国家的海军军备扩张,保证了美国海军的领先地位。

原来,早在一战开始之前,以英、美、日为首的一批世界军事强国就大量建造军舰,开始一轮又一轮的军备竞赛。当时,太平洋地区的局势已经日趋紧张,它们的军备竞赛不但没有放慢脚步,反倒日益加剧。

一战爆发后不久,日本元老重臣井上馨给元老、内阁讨论日本是否参战的联席会议的信中写道:"这次欧洲大祸乱,对于日本发展国运,乃大正时代之天佑良机,必须抓住时机,确立日本对东洋之权利。"于是,趁着西方国家无力顾及远东之际,迅速抓住机会,控制了中国庞大的市场,发展经济,逐步将自己打造成了一个商业帝国。这时,查理斯·埃文斯·休斯成为美国国务卿,也有意将触角伸到远东地区,就与在远东苦心经营多年的日本产生了冲突。由于日本与英国结盟,再加上菲律宾等一批东南亚国家的支持,美国一时之间也奈何不了日本。

这时,美国人认为,假如英、日、美三国在太平洋地区能达成协议,限制军备竞赛,共同瓜分远东利益,岂不是一件多赢的美事?于是,1921年11月12日,哈定和休斯在华盛顿召开"华盛顿限制军备会议",邀请英国和日本等国的代表商讨这一问题。

12日上午10点半,与会代表纷纷进入会场。英、美两国代表分别在"U"字形会议桌下方的左、右两边，会议桌左侧是另一些英国代表和意大利的代表，右侧是法国和日本的代表；会议桌的上方，左边是比利时、荷兰的代表，右边是葡萄牙、中国的代表。

会议一开始，哈定总统就以东道主的身份致开幕词，对与会各国代表表示了热烈的欢迎。他说，这次会议的目的在于"减少战争，增进和平……减轻负担，改善现状"。他声明：美国没有征服他人的企图，美国对自己已拥有的东西感到满意，对其他国家拥有的东西并不觊觎。由于哈定也清楚自己能力有限，难以在谈判中有太大作为，于是他按照以往惯例，将难啃的硬骨头交给那些"最有才能的智者"去解决。国务卿休斯是一个很好的人选，他不仅头脑睿智，外交经验丰富，而且思路非常清晰。因此，哈定总统就任命休斯全权代表自己出席会议，自己则悠哉游哉地离开了会场。

国务卿休斯

"华盛顿限制军备会议"正式开始，美国国务卿休斯被与会代表一致推选为会议主席。休斯开始了他的欢迎致辞，可是谁也没想到，休斯在致辞中，率先抛出了自己早已撰写好的裁军方案，该方案目的之明确，逻辑之严密，令与会代表纷纷咋舌，尤其是打了日本一个措手不及。休斯在计划中提议：在美、英、日三国中间，实行一个为期10年的"海军假期"，在这10年中，谁也不得建造大型军舰。即使已经有建造计划，甚至有建造到一半的军舰，也必须立即取消建造；另外，为了裁减现有的海军军力，三个国家都必须要拆毁一批已经建造好的军舰——总重量达200万吨；美、英、日的海军规模必须按照10∶10∶6的比例分配。

休斯的方案一抛出来，与会代表都没做声。休斯继续补充说道："如果实行这个方案，那么各国海军军备负担将大为减轻，节省下来的军费可以用来建设我们的国家。再说，计划中规定的海军规模对于国家的防御体系也够用了。"

"海军假期"计划的确是个不错的点子，因此当休斯提出方案以

后，全体代表都向他致以热烈的掌声。但是，对于一些细节问题，各国还没有达成完全一致，首先提出反对的就是日本参会代表、海军大臣加藤友三郎，他反对10∶10∶6的海军规模比例，希望日本的比例由6提高到7。但休斯不肯让步，他宣称：“如果日本坚持这样做，那么日本每造一艘军舰，美国就要造4艘军舰！”

随后，开始为期3个月、先后7轮的谈判。虽然有9个国家参加会议，但会议实际上是被美、英、日、法4个国家操纵。一些重要的决策，甚至只由美国国务卿休斯、英国枢密院大臣贝尔福和日本海军大臣加藤友三郎3人私下商定。

最后，美国、英国和日本的代表们签订了一份条约。总体上，遵从了休斯计划的大纲：日本同意了10∶10∶6的海军规模比例（主要也是因为当时日本的财政状况不佳，要坚持大规模军备竞赛确有困难。加藤友三郎事后说：“如果没有真正充实的国力，就算有再充实的军备也不能发挥作用。”）；美、英、日、法相互承认彼此在太平洋上各自的势力范围；四国之间如有争端，由缔约国通过会议解决；各国达成一致，在中国实行"门户开放"的政策等等。应该说美国在这次会议上获利颇丰，不但拆散了英日同盟，还令自己的海军实力上了一个台阶，与英国站在同一水平线上，而且通过"门户开放"的政策将力量渗透到中国。

"华盛顿限制军备会议"上签订的《海军条约》立刻被美国参议院批准。太平洋地区激烈的军备竞赛暂时平息了，美国也卸下了巨大军费开支的重担。更重要的是，条约的签订让人们明白一个道理——以外交手段来避开战争才是国防的真正要义。

"华盛顿限制军备会议"的圆满召开，让沃伦·哈定赢得了不错的名声，美国人民都认为他为国家争取了利益。商业界也很欣赏他，因为哈定对商业的态度一贯友好。无论在哪里，只要几个金融家或企业家聚会，他们就会用尊敬的语气谈论起这位总统，还将哈定的财政部长梅隆与亚历山大·汉密尔顿相比，称之为"自亚历山大·汉密尔顿以来最伟大的财政部长"。此外，沃伦·哈定的商务部长赫伯特·胡佛在贸易方面也成绩斐然。甚至连哈定的反对者们也心悦诚服地承认：华盛顿会议是一次了不起的胜利。

当然，也有一些关于哈定政府的流言蜚语。有传言说，哈定领导下的政府某些部门也存在贪污腐败、行贿受贿、营私舞弊的现象。事实证明，确实如此。

司法部首先出事了。哈定的亲信、司法部长多尔蒂把一个酒肉朋友杰西·史密斯带到华盛顿，同住一所公寓。这个史密斯其实就是一个政府说客，专门收受企业的钱，帮助企业向政府行贿。案发后，史密斯自杀在多尔蒂的公寓里。堂堂司法部长竟然和这种人交朋友，这难道不令哈定颜面扫地吗？！接着，退伍军人局也后院起火，1923年3月参议院根据揭发，开始调查退伍军人局的贪污腐化情况。调查刚开始，该局法律顾问查尔斯·克拉默就畏罪自杀。后来查明局长福布斯也有问题，被判犯有"诈骗政府罪"。

但当时还有一个更为大胆的传言，说国会居然背地里将油田出租给了两位石油大亨——多赫尼和辛克莱，牟取了巨额黑钱。但这个传言实在太离谱，谁都不相信。

哈定一手提拔起来的朋友接二连三地冒出丑闻，这让哈定无法忍受，他不禁哀叹道："天啊，这真糟糕！我和敌人倒相安无事……但我这些该死的朋友，却使我夜夜坐卧不宁！"

哈定痛定思痛，决定再也不玩纸牌了，也不再喝酒了。为了戒赌戒酒，重新得到公众的信任，他决定到西北部各州和阿拉斯加去做一次演讲之旅，为了"促进彼此了解"。于是，哈定带着他的夫人、65个随从人员于1923年6月离开华盛顿，到西海岸作了7,500英里的旅行，做了若干次演讲。已经心脏欠佳并犯有高血压病的哈定，在整个横跨大陆的长途旅行期间，体力疲惫，精神沮丧，7月27日，他来到西雅图，光着脚站在骄阳下就阿拉斯加问题发表演讲，在演讲中他摇晃了好几次，手中的讲稿突然掉了下来，双手猛地抓住桌子，随从人员真担心他会倒下。当天傍晚，哈定突然发病，医生认为是食物中毒。7月29日，总统一行到达旧金山，哈定又染上了肺炎。1923年8月2日，哈定总统猝然去世在旧金山。他是晚上在卧榻上静静去世的。当时哈定的夫人据说还在给总统读报听。这时，哈定夫人因为有事离开了总统几分钟，期间一个护士推开总统的房门，正好看到总统的头突然抖动了一下，接着便垂了下去。闻讯赶来的医生经过检查，宣布了哈定的死讯。为了确定死因，总统的医生们要求验尸，但哈定的夫人坚决不答应。因此，哈定总统的真实死因也成为一个谜。

哈定总统在旧金山去世后，专列载着他的遗体，以最快的速度返回华盛顿。哈定总统病逝的消息传开，沿途的人们纷纷聚集到铁道边，就为了等总统的专列经过，送总统最后一程。沿路各站，数百万美国人唱着他喜欢的圣歌向这位他们认为是纯洁的人表示致敬。专列所到之处，西部山区的牛仔们纷纷下马、脱帽，表达哀思；在每个城市的火车站，哭泣的人们都把站台挤得水泄不通。最后，火车比预定时间晚了好几个小时才返回华盛顿。火车到达华盛顿的时候，成千上万的市民默默肃立，沉痛哀悼哈定总统。《纽约时报》的一位记者在报道中说："这一幕在美国

哈定总统的遗体离开白宫

历史上也是空前的，充分表达了对死者的爱戴、尊重和崇敬之情。"

沃伦·哈定的遗体最后被运往家乡马里恩安葬。他的继任者柯立芝宣布举国哀悼一天，哀悼期间，全国降半旗，商业活动停止，各地举行纪念活动。

在悼念日那天，人们纷纷发言，追思哈定总统的生平点滴，人们都说："哈定总统为了美国鞠躬尽瘁，死而后已；他伟大的品质如磐石一般坚定。"在纽约的圣约翰大教堂，曼宁主教在主持纪念仪式时禁不住失声痛哭，他说："如果要在哈定的纪念碑上写一句话，我会写'他教会我们拥有兄弟之情的力量'。这是基督教的精髓所在，也是人类最伟大的课程，兄弟同心，其利断金，只要兄弟的情谊在，任何困难都难不倒我们……愿上帝再赐予我们一位如同哈定总统般睿智、崇高的领

袖吧！"

哈定总统逝后尽享哀荣，但实事求是地说，身为一位美国总统，仅仅靠手足之情或者仁慈善良的精神，是远远不能治理好国家的。哈定总统生前对待他的朋友如同亲兄弟，可是，这些兄弟又是如何对待哈定的呢？恰恰正是这些"亲兄弟"让哈定的政府陷入了贪污腐败的深渊。这就是沃伦·哈定总统人生的一大悲剧。

哈定总统的死因究竟是什么呢？

哈定总统和夫人

1930年，哈定总统的老朋友盖斯顿·布洛克·敏斯出版了一本揭露丑闻的畅销书——《哈定总统神秘身亡之谜》(*The Strange Death of President Harding*)，书中声称：哈定夫人曾雇拥他作为私人侦探，调查哈定的婚外恋情。敏斯在书中暗示是哈定夫人下毒谋害了她的丈夫，而总统的医生索耶也是参与者之一。哈定死后不久，索耶医生突然身亡，而哈定夫人本人也于1924年11月去世。因此，哈定总统之死的真相或许永远没有水落石出的那一天。

按照敏斯的说法，哈定夫人谋杀总统有两个动机：其一，哈定夫人发现了总统和南·布里顿的私情，以及他们有了私生女的事，痛苦之下顿生杀机；其二，她看到哈定被那帮狐朋狗友利用，成为那帮人获取名利的工具，哈定夫人不希望丈夫成为美国历史上的罪人，因此唯有毒杀总统，才能让哈定免遭后人唾骂。

敏斯的推断很有说服力。因为最初，医生都认为哈定总统的去世是食物中毒所致，因为总统一行从阿拉斯加返回时，在宴会上吃了疑似受到污染变质的螃蟹肉，然而事后调查发现，那天的宴会上的其他客人都安然无恙。而且，总统的最后时刻只有哈定夫人在身边陪伴，而且她又积极阻挠对尸体进行解剖，看来她的嫌疑非常之大。

无论导致哈定总统的直接死因是什么，毒杀也好，中风也罢，然而其实，哈定此次西部之行的过程中，就已经对生命充满了恐惧和绝望。威廉·艾伦·怀特描述说："哈定总统在旅途中显得失魂落魄，看

第 06 章 哈定与丑闻　149

来他一贯信赖的朋友们接二连三地发生丑闻对他打击很大。他经常向胡佛部长和一些值得信任的记者询问,如果那些朋友们都背叛了他,他该怎么办?"从这一点可以看出,也许在毒药杀死他之前,朋友们的背叛已经夺走了他活下去的动力。

备受美国人爱戴的哈定总统去世了,人们在哀伤之余,也想为他建立一座宏伟的纪念碑,让他永远活在人们的心目中。不过,随着时间的推移,关于哈定总统更多的秘密,才一点点浮出水面。

3

哈定总统下葬后不久,蒂波特山和埃尔克山的两大油田的出租情况,引起了参议院公共土地委员会的注意。随着对这件事的调查,哈定政府的一桩最为严重、影响最为深远的丑闻逐渐浮出水面。

原来,早在1909年,美国政府就颁布法令,将三处油田保留起来,不允许任何人开采,为的是给美国海军提供油料储备。若是日后再有紧急情况发生,海军就可以从这里获得油料来源。这三处油田分别位于加利福尼亚州埃尔克山、加利福尼亚州的博伟地区,以及怀俄明州的蒂波特山。

但随着时间的推移,新的问题出现了。政府尽管将这三处油田保护起来,不允许任何人开采。但这三处油田附近,还有一些正在开采的商业化油田。由于石油是液态,具有流动性。因此,周边商业油井可能会吸取保护区地下的石油。这样一来,政府保护油田的做法就失去意义了。

1920年,国会授予海军部长丹尼尔斯特权,允许他以各种方式保护这三处油田不受损失。那么,如何保护,海军部长就面临着两个选择方案。第一,他可以在油田保护区周边打一些小油井,控制石油向外扩散;第二,他还可以将保留地出租给私人,但开采者必须保证限量,不得过度开采,以便为国家储备一定的石油。丹尼尔斯部长本人觉得第一个方案很好。

但是,哈定总统的亲信、内政部长艾伯特·福尔却认为第二个方案更有利,因为他本人就是美国石油巨头利益的代言人。1921年,在华盛顿会议召开前夕,由于日本海军在太平洋地区大搞军备竞赛,美国海军部对此感到忧心忡忡。海军部提议:必须建立燃油库,以应对随时可能爆发的军事冲突。这个提议正中内政部长福尔的下怀,他觉得为自己所在的利益集团牟利的机会来了。因为政府需要更多的石油来充盈国库,他正好可以提议,将

内政部长艾伯特·福尔

三处油田保护区出租给石油商经营,然后让政府向石油商购买成品燃油。然而,石油保护区的出租权归海军部长所有,而福尔虽然身为内政部长,对此事却插不上手。但没关系,福尔想到了老朋友——哈定总统。因为早在哈定担任总统前,艾伯特·福尔曾与哈定一起在参议院外交委员会工作,他们之间的关系是如此之密,乃至哈定曾想任命他为国务卿,不过最后还是让福尔做了内政部长。

很快,哈定总统签署了行政命令,海军部长将不负责石油保护区的监管,而是由内政部长福尔来负责。福尔得到石油保护区的监管权以后,迅速决定采取第二套方案,将油田出租给石油商开采。1922年4月7日,在一间会议室内,没有竞标者,内政部长福尔和石油巨头哈里·辛克莱达成秘密协议,将位于蒂波特山的油田给了他的猛犸石油公司。1922年11月11日,他又以同样手法,将位于埃尔克山的油田秘密地出租给了另一位石油巨头——爱德华·多赫尼的泛美石油公司。

按理说,这场交易不会让美国政府受到任何损失,因为石油巨头们肯定会按照合同规定,依法开采。而且,既然是出租有军事用途的油田,因此不设竞标环节也无可厚非。但后来人们才知道,内政部长福尔从中捞取了大量好处——他收受了辛克莱价值约26万美元的自由债券,

还以"借用"的名义,从多赫尼那里得到了10万美元的现金,用这笔钱,福尔买下了一座庄园。

参议院专门成立了一个委员会来查办此案。由于共和党人不愿意调查他们自己的政府,因此这事就由蒙大拿州的参议员——民主党人托马斯·沃尔什来牵头调查。他花了好几年时间研究了很多调查文件和证词,对这个案件进行了周密细致的调查,最终使真相大白于天下。最后,政府宣布:多赫尼和辛克莱与政府签订的油田租赁合同为非法,因此合同无效。内政部长福尔也因受贿罪锒铛入狱,被判一年监禁;海军部长也引咎辞职。但作为行贿方的多赫尼和辛克莱两人却一直逍遥法外。直到1929年,参议院还是以双重罪名判辛克莱入狱,因为他在接受调查过程中,拒绝回答公共土地委员会的问题——犯了藐视参议院罪;另外,在第一次受审期间,辛克莱雇佣伯恩斯侦探①跟踪陪审团成员,并对其进行跟踪、威胁和诱惑。后来,一位陪审员揭发说:"一个男人走过来对我说,如果你能投辛克莱无罪的票,你就可以得到一辆'像这个街区一样长的'汽车。"根据这些证据,辛克莱还被判处藐视法庭罪。

上面就是这次油田私下交易事件的来龙去脉,但这还只是冰山一角,因为随着时间的推移,更多的事实被挖掘出来。1924年初,参议院委员会将案件的初步调查结果向当时的总统柯立芝汇报,柯立芝立即任命富有经验的欧文·罗伯茨和前参议员阿特利·波莫雷内,代表民主党和共和党对涉案人员提起公诉。两个人通过周密细致的调查,最终发现,辛克莱向福尔行贿的债券来自一个名不见经传的加拿大公司——大陆石油公司。他们觉得此事非常蹊跷,于是顺着这条线索继续调查下去,调查结果令人大吃一惊。原来,此事还不仅仅是行贿和受贿那么简单,而是涉及商业道德的问题。要想知道这件事情的真相,还得从1921年说起。

1921年,在福尔与辛克莱达成秘密交易前的几个月。11月17日这

---

① 伯恩斯侦探:1915年,威廉·伯恩斯建立起在美国有20个办事处、在伦敦有1个办事处的大型侦探事务所。第一次世界大战时期,美国司法部委托私人侦探公司负责国内反革命工作。1921年,威廉·伯恩斯接替同样出身的著名私人侦探弗林的职务,出任美国调查局第二任局长。美国调查局也就是联邦调查局的前身。——译者注

天，几个美国石油大亨正聚集在纽约范德比尔克旅馆开会。他们分别是：麦克西亚油田的老板汉弗莱斯上校、中西石油公司的总裁哈里·布莱克默、普雷里石油公司的负责人詹姆斯·奥尼尔、印第安纳标准石油公司董事长罗伯特·斯图尔特上校，以及辛克莱联合石油公司的老板哈里·辛克莱等人。在会上，汉弗莱斯上校希望将自己手中的3,300多万桶石油以每桶1.5美元的价格出售。这是一宗相当大的交易，在场的石油大亨们都没有表态。这时，现场有一位大陆石油公司的老板站出来，他叫奥斯勒，是加拿大的一位著名律师。奥斯勒希望将这些石油全部买进。汉弗莱斯上校有点吃惊，因为大陆石油公司的名字他连听都没听说过，就不肯进行这场交易。可在座的辛克莱和奥尼尔说，他们愿意联合起来为这家所谓的大陆石油公司进行担保。既然有可靠的担保，汉弗莱斯上校便打消疑虑，将这3,300多万桶石油悉数出售给大陆石油公司。可是随后，大陆石油公司立即将这些石油以1.75美元一桶的价格，转手卖给了辛克莱和奥尼尔的公司。这样一来，每桶25美分的净利润就落入了大陆石油公司的囊中。

原来，这个奥斯勒和辛克莱、奥尼尔等人是一伙的，大陆石油公司是他们掌控的一家冒牌公司。辛克莱等人通过这种方式，将大笔资金转移到自己的口袋里。通过这笔交易，大陆石油公司这个空壳公司连本带息获利共计300多万美元。

这时，大陆石油公司的老板奥斯勒用这笔钱购买了自由债券，自己留下了2%，然后其余的都交给了辛克莱和奥尼尔等人瓜分。詹姆斯·奥尼尔分得80万美元，罗伯特·斯图尔特上校、哈里·布莱克默和哈里·辛克莱各自分得近76万美元。

这几位石油公司的老板在收取了巨额债券后，并没有将此事向各自的公司和董事会汇报，而是直接将债券装进了自己的口袋。

布莱克默直到参议院调查委员会找上门来，才承认说：那些债券他一笔都没动用，原封不动地存放在纽约公正信托公司的保险箱里，可这时已经是1928年了。

奥尼尔也把债券攥在手里好几年，直到1925年5月，他因担心被揭发，这才不情愿地将债券上交给公司。

至于斯图尔特，他在接受调查的时候辩称：他得到的债券也分文

调查蒂波特山石油丑闻的参议院委员会

未动，而是将债券交给了印第安纳标准石油公司，目前这些债券存放在公司的保险库内，并且有托管合同为证。可是经过调查，斯图尔特只将债券的事告诉了公司的一位法务职员，公司的董事和其他同事对此一无所知，而斯图尔特所谓的"托管合同"，只不过是用铅笔草签的一份合同。

最后，调查委员会查到了辛克莱头上，他也急忙拼命撇清自己。他在证词中说："我觉得公司的董事会和职员们都不可靠，因此才向公司隐瞒了债券的事，并将债券一直存放在自己家中。"后来，他将这笔债券中的很大一笔送给了内政部长福尔，作为从福尔那里获得油田租赁权的回报；另外，他又将金额为185,000美元的债券以"借款"的名义，连同一件价值75,000美元的礼物，一起送给了共和党全国委员会。调查委员会继续追查这笔钱的下落，最后发现，原来这笔款项实际上落到了威尔·海斯手里。威尔·海斯何许人也？在1920年哈定参加总统大选时，他担任共和党全国委员会主席。哈定当选总统后，他又出任邮政管理局长。从邮政管理局长的职位卸任后，他又出任美国电影协会的领导人，摇身一变成为全美电影行业道德规范的监察者。正是在他出任美国电影协会主席期间，辛克莱向他提供了这笔债券。由于共和党在帮助哈定赢得大选过程中，欠下了大笔债务，威尔·海斯就决定用这笔债券来填补共和党的亏空。于是，他和助手们拜访了一些富人，对他们说："如果你们愿意捐出一些钱来，弥补共和党因竞选而产生的亏空，那么将会得到同等数额的辛克莱债券作为回报。"说白了，这笔"赃款"最后实际上是为共和党还了债务。因此，共和党，乃至哈定总统在这起受贿事件中，都直接或间接地扮演了不光彩的角色。

4

在这起油田丑闻中，也不乏有趣的一面。之所以说有趣，是因为在对有关证人的调查取证过程中，以及对嫌疑人调查和审讯过程中，上演了一幕幕令人啼笑皆非的闹剧。下面就让我们翻开这起案件的卷宗，看看其中有趣的片段吧。

花絮一：究竟是谁把钱借给了福尔？

1923年秋天，也就是哈定总统猝然辞世后不久，负责调查油田丑闻的蒙大拿州参议员沃尔什得到了一条线索：内政部长最近好像发了一笔横财，因为他刚刚在自己新墨西哥的农场附近又购买了一大块土地，还修建了新的农场。要知道，福尔的经济一直非常拮据，据说他的私人农场已经拖欠了好几年税款了。可他的钱是从哪儿来的呢？

联想到一直有传闻说，福尔部长通过和石油大亨私下交易，收受贿赂，沃尔什和他领导的调查委员会立即警觉起来，像嗅觉灵敏的猎犬一样，对福尔展开了周密的调查。那么，福尔究竟是从哪里得到这笔钱的呢？

当调查人员找到福尔头上的时候，福尔急忙写了一封长信，为自己申诉。在信中，福尔坚决不承认曾经从多赫尼或辛克莱那里收取过任何贿赂。并且还用非常委屈的语气解释道：他突然变得有钱起来，完全是因为得到了一位报业巨头爱德华·麦克莱恩的资助，借给了他10万美元。这位麦克莱恩先生是哈定的拥护者,经常向哈定和他的团队提供资助。

为了证实福尔的说法,调查委员会立即想找到这位报业巨头麦克莱恩求证。而麦克莱恩现在正在棕榈海滩度假,并且推三阻四,一再声称自己不能到华盛顿来作证,而私下里却和他的朋友们通过密电商讨如何应对委员会的调查。为了迅速得到证据,沃尔什参议员亲自前往棕榈海滩,给麦克莱恩来了个突然袭击。迫于压力之下,麦克莱恩只好说出了实情。他的确借过一些钱给福尔,但并不是现金,而是3张支票。而且,福尔很快就归还了支票。这笔交易并没有通过银行,因此也没有留下任何交易记录。通过麦克莱恩的证词,证明了一点:福尔的一夜暴富和麦克莱恩的资助并无关系,而是另有隐情。

丑闻主角:福尔、多赫尼和他们的律师

随着爱德华·多赫尼的交待,一切都真相大白了。1924年1月24日,爱德华·多赫尼,也就是从福尔手里承租埃尔克山油田的石油巨头接受审讯,他交待说,他让自己的儿子用一个黑色背包装着10万美元的现金,从纽约带到华盛顿,交给当时的内政部长福尔。但同时,爱德华·多赫尼又声明:他与福尔有着多年的老交情,这10万美元的借款纯粹是出于关心,给老朋友一点经济上的支持,和租赁油田完全没有关系。爱德华·多赫尼的证词存在很大的疑点。法官于是质询说:"10万美元不是个小数字,一般人谁会以现金的方式借出10万美元呢?"但多赫尼解释说:这区区10万美元对他来说只是小菜一碟。于是法官又问:"既然你说是把钱借给了福尔,可有借据为证?""当然有!"多赫尼当庭出示了一份由福尔立下的借据,法官拿来一看,借据内容倒是完整,可是落款却不见了——被撕掉了。法官问:"没有落款的借据,怎么证明是福尔立下的?"多赫尼向陪审团解释到:"我担心自己死后,我的后人会逼迫老朋友福尔立刻还钱,这样就违背了我的初衷,因此我将签名撕下去,交给夫人保管。可是,她也忘记带有签名的那部分放到哪里去了。"面对这个滴水不漏的回答,法官也没有办法,只好将多赫尼当庭释放了。

花絮二:6头或8头奶牛

在多赫尼出庭接受审问之前,辛克莱手下一家公司的职员阿奇·罗斯福也出庭提供了证词。他的出庭,受到媒体记者的广泛关注,前来采访的记者把法庭挤得水泄不通。为什么一个区区职员能引起那么大的轰动呢?原来,阿奇·罗斯福的父亲是美国的第26任总统——伟大的老西奥多·罗斯福,他的兄长也曾任哈定政府海军部副部长。

阿奇·罗斯福是主动找到沃尔什的调查委员会,要求为此案提供证词的。他和辛克莱的机要秘书沃尔伯格关系很好,因此从沃尔伯格那儿知悉了很多内幕。阿奇·罗斯福说:沃尔伯格曾经告诉过他,辛克莱给福尔的农场经理68,000美元。而且阿奇·罗斯福透露:当沃尔伯格向他叙述这件事的时候,沃尔伯格显得非常紧张不安。阿奇·罗斯福的举报引起了调查委员会对辛克莱的怀疑,可一了解,发现辛克莱已经在此之前乘船秘密去了欧洲,他甚至在乘船时用的是化名。于是委员会紧急传唤沃尔伯格。沃尔伯格面对委员会的询问时,显得惊慌失措,但他拼命地自圆其说。他说:"阿奇·罗斯福一定是听错了!我从没说过'辛克莱给福尔的农场送过68,000美元',我当时说的是'辛克莱给福尔的农场送过6头或8头奶牛',先生们,'sixty-eight thousand'和'six or eight cows'的发音太接近了,难怪阿奇·罗斯福会听错!"听了沃尔伯格的辩解,调查委员会感到哭笑不得,从哪个角度也听不出"sixyt-eight thousand"和"six or eight cows"在发音上有什么相似之处。因此,大家纷纷对沃尔伯格表示怀疑。(后来经过调查,辛克莱给福尔送牲畜确有此事,但并不是"6头或8头奶牛",而是1匹马、6头肥猪、1头公牛和6头小母牛。)

不久之后,调查委员会再一次传讯了沃尔伯格,可是他居然又改了口。他一本正经地说:"我回家以后又仔细回忆了一下,其实我说的并不是'福尔的农场'经理收到了68,000美元,而是说'马场'的经理收到

68,000美元。因为这两个音听起来很接近。"至于这个马场经理是谁？沃尔伯格解释说，他其实是辛克莱手下的一名叫希尔德雷思的驯马师，这笔钱是给他的工资和分红。

沃尔伯格的解释显然疑点颇多，按照习惯，谁也不会把驯马师称作"马场经理"。因此，调查委员会对他的证词并不相信。

花絮三：斯图尔特上校和其他人的缄默

以沃尔什为首的调查委员会还在积极地搜寻一切证据，但是那些证人一个个都很不情愿作证，即使勉强出庭作证，要么顾左右而言他，要么推说时间太久、记忆力减退，总之，很多事实"回忆不起来了"。

最后，委员会传唤福尔部长本人出庭。福尔部长的医生提出抗议，说福尔身体状况不佳，不能出庭。但是在调查委员会的强烈要求下，福尔不得不出庭作证。但是他对委员会的种种提问都表现出一副爱理不理的态度，被问得急了，就气急败坏地说："我拒绝回答你们这些带有羞辱意味的问题！"然后就翻着白眼盯着天花板，默不作声。至于辛克莱，正如阿奇·罗斯福所言，他去欧洲避风头了。过了一段时间，当他以为风头已过，刚刚回到美国的时候，就被调查委员会"请"去问话。他也学着福尔一样，拒绝回答任何问题。结果，法庭判处藐视法庭罪，接下来，他还被判处欺骗政府罪。最后，辛克莱强硬的态度终于软了下来，他主动承认：他确实是给了福尔一大笔债券，但是他死不承认那些债券和租赁油田有关，他一口咬定那是向福尔农场的收益支付的三分之一的利息。

收受贿赂的当事人之一布莱克默也去欧洲避风头，和他一同去的还有奥尼尔，调查委员会对他们百般劝诱，他们死也不肯回来。大陆石油公司的负责人奥斯勒则更是躲得无影无踪。斯图尔特躲到古巴去了，后来在小约翰·洛克菲勒的劝说下，才从古巴回来，接受调查委员会的质询。斯图尔特说："这次交易我没获得一分钱的好处，我从来没有收取过债券。"大约过了两个月以后，他才不得已承认："自己的确收到了75万多美元的债券，而且一直向公司董事们隐瞒了此事。"

花絮四：海斯先生的证词

1924年，美国电影协会的主席威尔·海斯受到调查委员会的传唤时，向委员会作证说，辛克莱向共和党捐助了7.5万美元。

可是到了1928年，当更多关于大陆石油公司的内幕被揭露出来以后，调查委员会再次传唤了海斯先生。委员会问："难道当时辛克莱只捐助了7.5万美元吗？"海斯先生显得很尴尬，他想了想，说："对了，除了捐款外，还'借'给共和党185,000美元的债券。"委员会就问："那上次传唤你，你怎么不说这段隐情呢？"海斯振振有辞地说："你们也没问债券的事啊！"

安德鲁·梅隆和他的儿子

花絮五：梅隆先生的沉默

就在海斯先生承认向共和党提供185,000美元的"借款"后，调查委员会传唤了查尔斯·普拉特公司的出纳。因为，查尔斯·普拉特公司也涉嫌向共和党提供了一笔大陆石油公司的债券。后来，调查委员会当庭向这位出纳出示了一张收据，在收据上，查尔斯·普拉特公司的老板明确地注明了债券都给了哪些人。上面这样写道：

50,000美元支付给

威克斯（Weeks）、杜邦（DuPont）、巴特勒（Butler）、安迪（Andy）

沃尔什参议员问出纳："这张收据上有4个人的名字，我可以辨认出'威克斯''杜邦'和'巴特勒'，但最后一个是谁？看上去好像是安迪，对吗？"

出纳接过收据，用放大镜仔细地看了又看，说到："没错，这是威克斯、杜邦、巴特勒，另外一个名字应该是坎迪（Candy）……或者安迪。"

调查团的另一位参议员追问道："那么谁是安迪？"

第06章　哈定与丑闻　159

"我不知道谁是安迪。我想不起来。"出纳回答说。

出纳话音未落,法庭之上一片哗然。因为此刻,法庭旁听席上就坐着一位非常有名的叫安迪的人,他就是美国著名的企业家、银行家,也是哈定政府的财政部长——安德鲁·梅隆。

众人的目光纷纷投向梅隆,沃尔什参议员也立即写了一张纸条给财政部长安德鲁·梅隆,要求他当场解释一下这张收据的事。梅隆先生并没有发作,而是非常平静地做了解释。

梅隆的解释是这样的:1923年底,当时参议院刚开始对蒂波特山油田租赁案进行调查。有一天,海斯先生送给了他一些债券。过了一段时间,海斯给梅隆打电话,说这笔债券是从辛克莱那儿得到的,他建议梅隆收下这笔债券,同时将同样金额的钱以捐款的方式,捐给共和党的基金会。梅隆说:"当时我就一口回绝了海斯的建议,应该捐给基金会的钱,我一分都不会少,但我也不会私下收受任何好处!"

经过调查,梅隆先生当时的确是这样做的,他向基金会捐款了5万美元,同时,他也没有收取那笔债券,而是将债券退还给海斯。梅隆补充说:"我只知道,不该收的钱我不能收,至于蒂波特山油田租赁一案,我一无所知。"

难道梅隆部长真的对此一无所知吗?要知道,梅隆回答调查委员会的询问这件事是发生在1928年,而早在1925年,参议院调查委员会就已经针对大陆石油公司债券的流向问题做了调查,柯立芝总统甚至还任命罗伯茨和波莫雷内作为公诉人,来调查此事。这3年以来,身为财政部长的梅隆怎会不知他接受的那笔债券来源于辛克莱呢?但他却什么都没有说。因为他深知,如果他说出来,那么共和党筹集钱款的一些见不得人的方式就会大白于天下。这是他不愿意看到的。

以上就是震惊朝野的蒂波特山、埃尔克山油田租赁丑闻。这桩丑闻,开始于哈定总统签署命令,让海军部长将油田监管权移交给内政部长福尔。到1921年,这桩丑闻逐渐露出马脚。在这个时期,哈定总统刚刚成为白宫的主人,国家城市银行总裁詹姆斯·斯蒂尔曼刚刚闹出离婚风波,登普西与卡庞蒂之间的比赛一触即发,查尔斯·林德伯格还没有开始他的首次飞行。

而当辛克莱和斯图尔特花言巧语为自己开脱,海斯对自己的供词做了修正，梅隆财政部长打破沉默之时，已经是丑闻发生的若干年后，即1928年了。此时，林德伯格已经完成了跨越大西洋的飞行壮举；赫伯特·胡佛也正在紧锣密鼓，准备代表共和党参加总统竞选；哈里·辛克莱也因丑闻败露，被迫结束了自己的职业生涯，最后去华盛顿监狱做了一名药剂师。也正是此时，美国的大牛市已经走到了尽头，战后10年也在慢慢结束。内政部长福尔作为国家资源的监管者，却监守自盗，他带来的后果是发人深省的，带来的损失也是无可估量的。

对了，也许读者会问，那两块被私下交易的油田后来怎么处理了？这些油田原本是国家保留给海军部的，供他们应对在太平洋随时可能发生的战事。可是，这些油田后来怎么样了呢？人们都怀着高度热情，追查着那些现钞和债券的下落，揪出一个个商人和高官，但是似乎人们都忘记了那两块油田。实际上，被福尔偷偷租赁给辛克莱和多赫尼的油田在事发之后就已经停产了，不过在石油保护区外围的其他商业油田中，石油还在源源不断地被开采。正如我们在本节开篇提到的那样，保护区的石油很可能会流向周边的油井，并被开采出来。而且，据说，这些石油中有很大一部分，被出口到日本，用在日本的军舰上。这真是一个莫大的讽刺！

5

哈定政府自建立以来，丑闻频发，油田租赁丑闻案就算是有一定层次的案例了，除此之外，还有很多根本不入流的丑闻案件。这些案件粗鄙不已、臭不可耐，现在就让我们把鼻子捏住，强忍案件中的腐臭气息，再看几个案例吧。

其中一个案例是"退伍军人管理局丑闻案"。退伍军人管理局的局长是查尔斯·福布斯，此人早年曾经在部队服役，后来做了逃兵，离开了军营。哈定在访问夏威夷期间，认识了这位查尔斯·福布斯先生。一聊之下，两人顿时有相见恨晚的感觉，于是哈定便与他成为好友，在仕

途上也一路提携他，最后让他做了退伍军人管理局局长，代表政府安顿好那些在第一次世界大战中肢体伤残的老兵们的生活。可查尔斯·福布斯摇身一变当上局长以后，他贪婪的本性就暴露无遗了，在他的领导下，退伍军人管理局变成了一个贪污腐败成风、奢侈浪费横行的贼窝。任职短短两年的时间，他就花掉了2亿多美元的公款。最为臭名昭著的是，他经常打着为退伍老兵选定点医院的旗号，用公款到处旅行。其实这些医院早就已经选好了，可福布斯还是要到实地考察一番，然后就在当地寻欢作乐。

另外，查尔斯·福布斯的管理局在招标建造退伍军人医院时，也是黑幕交易不断。比如，管理局要在北安普顿修建一座退伍军人医院，在前来投标的建造商中，有一家建筑商居然开价3万美元，远远高于当时的市场价，而福布斯偏偏将工程承包给了他。据知情人透露，福布斯之所以选择这家建筑商，是因为建筑商愿意将工程款的三分之一作为回扣，送进福布斯私人的腰包。

建造医院尚且如此，购买医院设备方面就更不用说了，福布斯的行为简直令人啼笑皆非。有一次，退伍军人管理局斥资7万美元购买了地板蜡和地板清洗剂——这些东西数量实在太多了，用100年都用不

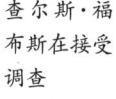

查尔斯·福布斯在接受调查

完。而且，这批清洗剂的成本每加仑只有4美分，可是管理局却以每加仑98美分的价格买进，贵了近25倍！

此外，由于管理混乱，还有很多崭新的物资被当作废品低价出售。比如：8.4万条新床单，每条价值为1.37美元，却被当作废品以每条26或27美分的价格卖掉。在卖掉新床单的同时，退伍军人管理局又以"床单不够"为名，申请购买了25,000条床单，每条花了1.03美元。难怪布鲁斯·布利文事后在报告中这样写道："仓库这端，刚刚买进的新床单一车车运进来，而在仓库的另一端，一批批同样全新的床单被当作废品运出去。由于管理失误，甚至有些床单刚从这一头运进仓库就随即从那一头运出仓库。"除了床单，还有毛巾。每条价值19美分的毛巾，以每条3.375美分的价格被卖掉，这样的毛巾一共卖了75,000多条。

无需举更多的例子，已经足以说明，福布斯在办公开销方面是多么大手大脚，被他浪费的资金，本来是可以让那些为保卫国家而流血的英雄们过上好日子的。1926年，民愤极大的福布斯终于被撤职，随后因欺诈罪被判入狱，他将在利文沃斯监狱度过一段漫长的牢狱生活了。

无独有偶，在海外侨民管理处，也存在着猖獗的贪污受贿活动。由于战争期间，美德合资的企业都被美国海外侨民管理处接管，现在战争结束了，这些企业的股东们纷纷向海外侨民管理处提出申请，要求美国政府归还属于他们自己的财产。而管理处的负责人加斯顿·米恩斯从中看到了生财之道。他制订了一条规定：凡是前来申请要回财产的侨民，必须去指定的律师事务所进行咨询，只有在支付高额的咨询费后，他才批准偿还财产的申请。最后，这些不菲的咨询费自然是被他们私下瓜分了。下面，我们就以美国金属公司的案件为例，来看看加斯顿·米恩斯等人是如何牟取私利的。

美国金属公司在当时就是一家跨国公司，其中德国占49%的股份，因此在战争期间，美国外侨管理处就接管了该公司，将德国的那部分股份以600万美元的价格，以股票的形式出售。1921年，一个叫理查德·默顿的人找到海外侨民管理处，称这49%的股份不属于德国，而属于瑞士，因此应该把这些股票还给他的瑞士老板。最后，海外侨民管理处答应了默顿的请求，告诉他：将股票还给他们没问题，但偿还流程非常缓慢，若是默顿能支付一些自由债券，海外侨民管理处愿意用这些债券去

华盛顿疏通关系，以加快偿还进程。默顿为了尽快得到股票，只好支付了44万多美元的自由债券。这笔价值44万多美元的债券中最少有20万美元的债券落到了司法部长多尔蒂的得力助手杰斯·史密斯手中；司法部长多尔蒂的兄弟马尔·多尔蒂将价值4万美元的默顿自由债券出售，获得的近5万美元打进了司法部长本人的账户。1925年，马尔·多尔蒂在其兄弟司法部长哈里·多尔蒂的帮助下，进入位于俄亥俄州的一处设施，将涉及他们兄弟二人的分类账的账页烧毁，同时被烧毁的，还有一个叫"杰斯·史密斯"的人的账页。后来，马尔·多尔蒂受到法庭的传唤并接受审讯，但由于重要的证据——分类账已经荡然无存，因此无从查起，最后他被无罪释放了。

本章开头的那一段论述，就是司法部长哈里·多尔蒂在接受对美国金属公司案件调查时，写下的一段著名论述。在对多尔蒂的审讯中，他没有为自己出庭作证，而是委托他的律师马克斯·斯图尔为自己辩护。律师马克斯·斯图尔这样说：

"哈里·多尔蒂部长之所以不亲自出庭辩护，并不是担心自己的声誉受损，他担心的是法官会反复盘问一些和政治有关的事情。这些事情虽然和多尔蒂先生本人没有关系，但由于涉及更重要的因素，因此多尔蒂先生宁可保持沉默……如果陪审团知道烧毁那些账页的真正原因，那么我想，他们不但不会认为多尔蒂先生有罪，反而会认为他做了一件功德无量的事而对他进行表扬。"

还有比这段话更直接的暗示吗？连哈定政府的司法部长都不愿意说出的真相，因为担心涉及一些"更重要的因素"。很显然，这是担心令已故的哈定总统名声扫地。我们可以将多尔蒂的沉默看成是对老上级哈定总统的忠诚，也可以看成是他让长眠于地下的哈定总统不受打扰。但是无论哪种情况，哈定总统本人在此事中，都难逃干系。

到了1930年，加斯顿·米恩斯站出来，披露了更多他所知道的内幕。加斯顿·米恩斯也是哈定总统身边俄亥俄帮的一员，他也曾参与了很多幕后的交易。他向法庭自首，交待了自己当时参与过的一些交易。加斯顿·米恩斯说：由于哈定总统颁布了禁酒法令，美国任何人不允许生产酒类。但一些私酒酿造者愿意支付保护费，以便在酿酒的时候免于查禁。于是，加斯顿·米恩斯他们就会定期向私酒酿造者收取保护费。

他们通常在纽约的一家旅馆内租下两个相邻的房间，然后在其中一个房间内的桌子上放上一个很大的金鱼缸，而自己则跑到另外一个房间内通过门缝监视这个房间的情况。接到消息后，那些私酒酿造者一个接一个地来到这个房间，将保护费放在金鱼缸里，然后离开。这时，加斯顿·米恩斯就会走进来，将钱清点后收起来。利用这种不见面的方式，他们收取了共计700万美元的保护费，然后再将这笔钱转交给杰斯·史密斯。杰斯·史密斯是俄亥俄帮的"财务主管"，他与司法部长多尔蒂关系密切，二人甚至住在同一所公寓里。

加斯顿·米恩斯

米恩斯还交待说：除了上交的700万美元外，还有一些赃款，大约有数万美元装在金属盒子里，埋在华盛顿第16大街903号的一套房子的后院里——那是他自己的一套住宅。在这套住宅周围树立着铁丝栅栏，大门处还有密码锁，保卫措施非常严格。在埋藏钱的附近，还设置了一些供小孩子游乐的设施，以作伪装。

不过，米恩斯口中提到的俄亥俄帮的"财务主管"杰斯·史密斯早在1923年就已经自杀了，而且是在哈里·多尔蒂的公寓自杀。米恩斯在交待中也指出：当时，史密斯为了保护自己，就偷偷地将他经手处理的现金记录都做了备份，好让自己手中多一块制约俄亥俄帮的筹码。但俄亥俄帮知悉了这件事，就对他动了杀机。米恩斯说，史密斯非常害怕武器枪械，平时从不摸枪，可他却偏偏用一支左轮手枪打死了自己，这显然有悖于常理，因此史密斯之死根本就不是自杀。

米恩斯对史密斯之死的分析引起了人们的兴趣，因为案发以来，很多与俄亥俄帮有关的人都神秘死亡了。史密斯只是其中之一，还有曾经收受过默顿债券的约翰·金，一个名叫哈特利的司法部职员，退伍军人管理局的律师克拉默，海外侨民管理处指定的咨询律师瑟斯顿，哈定小组的律师弗尔德，他们都在哈定任期的最后几年突然死去。甚至连哈定总统、哈定总统夫人以及索亚将军，也死得不明不白。仿佛有一种力

量要通过他们的死,掩盖些什么。

不管这些证词是否被法庭采信,但是太多的证据足以表明:哈定政府在短短两年零五个月的任期内,就制造了大量的贪污腐败行为,这些行为比他以前的任何一任总统都多。

6

那么,对于这些丑闻,美国人民是如何看待的呢?他们是否决定义愤填膺地站出来,让这些贪污犯们受到严惩呢?

1924年初,当报纸用头版头条新闻披露油田租赁丑闻案时,民众情绪极为激动,甚至在一些地方出现了游行示威。迫于压力,海军部长和司法部长被迫辞职,新任总统卡尔文·柯立芝专门成立了一个调查委员会来处理此案。但随着真相一点点被曝光,媒体和和公众又将谴责的矛头对准了那些坚持要把事实查个水落石出的人,因为大家认为他们揭露了国家的伤疤,认为他们的行为是党派之争,甚至将他们的调查活动批判为"不爱国"。

托马斯·沃尔什参议员

在调查委员会中,沃尔什参议员负责对油田租赁丑闻案进行调查,惠勒参议员负责调查司法部,舆论将最无情、最苛刻的谴责泼向了他们二人。《纽约论坛报》称他们是"来自蒙大拿的专事诽谤者",《纽约晚邮报》称他们是"造谣枪手",而倾向于民主党的《纽约时报》也称呼他们两人为"个性的暗杀者"。在各大报纸上,对他们两个人的侮辱和谩骂比比皆是,说他们是"民主党跳出来的中伤者""言语恶毒的党派偏见，纯粹的蓄意犯罪，以及喋喋不休的歇斯底里"，还抨击他们对罪犯的质询"直白、粗鄙、令人恶心"。

读者们也认同媒体的观点，他们并没有对贪污犯表现出太大的仇恨，相反，却对坚持将丑闻调查到底的人表现出强烈的不满。谴责他们的调查会让"政府脸上无光"，还说他们"和布尔什维克主义者是一丘之貉"。"美国关键人物协会"的弗雷德·马文是极端爱国主义者，他说："整个石油丑闻就是一个巨大的国际阴谋，策划了这个阴谋的人是社会主义者！"

而且人们对丑闻案的兴趣来得很快，去得也很快。一位亲历者这样形象地比喻："假如在丑闻揭露出的当天，你乘坐地铁从郊区去市中心上班，如果你乘坐7点钟的火车，会发现车上的人们对丑闻案非常义愤；如果乘坐8点钟的火车，人们对揭露丑闻的人感到非常气愤；如果你乘坐9点钟的火车，车上就根本没人再关心丑闻案了。"

人们对丑闻案的态度，从约翰·戴维斯身上可见一斑。当丑闻案爆发后，民主党候选人约翰·戴维斯在参加总统竞选时，为了取悦选民，高调提出要将丑闻案一挖到底。结果选民们根本不买账，觉得他将丑闻挖掘到底会对社会现状产生威胁，这是既得利益者和普通大众都不愿看到的事情。因此，戴维斯在民意调查中大败。

前面提到过，美国民众希望过一种常态的生活，他们不希望政府由于调查丑闻案，使原有的社会秩序被打乱。他们只希望美国政府除了通过一些有利于商业的政策外，不要对商业活动做其他干涉。他们对总统的要求很低，只希望总统能"让事情自由发展，而不是设置障碍"就行，只要总统不对商业指手画脚，显得友好亲切，人们就已经心满意足了。哈定总统的继任者柯立芝就是这样一个总统，他对商业从来不多嘴多舌，不会冒哪怕一点点风险，将美国这艘大船带到不可知的水域。另外，柯立芝总统也非常诚实、严谨，会阻止一切影响美国利益的事情发生。既然一切都很令人满意，为什么还要改变呢？为什么还一定要将哈定政府所犯的错误彻查到底呢？由于哈定和柯立芝同属于共和党，如果将哈定所在的共和党掀个底朝天，那对现任总统柯立芝也是不利的。因此，民众普遍的想法就是：既然事情已经过去了，那就让它过去吧！

　　随着时间一年一年过去，越来越多的丑闻曝光在民众的面前，人们逐渐感觉到：1921~1923年间，政府犯下的"错误"远远比想像中还要多，而且程度非常严重。虽然，人们也很清楚，大陆石油公司债券或多尔蒂银行账户的复杂事实，和哈定总统之间总有一些说不清道不明的联系，但人们转而一想：在柯立芝总统的领导下，商业发展良好，社会秩序稳定，为什么还要揪着一些历史遗留问题不放呢？于是最后，人们对丑闻参与者的义愤之情都被一种漠不关心的冷漠代替了。因此，后来印第安纳标准石油公司的大股东约翰·洛克菲勒借大陆石油公司的案件，向斯图尔特上校发难，企图迫使他从公司的管理层辞职，而美国民众却没有人对洛克菲勒表示响应。

　　虽然哈定总统过世后，没有人追究他的错误，但他的声誉却在大幅度下降。在他刚刚去世的时候，全国人民都陷入深深的哀痛之中，并且听说要在俄亥俄州马里恩建立一座哈定总统纪念碑，人民都热情高涨地捐款。然而，却迟迟没有举行纪念碑的落成仪式。因为，哈定死后的好几任美国总统都觉得去马里恩主持这样一个仪式非常不妥。这件事一直被搁置到1930年末，也就是在哈定死去7年之后。后来，哈定纪念协会的成员们聚集在一起开会，商讨应该怎样解决这个令人尴尬的局面。哈定总统的老朋友，哈里·多尔蒂虽然因为知道一些"不可透露的秘密"，而在先前拒绝出庭为自己作证，但是这一次，他站出来发言了。他说：美国人民从没有受到过"自由之口或虚假之舌"的欺骗，因此他建议纪念碑落成仪式应该无限期地搁置下去。他的建议随后得到了与会代表的同意。

　　纪念碑落成仪式又拖了一段时间后，美国的高层人士们觉得，再拖下去也不是办法，于是敦促共和党人赶快把这件事画一个句号。于是1931年6月，胡佛总统和柯立芝前总统接受了邀请，出席了纪念碑的落成仪式。不过，在这次仪式上，人们给这位"教给我们兄弟之情的力量"的好脾气的总统的赞誉，远远没有在他刚去世的时候高。

第07章

柯立芝繁荣

1

战后的美国虽然在政治上出现了保守和思想上的反叛，但在经济上却迎来了一个繁荣期，其发展速度是历史上少见的。1921年那萧条的经济状况曾让民众绝望和忧虑，到1922年经济就有了转机，人们重新对未来充满了希望，而接下来的1923年，则呈现了全面经济复苏的勃勃生机。这一年8月当沃伦·哈定总统因病去世的时候，国内商业界正是一片欣欣向荣。

此时，远在佛蒙特州一间普通的农家小屋里，伴随着夜晚的宁静和一盏老式煤油灯摇曳的灯光，老约翰·柯立芝上校正拿着美国总统宣誓就职时的誓词给他的儿子卡尔文·柯立芝讲授着。

谈到经济，不可不说到股市，股市可以说是整个经济的晴雨表。我们只要看看那时普通股的价格，就会感受到那时繁荣的景象和人们充满乐观情绪。哈定总统是1923年8月2日去世的，那一天股市报出的价格就很令人兴奋：其中美国钢铁公司的股票(分红为5美元)价格是87；阿音逊公司的股票(分红为6美元)价格是95；纽约中心公司的股票(分红为7美元)价格是97；美国电报电话公司的股票(分红为9美元)价格是122。纽约证券交易所一整天的交易量则超过了60万股，这虽然

卡尔文·柯立芝

离股民们期待的大牛市还有很大距离，但也足够让人们振奋的了，他们仿佛看到繁荣的浪潮在招手了。

关于战后10年的经济涨落情况，我们这样说你可能还不大容易理解，那么只要看看统计学家为这一时期经济发展趋势画出的曲线图，你就会有直观感受了，下面我们就选取其中一个：统计时间是从1920年到1929年。图上标示着这10年间商业活动的曲线，其中1920年达到了起伏线的高点（类似锯齿状的高峰），但到了1920年底和1921年，又陡然下降到了谷底，1922年仍是弯弯曲曲的攀升，到1923年再次达到峰顶，1924年曲线再次开始下降（比1921年下降的幅度要小），到1925年和1926年则再次向上攀升，虽然1927年底又出现了一些短暂而小幅的下降，但1929年终于上升到了繁华的最高点。但是接下来的1930年和1931年，美国经济却跌进了无底深渊，进入了让人们刻骨铭心的经济大萧条时期。

从这份曲线图上看，每年的经济情况都有不同变化，但如果你再仔细一些，就会发现这其中的1923～1929年曲线上下起伏并不大，基本上是相对稳定的高位，虽然1924年和1927年有过两次下降，但幅度都很小。图上相对平稳的高位线说明了什么呢？它代表了战后美国经济有将近7年的时间是快速发展、空前繁荣与富足的。在这7年里，不仅公众享受着体面的生活，乐观精神洋溢于各个阶层，而且投资者信心十足，由于空前的繁荣和巨额回报，更是激发了华尔街老板们的贪欲，尤其是股票市场节节攀升，股价升幅甚至达到了5倍以上，被炒热了的股市人头攒动，好不热闹……在这一片繁荣的景象下，人们或许对政治、宗教甚至爱情都不再抱有幻想，但却始终坚信美国工业和销售业联合创造的巨大金钱效益，会给这道经济彩虹增添更加绚丽的色彩。在美国商业世界暴富的这7年，商人们的地位骤然提升，几乎成了这个社会的主宰。他们可以"控制我们的命运"；可以把原本是"制定道德与行为标准的政治家、牧师和哲学家们"都赶走，由他们取而代之；他们竟然成了"美国社会行为规范的最终权威"，这就是斯图亚特·蔡斯先生对当时情况的精彩描述。为了方便下面的叙述，我们不妨给美国这7年的繁荣与富足起一个有趣的名字，权且就叫它"繁荣号客车"吧，正是这辆客车载着美国在战后的20年代一直隆隆前行。

不过，你不要以为所有的美国人都能登上这辆客车，你看，坐在车厢后面的只是极少数农民，和他们紧挨着的是一些饲养奶牛的工人、水果种植者和商品蔬菜园的主人。这些人之所以能捷足先登，还要得益于维他命神奇功效的发现和水果及蔬菜贮藏、防腐及保鲜技术的发明与应用，尤其是关于膳食如何搭配更有利于人的健康、各种水果和蔬菜中营养成分含量是多少、增加牛奶和奶制品的摄入量会有怎样的好处等等，这样广泛深入的宣传，使整个国家人民的饮食习惯发生了巨大的变化。人们对牛奶和奶制品的需求量大大增加；新鲜水果和新鲜蔬菜更是人们餐桌上一年到头都必不可少的。据统计：1919～1926年全国牛奶和奶制品产量增加了三分之一，其中仅冰激凌一项就增长了45%；1919～1928年水果蔬菜的销量也大大增加，其中为城市提供商品蔬菜的19个基地种植面积就增长了一倍。消费需求的旺盛大大刺激了生产，这就为坐在车上那些人的富足提供了先机。但是，其他农民就没有这样的好运气了，比如那些种植小麦、玉米和棉花等传统农作物的农民的境况就很糟糕。一是海外市场竞争激烈，出口农产品受到其他国家的冲击，市场不断萎缩；二是这一时期的美国女性越来越追求时尚，很少有人再愿意穿棉制品服装了，使棉花种植业受到打击；三是在国内快速发展的汽车、收音机和电力行业中，很少使用农业原材料等等，这就造成了这些农民辛苦一年生产出来的粮食和棉花没有销路。还有，随着各种农业机械的面世，农民们为了提高生产效率、增加产量，就大量购买机器，由此又陷进了生产过剩这个难以摆脱的困境。由于上述种种原因，这一时期所有农场的价格指数都在下滑，从1920年的205点降低到了1921年的116点，斯图亚特·蔡斯对此评价说"这也许是美国农业历史上最为严重的滑坡"。其后几年一直无法扭转颓势，虽然1927年农场价格指数有所回升，达到131点，但是，贫苦农民的生活状况依然没有任何改变，并且他们失去的大部分土地再也无法收回。无奈之下，成千上万的农民背井离乡，前往城市寻求出路。更多的则是坐以待毙，和诺里斯们、布鲁克哈特们、席普斯蒂德们以及拉福莱特们一起，绝望地等待着联邦政府的帮助。看到这里，你会觉得这些可怜的农民和那些乘着繁荣号客车前行的极少数幸运农民相比较，真是有天壤之别，不是吗？

不仅是这些按照传统农业模式耕作的农民被繁荣号客车远远地甩

在了后面，还有煤矿业、纺织业、造船业、制鞋业和皮革业等许多行业，前进的繁荣号客车上也没有他们的座位。因为这些行业也都受到农业经济不景气的冲击，如南部各地这些行业发展缓慢，就是由于受到棉花种植业的制约；在西北部小麦农业区，这些行业的情况更糟糕；新英格兰的纺织业和制鞋业基本上就处于瘫痪状态。尽管我们列举了林林总总这么多不妙的情况，但是你不必担心，因为繁荣号客车并不缺少乘客，除了我们前面说到的那极少数幸运农民外，在这辆客车的前面，正坐着一些名气更大、地位更重要的乘客，他们与那些站在路边眼巴巴地瞅着，可就是挤不上车来的倒霉的人们相比，简直就是福星高照了。

2

汽车制造商坐在繁荣号客车的最前面，他挺直了腰板，神气十足。沿途看到纵横交错的公路网、数量众多的汽车维修店、加油站和那来往穿梭的车龙，他的心中充满了自豪，暗喜好运气到来了。汽车业是19世纪末20世纪初的产物，以1901年德国奔驰的发明为该产业诞生的标志。但1903年美国的福特公司便迎头赶上，到了1929年汽车的产值已占到全国工业产值的8%左右，汽车产量达2650万辆，占全世界总产量的六分之五。汽车行业的迅速发展，又带动了公路网的建设

汽车是20世纪 20年代最时兴的工业产品

和大量汽车维修店、加油站的设置。这样便利的条件，使得驾车者可以畅行无阻了，从此他们不必再为道路泥泞或是被困在污水坑动弹不得而烦恼了；不必再担心会出现燃油耗尽、汽车停在路边寸步难行的尴尬情形了；也不必担心会有火花塞熄火、发动机发动不起来的麻烦了，因为现在的汽车制造得十分精密，驾车者根本没有必要知道火花塞是什么模样（其实很多车主真的从来就没有想过要看看发动机是什么样的）。如此四通八达的平坦公路网，随处可见的汽车加油站，还有那些恭候待客的维修店，驾车者开着制造如此精密的汽车还会有什么后顾之忧呢？不仅如此，精明的汽车制造商还很会揣摩人们的心理，把那些轿车造得既时髦又新款，非常养眼。随着硝基抛光技术的发明，战后初期生产的颜色大多阴暗的汽车，一下子就披上了像彩虹一般绚烂多彩的外衣，让爱车一族眼前一亮。尤其是1925年和1926年，汽车颜色的变化最大，有佛罗伦萨式的奶油色，还有凡尔赛式的紫罗兰色，总之各种颜色应有尽有，这让无论是青春时尚的女性，还是老成持重的男人，都有了挑选自己喜欢颜色的余地。亨利·福特和设计师们还继续改造汽车设计，在流行时尚方面探寻汽车线条之间的新和谐，不光降低了车身，还首次使用了低压轮胎，让驾车人坐在车里手握方向盘时更加舒适惬意。

那时，汽车在美国人心中占有很重要的位置。如果你问一个普通美国人："先生（或女士），您心中最喜欢的汽车是哪一辆？"他(她)的回答一定是："福特公司A型车！"这是该公司1927年12月推出的一款新型车。为了研制这一款新车，福特不惜血本，投入了巨额资金。他从前一年春天开始，就把原来生产T型车的巨型工厂关闭了，并将所有已经走下生产线的T型车以及数千台生产该车型的机器全部报废。他的这些举动让人们惊讶不已，当听他宣布将要向市场上投放一款最新的车型时，立刻在普通美国人的心中埋下了极大悬念：花费这么大代价研制的新款车会是什么样的？它什么时候才能露面？人们纷纷猜测着，都期待着能尽早一饱眼福。福特当然明白这个悬念设置后，他就必须要在新款车的外形和性能上进行更加科学合理的设计。当时在庞大的低价车市场上，他们生产的T型车一直竞争不过通用公司的雪佛兰汽车，因为它不仅外形难看，而且速度慢、噪音大，最高时速只能达到65或75公里。尤其是T型车爬坡的时候，这种劣性就会显露无疑，当驾车者不得不用左脚紧紧踩着低速踏板,等待汽车缓慢爬行时,车窗外蓝色的雪佛兰汽车却在他们身旁呼啸而过。那情形不但让驾车者郁闷,而且更让它的制造者——福特汽车公司感到颜面扫地。普通的美国人已不再满足T型车的外形和车速了,他们纷纷把目光转向其他低价位汽车,尤其是雪佛兰汽车。心高气傲的福特汽车公司当然无法容忍这一切。

美国人对福特公司即将推出的新款汽车充满了期待,他们不知道亨利·福特这个机械天才,又将给汽车世界带来怎样的奇迹?虽然现在新车还没出来,但是各种传言早已充斥了大小报纸的头版,人们兴趣浓厚地猜测和议论着,谁要是听到一点什么消息,就有可能被他人如获至宝似的传递着,以至于布鲁克林有一个汽车经销商"从他弟弟亨利的电报里得知了一些福特公司研制新车情况"这样的消息都成了报纸头版头条新闻。密西根州布莱顿的《阿耳弋斯周刊》(*Weekly Argus*)刊登了一幅刚下线的新车在野外试驾的照片,很多人都是冲着这张图片而买的杂志,他们津津有味地看着、议论着,甚至对这辆汽车外形是怎样的而发表着自己的高见。可见人们对即将面世的新汽车的关注度有多高了。时间一天天过去,在人们的期盼中,亨利·福特这个发明天才所生产出来的最新型汽车终于要露面了。为了给即将面世的新车造势,福特公司开足了宣传马力,花费130万美元买下了2,000家报社连续5天的整版做广告。一时间,关于福特新车的消息铺天盖地,美国人想不看都不行,要知道这2,000家报社可是覆盖全国各地的呀!结果是男女老幼都对福特新车的系列广告耳熟能详。1927年12月2日那天,福特A型车终于揭开它神秘的面纱闪亮登场了,当天有大约100万人涌进福特公司的纽约总部,一睹新汽车的真容,那情景令许多人激动不已。其他地方的展览也同样火爆,曾在福特公司供职的查尔斯·梅尔兹描述说:"在底特律有10万人涌向陈列室观看A型车,在克里夫兰由于来看车的人太多了,为防止发生意外,只得请全副武装的警察维持秩序;在堪萨斯城因很多人挤进了展厅,只好将新型汽车摆在一个新建的平台上供人参观。"这一系列大的举动过后,福特公司收获颇丰,陆续收到了全国各地的数千张订单,其中尼亚加拉蓝色跑车和阿拉伯沙漠旅行车更是抢手,以至于后来大街上每有新款的福特车停在那里,总会有很多人围上来,人人脸上都充满羡慕之情。有些读者看到这里可能会对美国人的做法不以为然,

不就是推出了一款新车吗，有什么好大惊小怪的？这就是你不了解美国人了，他们对汽车的爱好超过世界上任何国家的人，因此对福特这一款新车的首次亮相看得很重要，在1927年那可绝对是一个大事件，当然这也不只是和商业利益有关。不知你是否听说过林德伯格的飞行（1927年5月21日，美国飞行员查尔斯·林德伯格驾驶着"圣路易斯精神号"单翼机从纽约起飞，连续飞行了33小时，最终降落在巴黎附近的布尔歇机场，当时轰动了全世界）？虽然福特新款车推出比不上那件事轰动，但也足可以与萨科和万泽蒂的被执行死刑、霍尔-米尔斯的谋杀案审讯、密西西比河的洪水以及登普西和滕尼在芝加哥举行的拳击比赛这些当时也都引起公众极大兴趣的事件相提并论。

汽车市场十分火爆

小汽车在美国社会和美国人的家庭中占有怎样的位置呢？我们在这里告诉你一些数字就会清楚了：战争刚刚结束后的1919年，全国共有677.1万辆小汽车，而到了1929年则达到2312.1万辆。林德夫妇和他们的调查者对美国人家庭拥有小汽车的情况曾进行过调查：以典型的美国城市中心镇为例，早在1923年底，平均每3个家庭就有2辆小汽车；在一个中心镇的123个工人家庭中，其中60个家庭都有小汽车，令人想不到的是在这60个家庭中，竟有26户人家的住房非常简陋，调查者们饶有兴趣地问到他们家中是否有洗澡盆时，结果这26户人家中居然有

21户连洗澡盆都没有！汽车这样的宠物竟然比洗澡盆还要先进入这些家庭！从这里我们再次看出汽车在美国人心中的分量，这也许是能够说明柯立芝繁荣时代的最有力的证据了。

  汽车工业的飞速发展也促使美国的面貌发生了很大变化。如61号公路边上的很多村庄，由于农业不景气而从繁荣到逐渐萎缩。现在公路上车来车往，这些村庄则改弦更张，布满了为驾车者服务的汽车修理厂、加油站、茶室、热狗摊点、炸鸡店和旅行者休息处等，又呈现出繁荣富足的景象；城市里的公共电车轰隆隆行驶了多少年，如今也风光不在了，虽然还可怜地苟延残喘着，恐怕也时日不多了；还有铁路运输这个曾经霸气的大腕，如今也不得不向汽车业称臣，因为全国的公路四通八达，每天有数量众多的城间巴士和卡车在混凝土公路上疾驰而过。很多铁路不得已只好放弃了支线，铁路线急剧缩减。汽车的大量增加，还使美国的城镇出现了一个有趣的景象：在战后10年的初期，数以千计小镇的主要街道和中心街道交叉口，只要有一个交通警察维持秩序就足够了，可是到1927年以后，街道上的红绿灯、闪光警戒灯越来越多，还设了单行道、超车道，并制定了越来越严厉的停车规则、违规处罚等。即使如此，每个周六和周日下午主要街道上的滚滚车流，还是经常堵车堵到好几个街区以外，驾车者再焦急也无奈，只能跟在别人车的后面，蜗牛似的爬行。虽然行车进程缓慢，但是人们很清楚，由蒸汽时代向汽油时代转换的大趋势是确定无疑的了。

3

  坐在繁荣号客车上的另一位乘客也是大名鼎鼎，他就是位置略次于汽车制造商的收音机制造商，虽然他是这辆客车上最年轻的乘客，但却有非凡之处，你千万不可小看。无线电广播这个新事物是1920年秋天才出现在公众视线里的，可是你知道吗，才短短一年多的时间，也就是到了1922年春天，它就像有巨大魔力似的，让人们对它产生了极大

的狂热,街头巷尾、朋友相聚所谈论的话题总少不了收音机,就像接下来的1923年和1924年人们同样把麻将和填字游戏挂在嘴边一样。为了说明人们对收音机的狂热,我们先来看一看1922~1929年收音机的销售金额:

1922年为6,000万美元;

1923年为1.36亿美元;

1924年为3.58亿美元;

1925年为4.3亿美元;

1926年为5.06亿美元;

1927年为4.26亿美元;

1928年为6.51亿美元;

1929年为8.43亿美元。

(请注意:1929年的数字比1922年增长了1,400%!)

从这连年递增的销售额中,我们想,当1922年收音机及零配件销售额还只是6,000万美元时,人们一定对从收音机里欣赏到爵士乐队演奏的《盖勒先生和希恩先生》大感兴趣,后来当人们听多了不再感到新奇时又会发生什么呢?发生的真实情况是它大大激发了人们对拥有一台收音机的热情,这一点我们从上述销售额的数字中就会看得很清楚。

此时,我们脑海里又产生了一个不得要领的问题,那就是在这8年间国家经济发展并不完全平衡,如1924年和1927年经济曲线就出现了下降。一般来说国家经济状况下降时,几乎所有流行商品的销售额也会相应地减少,可是为什么收音机的销量不减呢?而且就整个战后10年来看,1924年也是收音机销售额增长幅度最大的,为什么会出现这种情况呢?原来收音机之所以热销,也受到了国内政治气氛的影响,人们还把它当成了解和参与政治的工具了。比如1924年这一年,民主党人的日子很不好过,为了扭转颓势,他们在纽约的麦迪逊广场花园举行集会选举党的领袖。可是时间过了一天又一天,麦卡杜的支持者和阿尔·史密斯的支持者之间始终争执不下,谁将成为民主党的领袖成了一时难以定夺的事情。开始时有不少人是站在花园里听竞争者的演讲,后来人们则惊喜地发现坐在收音机旁,从扬声器里就能听到那精神抖擞的呼喊声:"阿拉巴马州,安德伍德获得了24票!两人的差距越来越小啦!"人们很兴奋,这种政治大会居然也可以当作一个精彩的节目来收听,坐在家里不出门就知道外面的大事,多有意思呀!再说,收音机的旋钮就在你身边,无论什么时候都可以轻轻地拧开,里面立刻传出《巴尼谷歌》或《再也不会下雨了》的美妙歌声……这也难怪,虽然它问世才3年多一点儿的时间,但是它给人们的生活增添了乐趣,大多数人已经喜爱上它了,这恐怕就是8年间收音机没有受到经济起伏的影响,销量节节攀升的主要原因吧。

在上一节对汽车的讲述中,我们看到了它是如何融入普通美国人生活的,现在从收音机销售额的数字背后,我们也可以看到战后10年普通美国人的生活缩影:那时美国家庭的收音机拥有量非常大,平均每3户人家就有1台收音机,很多经济公寓的屋顶上也都像蜘蛛网似的布满了天线;无线电广播站遍布全国各地,为了让播出的节目更吸引人,广播电台开设了很多栏目:让喜爱歌曲的人们能边翻阅着画册边听着罗克西和他的伙伴、幸福男孩、AP吉普赛以及鲁迪·瓦利的浅吟低唱;让喜爱体育的人们能坐在自家的客厅里,边喝着咖啡边听着熟悉的播音员

一家人围坐在客厅里听收音机是20世纪20年代典型的生活场景

格拉汉姆·麦克内米的嗓音:"先生们,太漂亮了!他触地得分啦!稳一点,快!哇!我想告诉你们这真是一场非常精彩的比赛……"还有体育场里那震天的呐喊声也不断从扬声器中传出,就如同你亲身坐在赛场观看比赛一样。既然小巧精制的收音机有这么大的魔力,自然也逃不过政府和广告商的眼球了,他们也要借助收音机的作用,如1927年政府就声称要在无线电广播站中间分配波长;广告商们更是看准时机,他们付出大笔广告费,取得了在广播中分时段推介各种商品的特权,比如广播在介绍莫扎特、贝多芬这些音乐大师的时候,就会插入几句精彩的话语,介绍他们的发酵粉是如何好使或者是牙膏如何物美价廉等等。通过无线电的广而告之,各种商品销售量明显增加。操纵美国无线电公司普通股股票的是迈克尔·米汉,他借助收音机迅速发展的影响,使这支股票从1928年的85.25低价上涨到1929年549的高价,涨幅达到6倍多。全国收音机产量在1923年至1929年间,就从19万台猛增到近500万台,约增加了24倍。难怪收音机制造商坐在繁荣号客车上,一直是兴致勃勃,谈笑风生。

此外,繁荣号客车上还坐着香烟、家用电器、人造纤维、化学制品(尤其是化妆品)以及各种各样的电器设备制造商,他们神情轻松,毫无疑问也都是这7年繁荣期的最大获利者。战后的美国工业生产有较大发展,其中电力、化工等行业更是迅速发展的经济部门。电力的使用刺激了各种机电设备和家用电器的生产,化工行业的发展也让人们对化妆品、人造纤维这些物品的需求量越来越大。另外,这时在商品经销方面也发生了很大变化:过去都是一些独立的私人店在经销商品,如今很多统一供货、统一价格的连锁店纷纷冒了出来,而且这种连锁店商品价格低廉、品种全、购物方便的好处很快就被人们认识到了。史密斯夫人是个家庭主妇,以往她为购买生活日用品颇费时间和精力,要光顾附近的许多小商店才能购齐,现在她则是直接开着她那辆价值2,000美元的汽车,前往杂货连锁店购买所需的各种物品,这一天她不仅节省了购物时间,还节约了27美分。就在私人店主们惨淡经营、担心血本无归的时候,那些连锁店和百货公司却不愁买卖,商品零售额在节节攀升:以1919年每100美元的生意为例,到了1927年廉价连锁店能做到260美元;香烟连锁店能做到153美元;药品连锁店能做到224美元;杂货连锁店更高，居然能做到387美元。看电影也是普通美国人的爱好，所以当时的电影业也非常繁荣。人们从屏幕上认识并喜爱上像查理·卓别林、道格拉斯·费尔班克斯、葛洛莉娅·斯旺森、鲁道夫·瓦伦蒂诺以及克拉拉·鲍这些著名电影演员，他们的名字不仅在美国城镇家喻户晓，遥远的阿拉斯加州靠近北极的爱斯基摩人都知道了他们的大名。他们出演的电影还放映到国外，连黄皮肤的马来人和中国人也有幸欣赏到他们的演技。看电影已经是司空见惯的事了，在1923年12月的时候，中心镇的居民们基本上是每月去电影院看一场电影，但后来整个城市的人们，无论男女老少还是富人穷人，每周都能去电影院看一场电影，有时还要多一些，这让人们得到了很多精神享受。

历史上把美国战后这段相对稳定的时期称作"柯立芝繁荣"时代。实事求是地说，社会尽管繁荣富足，但农民们却不认可。前面我们已经说到贫苦农民的境况了，而且这些农民数量不小；纺织业的老板们也不会赞同的，因为他们受到这一时期传统农业萧条的影响，同样境况不佳。但毋庸置疑的是，这7年里，各个公司的经营利润和工人的工资收入却是不断增长的。据统计，1919年全国的国民生产总值大约只有742亿美元，到1929年已增加到1,031亿美元。1922~1927年间普通美国人的工资购买力以每年超过2%的速度上涨；1924~1927年这3年间，全国每年缴纳所得税超过100万美元的人就从75人迅速增加到283人。

4

你可能会问，是什么使战后的美国变得如此繁荣呢？具体地说主要有以下几个原因。首先，最显而易见的是，第一次世界大战的巨大影响。要知道，这次大战让整个欧洲都遭受了重创，可美国本土却几乎没有受到战火的侵袭。而且当时为了战争需要，美国政府还想方设法调动一切积极因素以配合军事上的行动，包括一切必要的经济因素，这就刺激了美国经济的迅速发展，尤其是工业产量急剧上升。所以当战火熄灭、和平降临时,美国已成为世界经济无可争议的领跑者;其次,是大规模生产在工业生产中的应用,简单说就是采用机器进行批量生产。美国人意识到他们的国家不仅拥有丰富的物质和人力资源,而且还拥有广阔的国内市场,于是他们充分利用有利条件,发展了规模生产模式,这主要是以1913年由亨利·福特首创"传送带生产线"即"流水装配线"为标志,因此大大提高了机械效率和管理效率。福特公司还始终坚持在机械化劳动最精细分工的基础上实行高工资、低价格以及标准化生产。这种经营模式逐步

流水装配线使得标准化大规模生产成为可能

由汽车行业传播到其他工业领域,成为制造业等相关产业中的主要生产方式。汽车制造业的迅速壮大成熟,给美国经济发展注入了巨大活力,作为主体经济的一个主要部分,它直接或间接地为将近400万人提供了工作;还有不少行业也是在它的带动下快速发展起来的,如石油生产、轮胎制造、公路修建以及钢铁冶炼业等。很多经理人还能想起1921年因货物积压成堆,令他们胆战心惊的情景,但如今他们从汽车业的发展中看到了希望,并学会了如何小心翼翼地做买卖,同时还有很多专业技术顾问、研究人员、统计学家以及市场分析家在帮助他们。尤其是这些人把曾声言"美国的事情就是做生意"、信奉"自由放任"政策的哈定和柯立芝执政的共和党政府,看作是自己最坚强的后盾,由此而信心大增。

　　为经济繁荣提供支持的第三个因素,是分期付款方法的普遍采用。就是以将来作抵押,但同时又让工厂始终维持运转,刺激人们的购买欲望。具体有两种形式,第一种是日益增加的分期付款。这个方式最初是为那些资金紧缺的购买者设计的,商品购买者在不能一次付清货款的情况下,允许他只先支付一部分或大部分货款,其余款项在规定时间

内分期付清，这就为许多商品购买人提供了方便。依靠分期付款的方式，人们不仅可以买到一般消费品，就是像20世纪开始以来的汽车、拖拉机这样的城乡工作和生活必需品也可以买了，如果没有分期付款，很多人是根本买不起的。实际上这是商家推出的一种赊销措施。这时的人们已经认识到，自己被现金余额限制了购买是一种过时的行为，应该用"自己的信用支付"。这种刺激生产和消费市场发展的方法颇为灵验，据经济学家对战后20年代后半期的测算，所有零售额的15%都是采用分期付款的形式完成的；1927年时用分期付款方式出售的汽车，占当年汽车交易总量的60%，还有大约60亿美元的商业证券业务也是通过分期付款完成的。第二种就是股票市场的投机行为。从1928年3月起证券市场就出现了哄抬股票价格的情况，进入1929年以后这种趋势有增无减，到该年9月3日股价竟上涨到了最高点。正是在股票一路疯长的时候，很可能有数十万人正在用金钱购买各种各样的商品。他们怎么也不会想到，这些金钱从本质上来说，已代表着对20世纪30年代商业利益的一种赌博了。

  上述几点是造就柯立芝繁荣时代的主要原因。除此而外，还有一些次要因素，我们也不妨在这里说一下。如今的人们对推销员和广告商恐怕再熟悉不过了，从每天的电视荧屏、广播以及街头散发的传单等等，都能看到这些人的身影或听到他们的声音。美国的"推销员"和"促销员"制度是20世纪20年代出现的，正是这一制度使厂家或公司把销售置于与生产同样重要的地位，甚至把销售放在比生产更重要的地位。正是他们的工作，才使商业界如此清楚地明白，终端消费者对他们有多么重要！如果不是消费者能够被这些人耐心说服并且大量地购买各种各样的商品，那么多的六汽缸汽车、收音机、香烟、化妆品以及电冰箱等，又会有多少人问津呢？可以说推销员和广告商是架在生产厂家和终端消费者之间的桥梁，在他们手中掌握着通向市场大门的钥匙。在美国战后经济繁荣时代，随着市场经济竞争的日益加剧，为了推销各种商品，推销员和广告商们几乎使尽了浑身解数，促销手段也变得愈加复杂多样。他们已经不满足于仅仅用谦恭直白的语言介绍自己的产品，然后把产品摆放在柜台上，等着顾客下决心来购买的早期做法了，而是把推销当成一种职业，从设计到实施无不精细筹划。他们不仅要在全国范围制订一

个庞大而复杂的宣传计划,还要请教心理学家,学会揣摩购买者的心理,然后再摇唇鼓舌,用诗人所特有的甜言蜜语、真诚劝诫甚至是欺骗恐吓等语言手段,来千方百计说服顾客购买他们的产品。不仅每个私人企业是这样做,几乎所有的行业都各出奇招,拼命地在公众的耳边聒噪,其目的当然是为了扩大自己产品在本领域的市场占有份额,以获取更大的利益。说来很有趣,那时有的广告宣传很"经典",比如美国烟草公司为了推销自己的"幸运"牌香烟,就提出了"伸手去拿'幸运'牌香烟,而不要去拿糖果"的口号,结果得罪了糖果制造商,被逼应战的糖果制造商买下了报纸的一个整版做广告予以反驳,那意思无非就是糖果无论大人孩子都欢迎,而吸"幸运"牌香烟未必就幸运。家具制造业通过《读者文摘》(*Reader's Digest*)让人们要"留意家具",服装制造业则提醒人们"关注晚礼服",在宣传造势上是各显其能,不遗余力。要说推销员的工作真的很不容易,他们必须具有狂热者的激情;必须会巧舌如簧、善于察言观色;必须有忍辱负重、受得了购买者冷漠的耐力;还必须能采取一切手段甚至不惜通过欺骗的方式进入人们的家中推销产品。总之,只有具备扫除横亘在推销员和顾客消费之间的一切障碍这样本领的人,才是一个成功的推销员或广告商。重视商品推销已成为企业的共识,就像一位著名经理人所说的那样:"你再也不能只做一个接收订单、等待顾客上门的人;你必须要成为一个推销员,走出去,走到有可能需要你的产品的顾客中去。"那时,公众对推销员们都很大度,态度也很友好,他们不大计较广告商们对自己的信任度进行公然袭击;也不反感推销员们对自己的隐私进行粗暴的打扰,他们甚至还会原谅以商业名义而犯下的罪行。这对于现在的人来说简直不可思议,也是不能容忍的。

前面说到市场竞争的激烈和推销员应具备的才能,可见每一个推销人员都承受着巨大的压力,因为他们的工作业绩是要靠产品推销结果来证明的。当时许多公司实行了配额制度,就是给销售人员制定年度业绩目标,要求年度销售额要比前一年高出20%～25%。如果完不成业绩目标,他们在老板那里就失去信任,甚至可能砸了饭碗,所以每一个销售员为了完成业绩目标,都要绞尽脑汁。各公司还开展了花样百出的销售竞赛,为的是刺激销售动力,下面我们就举几个例子:达特内尔公司是芝加哥一家拥有上万个美国商业机构客户的著名大公司，旗下的销售人员无数。为了刺激这些推销人员的积极性，公司想出了一个匠心独具的办法，他们买来许多各种各样新奇的小玩意，然后每隔一个星期就寄一个小玩意给他们在各地的推销员，比如这个星期寄一个小鸡毛掸子，拴上一个写有"注意清扫自己领地"字样的标签，意思很清楚，是要他巩固自己的销售阵地，不要让其他同类产品挤进来；下

推销员和他的顾客

个星期又寄一个大爆竹模型，意思是要求他扩大产品宣传，"制造出大动静"来，如此等等。销售员收到这些小玩意以后，既感到新奇有趣，又感到肩头有一股沉甸甸的压力，哪里还敢不鼓起劲来推销公司产品呢？美国切片机公司更有奇招：他们在圣诞节那天，让每个超额完成销售计划的推销员带来自己的一个孩子，当众送给他们的孩子一只火鸡作为圣诞礼物。销售经理对此解释说："我们这样做，就是想让每个推销员意识到他们业绩好坏对自己家庭和孩子的意义。那些超额完成计划的推销员就有机会挑选自家的一个孩子担任吉祥物的角色，让孩子过一个快乐的圣诞节。"当推销员们看着自己孩子兴高采烈的样子，也都非常开心。其实我们看着他们现在的开心笑容，再想想他们曾经的辛苦奔波，不免觉得他们也都挺可怜的。上面举的这两个例子还算积极正面的激励，但下面的情况就不然了。有一家公司的销售经理居然想出了一个以羞辱来激励，促其绝地反击的"妙计"，就是"用一个优秀推销员的业绩，不停地嘲笑某个业绩不佳的推销员，直到这个推销员备感难堪、无地自容，不得不准备背水一战"。据说还有一个公司发明了一种更能刺激下属销售人员的做法，并为此而炫耀。实际上这是一个给人极大精神

折磨、极不人道的做法,都可以创下"柯立芝繁荣"时代最丑陋激励的纪录了:在年终公司举行的晚宴上,从各地回来的销售人员依次就座后,服务员开始在每个人面前摆放食品,其中销售业绩最好的推销员面前摆放的是牡蛎、烤火鸡和精心制作的冰激凌;销售业绩次之的推销员面前摆放的除了没有牡蛎之外,大体和前者相同;以此类推,越往后的就越寒酸,最后给业绩最差的推销员面前摆放的是什么你知道吗?竟是一小碟煮豆子和几块饼干!看着面前的晚餐,这个销售员几乎当场晕了过去。

不仅销售人员会遭受巨大的压力,其实消费者有时也并不轻松。说出来也许难以置信,有下面两个真实的例子。一个是发生在某药品批发公司。为了使公司的"特别产品"引人注目,就把它们放在一张四周用栏杆围起来的小桌子上,然后将这张小桌子直接摆放在顾客来往必经的道路上。该公司的想法是将"特别产品"摆放在这里,等有顾客进来时,无论是他们不小心被绊倒而撞到这些商品,还是脚踝骨无意中踢到这些商品,或者是用其他方式和这些商品发生接触的时候,一定会对这些让自己出现小意外的东西仔细看看,这样不就留下印象了吗?该公司的构思多么精巧!只是顾客们要付出些代价了。另一个是很经典的推销案例,因为《销售新闻》(*Selling News*)把"销售好点子"现金大奖颁发给了这个以精彩表演表现出商业威力的成功推销员。这是一个电动清洁器推销员,据他自己讲:"有一天我正拎着清洁器走在大街上,不经意间抬头看见二楼一扇窗户内,有一位女士正在使劲地抖动着一块小毯子,看得出,她在清理卫生。我灵机一动来到楼门口,发现通向二楼她家的门是敞开着的,于是我就顺着楼梯走上去,没有敲门就径直走到那位女士的面前礼貌地对她说:'您好!按照您的要求我准时来了,请您告诉我先从哪个房间开始打扫呢?'她顿时愣住了,连忙说:'先生,您一定是弄错门牌号码了,我没有请人打扫卫生呀。'我连忙说:'是吗?真对不起,真的……'在非常礼貌诚恳的道歉声中,我已经把清洁器接上了电源,并顺手拿起女士刚刚抖动过的小毯子继续清理起来,那位女士开始时默默地看着,慢慢地脸上浮现出笑容。结果当然可想而知了——当我走出她家的时候,清洁器已经留在她家了,手里攥着的是一份购货合同及支付定金的支票。"这件事说起来是有些唐突,一个陌生男子未经允许就进入一个女士的家里并且安装了清洁器,这显然是不合适的。但《销售新闻》把大奖颁给这个推销员,很明显是希望社会对此应该充满热情,因为如果消费者都能接受这种服务的话,不仅商业会受益,而且商业的良好运行又有助于创造繁荣景象,促进国家经济的发展。

5

战后20世纪20年代的经济繁荣时期,也是广告商们大显身手的舞台。他们绞尽脑汁,推出了更精美的广告设计、更贴近民众生活的现实主义图片以及更为灵活生动的宣传方式等,并且大量增加广告资金投入,其中1927年的广告费用就超过了5亿美元。面对日趋激烈的市场竞争,广告商们还非常重视广告宣传中的每一个细节,他们根据不同的产品,针对不同的顾客群,不仅表现出了一种全新的坦白态度,而且在表达技术上也进行了微妙的改变:例如针对那些喜欢阅读杂志的固定读者,就利用封面或插页介绍除臭剂和高洁丝卫生巾的优点;针对那些守旧的普通公众,则揣摩他们的心理,根据他们想要的,如怎样才会更加年轻、受人喜爱、显得富有、不让邻居瞧不起,甚至让人嫉妒些什么等等,撰写投其所好的广告文,完全不必在产品的特殊品质和优点上多着笔墨,只要想方设法使自己宣传的产品与公众需要产

广告无处不在(99号公路旁的广告牌)

生联系,无论这种联系是否符合逻辑,是否真实,都能获得成功;还要学会给推荐的产品贴上诱人、耀眼的标签,采取名人效应。比如摆出烫金的鉴定书(通常都是花钱买来的),写明某某电影明星、飞行英雄或时尚圈中的名媛都使用该产品等。人们会想,既然最时尚的人都推崇这些产品,我们为什么不买呢?据说有一位女电影明星应广告商之邀,从加利福尼亚直飞来到纽约拍摄广告照片,用于各种产品鉴定书。她不顾旅途劳顿,在短短一天时间里,不停地变换着装束,不停地做出使用各种产品的样子,可是这其中很多产品她此前根本就没有见过,更不要说使用了。这种虚假的产品宣传对广告商和女明星都是利好的事情,广告商可以获扩大产品销售之利,而女明星在这么多鉴定书上露脸,则会给她的新电影作极好的宣传,只是蒙在鼓里的消费者要掏冤枉钱了。原本对产品最具权威性的实验室检测,现在已经变得没有任何价值了。就像牙膏广告一样,虽然牙粉制造商拿出了一堆引用医学权威的数据来证明自己的产品效果,还不是像一阵风似的转瞬即逝了吗?因为人们青睐的还是那并不一定真实,但却充满深情噱头的牙膏广告。事情就是这样让人无可奈何!人们对广告有一个逐步认识的过程,在战后初期人们还只把它当作一项事业;在柯立芝繁荣时代早期,即1923年以后,有人预言它将会成为一种职业;但到了战后20世纪20年代末期,很多广告界的业内人士从街头小报的做法中看出了一些端倪,于是开始将广告作为了一条有利可图的生财之道。

在那个年代,如果你是一个成功的广告商的话,你就会名利双收。有一些聪明睿智的广告商就骄傲地说:我们并不在乎制定国家法律的人是谁,只要我们能够写出文思精妙、引人入胜、在全国产生影响的广告就足够了,因为人们会从我们写的广告里看到比任何小说都精彩的故事,那些描述各种人物的浪漫故事和悲剧情节都会为大众所熟悉的。很多有影响的广告确实如此:在西雅图的阿狄森·西姆斯……5个人中有4个整天带着白色面罩,他们羞于露出自己的嘴巴,因为没有使用弗汉牌牙膏,结果都患上了牙槽脓肿,溃处味道难闻,真是令人同情……在绿草茵茵的高尔夫球场,明星球手后面蹑手蹑脚地跟着一个曾经的高尔夫冠军,他之所以到了今天这个可怜的旁观者的地步,就是因为他不听劝告,忽视了对牙齿的护理……女人正在斥责一个蜷缩在出租车一角的可怜家伙，原来这是女人的丈夫，他整个晚上在众多淑女绅士参加的聚会上竟然没说一句话，妻子愤怒地说："如果你看了埃尔伯特·哈伯德的剪贴簿，会是这种窝囊样子吗？""那个男人的谈吐真让人羡慕，他引用的是雪莱的诗句吧？"这个女人本来肯定会处理一下身上的狐臭的，只要人们将自己真实的想法告诉她，试一试吧……客人刚刚离开，一对贫苦的夫妻满脸羞愧，妻子仍然紧握住门把手，任泪花在眼窝里打转，而丈夫则低头拼命咬着自己的手指甲……让所有的尴尬都离你而去吧！看看这本《礼节手册》(*Book of Etiquette*)，它会告诉你在什么样的场合应该说些什么，做些什么以及穿些什么……女孩只戴了雏菊花环，但是却长了一双运动员的大脚……色彩斑斓的广告页上，这些男人女人或成功或受苦、或哭或笑、或严肃得令人景仰或幽默得让人捧腹大笑，总之都深深地烙进人们的脑海，也成为了这个时代民间传奇中的精彩部分。

广告商所取得的成绩非常令人吃惊，下面这个《口袋大学》(*Pocket University*)的故事我想你会更感兴趣。有一个男人买了一本尼尔森·道伯戴的《口袋大学》，翻阅以后他觉得获益匪浅。有一天他去参加一场晚宴，宴会上人很多，在闲谈中有位客人提到了阿里巴巴，这个男人为了表现自己博学，立刻凑上前去并搬了把椅子坐下，开始演绎《口袋大学》告诉他的那些事情了：

"你们是在说阿里巴巴吗？这可是个浪漫独特的人物，我知道他的所有故事。"很多人闻声围拢过来，这个男人开始绘声绘色地讲起了阿里巴巴和四十大盗的故事：那艘驶过七片海域的金色航船和那个与驴子一起在未知的土地上晃悠的著名男人；讲了身为我们祖先的那个残忍的人；讲了他们从来没有听说过的埃及女王克利奥帕特拉(Cleopatra)的故事；讲了古怪的希腊哲学家第欧根尼(Diogenes)还有罗穆卢斯(Romulus)及罗马的建立；还跟他们讲了拉里(Raleigh)先生的不幸过失和可怜的安妮·波琳(Anne Boleyn)的悲惨结局……

周围的人听得津津有味，他们羡慕地说："先生，您一定是环游过整个世界吧，否则怎么会知道这么多令人惊奇的事情呢？"

当然也有些怀疑者对此一笑了之，他们才不相信这个其貌不扬的

男人会有这么渊博的知识,甚至还庆幸自己没有像那些人一样,围在他身边听他叙叙叨叨。话虽这样说,但是他们脑海里还是忘不掉刚才这个广告。这些有识之士尚且如此,而对于那些头脑简单的人来说,这个广告就足以让他们陶醉了,就像在他们面前打开了一扇窗,美好的前景正在向他们招手。照当时的情况我们猜想,如果填写一张订货单,这个男人也能像热销产品一样,会让整个晚宴上的客人为他着迷……

我们前面说了这么多,还都不算是最为引人注目的广告,战后10年最著名的广告是一个长篇系列。这个广告的创意是这样的:先是充分展现有口臭的各种人物的不幸遭遇,然后对口臭所造成的可怕后果进行渲染,最后是连他们最亲密的朋友都不肯告诉这些可怜的人事情的真相。我们来看一看:

"唉!……埃德娜真是太可怜了……她每回都是给别人新婚当伴娘,可自己却始终当不了新娘……上次还看到她和男朋友在一起,后来她又为什么要以那样的方式离开他呢……告诉你吧,这就是你为什么失败的主要原因了……"看到这里,人们在对埃德娜悲惨遭遇深感同情的同时,又产生了莫名的恐惧感,担心这样的倒霉事也会发生在自己身上,这正是精明的广告商希望达到的效果。随后的画面是将里斯特防腐液放在显著位置进行展示,旁边有一个女孩子看着产品广告对自己说:"有了它,这种情况绝不会发生在我身上!"

这时的科学实验和权威论断,在广告宣传面前都显得软弱无力。实际上里斯特防腐液并不是"一种真正的除臭剂",它只不过是"用一种味道掩盖了另一种味道",关于这一点美国医学会曾多次声明过,但都无济于事。还有前面说过的弗汉牌牙膏广告也和实际不符,生命延续研究院发现"每20个人中才会有一个人患有牙槽脓肿,而弗汉广告说的却是每5个人中就有4个人患病",研究院的这种发现也丝毫不起作用。为什么会出现这种情况呢?就是因为产品背后有巨大的广告力量支持,而广告背后又是丰厚的利润驱使。像"口臭"和"里斯特防腐液"都是广告商利用了公众的恐惧心理,自然不会在公众潮涌般的购物和大把大把金钱的赚取中轻易收手了。

6

随着国家的繁荣富足和财富在市场的传播，高等教育事业也很快蓬勃兴旺起来。普通美国人纷纷申请就学，那些已经迅速致富的人们也想迅速变得有学识、有教养，一时间搞得各大学的理事们焦头烂额，不知让这些蜂拥而来的申请者住到哪里。这时的人们还普遍希望自己能在社交方面游刃有余，因而有关礼节方面的书籍也开始畅销起来。读书也成了许多美国人的习惯，根据图书排行榜，1921年和1922年非虚构类最畅销作品是韦尔斯的《世界史纲》，随后是房龙的《人类的故事》(Story of Mankind)和阿瑟·汤姆逊的《科学大纲》(Outline of Science)；双日公司邮购的《礼节手册》和艾米丽·波斯特的《礼节手册》则是1923年非虚构类作品的榜首；而1926年的《为什么我们像人类一样行为》(Why We Behave Like Human Beings)和1927年的《哲学故事》(The Story of Philosophy)，更令其他非虚构类作品难以望其项背。

另外，这一时期还出现了一股出国浪潮。据商务部提供的数据显示，仅1928年一年，就有超过43.7万人乘船前往外国；另外还有1.4万人经由铁路进入加拿大和墨西哥；还有300多万辆汽车驶进加拿大，在那里逗留短则一天，多则数日。这样就出现了一个美国政府希望看到的情况——为了限制国外商品大量进入美国，政府设置了高额关税的门槛，但如何才能够使得美国继续收取其在外债和国外投资方面的利息呢？现在好了，因为这些出国的人花钱都很随意，他们留在国外的金钱很多（1928年总额大约为6.5亿美元），这就在一定时间内解决了美国国际金融方面的一个难题。

美国实际上已成为全世界的银行家和金融霸主，不仅有很多国家邀请美国人帮助他们解决金融难题，而且查尔斯·道斯将军和欧文·杨还在国际委员会担任了重要职务，他们固然有睿智的判断能力，能够在欧洲国家之间做出不偏不倚的决定，但更主要的是他们来自处于左右世界金融局势的美国。这时美国人还在海外大量投资，令全世界都刮目相

看。你大概还记得百老汇和华尔街拐角处那栋矮墩墩的石灰石大楼吧,当年大爆炸留下的痕迹还在,如今它已经成了全世界公认的金融中心。此时的美国无论军事力量还是经济实力都很强大,它在扩张自己庞大的帝国时,一般很少使用武力介入的方法,当然也有美国海军统治海地、以武力恢复尼加拉瓜秩序等情况,但更多的还是采取经济渗透的方法,逐步控制他国经济命脉。

战后20世纪20年代的"柯立芝繁荣"时期,确实带给这个国家太多的变化,其中最明显的变化概括地说就是:城市化生活方式已经被各个阶层的人所接受;财富已成为一个人成功的象征,并且受到整个国家和人民的尊敬。在繁荣时代生活的美国人,追求着城市品味、城市服装以及城市生活的种种,城乡差距缩小,乡巴佬已难见踪迹。无论你是身处繁华的大都市纽约,还是走在新罕布什尔州和怀俄明州的乡间小路上,你会发现城乡同龄的女孩子们,都穿着同样的短裙,抹着同样的口红,脸上洋溢着同样的灿烂笑容;那些被红色恐惧时代激进分子们称之为无产阶级(最底层阶级)的人们,现在对自己的阶级地位也不再关注,他们也在分享着繁荣时代的快乐;曾经势力强大的美国劳工联合会如今会员数量急剧减少,影响力下降,再也看不到当年的威风了。很多工人都开上了"二手"别克车,休闲时间他们就带上妻儿去野外兜风。人们看到吉米·沃克穿着精致考究的服装,带着贴身男仆,经常到百万富翁们才能享乐的棕榈海滩潇洒

柯立芝繁荣给美国人的生活和心态带来了很大的变化(芝加哥,1925)

时，对此不仅不反感，还常常对着他欢呼喝彩。民众还普遍希望"汽车大王"亨利·福特在1924年能成为美国总统，并举行了很多活动为他的竞选造势。不仅普通的美国人对财富和成功者是这样拥戴和崇拜，甚至像梅隆、胡佛和莫罗这些重量级人物也发现，他们的财富并不是公共办公室的债务，而是一种资产。在那个年代，谁拥有百万财富就是成功的象征，而成功者理应受到整个国家的尊敬，这是最能体现当时社会价值取向的注解。

7

过去，如果拿一个生意人和一个牧师或学者相比较，人们会普遍认为做生意的没有牧师或学者的职业体面威严，如果谁是做生意的，也往往会受到周围人的轻蔑。但战后人们对商业本身的看法却发生了巨大变化，由过去的轻蔑变为现在的崇敬。如果哪一位牧师被称为优秀的生意人的话，他就感到非常高兴，认为那是人们给予他的很高评价。在大学的年度宴会上，那些银行家理事们则把大学的校长或院长们比作生意场上的经理人，尤其是他们关于"教育是美国最伟大的行业之一"的说法，更是受到了大学生们的热切赞同。很多大学都开设了广告文案设计、市场营销方法、初级速记法等方面的商业课程，为了鼓励学生们发挥这方面的潜能，学校还经常组织学生和商业界人士交流，对那些在商业知识学习上做出成绩的艺术类或理科专业的学生，也会很高兴地承认他们的成绩并给予学分。哥伦比亚大学还采用了派专人追踪调查的方法，了解哪些人对商业感兴趣，如果发现谁哪怕对商业只表现出一丁点儿兴趣，就上门推销，为的是吸引他们攻读本校的商业函授课程。哈佛商学院还设立了年度广告大奖，对优秀广告宣传语作品授予学术荣誉。芝加哥大学的商业函授课程广告更有意思，他们以安德烈·齐格费里德经常说的"成功的神秘"作为该校开设商业函授课程的劝学语开篇："这种学习很简便，只要你在家中就能提高能力，只要你坚持调查就能获得

商人成了新时代的骄子（柯立芝总统接见投资银行家代表）

成功……"商业的诱惑力实在是太大了，不仅很多大学对此兴头不减，就是以神圣严肃而闻名的教堂也难以抵挡住这股商业热浪。如纽约"瑞典以马利公理会"向所有为教堂建设捐款100美元的人颁发了"投资天国首选股本证明书"，看来宗教界也不得不承认商业比精神需求更具优越性；纽约住宅区一个教堂的公告牌上赫然写着："到教堂来吧，对基督教的崇拜可以提升你的效率。"落款是基督徒赖斯纳牧师。你不觉得读起来这味道有点像广告词吗？尤其是"提升你的效率"这几个字。

在美国各地还成立了各种各样的俱乐部。其中最有名的是扶轮社，它不仅发展迅速，从1905年成立到1930年，成员已达15万，而且还具有了国际影响力，在全世界的44个国家中就有3,000个这样的俱乐部；士兵俱乐部是以中产阶级人士为主的，他们每周都会举行一次正式的午餐会，虽然每次聚会人都很多，气氛也嘈杂，但所有人相处得却非常融洽友好；基瓦尼俱乐部1920年才有205个，到1929年时就增加到1,800个；虽然狮子会是1917年才成立的，但到战后20世纪20年代的末期，数量也已经超过了1,200个。这些俱乐部成立初期，活动还是仅仅停留在成员聚会、唱唱歌或是做些公益事业上。随着经济的发展和社会繁荣，他们已不再满足做这些了，而是要"向商业施加补偿性和再生性的影响"了。这个信念出自一个俱乐部的创建者,他认为商界人士都是做大事的人,是这个时代的精英,他们的梦想是找到为全人类服务的新方式。这确实是一个很流行的看法。在"柯立芝繁荣"时代,由于公众对商业的过度情感,美国的商人们都有股天降大任舍我其谁的气势,无论是在数百个主管人的房间里,还是在数百张会议桌旁的这些商人们,都自认为是拥有广阔视野、目光远大的人。当然这种唯商情绪也遭到了不少嘲讽,《纽约客》(New Yorker)曾经刊登过这样一幅漫画:会议桌前围坐着7个商界人士,只见经理朝着他那身材矮胖、垂着肥厚下巴的同事说:"你知道吗?我想出了一个好主意,这样一来也许我们就可以撬起风车了。"这7个人居然也要撬动风车?我们不禁想起西班牙传说中那个可笑不自量的人物①,这幅漫画的讽刺意义不言而喻了。士兵俱乐部也很喜欢搞这种玄虚神秘的东西,这个俱乐部的一名演讲者在艾奥瓦州的滑铁卢演讲的情形被收进《美国信使》(American Mercury)里,记载他曾当着扶轮社的成员公然说:"扶轮社的行为就是秉承了上帝的旨意。"

在美国此前的历史上,没有哪一个时期能像现在这样,将商业与宗教联系得如此紧密,这也是这个时代最为鲜明的特征之一。比如,纽约举行的全美个人信用调查协会年度大会期间,圣约翰大教堂的一位新教牧师、一位罗马天主教牧师和一位犹太教拉比,首次为3,000名与会者举行了一次特殊的祷告仪式,五轮祷告都是由这三个人共同主持,帕克斯·卡德曼博士还以《商业中的宗教》为题布道,这些都让与会的信用调查员们受到极大鼓舞;卡德曼博士在广告俱乐部联合会费城集会上发表的题为《想像与广告》的演说,基本内容也是如何将广告宣传融合进宗教中;还有,在教堂广告部举行的集会上,这种氛围就更浓厚了,话题都是围绕着"精神原则在广告中的作用""如何以媒体和广播为手段,加强对天国的广告宣传"等等,在商业集会上充满了浓郁的宗教色彩,使二者紧密地融合。在会议期间,代表们不仅虔诚地参加各种宗教仪式,而且每个晚上的23点至凌晨2点,还能在下榻的酒店里欣赏到各种歌舞

---

① "撬起风车"典故出自西班牙作家塞万提斯的《唐吉诃德》中的主人公,这是一个满脑子奇怪念头的侠士,他把看到的风车当作是一群巨人,于是冲上去与之展开博斗,结果连人带马滚翻在地,弄得遍体鳞伤。——译者注

表演，当时大西洋城选美大赛的现场也在这里，美女如云，总是很吸引代表们的眼球。这也表明无论是世俗的商业还是虔诚的宗教，即使怀有崇高的信仰，也需要享受自己的娱乐生活。

在商业活动中，《圣经》的使用频率很高，商人们会经常从里面选择相关内容对自己的商业活动进行说明或阐释；而在《圣经》的传播或理解中，商业的例子也常被拿来引用，所以人们有时很难说清在商业和《圣经》这两者之间，获益更多的究竟是谁？纽约的建筑兼房地产商人弗雷德·弗兰奇就曾对他的推销员们说："你们如果做事失败了，不要去说什么'不成功的原因'。我告诉你们，所谓'不成功的原因'在世界上是根本不存在的！你们回去仔细看看《圣经》中的《马太福音》第七章第七节就清楚了，那里面有充分的证据支持这个理论。"此外，他还引用一位对人性研究颇有建树的专家说过的"只要你大胆地敲门，这扇门就会为你打开"的话，告诫推销员们做事不要有畏难情绪，要有韧劲和执着精神。《圣经》中"要像爱自己一样爱你的邻居"的话也被他拿来，作为推销员们为人处事的重要原则，告诉他们如果能遵循这个原则，就能够大大增强自己的人格魅力和工作能力，今年他们不仅能够以更低的佣金率为公司的股东服务，也能为自己赚得比去年（1925年）更多的钱。从这个建筑兼房地产商人的例子中，我们看出《圣经》已经被提升到商业的水平，并被当成了一种标准。如果商业遵循这个标准，就能够获取金钱利益，当然在其他行业也是如此，这恐怕也是对《圣经》实用性的一种褒扬。

下面我们介绍两本书，因为它们在当时都产生过很大影响。一本是叫《摩西，人类的推销员》(Moses, Persuader of Men)的小册子，是"大都市意外保险公司"出版的。摩西这个名字我们大家都不陌生，是公元前13世纪犹太人的先知。有趣的是小册子直接把摩西这个宗教中的领袖人物和商业挂起钩来，说"摩西是有史以来最伟大的推销员，也是最伟大的房地产推广人员"，将摩西这样一位英勇无畏而声名远播的伟人和销售活动联系在一起，还真是前所未闻。另一本书叫《无人知晓之人》(The Man Nobody Knows)，作者是布鲁斯·巴顿。该书结合基督教与商业的相似之处，大力推广和宣传基督教，书中宣扬了很多让人们既惊讶又新奇的理念，比如巴顿把耶稣说成是"耶路撒冷最受欢迎的晚宴客

柯立芝夫妇与纽约共和商会的成员们合影

人",同时也是一位擅长开发人力资源的伟大经理人。对他身边由12个门徒组成的队伍,巴顿说得更加形象有趣:"他挑选了12个来自商业阶级底层的人,并按照自己的服务理想,将他们打造成了一个征服全世界的团队……这样成功的典范只有耶稣才能创造,因为只有他才能把这些人组织起来。"巴顿的这一比喻堪称经典,可以说是历史上最为有力的广告了。我们设想如果放在今天,以他的宣传如此精妙有创意,一定会成为全国闻名的广告人。如果说耶稣是"现代商业的奠基者"也符合事实,因为他为了自己的理想不停地奔走呼号,以各种方式宣传推广。巴顿的这本书也受到了广大读者的喜爱,成了美国1925~1926年连续两年的非虚构类畅销作品。

布鲁斯·巴顿在书中异乎寻常的描述,极大地震撼了美国人的心灵,人们从《圣经》的福音书中获得了精神满足。在柯立芝繁荣时代,这许多商业与宗教的相互融合产生了有益影响,使商业几乎成了美国的国教,引起了数百万美国人的推崇,他们都希望这种宗教(商业)不仅可以正确引领社会,而且在赚大钱的规则中,还可以有健全的法律保障和预言家对前景的准确预测。

巴顿的理念在全国广为传播,在人们对此充满兴趣的同时,商业

第07章 柯立芝繁荣

销售和广告宣传却变得不那么温情了,而是充满了冷嘲热讽。尤其是当蒂波特山丑闻和大陆石油公司的肮脏历史暴露在世人面前时,美国商业界不仅没有震惊,而且竟然没有表现出丝毫的担忧与焦虑,至于什么原因实在是令人费解。由此也可以看出在所有的宗教里,崇高的信仰和实际的操作两者之间并不会完全一致。比如现在商人们头顶上的光环,难道都那么恰如其分吗?未必!但是他们却始终自豪地顶着这圈光环并以此为荣。

8

在全世界的注视下,繁荣号客车满载着乘客,就这样一路加大油门,长鸣着汽笛继续向前驶去。我们看到车上乘客春风得意的样子,暗想驾驶这辆客车的司机一定也是满怀喜悦。"柯立芝繁荣"时代——这是以一个美国人的名字命名的时代。这个人会是什么模样?他有什么魅力能启动繁荣号客车,在美国战后经济发展历史上留下浓重一笔?

下面就让我们一起走近这个驾车技术娴熟的伟大司机吧。他的名字叫卡尔文·柯立芝,是来自佛蒙特州的共和党人。他的身材略显单薄,土黄色的头发下是一张没有任何表情的脸,经常是紧闭着嘴巴,在很多公开场合他都一言不发,沉默得就像一块冰。他处处谨小慎微,洁身自好,就像威廉·艾伦·怀特形容的那样:"眼睛总是朝下看,默不作声,似乎在寻找那些想要侮辱他的罪恶的东西。"他外表给人一种苍白甚至有些缺乏自信的印象,尤其是他那沉默不语的个性,因此有了一个耐人寻味的绰号:"沉默的卡尔文"。

柯立芝虽然很少说话,行为低调,但他也曾干过很漂亮的事情,如我们前面讲过的波士顿警察罢工案。当时他在马萨诸塞州州长任上,面对警察罢工的复杂棘手局面和老塞缪尔·冈帕斯的试图干预,正是他坚决果断的态度,不仅制止了罢工事态,也让他犹如一颗政治新星,引起了全国的注目并受到广泛赞扬,几乎一夜之间成为了英雄。后来他成了哈定总统的副手,即使身居高位,他仍然沉默不语,就连哈定总统那热情奔放的性格与和蔼可亲的温情也融化不了他这块寒冰。柯立芝担任副总统以后,不得不出席很多正式宴会,但他的一言不发让很多人,尤其是宴会上的那些女士们大感困惑甚至沮丧不已。有一则轶闻:在华盛顿的一次豪华宴会上,应邀前来的宾客很多,作为副总统的柯立芝只是出于礼节考虑才到场;但他从头到尾没有说过一句话,也不去跳舞,甚至连杜松子酒也不喝一口,只是端坐在宴会大厅的一角,默默地饮着柠檬汁。副总统这种举动令参加宴会的宾客不解,但没有人敢打扰他。有一位喜欢制造绯闻的富婆故意上前试探他,柯立芝只是礼貌地朝她点点头,仍然一声不吭,

哈定总统与柯立芝副总统

搞得这位富婆很难堪,就当着柯立芝的面和其他宾客打赌说:"你们谁要是能让柯立芝副总统说出三个字,我马上就付他一万美元!"富婆这种别出心裁的赌博立刻引来了许多人围观,柯立芝对这种无聊的游戏不愠不火,只是淡淡地对那个富婆说道:"你输了!"围观的人哄笑起来,结果赢家只能是柯立芝本人了,那位富婆则讨了个大大的没趣。有一个叫爱德华·劳瑞的人在他的书中写了一段很有意思的话,我们可以细细体味:"有些人认为意大利坐落在阿尔卑斯山的山顶上,但是由于从来没有人能够攀爬到顶峰,因此他们不清楚山顶的风景如何,更不知道那风景是否值得他们为此去攀登。"哈定去世后,柯立芝继任成为了总统,但他沉默的个性依然没有丝毫改变。

但是这种沉默背后却是一个政治家思维缜密、视野开阔的头脑。如果你身处美国战后20世纪20年代那个繁荣时期,当看到一群来自提姆巴克图的商会拥护者们簇拥着他,甚至很多精于生产和商品推销术的人把他当作圣人一样膜拜时,你一定会感到诧异,要知道他可是从来没有踏足过商界。但就是这样的一个人,却让战后国家经济运转自如,社

会繁荣富足，这难道不是矛盾的吗？事情就是这样奇特，卡尔文·柯立芝不仅成了那个繁荣时代最非同寻常的标志，而且由于他领导了战后美国的繁荣，也让他成为历史上最受欢迎的总统之一。

他对国外的历史不感兴趣，但对自己祖国的历史却是相当熟悉，尤其是对美国那些古老陈腐的格言始终深信不疑（对于其他一些人来说，要么是已经忘记了，要么是产生了怀疑）。他在所有演讲中都要引用这些内容，告诫全国人民："任何行业的成功与否，都是要根据你付出的辛勤工作的数量来衡量……尽力去做正确的事情，我认为这才是最佳政治策略的选择，对此我拥有信心……社会需要知识和美德，我们每个公民都要崇尚它……拥有最伟大道德力量的国家才会永远立于不败之地……"这种"只有辛勤工作和简朴生活才能获得成功"的哲学其实很古老，可能是他从佛蒙特州某个阁楼顶上的一堆书中找出来的。这个阁楼上的书有不少，看得出多年都没有人翻动过，以至于连《麦加菲读本》（*McGuffy's Reader*）这样被历代美国人作为传世珍藏的书都蒙上了一层厚厚的灰尘。但正是这种古老的哲学，启迪了几代美国人，才更显示出它鲜活的时代性，有很多美国人在孩提时都曾趴在母亲的膝盖上学过这种哲学。他相信只要这些美国人心中依然还保留着开拓进取精神，就肯定会被这种哲学所感动。同时，也由于他在阐明这种哲学时采取深入浅出、简明扼要的方式，因此很快就征服了全国人民的心。很多人甚至在想：假如总统下次演讲时宣布说直线是两点之间的最短距离，对于这种早就是科学定理的问题，报纸是不是也要发表社论，为总统充满了智慧、如此精确的表达而大加赞扬呢？他很喜欢谈起《自传》，每当这时，一种得意之情就会浮现在他那很少有表情的脸上。如果你读了这本书以后，就会发现那里面最具有独创性的地方，其实也正是他那不折不扣缺乏独创性的地方。他就是这样一个独特的人。

作为位高权重的总统，他算不上是一个大胆、有魄力的领导者（当然他可能也并不想做这样的领导者），他行为低调，从不冲动行事，更不会咄咄逼人地去攻击别人。从1923年他继任总统，到后来的竞选成功直至1929年卸任，他在白宫整整服务了五年零七个月，却难以找出一件令人瞩目的政绩，说起来让人匪夷所思，但这也许正是他想要的结果吧。

在外交政策方面，柯立芝政府总结了威尔逊政府在建立"国联"上因始终拒绝妥协以致失败的教训，精明地选择了一种貌似不大关心的态度。他轻松地让曾经历过战后红色恐惧和持孤立保守主义的美国人民相信：战后和平带来的幸福，美国人民同样可以尽情享受，国际事务中美国仍会有重要的发言权，比如银行家也会参与决定战败德国的赔偿问题；非官方的观察家也会出席欧洲的谈判等等。对待一些问题他

柯立芝总统

也会像前任哈定总统一样，态度并不强硬，即使最后是失败的结果，人们也不会归咎于他。如柯立芝提议美国应该参加国际法庭，国会参议院经过辩论，最后在附加了若干保留条款的前提下批准了这个提议。但正是那些保留条款令其他成员国无法接受，这本是一个失败的结局，但没有人对他的声望产生怀疑。还有1927年在日内瓦召开的第二次海军会议，也是以失败告终。尼加拉瓜革命事件带来了大骚乱，后来根据亨利·斯廷森提出由美国监管进行新选举的计划，在美国海军的协助下，才使事件得以平息。关于美国和墨西哥之间因美国利益集团手中油田的法律地位问题而产生的纷争，也是经过德怀特·莫罗大使（柯立芝在阿姆赫斯特学院的同学）多方斡旋才得以解决。要说他在外交方面有什么最为突出的成就的话，恐怕还是美国在保护《凯洛格—白里安非战公约》过程中始终占据着领导地位。这份协定虽然宣布战争不是国家政策的工具，而且每一个参与国家也都愿意做出这种承诺，但实际上在国际关系中它根本就产生不了实质性的影响，在利益冲突无法化解的情形下，战争仍是不可避免的。在柯立芝政府执政时期，除了最终解决尼加拉瓜问题、摆脱墨西哥困境和对那个徒有虚名的《凯洛格-白里安非战公约》协定的坚持外，就是广做生意、聚敛钱财，并且对美国金融帝国的扩张始终高度关注。至于其他方面的事情则是任其自由发展，实行"无为而

治"，这就是柯立芝政府所奉行的政策。

在国内事务方面，他小心谨慎，始终把自己置于安全线以外，而目光则关注着其他事情。当哈定政府的"蒂波特山丑闻"曝光时，引起了全国震惊和世界的关注，他却不动声色，采取的都是些最基本的措施：按程序对丑闻案提起公诉；以欲擒故纵的方式将多尔蒂骗出了内阁；让腐败的"俄亥俄帮"受到法律的惩处，他自始至终都表现得很平静。国内无烟煤煤矿罢工事件影响很大，给当局带来不小压力，但他也只是让宾夕法尼亚州州长吉弗德·平肖具体处理，自己并不想插手。"禁酒法令"可谓当时国内最为火爆的政治事件，面对禁酒法令实施后出现的混乱无序和支持禁酒者与反对禁酒者的争论不休，他只是平静地说"法律必须执行"，便不再表达其他任何意见。总之，在民众认为总统应该干预的这些大事上，他却都无动于衷，始终站在安全距离之外，继续将目光放在另外一些事情上。

卡尔文·柯立芝的目光究竟在注视着什么呢？他曾经说过：美国是一个搞实业的国家，所以需要一个为实业界服务的政府；美国要做的事情就是做买卖。那么他所关注的焦点我们也就基本清楚了。为了维护商业利益和保持国家的现状，他果断地行使否决权，先后两次否决了"农场救济法"，因为从经济角度来看，麦克纳里-豪根提案不现实，不但一点都不省钱，还会给其他领域的发展带来不平衡。他的做法虽然使农民失望，却让工业界和银行业的人士感到非常满意。他还否决了"士兵奖金提案"，因为这项提案花费太大，会给政府造成不小的经济压力，但是他这次的否决遭到了驳回。他还提倡通过系统化的节约措施削减政府日常运作支出，并且取得了成效，不仅减少了公共债务，还4次降低了联邦政府的税收，使民众从中受益，显然高收入人群的受益更为明显。当时的商务部长赫伯特·胡佛在推动商业繁荣方面做出了很大贡献，也受到了广泛赞誉；促进经济发展和商业繁荣是柯立芝政府的重中之重，以至于在政府官员任命时，不少对当代商业持友好态度的人被委以重任，而那些对商业行为持批评意见的人只能逐步退出。柯立芝作为总统主政白宫期间，他的"放任"和"无为而治"政策使白宫始终保持着平静的气氛。当然偶尔也会有平静被打破的时候，那就是向民众承诺美国会保证持久繁荣和安全或者是以恭维的口气称赞商业界为国家繁荣做

柯立芝总统和他的内阁

出贡献的时侯,仅此而已。

柯立芝政府的政策看似平淡无奇,没有任何独创性,甚至有些胆怯懦弱,但它却是真诚和有效的。柯立芝认为:要想让国家受益,就必须尽力减轻富有人群的纳税负担,让他们有赚更多钱的积极性;在施政方面自己不要表现出太多的权威性,政府应当努力为实业界服务。他的这种政策与那个时代的政治气氛极其一致。因为在这个繁荣富足的年代里,在社会占据主导地位的是那些充满贪欲的商人们,他们甚至已经成为政府主张的仲裁者。他们清楚政府虽然支持发展商业经济,但绝不会按照商人的意愿去改造社会,因为政府毕竟是具有维护公民权利和随时修正错误行为的权威的。为了实现他们更大的利益目标,也为了防止政治有可能成为阻挡他们继续乘着繁荣号客车前行的障碍,所以他们期待着政府的作用越小越好,自己付出的代价也越小越好。尤其是不希望总

统位子上坐着一个彰显权威、行为大胆的人。看来沉默的卡尔文还是比较符合他们的愿望的,这位新英格兰人在驾驶着繁荣号客车前进的时候就不怎么太操纵它。

在卡尔文·柯立芝身上确实体现了一种很高超的政治才能,是他引领了战后20世纪20年代的美国繁荣。更令人称奇的是,这位总统在鼓励这种繁荣景象继续发展的同时,又能审时度势,及时让自己从困境中转身离去,恐怕也是他独具的政治才能的艺术展现。《自传》里有他很多内心世界的表达,尽管不乏得意扬扬,但还是会得到人们的原谅的。人们高度称赞柯立芝执政时期所表现出的审慎态度,正是这种态度,使他自如地处置了许多不可避免的情况;使他即便在非常安全的环境中也不愿表现出更加大胆或咄咄逼人的姿态。在商业占据着最高地位的这个年代和这块土地上,卡尔文·柯立芝在神坛面前表现出了谨慎的顺从,因而他幸运地扮演了半个上帝的角色,他赢了!

第08章

喧嚣的岁月

1

任何国家,在任何历史时期,公众都会被一些时尚或者公共事件所感染,继而爆发出普遍的激动之情。不过由于时代的不同、事件性质的差异,公众爆发激动情绪的规模和频率也大相径庭。柯立芝当政时期,人们所关注的事情不见得是军政大事,而往往是一些人们身边的琐事,比如:一场重量级的拳击比赛、一次谋杀案的审判、一款新型汽车,以及一次横跨大西洋的飞行。当这些事情发生时,数百万的男女将目光聚焦到这些事情上,从他们的谈话内容到兴趣爱好,也无不围绕着这些事情展开。直到下一件公共事件发生,人们才将目光移开。

在传统的历史学家看来,人们居然会对那些"微不足道"的事情变得狂热,这简直太令人费解了。无论是霍尔-米尔斯的审判案,还是对身陷肯塔基州洞穴的弗洛伊德·柯林斯的生死营救,这些事情对美国民众未来的发展和命运几乎没有任何影响,与那些改变国家命运的历史事件相比,这些事只能算是花絮。但是,这些事情一经出现,就引来无数人关注的目光,让上百万的人心存希望和恐惧,其中缘由不能不引人深思。

因为,在柯立芝时代,美国民众对"重要事件"已经厌倦了,只有那些千奇百怪的事件才能吸引人们的目光。因此,凡是描写柯立芝时代的作品,势必要反映出这一时代特色;同样,关于这一时代的任何作品,也都免不了介绍一下当时涌现出来的英雄们。这个时代涌现的英雄既不是为国家掌舵的领袖,也不是社会改革家,更不是勇士,而是一位为了赢得奖金而完成横跨大西洋飞行的飞行大师。

1923年8月2日哈定突然逝世,卡尔文·柯立芝继任总统。这个时代,人们已经不像战争刚结束时那样,神经绷得紧紧的。虽然暮年的伍德罗·威尔逊仍然在S大街上的寓所里苟延残喘,但他提出的国际联盟构想基本上已经破灭,只有极少数理想主义分子,他们不肯面对失败的现实，仍然梦想着有朝一日国际联盟能够起死回生。

在卡尔文·柯立芝的时代，激进主义者开始偃旗息鼓，再也没有往日的激情；劳工运动在前两任总统的严厉打压下，也一蹶不振；而在那些一夜暴富的富人们，比如福特和雪佛兰这些汽车巨头们的榜样作用下，个人资本主义已经稳稳地站住了脚跟；三K党的成员数继续增长，达到了数百万，但是他们不复当年曾在数千座山头点燃烈火的热情，距离宗教运动渐行渐远，而变得政治气息更加浓厚了。

很少有某件公共事件，能够唤起公众的共鸣，让公众产生热烈的情绪。禁酒法令的颁布让民怨沸腾了好一阵，但是很快也就平息了；在美国西北部和中西部的农业区，当地的人们向政府呼吁，要求实行农场救济，但全国的其他地区响应者寥寥，因为其他地方农田很少，都在向都市化迈进。总的来说，公众对政治的热情正在消退，国际法庭、油田租赁丑闻、尼加拉瓜局势，统统不能引起人们的兴趣。人们唯一有兴趣的，就是投身到欣欣向荣的商业领域，在生意场上淘金。对于商业之外的事情，人们都抱着看热闹的态度，他们说："作为美国这样一个没有历史的国家，却有这么多精彩的表演，真令人感到幸福！"

人们说得没错，与其他任何国家和历史上任何时期相比，由于新闻业的高度发达，现在的美国人可以在同一时间观看精彩的表演。各类新闻报道和评论就好像流水线上的汽车一样，可以

繁荣已成常态（纽约，第42大街）

批量生产了。从前,只有那些富裕的人才能从全国范围内的通讯体系中获益,而现在,随着通讯成本的降低,越来越多的普通人也能享受通讯带来的好处了。

在这个时代,报纸的种类越来越少,但总发行量却持续上升,而且由于报纸对新闻协会通稿的广泛使用,使得报纸的面孔变得大同小异。在1914年至1926年期间,媒体研究专家赛拉斯·本特指出:全国的日报数量从2,580家下降到2,001家,周报数量从571家下降到541家,而每份报纸的总发行量却从2,800万份增加到了3,600万份。以克里夫兰为例,25年前,该市有3家晨报,而现在只幸存1家;明尼苏达州的底特律和圣路易斯的晨报都只剩下了1家;在芝加哥,城市的人口增长了一倍,而晨报的数量却从7家减少到了2家。全国的报纸都在整合,最终进入了连锁经营模式:到1927年,赫斯特报业集团和斯克利普斯-霍华德报业集团成立之后,由于经营管理成本的降低,这两家报业集团大获成功。美国兴起了一股组建报业集团的潮流,55家连锁商号控制了230家日报,而总发行量则超过了1,300万份。

过去的时候,地方性的报纸对本地的作者和插图画家非常依赖,因为报纸需要他们提供富有本地特色的作品。现在不同了,这种依赖性已经大大减弱。因为那些总部设在纽约等大城市的报业集团能为全国各地的报纸提供各式内容,严肃一些的包括社论、访谈;轻松一些的包括连环漫画、生活小窍门;感性一点的有伤感文章专栏;休闲一点的比如体育方面的漫谈以及周日特写——以上这些,报业集团都可以提供,而且保证能够让全国的读者读起来心情愉悦。像安迪·冈普和桃乐茜·迪克斯都是当时红得发紫的记者和专栏作家,从缅因州到俄勒冈州的全美各地,他们拥有数百万的"粉丝"。而体育记者在杰克·登普西[①]训练营中发回的报道,远在佛罗里达的房地产商和西雅图的钉铆钉的工人都可以同时阅读到。

同时,一些全国性的杂志也开始发展,它们的发行量大得惊人,广告额也像滚雪球一样越来越多。时间久了,商人们也学会了做广告的窍门,绞尽脑汁把自己的产品和人们都关心的事情结合起来,起到事半

---

① 杰克·登普西:被认为是拳击史上最有实力、最凶狠的重量级拳王之一。——译者注

功倍的效果。

后来这些商人又发现了一个新大陆，那就是风靡全国的无线电广播。因为很多家庭都在同一时间收听棒球世界大赛的比赛，或者了解林德伯格完成跨越大西洋飞行、载誉归来的盛况。由于传媒业的发达，使得广大美国人的注意力迅速聚焦在一件事情上，因此少数精明的商人们就开始琢磨怎样利用这种机会，把自己的商品推广出去。

那些报社的老板和编辑们自然也发现了这一特点，他们发现，公众们在某个时间段，只会为一件事情而关注、激动。比如，戴顿小镇审判案或维斯特里斯号轮船沉没事件发生时，假如报社动用一切手段进行全方位报道——启用大牌记者、刊登头版头条、开辟更多版面——那么，报纸的销量就会比往常剧增数倍甚至数十倍。因此，这成为报社老板拓展市场的法宝，屡试不爽。美国当时极富盛名的记者、专栏作家本特就深谙此道，在他的妙笔策划之下，本来没什么人知道的"格雷-斯奈德谋杀案的审判"一下子变得人尽皆知，美国人对这一审判的关注度比泰坦尼克号海难还要多；他还成功策划了对林德伯格完美飞行的报道，该报道的读者比停战协定的签订和欧洲帝国的覆灭还多。

报业集团的老板、记者、广告商、媒体代理商，乃至无线电播音员，所有人都意识到：只要提及当前最主要的事件，无论这事件是什么，必定都会吸引公众的注意力。一旦发生了这样一件能够吸引公众眼球的事件，那么人们无论走到哪里，都能够看到或听到对这件事情的疯狂报道。在报纸的通栏标题里，在杂志的内页里，在收音机的广播节目里，在那些滔滔不绝的演说家和传教士的口中，甚至在电影和照片中，到处都是关于这件事情的报道。除非你把眼睛闭上，把耳朵堵住，否则，你始终能够感到公众被引发的激动情绪。

一战结束了，美国人民已经有了面包，但他们还不满足，他们还想看马戏表演。现在，各式各样的马戏表演准备登场了！

2

1923年到1924年，岁末年初这段时间，麻将依旧在美国老百姓中间流行；卡尔文·柯立芝正在习惯自己身为总统的身份；博克和平奖已经颁出；油田租赁丑闻也大白于天下；伍德罗·威尔逊已经辞世；道斯将军去参加战争赔款会议；《如此巨大》(*So Big*)荣登畅销书排行榜榜首；人们终于听腻了《对！我们没有香蕉》这首歌曲；而远在埃及开罗以南700多公里处的古城卢克索，图坦卡蒙法老石棺的秘密被考古学家揭开——让全世界都为之震惊。

就在那个冬天——准确地说，是1924年1月2日这天——纽约有位叫理查德·西蒙的年轻人去拜访他的姑妈。在与姑妈聊天时，他听说姑妈有一位亲戚，对每周日刊登在《纽约世界》增刊上的填字游戏痴迷不已。姑妈于是就问理查德·西蒙："你知道哪里有卖填字游戏的书吗？我想买一本作为礼物，送给这位亲戚。"虽然早在1913年就已经出现填字游戏了，并且多年来，《纽约世界》都定期刊登这种智力趣题，但理查德·西蒙回去以后却发现，哪儿都买不到这种书。于是理查德·西蒙就萌生了一个想法：我何不编写一本填字游戏的书呢？

非常凑巧，理查德·西蒙从事的行业就是图书出版，他与朋友舒斯特开了一家很小的图书策划工作室，工作室除了他们2人外，只有1名女职员。

第二天，西蒙赶紧把自己的创意告诉了舒斯特，舒斯特也非常赞同。然后他们就向《纽约世界》杂志负责填字游戏部分的3位编辑——普罗斯佩·布拉纳利、格里高里·哈茨威克和玛格丽特·皮瑟布里吉约稿，请他们为新书撰写填字游戏。在编辑过程中，一些书商对此不屑一顾，有的书商还对他们泼冷水说："公众怎么会对这种小儿科感兴趣呢？"但两位年轻人并不气馁，还是在1924年4月推出了这本书。

西蒙和舒斯特在推广宣传此书方面动了一番脑筋。首先，他们在广告中列举了一些曾经流行过的事物，意在做类比。他们在广告中写道：

1921年——库埃；
1922年——麻将；
1923年——香蕉；
1924年——我们的填字游戏书。

另外，他们还别出心裁地将书的装帧设计得非常新颖别致，并随书附赠一支铅笔。

结果，这本书在面世一个月内，就登上了畅销书排行榜。到1925年冬天，该书已经销售了几十万册。

看到西蒙和舒斯特这两位最先吃螃蟹的人大获成功，其他人也蜂拥到这个领域里，寻觅商机。各种填字游戏的书籍如雨后春笋般涌现，报纸也跟风开设填字游戏栏目。填字游戏的红火也拉动了词典销售量的上升，职业作家罗杰特编辑的《分类词汇编》(Thesaurus)也成了畅销书。读者中也不乏走火入魔者，有个读者为了完成一个填字游戏，坐在饭店里长达4个小时，店主在催促无效的情况下只好报警，最后这个读者被判入狱；芝加哥的玛丽·扎巴夫人更加可怜，她的丈夫痴迷于玩填字游戏，甚至放弃了工作，扎巴夫人被媒体称为"填字游戏寡妇"；匹兹堡还有一位牧师酷爱填字游戏，他甚至将布道内容编进了游戏。如果你登上从巴尔的摩开往俄亥俄的列车，你会看到车厢的每张桌子上都摆着词典。如果你坐火车从纽约前往波士顿，你会看到车厢里60%的乘客都在闷头玩填字游戏，而餐车里的5个服务生虽然端茶送水忙个不停，但脑袋里一直在思考：究竟什么单词由5个字母组成，而且意思是"能够产生恐惧"？填字游戏也造就了许多文字高手，你在街上随便拉住一个人，他都能告诉你埃及太阳神的名字是什么，或者哪个单词由两个字母组成，其意思是"打印机的量度标准"。

到了1925年，人们对填字游戏的狂热情绪逐渐退去了，取而代之的是智力问答书籍。尽管这种书籍远没有填字游戏的书籍火爆，但也吸

填字游戏老少咸宜

引了许多绅士和女士们阅读。朋友之间也喜欢用这种智力问答书来相互考较，那些不能辨别出谁是约翰·休斯，也回答不出来欧姆是什么的读者，会感到非常丢面子。

直到1926年，合约桥牌被引进美国后，智力问答书也被人们丢到了一边，人们又开始投入到这种娱乐活动中。尽管人们对填字游戏不再狂热，但是在随后的几年内，它仍然是报纸上长盛不衰的栏目。到1930年，西蒙和舒斯特的填字游戏书已经推出了16个系列。算下来，自从1924年以来，这个系列的书籍发行量已经达到75万本，如果把英国和加拿大出售的都算在内的话，总数则达到了200万本。

3

人们对填字游戏的狂热，就和先前对麻将的痴迷一样，都是一种新的迹象，它表明美国民众对时尚和流行非常敏感。而且，这种狂热和痴迷是人们自发形成的，而不是媒体宣传炒作的结果。直到后来，媒体传播技术日益成熟，才慢慢出现了炒作，令几百万人对微不足道的小事萌发浓厚兴趣。

当然，在1924年和1925年早期，除了填字游戏广受欢迎外，还有许许多多其他的新闻在吸引着读者。其中就包括总统大选。在大选前，民主党和共和党首先需在党内推选出总统候选人。1924年，民主党人士齐聚纽约，开始推选总统候选人代表民主党参加总统的角逐。纽约市市长阿尔弗雷德·史密斯和政府官员威廉·麦卡杜都是候选人的大热门，两人的竞争整整持续了16天，最后作为黑马的约翰·戴维斯却戏剧性地杀出重围，成为民主党的总统候选人。而另一边的共和党，卡尔文·柯立芝早早脱颖而出。在最后的对决中，卡尔文·柯立芝因为一贯支持商业发展和减免税收而获得了更多的支持，最终赢得了1924年的大选，获得连任。

除了政治新闻外，人们还关注其他的社会新闻。比如在芝加哥对利奥波德和洛普的审讯，因为他们杀害了博比·弗兰克[①]。

还有威尔士王子访问长岛的新闻，王子在访问期间，和当地人一起跳舞、打马球、乘坐摩托艇兜风，还阅读了《沃尔特·海因斯·佩奇的生活与信件》(*The Life and Letters of Walter Hines Page*)。在这里稍带提一下，在1924年，还有很多新鲜事物从英国传到美国，比如那种被叫做"牛津书包"的灰色法兰绒长裤，因其裤口宽大，穿着舒适，所以很受那些年轻男性的青睐。

葛洛莉娅·斯旺森与法莱斯·古德雷侯爵的婚礼也受到美国人的关注，这二位分别是法国贵族的代表人物和好莱坞贵族的代表人物。

还有那次日食现象，让美国东海岸各城市的居民大饱眼福。

帕佛·纳米[②]——那个长跑奇才也备受人们关注。在20世纪20年代，他是中长跑比赛的王者，据说他在9分钟内，就能跑完两英里的路程。

还有一件事情也在美国引起了轰动。1925年，美国阿拉斯加的小镇诺姆爆发了严重的传染病——白喉。用来治疗白喉的血清，最近的也远在1,000英里之外的安克雷奇，在交通不便又遭遇暴风雪的情况下，出动了一支狗拉雪橇队伍，在领头狗巴勒托的带领之下，居然在6天之内来回，完成了这个被认为几乎不可能完成的任务。因此，这一事件也让奥纳德·塞帕拉、冈纳·卡森，以及小狗巴勒托成为了全国人民心中的英雄。

除此之外，还有弗洛伊德·柯林斯不幸陷入洞穴的新闻。也许，

[①] 利奥波德和洛普的审讯：利奥波德是芝加哥的富家子弟，智商极高，据说他会说15种语言。当时他是法学院的学生，狂热地崇拜尼采的"超人"学说。1924年5月21日，他和弟弟洛普一起冷酷地无故杀害了一个14岁的邻家孩子——博比·弗兰克，只是为了证明他们的智力能够干成一桩"完美的谋杀"而不被侦破，当时他19岁。他后来在法庭上被判终身监禁，在监狱度过了33年后被保释出狱，66岁时死于心脏病。——译者注

[②] 帕佛·纳米：帕佛·纳米于1897年6月13日，出生在芬兰的一个贫穷家庭，12岁开始，为了生活，为了帮助家里，他被迫离开学校找到一份快递工作贴补家用。每天推着笨重的推车穿梭大街小巷，练就他强劲有力的双腿，也奠定他日后成为超级明星的基础。他最早被注意到长跑能力是在1919年入伍之后，有一次武装赛跑，戴着钢盔、背着长枪，腰带上挂满武器，还得扛着一包11磅的沙袋，结果别人跑起来汗如雨下，他却轻松完成，速度也其快无比。自1920年安特卫普奥运会，帕佛·纳米连续3届奥运会参加12个项目共夺得9块金牌和3块银牌。据统计，他一生中总共创下22项正式世界纪录，及13项非正式世界纪录。——译者注

正是这一悲剧,证明了美国民众在面对人命关天的事件时,是如何空前一致地迸发出关切之情的。

弗洛伊德·柯林斯事件发生在肯塔基州。柯林斯是一个酷爱探险的年轻人,他想为自己父亲的农场寻找一个可以吸引游客的景点,以便为自己的家庭带来一些利益。1925年1月30日,当他钻进一个距离猛犸洞穴5英里处的小沙岩洞时,他绝没有想到,自己在两个小时后会被困在这距离地面125英尺深的地下,一块突然落下的巨石死死地将他的腿压住。遇险后,与柯林斯一起探险的朋友们迅速展开了营救。由于洞穴内部非常狭窄而陡峭,营救者不得不用绳子将自己缒下去,然后用锤子将柯林斯身边的岩石和泥土一点点凿开,再用双手一捧捧地运送到地面上。柯林斯遇险的地方是一个偏僻的地区,然而,正是由于《路易斯维尔信使报》的记者米勒的介入,使得全美国的人民都知道了柯林斯的处境。米勒先后5次深入洞穴,并以细腻的笔触写出了自己亲眼目睹的一切,为人们记录下了这位落难者在生死面前如何保持着做人的尊严及其内心痛苦与顽强的挣扎,并且将他所见的一切用急件的方式送回报社。很快,全国的目光都投向了肯塔基州这个小小的洞穴。自事发后,每个城市的报纸都在每天的头版对此事进行追踪报道。米勒事后回忆说,当他初次来到事发地点时,洞穴口只有3个人,都是柯林斯的朋友,他们一边围在火堆旁取暖一边商量着营救对策,但看上去显得比较乐观;可两周之后,洞穴附近光帐篷就支起100多个,关注此事的人们陆续从四面八方赶来,人群情绪激动,当地政府担心闹出乱子,不得不拉上铁丝网,并派来手拿刺刀的州立部队来维持秩序。不幸的是,在当时的技术条件下,没能拯救弗洛伊德·柯林斯的生命。他受困17天后死于洞穴内,后来将他的脚切除才将尸体运出。1925年2月17日,甚至连《纽约时报》都在头版用三栏大标题对这一悲剧性结局进行了报道。

自柯林斯的悲剧发生后不到一个月,北卡罗来纳州的煤矿又发生了一次坍陷事故,71名矿工被困地下,最后造成53人丧生。但由于新闻媒体没有大篇幅做报道,因此这一矿难没有在全国引起多大影响,这"只不过是一次矿难而已"。然而,柯林斯,这位为寻找旅游景点而深陷肯塔基州岩洞里的普通人,却由于新闻媒体的介入而吸引了全国的目光。可见,新闻媒体已经懂得有选择地炒作某一公共事件;也开始明白，聚光灯一次只能对准一场表演。

然而，几个月后，轰动一时的柯林斯事件最终也被人们遗忘。因为人们又把目光投向了田纳西州的戴顿小镇，在那里，对约翰·托马斯·斯科普斯进行了一场审判。他的罪名是在中学课堂上宣传达尔文的进化论学说。

斯科普斯事件具有重大的历史意义，因为在那个年代，宗教与科学两大世界观长期对立，斯科普斯事件最终成为引发直接冲突的导火线。尽管这起审判案的意义非常严肃，但其过程却不啻为一场马戏表演般的闹剧。

4

在战后10年，宗教正在走向衰落吗？

单单从教堂统计数据来看，并不能证明这一点。表面上看，每年新建教堂的数量不多，但另一方面，教堂集会的规模却越来越大，动辄有成百上千人进行宗教集会。而且，在教堂工作的神职人员数量也在日趋增长，教堂每天的收入和开销也大得惊人。从这些即可看出，教堂在美国人生活中的地位依然不可撼动。

必须承认，在那个年代，宗教还是具有相当的社会地位。一方面，宗教的这种地位是靠人们惯性的力量在维系——自凯撒大帝时代，人们就形成了去教堂的习惯，这种习惯一直延续到现在。另外，社会上还有布鲁斯·巴顿这种人，不断从古老的宗教中发掘出新的内涵，这在一定程度上也令宗教焕发了生机。

同时，教会也非常注重吸纳新成员和筹集钱款，以壮大自己的力量。例如，曼宁主教就曾经在纽约采用强硬手段，要求人们捐款"资助教会建立一所公共的祈祷屋"——可是祈祷屋建成后，人们才发现它是由新教圣公会管理的，并非完全对公众开放，人们顿时有种受骗了的感觉。另外，教堂也经常组织戏剧演出、讨论会等活动，并向青年人开放

教堂与银行并排而立，似乎是一个时代的隐喻

运动场，以此吸引人们前来教堂。

虽然去教堂的人并没有显著减少，但某些精神层面的东西已经从教堂消失了。这种东西就是一种信念，一种确信教堂可以实现人生救赎的信念——如今已经失落了。现在的人们虽然还在兴致勃勃地谈论着宗教，发行量巨大的宗教书籍依然热销，知名的牧师也纷纷在杂志上开设专栏，但这些事实只能证明一点：宗教早已不是毫无争议的话题了，人们对它充满争议。

沃尔特·里普曼说："如果现在去教堂的人数减少了，那是因为从前人们确信去教堂能与上帝会面，而现在这种信心动摇了；如果牧师的威望下降了，那是由于现在的牧师不确信自己是否还怀有明确而权威的使命了。"

查尔斯·斯特茨勒牧师在宗教问题方面有很深刻的见解，他在《世界工作》上发表文章直言不讳地说："如今，教堂的声望已经大不如前了，造成这种现状的原因是，很多教堂工作人员本身都不真正信仰宗教。我曾在许多清教牧师中做过调查：如果他们身为普通群众，教堂组织哪些活动会让他们立刻说出：'太棒了；即使排队我也要参加！'但这些牧师们却很少有人能给出肯定、直接的回答。也有几位牧师勉强给出了答案，但他们自己都觉得回答苍白无力。"

以上种种事实表示，人们，尤其是年轻人，对教堂的忠诚度在一点点减弱。他们也不知道自己究竟能从教堂中得到什么启示。很多大学也取消了强制性的小礼拜活动，学生对此也纷纷表示理解。

总的来说，人们对宗教不再像以往那样全民关注。这一方面是由于战争结束后，紧张的情绪一下子放松下来，道德力量也随之松弛；另一方面，社会日渐繁荣，人们头脑中也渐渐滋生了追求安逸的信念——究竟是恪守教义安贫乐道？还是想方设法赚钱买一辆凯迪拉克汽车？相信绝大多数的人会选择后者。还有许多其他原因，也导致人们对宗教不那么关注，比如：周末打高尔夫球或者开车自驾游的兴起，这让一批信徒离开教堂；还有一些政治团体四处游说教堂组织的种种弊端，这也让教堂丧失了一批拥趸；另外，少数牧师对三K党分子的包庇纵容，也令很多信徒反感。然而，最重要的一条原因是：科学观念和科学思维方式的发展，让更多人对宗教产生质疑。

科学的力量已经深入人心。无论是开车上班的男人，还是在厨房里烧菜的主妇，他们每天都要使用各种科学研究的产物，因此，在他们心目中，科学是无所不能的；同时，社会上到处充斥着科学信息和理论——阿尔伯特·爱因斯坦的新发现经常成为头版的内容，尽管几乎没有读者能读懂；报纸每天都拿出大量版面刊登科普文章：介绍宇宙形成的假说和原子的构成；向读者描绘史前石器时代原始人类的生活；解释电子、内分泌、荷尔蒙、维生素、反射和感觉心理等名词。在媒体的大力普及之下，以及韦尔斯、汤姆逊、伊斯特、威格姆、道尔西这些科学家和科普作家的努力下，连那些文化水平不高的人也知道有进化论这样一种理论；人们也逐渐了解到：我们生活的地球只不过是太阳系中一颗微不足道的行星，太阳系又是银河系中非常微小的一部分，银河系在茫茫的宇宙中无数星系中，又显得那样渺小；人们也渐渐明白，体内的染色体和内分泌系统决定了人类的行为，行动则是由大脑和神经指挥的，无论是南非原始的游牧民族——霍屯督人，还是美国基督教新教教派——第一浸信会的牧师，他们的行为都由神经传导引发，而人类神经传导的机理都是一样的；人们也逐渐相信，性是人们生活中不可或缺的

事，性压抑并不是好事，许多变态的行为和心理障碍，都和人生早期一些性的压抑有关。现在，公众已经接受了大量的科学思想，对科学家也耳熟能详。遗传学权威伊斯特和威格姆，环境学专家沃特森这些人，在人们心目中，像歌星一样具有极高人气。

在众多科学门类中，最令大众痴迷的是一门最年轻的，却也最不像科学的学科——心理学。弗洛伊德、阿德勒、荣格以及沃特森这些大名鼎鼎的心理学家都拥有数万名的崇拜者；在学校里，学生们集体接受智商测试；公司也雇佣心理学家，为招聘职员和市场推广制定策略。人们也渐渐明白，心理学对解决任性、犯罪和离婚问题有很大帮助。

"科学"这个字眼现在已经成为一个时髦的口号。两个人在街头争论，如果你想平息他们的争论，开头先说上一句"科学告诉我们……"，这两个人保准会停止争论，洗耳恭听你的观点；如果一位销售主管希望管理层接受自己的销售方案，或者一位牧师希望说服信徒参加某场慈善活动，他们会信誓旦旦地保证："这是最科学的做法！"

连教堂的牧师们，也受到科学的巨大影响。美国当代著名教士哈利·爱默生·弗斯迪克对此总结说："牧师为了自己的职业，披上牧师袍，面对信徒们宣扬古老的宗教传统、传播宗教的作用以及精神的需求，但当他们结束了一天的工作，脱下长袍后，他们也必须置身于一个充满科学的时代。""科学"的出现，剥下宗教充满迷信色彩的外衣，让宗教害怕得瑟瑟发抖，甚至迫使宗教改变了思维范畴和工作方式。在科学道理面前，宗教是没有丝毫底气的。从前，社会名流以信仰宗教为荣。而现在相反，假如有一位著名科学家宣称自己支持宗教，教堂方面会感到无比光荣和庆幸。就好比，英国天文学家和物理学家艾廷顿爵士信仰上帝，并不是上帝给艾廷顿爵士带来荣耀，而是艾廷顿爵士对上帝的莫大"支持"。可见，"是否符合科学"已成为这一代人评判思维和行动合理与否的重要标准，如果先知和预言家获得一句"你的言论符合科学"的评价，意味着是对他最高的赞扬。

由于科学浪潮的强大力量，也由于人类具有渴望被证明的天性，清教徒逐渐分化成两个互相对立的阵营。原来，当时在美国的清教徒数量庞大——每8个成年人中就有5个是清教徒。那些思想顽固的教徒视《圣经》为终生的信条，他们排斥任何新事物，连科学也不例外，因为科学与《圣经》上的内容相互矛盾。这部分教徒从1921年起，称自己为原教旨主义者。另外的一部分教徒则自称为现代主义者或自由主义者，他们希望在宗教信仰和科学思想之间，找到一个最佳的平衡点。在对科学知识全盘接受的同时，也保持一些宗教信仰。

表面上看，原教旨主义者的地位似乎岌岌可危，因为他们的思想与时代的趋势是格格不入的，但由于原教旨主义者人数众多，根基深厚，因此势力依旧大得惊人。当时，美国最有影响力的牧师之一弗斯迪克博士是一位现代主义者，但在原教旨主义者的强大压力下，他也不得不离开了基督教长老会，重新成为浸信会教徒，甚至最后还因异端主义

柯立芝夫妇走出第一卫理公会教堂

的罪名被审判。原教旨主义者还向美国近半数的州的立法会提交了联合提案，企图阻挠进化论思想的传播。在得克萨斯州、路易斯安那州、阿肯色州和南卡罗来纳州，他们的法案被立法会驳回，而在田纳西州、俄克拉荷马州和密西西比州，他们如愿以偿，成功地将不符合科学道理的观点写进了当地法律。

现代主义者虽然符合历史发展方向，但他们却没能像原教旨主义者那样联合起来。他们对上帝看法不一，有的说上帝是最重要的事业，有的说上帝是一股绝对的力量，有的说上帝是一种理想化的现实，有的说上帝是全人类的目标——总之，对上帝的解释各不相同，信徒们听得也是如坠云里雾里。新英格兰的一位牧师说，"上帝"这个词总让他联想到一种"长方形的、模糊一团的东西"。同时，现代主义者抛弃了很多旧有的教义，比如耶稣诞生、基督的复活以及代替赎罪理论。现代主义者

的宗教给人的印象就是：缺乏明晰的宗教内容，只有一些含混不清的信仰，一种广义的仁慈，以及认为每个人都是无比虔诚。沃尔特·里普曼说："现代主义者心中不再怀有传统的那种深沉、朴实、发乎内心的信仰，而这种信仰才是宗教的本质。而原教旨主义者则不同，他们可以生活在自己内心的神秘世界里，或者可以依靠他们对世界的理解而活。"

不仅如此，现代主义者除了要和原教旨主义者斗争，他们还不得不和另外一个敌人斗争，那就是完全接受科学思想的怀疑论者。现代主义者的领袖在布道的时候，很难说服怀疑论者，在与怀疑论者的辩论中节节败退，最后导致被迫违背自己的主观意愿做出让步，甚至到无路可退的地步。

在整个战后10年，原教旨主义、现代主义和怀疑主义三大思想流派冲突不断。冲突的最高潮则体现在1925年的斯科普斯案件。

1925年的田纳西州还是在原教旨主义者的控制之下，该州立法会通过了一项法案，法案规定："在本州的大学、师范院校以及其他公立学校中，只要接受州政府提供的公立学校基金或资助，这些学校在授课时，不得讲授任何否定《圣经》中的上帝造人的理论，也不能宣传进化论思想。"

这条法令刚刚出台后不久，田纳西州的一个普通小镇戴顿就发生了这样一件事：

当地一位采矿工程师乔治·拉普利亚和他的朋友——小镇中心中学生物学教师约翰·托马斯·斯科普斯，以及其他几位朋友在罗宾逊的杂货店里喝汽水。在闲聊之余，拉普利亚说："我有个主意能让咱们的小镇一夜成名。"其他几人就好奇地问究竟是什么主意。拉普利亚接着说："斯科普斯在课堂上故意违反法令，向孩子们讲授进化论的学说，并让巡查的校董抓个现形，这样你就成了全国第一个敢于挑战法令的人，我们的小镇自然也就成名了。"拉普利亚半开玩笑的话却让斯科普斯当了真。结果

约翰·托马斯·斯科普斯

正如斯科普斯所料，斯科普斯因触犯法令而被捕了。威廉·詹宁斯·布莱恩①作为坚决反对进化论的政客，表示要出任公诉人，让斯科普斯伏法认罪。另一方面，斯科普斯的朋友拉普利亚也通过电报向纽约的公民自由联盟求助，请克莱伦斯·丹诺②、达德雷·菲尔德·马龙和阿瑟·加菲尔德·海斯提供法律援助。1925年7月，案件开庭审理，戴顿小镇也一下子成为全美国人民关注的焦点。

在这里要说一句题外话：在美国，纳税人有权利决定那些使用他们税款建立的学校的教学内容，哪怕纳税人的决定非常荒谬。但这起戴顿小镇审判案，并非简单的纳税人和学术自由之间的矛盾，而是一场原教旨主义和受到现代主义支持的20世纪怀疑论之间的对抗。双方的领袖都是美国重量级的人物。认为斯科普斯有罪一方的代表人物是布莱恩。此人曾3次被提名为总统候选人，担任过国务卿，在演说领域也是赫赫有名。他是旧式的美国理想主义的代表，在他身上，人们能感到友善、天真和乡土气息。而认为斯科普斯无罪一方的代表人物是大律师丹诺。他是一位激进主义者，也是一位不可知论者。丹诺曾为利奥波德和洛普杀人一案做过辩护，早就是公众所关注的焦点人物。因此，当布莱恩宣布他志愿担任公诉律师时，丹诺随即也表示愿意义务为被告辩护，公众对这场决斗充满了期望。

这是一起不寻常的审判。各种各样的人云集于这个仅有2,000人口的小镇，好奇的田纳西农民们带着妻儿，赶着骡车或驾驶着破旧的福特汽车来到戴顿小镇。他们穿着黑色的外罩和条纹棉布衫，正直而又略微刻板，他们为了维护自己的信仰而来声援布莱恩。但同时，他们对所谓的"进化论"感到好奇，他们想知道为什么说"人是猴子变来的"。还有操持着各种信仰的复兴运动者也向小镇蜂拥而来，他们在小镇郊区支起成片的帐篷，到了夜晚举行集会，并在法院四周的树上粘贴海报，上面写

---

① 布莱恩：美国政治家、律师。能言善辩，曾3次代表民主党参加1896、1900、1908年的总统大选，均失败。威尔逊总统上台后任命他为国务卿，后因对于卢西塔尼亚号事件的意见与威尔逊不一致而辞职。他是虔诚的基督教信徒，反对进化论。——译者注
② 克莱伦斯·丹诺：1857年生于美国俄亥俄州金斯曼，19岁进入安纳堡学院攻读法律，21岁考上律师执照；1888年到芝加哥执业，是美国最伟大的律师之一。他发人深省的犯罪观和辩护观，致使他说出流传后世的至理名言："一个人在未被定罪之前，都是无辜的。"他还以演说家、辩论家及杂文作家闻名于世。——译者注

着"每周读一次你的圣经",以及"你的罪恶肯定会揭发你的"。他们还在法院的大门上张贴了海报,上面写道:

天国

你的身旁就是基督耶稣的仁爱和天堂的街道。如果你想成为一个可爱的天使,那么只需祈祷40天就好。为了获得永生,逐条列出你的罪过吧。如果你清白地来到天堂,上帝将亲自与你对话。

观众潮水般地到来,也让戴顿小镇出现了商业气息。卖热狗和柠檬水的小贩们嗅到了新的商机,他们在街头道边摆起了小摊。书商也看到了"钱景",他们调来大量生物学的科普图书,沿街叫卖。全国的记者就来了100多个,牢牢地关注着事态的进展。西联汇款也在一家杂货店临时增设了代办处,派了22个电报操作人员为人们提供服务。

终于到了审讯的那天,文字记者和摄影记者一大早就来到法庭里占据有利位置,一脸严肃的田纳西农民也挤在法庭里等待;法庭里充满了人们谈话的嗡嗡声、摩肩擦踵的声音还有电报机按键的滴答声。空气中紧张的气氛一触即发。

法官、被告和律师进场了。只见他们穿着比较随意,每个人都没穿外衣,只穿着衬衫。布莱恩穿了一件丝绸衬衫,衣领向脖子里折了进去;丹诺的背带是淡紫色的;而法官劳斯顿身上的服装显得稍微正式些,但也有一些时尚的色彩。审讯的花絮新闻还报道说:法官的女儿在和父亲一起步入法庭的时候,她脚上穿的是滚边的长筒袜,和大城市的女孩们穿得同样时尚。

审判开始了,首先是全体人员进行虔诚的祈祷仪式。摄影师们站在高高的架子上,从各个角度进行拍摄。接下来,证人轮番登场——14岁的少年霍华德·摩根出庭作证说:斯科普斯虽然在课堂上宣讲进化论思想,但学生们并没有受到任何伤害;接下来一位动物学家出庭发言,他说:据自己估计,地球上的生命早在大约6亿年前就已经存在了。他的话音刚落,听众席上的农民们顿时发出了不相信的哄笑声。

在审判进行的同时,无线电报也在飞快地将200万字的新闻报道送向全国。《芝加哥论坛报》的无线电广播站WGN全程直播了这场审讯;康尼岛的梦幻马戏团也表演节目,呼吁人们支持斯科普斯;新闻稿件通过电报发向世界，结果导致跨越大西洋的电报费用直线上升；设在伦敦的新闻通讯社也被来自全世界的记者包围，瑞士、意大利、德国、苏联、中国和日本等国家的新闻媒体都从这里获取第一手的新闻素材。戴顿小镇一夜扬名全世界。

这场审判令原教旨主义者坐不住了。田纳西州的首席检察长斯图尔特大声抱怨说："（进化论）这种学说实在太阴险了，它让田纳西儿童丧失了美好的信仰，夺走了他们获得永生的机会。"布莱恩在法庭辩论环节指控说："丹诺为斯科普斯辩护，就是为了玷污《圣经》。"而丹诺则反唇相讥："布赖恩此举才是在愚弄宗教。"双方唇枪舌剑，现场一片混乱，有如闹剧一般。丹诺是一个很有经验的律师，他知道布莱恩是一个虔诚的基督徒，就利用人们对《圣经》中一些传说的疑惑，通过法庭提问，引导布莱恩回答，好让观众感到布莱恩是一个愚昧的人。丹诺的策略成功了，7月20日下午，布赖恩同意以《圣经》专家的身份来接受丹诺的询问。这场闹剧于是就到达了顶点。

斯科普斯案的主审法官在接受纽约媒体的采访

听说布莱恩要以专家身份来解释《圣经》，因此那天下午前去旁听的人格外多。法官不得不将审判移到露天举行。人们来到法院院子里的一棵枫树下，法官坐在枫树下面，记者、观众则围坐在枫树周围，还有一大群人挤不到跟前去，只好站在远处观看。身穿衬衣的克莱伦斯·丹诺在膝盖上放着一本《圣经》，开始对布赖恩——这位自称是最博学的原教旨主义者进行了一番诘问，这可谓是法庭审判史上最奇怪的诘问。

克莱伦斯·丹诺向布莱恩提出了一系列的问题，丹诺的问题包

括：约拿和鲸鱼，约书亚和太阳，该隐在何地娶妻，大洪水何时爆发，巴别塔有什么重要意义等。布莱恩先是郑重地向法庭确认了自己的信仰，然后开始一一回答丹诺的问题——世界是公元前4004年被上帝创造的，洪水发生在公元前2348年左右；夏娃是上帝用亚当的肋骨造出的；巴别塔导致世界上出现多种语言；一条巨大的鲸鱼吞掉了约拿。

见布莱恩侃侃而谈，丹诺问道："布莱恩先生，看来你对《圣经》很有研究。"布莱恩回答："是的，我已花了约50年的时间研究《圣经》。"

丹诺一见布莱恩已经钻进了圈套，就开始抛出有杀伤力的问题。

丹诺问他："布莱恩先生，既然《圣经》说最初世界上只有亚当、夏娃两个人，那么他们的儿子该隐的妻子又是谁生的呢？"布莱恩顿时语塞，"这……我不知道。"他支支吾吾地回答。

律师在为斯科普斯辩护

丹诺又问："布莱恩先生，《圣经》记载说约书亚让太阳停止运行以延长时间，但那样的话，地球上受到太阳照射的一面会高热难耐，而没有太阳照射的一面将变成黑暗的寒冷世界，地球必将毁灭。这您如何解释？"布莱恩再次语塞，他只能顾左右而言他。

丹诺的几个问题让布莱恩疲于招架，不得已，布莱恩只能承认：《圣经》上的记载没法都按字面意义解释。观众们也纷纷觉得，布莱恩在智商方面与丹诺根本不在一个层次上。

室外的酷热和紧张的辩论让两个人都消耗了大量体力。最后，丹诺结束提问总结说，他对布赖恩进行提问的目的就是要"揭批原教旨主义……将顽固分子和不学无术的人从美国教育体系中驱逐出去"。听到这话，布莱恩气得暴跳如雷，朝丹诺挥舞着拳头喊道："我要誓死捍卫《圣经》！坚决反对你这种死硬的无神论者和不可知论者！"但布莱恩在辩论中落败已成定局。

这场对决非常残忍，尤其对前国务卿布莱恩来说更是一场悲剧。他在为自己最为看重的信仰而辩护，同时，他也是用尽自己生命的最后力量在为宗教辩护。因为这次法庭辩论是他最后一次在公开场合露面——6天之后，他在吃完午餐后，就在午睡中猝然去世了。当记者问丹诺，布莱恩是否因为身心交瘁而去世时，丹诺还不忘给他最后一击，回答说："不，是因为吃得太多了。"

最后，陪审团用了9分钟时间进行商议，最后达成判决，认定斯考普斯有罪，判决斯科普斯罚款100美元。从理论上看，原教旨主义是这次审判的赢家，因为反进化论的法律依然生效；但实际上，他们是输家。因为，科学思想通过这次世纪审判传播到更多的地方，被更多的人知晓、接受，而原教旨主义者的确定性渐渐丧失了。

戴顿小镇审判案终于尘埃落定了。记者、播音员、报业集团的专栏作家、电报发报员们也将戴顿小镇的尘土从自己的鞋上擦去。人们又对下一场表演充满了期待，下一场表演是什么呢？让我们看看体育比赛吧。

5

1925年缓缓地走向了年尾。在这一年，"仙纳度号"美国海军飞艇在俄亥俄州被一场强雷暴劈成两半，举国震惊。佛罗里达州的房地产泡沫也达到了顶点。随后的美式橄榄球赛季也让人们明白：大肆宣传的手段究竟对于造星运动能起到何种作用，美式橄榄球中卫瑞德·葛朗奇就是一个最好的例子！

对体育来说，战后10年是一个伟大的时代。高尔夫球爱好者人数突破历史纪录——他们穿着宽大的灯笼裤，裤子膝盖处缀着流苏，小腿

大繁荣时代
Only Yesterday

高尔夫球在繁荣的20世纪20年代进入鼎盛期

上是绣有方格图案的长袜。据统计,全美国的高尔夫球场有5,000多个,球员高达200万人。每年在高尔夫运动上的开销达5亿美元。打高尔夫球已经成为商界精英的入门课程。建设在乡村的高尔夫球俱乐部成为集打球、休闲、社交于一身的场所。但是在这个体育时代,观看体育比赛的人还是远远多于亲身参与体育运动的人。公众对体育节目空前狂热,人们都相信,凡是伟大的运动员都是无所不能的超人。很快,推销员、商人、报社主编、体育记者、广告业务员以及无线电广播员都发现,如果将公众这种高涨的情绪善加利用,将带来滚滚财源。因此,美式橄榄球球场、棒球球场和拳击场将炫目的聚光灯灯光聚集在自己身上。

很快,关于体育巨星的报道被刊登在了主流的杂志上。那些直到20世纪20年代才搞明白铜头高尔夫球棍和铁头高尔夫球棍之间有何不同的读者们被鲍比·琼斯的传奇所吸引——他将一根球棍使得出神入化,最后击败了克拉米提·简。

在当时,成功的职业高尔夫选手有着令人羡慕的收入:瓦尔特·哈根在全盛时期年收入在4~8万美元之间——这在当时已经非常可观了;而且他还代言了一家佛罗里达的房地产公司,获得每年3万美元的酬劳及一套房子。

观看棒球世界大赛的观众数量突破了历史纪录,人们对美式橄榄球的热情也急剧升温,但凡有知名球队的比赛,能容纳五六万名观众的体育场的球票会很快告罄。无法去现场观看的人,只能坐在家中温暖的客厅里,收听比赛直播。解说员格拉汉姆·麦克内米则在现场向全国的听众介绍场内的情况时说:"各自在家里收听广播的听众太幸运了,因为圆形露天比赛场冷得让人瑟瑟发抖。"据说耶鲁大学的运动协会在那年的一个赛季的门票收入就高达100万美元。学校校队经常在全国巡回比赛，队员们一去就是几个星期，他们只能利用比赛间隙的时间来学习大学课程。

一些体育明星的知名度相当高，甚至超过政治家。比如：很多美国人知道纽特·罗克尼是圣母队的教练，却不见得知道美国参议院议长是谁。传奇的高尔夫球选手鲍比·琼斯①、有"美国棒球之神"称号的贝比·卢斯、或是网球巨星梯尔登，他们的职业生涯和声望都持续了比较长的时间。相比之下，美式橄榄球明星的职业生涯就显得相当短暂了，阿尔德里奇、欧文、波·麦克米林、埃尼·尼维斯、葛朗奇、四骑士、本尼·弗里德曼、卡德维尔、卡格尔以及阿比·布斯这些橄榄球明星，他们都在赛场上昙花一现，然后星光便归于黯淡。但瑞德·葛朗奇的例子却可以说明，在卡尔文·柯立芝统治的时代，新闻宣传与炒作究竟能将一位体育明星推到一种什么样的高度。

瑞德·葛朗奇就读于伊利诺伊大学，在伊利诺伊大学向新闻媒体提交的一份宣传资料中，对瑞德·葛朗奇这位伟大的球员是这样介绍的："瑞德·葛朗奇于1903年6月13日出生于宾夕法尼亚州沙利文县的福克斯维尔。他的父亲莱尔·葛朗奇曾经是一名在宾夕法尼亚州山区工作的伐木好手，因其强壮的身体、高超的伐木技术和勇气而在当地小有名

加兰·格兰奇(左)和他的兄弟哈罗德·格兰奇（绰号"瑞德"）

---

① 鲍比·琼斯：1925年，在美国高尔夫球公开赛上，这位著名的高尔夫球手向裁判提出要对自己加罚一杆，因为自己的球在击打之前轻微动了一下。尽管当时除了他自己以外，并没有人看见这一细微移动，但他还是坦诚地承认自己犯规了。加罚的一杆使他与冠军失之交臂，但他诚实、公平的体育精神却赢得了人们的称赞。他于1926、1929和1930年均获得公开赛冠军。——译者注

气。瑞德·葛朗奇的母亲是一位甜美可爱的女人。不幸的是，他的母亲在瑞德5岁那年去世了。因为这件事，他的父亲带着小葛朗奇离开了宾夕法尼亚州，搬到伊利诺伊州的维顿生活……后来他的父亲做到了维顿的副警长的位置。不过，他终生没有再结婚。"

这份宣传资料非常冗长，充满了大量极度赞美的词藻，其实这大可不必，只要说以下几句就足够了：瑞德·葛朗奇是伊利诺伊大学美式橄榄球队的顶尖球员，号称"惠顿杀手"。在大学四年级那年，也就是1925年赛季末尾的时候，他放弃了学业，成为一名职业球员。在短短两个月的时间，他就完成了由一名学生到橄榄球超级巨星的转变，下面就让我们盘点一下他有如火箭般蹿升的历程吧。

11月2日——获胜后的葛朗奇被狂欢的学生们抬着走了两英里远。

11月3日——葛朗奇的球衣被伊利诺伊大学永久收藏。

11月11日——葛朗奇的崇拜者们发起提议，打算提名葛朗奇成为国会议员，尽管他还没到年龄。同时，葛朗奇还默拒了纽约巨人队给出的3场比赛4万美元的出场费。

11月17日——一家房地产公司出价一年12万美元请他代言。

11月21日——代表伊利诺伊大学队进行了最后一场比赛，此后放弃学业，开始职业球员的生涯。

11月22日——与芝加哥队签约。

11月26日——代表熊队进行了第一场职业比赛，收入12,000美元。

12月6日——进行了在纽约的第一场比赛，收入3万美元。

12月7日——与箭电影公司签订了一份30万美元的电影合同；到第二年6月份的时候可以赚取10万美元。

12月8日——受到柯立芝总统的接见。

然而，当这位明星刚刚到达名利之巅不久，"薄情的"公众们的目光又被其他新事物吸引了。第一位横渡英吉利海峡的母亲格特鲁德·埃德尔[①]成功回到纽约，受到了观众热烈的欢迎；登普西和滕尼正在为即

---

① 格特鲁德·埃德尔：世界上首位完成横渡英吉利海峡的女性。分隔英国和欧洲大陆的英吉利海峡一向都以冰冷的海水和汹涌的海浪而著称。在1926年之前，已经有数百人尝试过横渡，其中只有5人最终成功，且都是男性。埃德尔花费了14小时31分钟，完成了21英里（约33.8公里）的横渡，并将之前的纪录缩短了近两小时。新的纪录一直保持了25年。——译者注

将到来的费城决战而苦练,而瑞德·葛朗奇却迅速沦为过气的球员,然后很快地消失在人们的视野中。5年之后,有人说看见这位曾经红得发紫的超级巨星在好莱坞的一家夜总会里打杂,而此时,另外一位前美式橄榄球明星,耶鲁大学的后卫卡德维尔则在纽黑文靠经营餐馆谋生。

登普西和滕尼的两次拳击比赛则让公众对体育的狂热情绪达到了最高潮。这两次比赛第一次于1926年9月在费城举行,第二次于1927年在芝加哥展开。长期以来,职业拳击比赛一直被视为非法运动。但现在,拳击比赛因其极具观赏性,而且能创造惊人的门票收入,结果一下子成为美国各阶层的宠儿。上流人士都以现场观看这一暴力、血腥的运动为时尚。有一次在长岛,基督教教区委员会的会议与一场重要的拳击比赛在时间上发生了冲突,最后委员会做了让步,以便委员们能够不耽误收听比赛实况。

1921年的杰克·登普西

在比赛开始之前好几个星期,媒体就开始轰轰烈烈地造势。报纸辟出大量版面,对二人的备战情况做追踪报道,各种花边新闻和小道消息满天飞。专栏作家也对比赛结果进行大胆的预测。专门撰写新闻稿件的稿件辛迪加从比赛备战的各个角度撰写文章,然后广泛出售给全国的媒体使用。为了创造轰动效应,吸引读者阅读,一些写手专门在稿件里极尽贬低、抨击、斥责比赛双方选手之能事——甚至有一次,同一位写手分别写了两篇文章,贬低双方选手。连风格一贯传统而保守的《纽约时报》也投身到这场体育狂欢中——在头版上用整整三排大标题宣布重要比赛的结果。

在1926年费城的那次比赛中,滕尼以逸待劳,打败状态低迷的登

第08章 喧嚣的岁月 229

普西。这场比赛共吸引了13万人观看，门票收入达200万美元；1927年在芝加哥，两人第二次交手，有14.5万人观看了这场比赛，门票收入则达到了惊人的260万美元。而回顾一下1919年，当时登普西在与威拉德的一场比赛中赢得冠军，那场比赛的门票收入才区区45.2万美元。再看看五六年后的200多万美元，你不难看出体育运动在这几年里究竟发展到什么程度。

体育的蓬勃发展也带动了运动场馆的建设。芝加哥的露天圆形剧场就是当时最有名的体育场之一，它如此庞大，以致坐在最远处座位上的观众有三分之二在比赛结束之后甚至都不知道比赛结果究竟是什么。除了到现场观看比赛的观众外，还有数百万人——据电台提供的数字，是4,000万——通过无线电，收听了这场紧张刺激的比赛。

滕尼与登普西的决战终于拉开了序幕。

前几个回合，滕尼掌控了比赛的局面，他一边巧妙躲闪，一边迅速出拳，点数遥遥领先。而登普西也经验丰富，迅速稳住阵脚，用重拳予以回击。

吉恩·滕尼

戏剧性的一幕发生在第七回合，滕尼在退防中，露出了很大的破绽，老道的登普西迅速抓住机会，连出几记重拳，砸在滕尼的下巴上。滕尼踉跄着向后倒去，好在他双手紧紧抓住拳坛四周的护绳，所以勉强站住了，但他大脑中嗡嗡作响，已经完全丧失了战斗力。登普西也许是被欣喜冲昏了头脑，忘记及时退到中立角，裁判也就没有立即读秒。直到13秒钟之后，登普西才退回去，裁判也就开始读秒。但也就是这13秒钟，给了滕尼额外的休息和恢复时间。他很快清醒过来，稳稳地站起身来，拍了裁判的肩膀说："我能行！"便迅速地投入了比赛，而这时，第七回合结束了——滕尼从失败的边缘回来了。进入第八回合，滕尼越战越勇，而登普西的体力、速度和力量都有大幅度的下降。滕尼的左右手重拳不断向登普西轰击，登普西节节败退。滕尼最后以一记完美的重拳，将登普西重重击倒在地。比赛结束了。在这场比赛中，倒下的不只登普西一个人。有5名观众因为承受不住比赛的紧张刺激而突发心脏病死亡，另有5人则在知道滕尼获胜后过于激动而猝死。

经过这场精彩的比赛，两个人的命运也变得迥异：滕尼再次成功地卫冕了自己的王位，而登普西落魄地离开了赛场，离开了拳坛。滕尼则幸运地凭借拳坛巨星的身份进入到高雅时尚的上层社会，在那里，他作为身披名望光环的重量级拳王，备受人们的欢迎。滕尼随后3年的职业生涯中，还赢得了1,742,282美元的收入。除拳击运动外，滕尼还对文学颇有研究，曾经被耶鲁大学的菲尔普斯教授邀请，到课堂给学生们作关于莎士比亚的演讲。滕尼还与畅销小说《圣路易斯雷的大桥》(*The Bridge of San Luis Rey*)的作者桑顿·怀尔德徒步去欧洲旅行。滕尼的婚姻生活也幸福美满，他娶了康涅狄格州格林威治的一位年轻的贵族小姐，夫妇二人在周游世界后，最后返回美国。滕尼衣锦还乡时还发表了一次演讲，这篇演讲稿掺杂了莎士比亚和怀尔德式的风格，看得出，滕尼对此稿精心准备过一番：

当我们乘坐的毛里塔尼亚号缓缓驶进纽约湾海峡的时候，真是难以相信，我们15个月前还在地球的另一端。在这15个月里，我和夫人游历了很多国家，见到形形色色的人和事。这真是一次令人愉悦的旅行，但最令我们高兴的事，是我们重新回到祖国，与人民和朋友们团聚。

我在意大利听说，国内有传言说我正考虑复出，继续为争夺重量级拳王的头衔而战。但我特别声明，这不是真的！因为我的职业生涯已经永久地结束了，现在我已经离开聚光灯，开始了简单而平静的生活，我觉得这才是最幸福的生活。

体育媒体对滕尼在职业生涯的顶峰激流勇退感到很不理解，但也无可厚非，因为滕尼有自由选择未来的权利。无疑，滕尼是聪明的，他借助喧嚣的大肆宣传让自己爬到了名声的顶峰，随即，他离开了拳坛那个充满危险和不确定的环境，进入更加健康的领域发展。

6

随着1925年进入尾声,1926年缓缓走来。瑞德·葛朗奇早已消失在公众的视线中,其他新闻吸引了公众更多的目光。例如:艾文·柏林①和艾琳·麦凯之间的联姻,激发了数百万公众对他们隐私的好奇。

此外,其他令公众瞩目的事件还包括:

1926年1月,豪华邮轮"罗斯福总统号"的船长弗雷德上尉率船员英勇地营救起了安提诺号轮船的海难遇险者;

加斯卡特伯爵夫人维拉因通奸行为,被美国地区法院以道德败坏而逐出了美国;

伯德驾驶飞机成功飞越了北极。

到1926年夏天,一桩失踪案吸引了人们的目光。失踪者是一位名叫艾米·塞姆浦·麦克弗森的34岁的女士,她是加利福尼亚州四方福音教会的创立者,是一个著名的布道家。她在一个海滨浴场失踪,而5个星期之后,她又突然出现,声称自己被绑架并且被囚禁,后来她自行逃脱。且不管这件事是否真实,人们只知道随后的数年之内,大群好奇的

---

① 艾文·柏林是美国一位颇具传奇色彩的作曲家。他1888年出生于俄罗斯,后随着父母移民美国。父亲病逝后,他靠打零工养家糊口,有时候也到纽约唐人街的小酒馆唱歌谋生。酒馆老板见他歌唱得不错,就提议他创作歌曲。于是,艾文·柏林写下第一首歌词,赚得平生写歌的第一笔收入——37美分。艾文·柏林初期只写歌词,某次为了将歌词顺利卖出,他被逼得只好亲自谱曲。艾文·柏林无师自通学会了演奏钢琴,但他不会识谱、读谱,因此终要与音乐家合作才能完成写作。艾文·柏林一生创作的歌曲超过3,000首,而最家喻户晓的作品是由平·克劳斯贝唱红的《白色圣诞》,他也凭借此曲获得奥斯卡最佳电影歌曲金像奖。另外,他的另一首名作《天佑美国》俨然是非官方的美国国歌。艾文·柏林的第一任妻子于1912年去世,13年之后,他再娶电报公司总裁麦凯之女艾琳为妻。由于柏林为犹太教徒,而艾琳是天主教徒,因此岳父反对他们的婚事,并宣布与女儿断绝父女关系,此事在社会上引起轰动。艾文·柏林的答复如下:"我并不是因为钱而娶你的女儿,如果你要断绝父女关系,我只好送她两三百万元的结婚礼物了。"于是将一首单曲《Always》的版税指明赠给艾琳,让她这辈子在经济上永无后顾之忧。后来,艾文·柏林的岳父理解了女儿的选择,与他们的关系修好。艾文·柏林的这段婚姻最终白头偕老,并且生了三个女儿。艾文·柏林引退后过着近乎隐居的生活,在1989年于纽约过世,享年101岁。——译者注

游客成群结队地前往她所在的安吉利斯主教堂参观。

1926年的夏天过去了。在这年的夏天,英吉利海峡到处都是游泳者;褐色封面的《特洛伊的海伦的私生活》(*The Private Life of Helen of Troy*)走进千家万户;少女们身穿过膝短裙和横条纹毛衣,大跳查尔斯顿舞;而在费城,尽管市政府靠登普西和滕尼的拳王大战赚取了巨额收入,但这些钱几乎全贴进了费城150周年纪念活动不说,还欠了一大笔外债。

而在这个夏末发生的一件事情,却能够淋漓尽致地表现出,那些擅长用媒体造势的传媒人是怎样制造一起轰动全国的新闻事件的。一位名叫鲁道夫·阿方索·拉斐尔·皮埃尔·菲力柏特·古列尔米·瓦伦蒂诺·安东古奥拉的男演员在纽约去世了,也许他的名字比较拗口,但他的另一个名字鲁道夫·瓦伦蒂诺在当时的美国却是妇孺皆知。他是一位意大利和法国混血的英俊青年,是默片时代最为风靡的银幕情人,曾主演过《启示录四骑士》《茶花女》《酋长》《碧血黄沙》等名片。他去世的时候只有31岁。结果整个纽约好像都变得歇斯底里,百老汇堪倍尔殡仪馆里人山人海,8万名男女涌向教堂跟他们的拉丁情人告别,前来百老汇大街的殡葬馆为他吊唁的人群竟然站满了11个街区。瓦伦蒂诺之死,令不少女影迷肝肠寸断,还有几名年轻人自杀。

虽然他在银幕上那种无形的魔力,闪亮的黑眼睛,深邃的眼神,对服饰优雅的品位和神秘的气质令无数影迷脉搏加快;虽然他被影迷们称为"酋长",并以自己的连鬓胡和热情洋溢的气质为男人的魅力做出了新的诠释,但他的葬礼造成的轰动效应,也必须要拜他的经纪人和新闻

鲁道夫·瓦伦蒂诺的电影剧照

人士所赐。

　　为了让他的葬礼产生轰动效应，鲁道夫·瓦伦蒂诺的经纪人和殡葬馆的新闻广告员哈里·克莱姆弗斯做了一些精心策划。他们预先准备好了许多新闻素材，比如摆放遗体房间的照片、浩浩荡荡的送葬队伍的照片等等（据赛拉斯·本特说，在葬礼开始之前，街面的报纸上就刊登了送葬队伍的照片），在葬礼之前就发放给媒体记者。由于新闻素材充分，媒体也集中精力进行报道，于是人们悲伤的情绪一下被点燃了。他的葬礼使大半个纽约交通瘫痪，一大群人拥进了殡仪馆，最后还发生了骚乱，并导致几十人受伤。这一策划带来了意想不到的效果，据说：瓦伦蒂诺去世之前已经陷入财务危机，债台高筑，但经过这次盛大的葬礼，他的债务不仅还清了，还"创收"了60万美元的财产。与瓦伦蒂诺几乎同时去世的哈佛大学荣誉校长查尔斯·威廉·埃利奥特的葬礼就远远没有这么轰动了，看来，为他操办葬礼的人还缺乏运用媒体造势的能力。

　　滕尼在拳击场上击败了登普西，佛罗里达的繁荣被一场突如其来的飓风毁于一旦，而远在千里之外罗马尼亚的玛丽女王也意识到了大肆宣传的诸多美妙之处，于是她对美国进行了一次皇家访问。而在1926年到1927年的那个冬天，美国又接二连三地发生了好几桩丑闻和命案。

　　首先让我们看看霍尔牧师与米尔斯夫人被杀一案。这起案件发生在4年之前的1922年，在新泽西州新不伦瑞克附近的德拉西小径上的一片山楂树旁，人们发现了爱德华·霍尔牧师与埃莉诺·米尔斯夫人的尸体。不过，由于当年的大陪审团并没有收到任何控告，此案也就不了了之。但到了1926年，一家小报为了刺激发行量，突然宣称找到了此案的最新证据。人们对此案再度重视起来，经过周密的调查，最后，霍尔夫人落网了。霍尔夫人和她的两个兄弟受到了审判，此案的审判为全美国所有的媒体提供了绝好的素材，读者也体会到了紧张刺激的阅读感受。

　　此案中最为刺激的一幕发生在"肥女人"简·吉布森出庭作证的时候。她出庭作证的时候，已经病入膏肓，据说将不久于人世。医院特别派医护人员用担架抬着她赶到法庭作证。面对陪审团，吉布森夫人讲述了凶案当晚她目击到的一幕：由于那段时间她家种植的玉米屡屡遭人破坏，事发当晚，她没有入睡，准备看看究竟是什么人破坏她的玉米。半夜，她听见马车从路上跑过的声音，她以为车上就是破坏玉米的坏人，于是也赶紧给自己的骡子"詹尼"套上缰绳，驾着骡车，沿着德拉西小径尾随着马车而去。走到半路上，她看见路边停着一辆汽车。借着月色，她认出车里坐着的是霍尔夫人和她的一个兄弟威利·史蒂文斯。她想看个究竟，于是就把詹尼拴到一棵雪松树上，朝汽车走过去。这时她听见有人在争吵，其中一个声音说："解释一下这封信的意思！"她看见霍尔夫人的另一个兄弟亨利也在那里。然后就是砰的一声枪响。她害怕极了，掉头就往家跑。到家以后，她发现自己的一只拖鞋丢在了现场。虽然她很恐惧，但她还是冒险回去找拖鞋。当她第二次来到现场时，她听见一阵奇怪的声音，她开始以为是猫头鹰在鸣叫，可最后才发现，原来是一个女人的哭声。用简·吉布森的原话说，是"一个体型健硕的白发女人在哭喊着，手里好像还在做着什么事情，这个女人就是霍尔夫人！"最后，吉布森夫人对被告大声叫喊道："我说的都是真的！上帝快救我！您知道我说的都是事实！"接着她就被医护人员抬出了房间。

"肥女人"夸张、逻辑混乱的证词没有被陪审团过多采信。霍尔夫人和她的两个兄弟矢口否认谋杀了霍尔牧师和米尔斯夫人。辛普森参议员企图通过恐吓的方式，从头脑迟钝的威利·史蒂文斯身上打开突破口，但也无功而返。其实，那家小报挖掘出来的所谓"新证据"是一张名片，据说上面有威利·史蒂文斯的指纹。但这些证据不足以指认霍尔夫人等人就是凶手，于是这次起诉再度不了了之。

虽然这场轰动一时的审判没有结果，但读者却读得津津有味，报纸记者和编辑们也赚得腰包鼓鼓。因为，自这场审判的11天之前，从新泽西州的萨默维尔每天都发出500万字的新闻报道。采访这次审判的人员是当年戴顿小镇审判规模的两倍。记者中还不乏社会知名人士，比如：小说家玛丽·罗伯茨·莱因哈特[①]，宗教复兴运动领导者比利·桑德，被害的米尔斯夫人的丈夫詹姆斯·米尔斯，还有牧师约翰·罗奇·

[①] 玛丽·罗伯茨·莱因哈特，是一位多产的悬疑/侦探女作家，1908至1959年的52年中出了60多部悬疑作品，有"美国的阿加莎·克里斯蒂"之称。她以《旋转楼梯》（The Circular Staircase, 1908）等书开创了"早知如此"（"Had-I-But-Known"）流派，亦即后来的"女性悬念小说"。——译者注

斯奈德案的两位凶手上了报纸的头版

斯特拉顿，是他提出"布莱恩是原教旨主义的领导者"的说法，他针对这起案件每天写一篇社论，对读者进行引导和说教。在法庭现场，巨大的电报配电板上连接着无数根电线，庭审的每一个细节都通过无线电报的形式，发布到全国的每一个角落，满足公众对这起充满了欲望和暴力的命案的好奇心。

公众对这类凶杀案的好奇心永远难以满足，因此，仅仅几个月之后又发生一桩谋杀案时，已经摸准了公众心理的媒体又开始了一轮大肆宣传。这起案件的死者是一位名叫艾伯特·斯奈德的美术编辑，而凶手有两位，一个是死者的妻子，另一个是妻子的情人，是一个女性胸衣推销员。他们二人用一只吊窗锤将斯奈德杀死。纵观这起案件，其实没什么惊人的地方，被害者只不过是一个普通编辑，凶手作案动机也没什么惊天阴谋，但此案的引人之处，就在于它是涉及婚外恋的案件，而且涉案人员也都是普通人，这才引起了广大普通读者的共鸣。这下新闻媒体又有的忙了，各路记者和文化名人纷纷撰文，对此案进行分析评点。这些人包括大卫·格里菲斯①、佩姬·乔伊斯、威尔·杜兰特②、玛丽·罗伯茨·莱因哈特、比利·桑德，以及斯特拉顿博士，他们的精彩点评让美国人民感到看的并不是血淋淋的凶案，而是妙趣横生的马戏表演。

在霍尔-米尔斯案件和斯奈德被杀案件中间，还有一件粗俗不堪的丑闻。被称为"桃子夫人"的弗郎西丝·布朗宁向丈夫爱德华·布朗宁提出离婚诉讼。这位作为纽约房地产商人的爱德华·布朗宁先生的癖好是

---

① 大卫·格里菲斯，美国导演，被认为是对早期电影发展作出极大贡献的开创性人物。他最著名的作品包括《一个国家的诞生》（The Birth of a Nation）和《党同伐异》（Intolerance）。——译者注
② 美国作家、著名的历史学家，也是11卷的《文明史》的作者之一。——译者注

和少女玩"王子与灰姑娘"的游戏。很多一贯传统、态度冷静的著名报纸在对这起事件的报道中,津津乐道地介绍了布朗宁先生的许多变态行为的细节。街头小报《纽约画报》在头版上刊登了一张经过合成的照片,照片上布朗宁身穿睡衣,对半裸的布朗宁太太大喊:"哦!哦!别做傻瓜!"其原因是——照片下面的图片说明表示:布朗宁太太"拒绝全裸游行"。民众沉浸在一场变态丑闻的狂欢中,甚至连经常刊登丑闻的《每日新闻》都对此感到担忧:如果新闻媒体再这样报道下去,恐怕全国公众都将"被淹没在淫秽世界之中"。

相信很多读者都和《每日新闻》有同感,认为公众的欣赏品味已经堕落到如此地步,这听上去太糟糕了。最后,人们都公认,不能再这样下去了,必须有所改变,对商业化堕落的狂欢不能再这样下去了。

于是,变化来临了——突如其来地来临了。

7

1919年,纽约布雷维沃特酒店与拉法叶酒店的老板雷蒙德·奥泰格悬赏25,000美元,用来奖励第一个驾驶飞机不间断地从纽约飞到巴黎的人。就在斯奈德编辑被杀一案审理之后不久,就有3位勇士准备参加这一人类飞行史上的伟大壮举。他们分别是克拉伦斯·钱伯林和劳埃德·贝特奥德,驾驶的飞机是哥伦比亚号;曾成功飞越北极的伯德中校驾驶着他的美洲号;第三位勇士是一个名不见经传的年轻小伙子,名叫查尔斯·林德伯格,他的飞机是圣路易斯精神号。虽然不知道这3架飞机究竟哪一架将成功降落在大西洋彼岸,但很明显,人们对那位生于底特律的年轻人林德伯格寄予了更多期待。因为他为人低调、谦虚,具有无比的勇气,勇于只身一人做这次危险的飞行。同时,在摄影记者眼中,他仪表堂堂,极具魅力,报纸上称他为"幸运的林迪"和"飞行迷"。

林德伯格把起飞时间定在了1927年5月20日清晨。不料,在5月19日晚上,下起了小雨,但林德伯格没有改变自己预定的飞行计划,因为

查尔斯·林德伯格

他认为天气会好转,并最终有利于他的飞行。第二天早晨,他花了几个小时进行准备工作。到7点30分。"圣路易斯精神"号所有的油箱都被加满了油,"圣路易斯精神"号还从未尝试过这么大的载重量,为了尽可能减轻负荷,林德伯格把导航设备拆掉了,甚至把笔记本上的空白页以及地图的边缘都裁掉了。关于食物,林德伯格只带了5个三明治。《航空文摘》的记者问他,这么少的食物是否够吃,林德伯格回答说:"要是我到了巴黎,这些就足够了;要是我飞不到巴黎,那我即使带更多也没用。"

7点40分,林德伯格登上了飞机。引擎发出了怒吼,飞机猛烈地震动了起来。由于这个重达两吨多的大家伙加满了油以后,超过了平时的负荷,导致引擎的转速低于每分钟1,500转,飞机迟迟不能起飞。在地面上的助手们一起用力推动斜撑着机翼的支柱,在众人齐心协力下,飞机歪歪斜斜地在跑道上滑行起来。7点54分,飞机终于艰难地起飞了。

在现场采访的记者立即在第一时间将林德伯格起飞的消息通过电波发到全国,整个美国一下子沸腾起来。无论是青年人还是老年人,无论是富人还是穷人,无论是农民还是股票经纪人,无论是原教旨主义者还是怀疑论者,也无论是知识分子还是文盲,所有人的心都被林德伯格的命运牵动了。

当时人们对林德伯格飞行这件事究竟关心到什么程度,下面这个例子可以很好地说明:20日晚上,在纽约的扬基体育场,马罗尼和夏基正在举行一场拳击比赛,但全场4万名观众谈论的不是拳击,而是林德伯格的飞行。比赛开场前,主持人要求大家为林德伯格祈祷,全场的观众顿时全部站了起来,偌大的体育场寂静无声,人们都脱下帽子为他默默祈祷。第二天,好消息一个接一个传来:林德伯格飞抵爱尔兰海岸;

林德伯格正在飞越英国；林德伯格飞越了英吉利海峡；林德伯格在无间断飞行了33个小时以后，终于降落在法国布尔热机场。

　　林德伯格的圣路易斯精神号一降落，热情的法国民众就将他围住，像对待英雄一样热烈地欢迎他。这消息传到美国人民那里，美国人也感到非常喜悦和自豪。尤其当人们从后续报道中得知：林德伯格在巴黎期间表现得非常具有绅士风度，充满魅力。人们更对他崇拜得无以复加了。

　　对于林德伯格飞越大西洋这件事，媒体和民众表现出了无与伦比的狂热与兴趣，其热烈程度前所未有。翻开报纸，铺天盖地的都是林德伯格的消息，广播的任何一个波段也都在介绍林德伯格的飞行进展，至于其他的新闻，统统靠边站。就在林德伯格成功降落在法国的那天，《华盛顿明星报》比平时多卖了16,000份，《圣路易斯快邮报》多卖了40,000份，而《纽约晚世界报》则多卖了114,000份。随着林德伯格回到美国，报纸更加长篇累牍地报道他每天的行程，报道他从缅因州到俄勒冈州所到之处受到的热烈欢迎。《纽约晚世界报》对林德伯格做了很高的评价，称他是"人类历史上单独一人所创造的最为伟大的壮举"。虽然这溢美之辞显得有些夸张，但公众却完全赞同。有一家报纸甚至在整个周日版全都刊登和他有关的文章和照片，总共竟有100栏之多。

　　在林德伯格返回美国时，美国总统柯立芝甚至派出一艘美国海军巡洋舰专程前往法国，连人带飞机一起迎接回来。林德伯格抵达美国后，在首都华盛顿还举行了一场户外的庆祝活动。柯立芝总统亲自发言致欢迎辞，用查尔斯·梅尔兹的说法，这篇致辞是"自对国会做年度报告以来，总统所作的最长、最令人印象深刻的发言"。西联汇款公司提供了很多固定格式的电报模版，供人们选择，用来给林德伯格发贺电。这些来自全国各地的贺电共有550万份，这些贺电都被装在一辆大卡车上，随着林德伯格的车队在华盛顿展开盛大的庆祝游行。有一封来自明尼阿波利斯的电报上面有多达17,500个签名，长520英尺，需要10个邮差才能抬动。随后在纽约又举行了公开的庆祝仪式，人们从纽约街道两旁的办公大楼上撒下无数碎纸片。庆祝仪式结束后，环卫部门统计，这些碎纸片共计1,800吨重。而1918年11月7日，庆祝停战的那场狂欢活动，人们撒下的碎纸片也不过只有150吨重！

因为这次壮举,林德伯格获得荣誉和功勋无数。他先后被授予了上校军衔、十字飞行荣誉勋章、国会荣誉勋章,还有不计其数的外国勋章和名誉会员身份。这么多荣誉和头衔,即使念上一遍也要花费不短的时间。事后,又有人提供250万美元的赞助,希望他驾驶飞机环游世界;还有人开出70万美元的价格,请他在电影里友情客串;林德伯格的亲笔签名卖到了1,600美元一个;得克萨斯州的一个小镇以林德伯格的名字命名,甚至有人提议,在芝加哥建造一座高1,300英尺的纪念塔。"现代历史上给予个人的最丰盛的晚宴"以纪念他的

柯立芝总统向林德伯格颁发荣誉勋章

名义被消费;数不清的街道、学校、餐厅和公司都希望从他的闪光的名字里分一杯羹。

尽管民众给了林德伯格无尚的荣耀,甚至有些夸大其辞的赞誉,但并没有人明确地对此反对。也许人们会在其他事情上发生分歧,但是在对于林德伯格的评价上,人们的看法高度一致。

当然,林德伯格并非驾驶飞机飞越大西洋的第一人。其实,早在1919年,阿尔科克和布朗就已经驾驶飞机从纽芬兰直接飞到了爱尔兰,降落在爱尔兰的一片沼泽中。同年,一架载有5名乘客的NC-4号水上飞机载着5名乘客经由亚述尔群岛飞越了大西洋;还有一架载有31名乘客的英国飞艇R-34号,先从苏格兰飞到长岛,然后又飞回英国。1924年,德国的ZR-3号飞艇载有32名乘客从弗里德里希港起飞,最后抵达新泽西州的雷克赫斯特。也是在1924年,美国两架军用飞机经由

冰岛、格陵兰岛和纽芬兰岛飞越了北大西洋。但是，为什么唯独林德伯格最终名声大振呢？唯一的解释是：首先，他创造了划时代的单人飞行纪录；其次，他实现了不间断的飞行，直接从纽约飞到了巴黎。

不过，林德伯格的这次壮举给社会并没有带来太多的实际好处。尽管航空事业得到了迅猛发展，但总的来说，并没有完全朝健康的方向发展。因为，受到林德伯格的影响，很多飞行爱好者也群起效尤。他们盲目地进行各种危险的飞行活动，结果许多人丧生在茫茫大西洋。待此事过去几年之后再回头看，其实这只不过是一次勇敢的飞行而已。完成这次飞行的主人公林德伯格尚且没有将自己上升到某种高度，可民众们却对他盲目崇拜，这又是为哪般呢？

原因很简单——一个从幻想落入现实的国家现在已经厌烦了不值钱的豪言壮语，痛恨那些丑闻和犯罪，她对人性的日趋堕落感到无比焦急。多年以来，美国人民的精神都处于饥饿和空虚的状态。由于战争结束的后果，使得他们眼看着自己最初的理想和希望一个一个地破灭——各种科学学说和心理学理论摧毁了他们的宗教信仰，并将他们的情感理念置于尴尬之地；政界贪污受贿行为频频发生；城市黑帮横行，街头犯罪不断；连新闻媒体也放弃了主持正义的原则，为了销量，开始追逐那些臭不可闻的淫秽事件和谋杀命案。美国人民一贯推崇的浪漫精神、骑士精神和自我奉献精神开始分崩离析；甚至连他们无比崇拜的历史上的英雄也被发现并非圣贤——从心理学角度看，他们只不过是怀有奇怪情结的普通人。虽然人们还可以以"商业"作为上帝来崇拜，但人们始终心存疑虑：这个上帝也是金钱制造的吗？新闻媒体的宣传炒作让公众英雄成为心目中新的神圣——可惜，这些英雄也并非全无瑕疵的圣人，他们也会通过电影合同和枪手代劳的吹捧文章来进一步扩大知名度，获得巨大的利益。假如人们想让内心世界与纷繁复杂的外在世界和谐发展的话，他们需要某些东西，但现在这种东西已经缺失了。就在这个时候，林德伯格的横空出世却将这种东西带了回来。浪漫精神、骑士精神、自我奉献的精神，这些东西全都聚集在林德伯格这个现代格拉海德[①]的身

[①] 格拉海德：是传说中亚瑟王的12个圆桌骑士之一，是圆桌骑士中第一勇士兰斯洛特的儿子。格拉海德是最纯洁完美的骑士，他在刚来到亚瑟王的宫殿的时候，就坐在了一个危险的座位上，因为这个位置的骑士将负责寻找圣杯。但作为一个几乎完美的骑士，最终他还是独自一人把圣杯找到了。——译者注

上。而在此前，这一代美国人已经把格拉海德忘记了。林德伯格拒绝了电影商的邀请，也没有趁机炒卖各种各样的鉴定书，他不会在报纸上吹嘘自己，也没有让自己沾染到一星半点丑闻，而且，他的行为举止那么端正而不失品味，同时他还兼具勇敢与英俊等诸多优点。大肆宣传的媒体工具早就预备好要把他树立成一个榜样，一个英雄，甚至一个圣人。那么，当人们以一种巨大的宗教复兴色彩的态度接纳他时，也就丝毫不奇怪了！

林德伯格夫妇

林德伯格没有让他的崇拜者们失望。他热心公益事业，成名之后仍然进行了一系列公益性的表演飞行。最后，他还迎娶了驻墨西哥大使的女儿。不喜欢张扬的林德伯格在蜜月期间和妻子乘坐摩托艇离开了公众的视野，连续几天都没有露面，连善于挖掘新闻的报纸记者也不知道他们去了哪里。

林德伯格后来的事业也非常成功。由于名声响亮，因此无论他出现在哪里，都会被狂热的人们团团围住。人们拥挤在他的身边索要签名，各种各样的机构向他颁发奖牌，人们在称颂他的时候从不吝惜言辞。林德伯格的一举一动都被报纸当作新闻，大书特书。林德伯格通过为飞行公司当顾问赚取了大量财富，但人们却丝毫不妒忌和嫉恨他。因为林德伯格的头脑始终保持冷静，并且其表现可圈可点。因此，他一直是美国人的民族偶像。

林德伯格的影响力相当持久，甚至在他完成飞行壮举之后三四年，民众对他的热情仍丝毫不减。当时林德伯格居住在新泽西州自己的一座农场里，每到周末，他的崇拜者们就从四面八方开着汽车来到这里，把道路挤得水泄不通，就为一睹这位传奇英雄的风采。林德伯格甚至都不敢把衬衣送到洗衣店，因为这些衣服往往都是有去无回——早就被他的粉丝偷偷留下当作纪念品了。成百上千的学校教室和住户家里挂着印有他头像的海报。除了伟大的亚伯拉罕·林肯外,找不出第二位健在的或过世的美国人,还能够像林德伯格那样受到美国人民的无比拥戴。甚至连柯立芝、胡佛、福特、爱迪生、鲍比·琼斯这些风云人物都不免受到公众的批评,还有其他任何屡屡出现在报端的英雄和名人们,也会遭到指责。但没有人对林德伯格谴责哪怕一个字,因为如果谁胆敢谴责林德伯格,那就等于在伤害每一个美国人,因为林德伯格在美国已经成为一种信仰、一个神。

看了上面的文字,人们也许会想,对一个特技飞行员来说,林德伯格的结局非常圆满。不过,还要补充一句,他的结局对美国人民来说也非常完美。因为在1927年5月20日以前,也就是林德伯格完成飞行壮举的那天之前,美国人对英雄的品味还从未达到今天这种高度。

8

林德伯格的成功让人们意识到:原来一次勇敢的冒险竟然可以换来这么丰厚的回报!因此,在金钱和名声的强烈驱使下,大批飞行家开始效法林德伯格的行为。但这些人并不明白,林德伯格的神话是独一无二、不可复制的,他之所以受到万千崇拜者的喜爱,其中最重要的一个原因就是:林德伯格淡薄名利,他并不是为了金钱和鲜花才去完成飞行壮举的。

在林德伯格之后,那些效法者们迅速地掌握了飞行以及后续炒作的诀窍:只要有一架飞机,拉到一笔赞助,再找一个巧舌如簧的经纪人,就可以上演一出"从A地到B地的不间断飞行"的好戏了。因为当时在世界上还有很多地方没有被飞越过,只要随便选一条航线就行。在出发之前,经纪人开始与报业集团频频接洽,向报业老板们预先兜售飞行者的私人故事。神通广大的经纪人甚至能拉来各种赞助——包括燃料、服装甚至五英尺隔板,他们只需向上述装备的生产商吹嘘这次飞行的重大意义,对他们产品的销售有多大的拉动作用。一切准备停当以后,就

可以开始飞行了。当你抵达终点的时候,早有预先买通的枪手记者将你的故事发表在报纸头条上。接下来你就要开始马不停蹄地签名售书、拍广告,在歌舞杂耍节目和电影中客串角色,或者出现在任何能获利的地方。你不会驾驶飞机?那也没关系,你作为一名乘客参加一次飞越飞行也能出名。甚至,一名女乘客要比一名男飞行员还能吸引观众的眼球。再退一步讲,如果你担心生命安危,不愿以驾驶飞机的方式出名,那你还可以通过设立悬赏奖金的形式,吸引别人飞行,这样自己也可以搭车出名。

在林德伯格成功完成不间断飞越大西洋之后,作为效法者的钱伯林也成功地实现了飞越。为钱伯林提供飞机的是查尔斯·利文,他作为乘客和钱伯林一起飞越了大西洋。因此,利文也跟着出了名,他在纽约受到了官方的盛情接待。

其实,每个成功完成飞越的人在纽约都能受到官方的接待。纽约的格罗佛·威伦警长引用《纽约时报》记者阿尔瓦·约翰斯顿的话说,那就是:无论是谁,只要在中午驱车来到百老汇大街,而且旁边还有一辆警车护卫,那么他就会被认为是完成一次飞行的英雄,于是数千人就会蜂拥而来——他们不一定是为了祝贺,很可能是来蹭一顿免费午餐。纽约市的格罗佛·威伦警长曾经接待过英国高尔夫公开赛的冠军、横穿英吉利海峡的游泳者,以及意大利的足球队。他们在纽约的受欢迎程度,丝毫不亚于波斯的财政部长和莱比锡市长。市民们也非常欢迎他们的到来,因为这样就有机会将自动收报机的纸条和布朗克斯的电话号码黄页撕碎,扔出窗外取乐。

就在钱伯林和利文成功飞越大西洋之后的几个星期,伯德和搭档也从罗斯福机场起飞,不走运的是,他们在快到达法国的时候,飞机落到了海里。好在坠落地点距离岸边很近,他们就游上了岸。随后,布洛克和施利不但成功地飞越大西洋,他们继续飞行,最后到达日本。世界上第一位以乘客身份飞越大西洋的女性叫鲁斯·埃尔德,她是一位牙医的助手,长得非常漂亮。她原本对飞行知识一无所知,后来向乔治·哈德曼学习了一些飞行知识。随后,又得到了一位柑橘种植者和一位房地产商人的资助,于是她就乘坐着哈德曼驾驶的飞机出发了。就在他们快抵达目的地的时候,飞机却因事故迫降在海里。好在有一艘油轮经过,就把她和哈德曼救了起来。她的经纪人早已经做了大量的炒作，于是当他们一回到纽约就受到了民众的欢迎——当然，接待她的档次已经无法和以前相比了。接待她时花费了总共333.9美元，而在此以前，接待利文的花费超过1,000美元，接待爱尔兰自由邦总统花费了12,000美元，接待伯德花费了26,000美元，而接待林德伯格时的花费则是71,000美元。

鲁斯·埃尔德

在鲁斯·埃尔德成功完成飞行后，还有很多效法者前仆后继地进行着不计其数的飞行，他们有的成功，有的失败。尽管这些人都上了报纸头条，但他们的新闻与1927年12月福特推出新款车以及维斯特里斯号海难相比，这些飞行新闻远没造成那么大的轰动效应。各大报纸对维斯特里斯号海难进行了疯狂的报道，将这次海难渲染成人类有史以来最为惨重的海难。不过，再也没有一条新闻能像林德伯格那样，让人们达到举国疯狂的程度。

在这段时间，在体育领域却英雄辈出——鲍比·琼斯一次又一次地在重大赛事中摘得桂冠，最终成为公认的有史以来最伟大的高尔夫球员。贝比·卢斯的本垒打纪录依然无人能破。卡格尔和布斯也成为美式橄榄球记者追捧的浪漫英雄。至于梯尔登，现在已经过了全盛时期，但他除了在一位法国人面前失败外，对其他的网球选手依然保持不败的战绩。然而，职业拳击赛开始走了下坡路，并且种种迹象表明：公众对体育运动不再像以前那样关注了。

如今，人们努力想发掘一些新奇的东西，以引起那些擅长炒作者的关注。于是，五花八门"非主流"的体育运动出现了。例如，一些舞者拿出跑马拉松的劲头，强忍着脚上的疼痛和身体的疲倦，在地板上连续跳舞几小时、几天乃至好几周；还有一些长跑爱好者参加派尔先生组织

的长跑比赛，横穿整个美国大陆，在让自己的脚痛苦不堪的时候，也令组织者派尔先生头疼不已。

还有一些勇于挑战极限的人想出了许多匪夷所思的方式来"折磨自己"，也考验着观众的耐性。比如：阿尔文·希普雷克·凯利在一根旗杆上坐了23天零7个小时，食物和饮料通过一只拴在滑轮上的小桶运上去，甚至有专人在他打盹超过20分钟时负责叫醒他，而旗杆下的数千观众仰着脖子围观，他们看得哈欠连连。尽管这种行为无聊至极，没有任何伟大意义，但只要能打破纪录，只要能赚到钱，还是有无数人前仆后继地去做。

也许，媒体的大肆宣传和炒作的黄金时代已经过去了；也许，人们已经意识到那些宣传的商业意味太浓了；也许，有林德伯格这位大英雄在前，公众难以再接受不那么伟大的英雄；也许，1927年萨科和万泽蒂被处死以及1928年总统大选，让美国人民意识到，还是有一些公共事件应被寄予更大的关注。

不过，也许当1928年3月到来时——也就是新款福特车面世几个月之后，林德伯格创造飞行壮举不到一年之后——美国股票市场的大牛市终于达到了顶峰！一天之内，美国无线电公司普通股就上升了10点，其带来的巨大收益，远比那些不停顿飞行者和世界重量级拳王的收入多多了。

第09章

知识分子的反抗

> "这是全新的一代……当他们成人后,却发现所有的神都已经不在,所有的战争都已经结束,而对人类的所有信仰也不再牢固。"
>
> ——F. 斯科特·菲兹杰拉德,《人间天堂》

1

当美德战争接近尾声的时候,社会力量的强迫性已经成为了美国国民的一种习惯。在过去环境下长大的传统美国人并不关注少数民族的权利,由于这一代人是在开疆拓土的氛围中长大,因此他们认为:维持社会秩序最省时省力的方式是依靠严密的法律制度和国家机器,如果必要的话,也可以采用暴力,比如机关枪。

这些美国人虽然承认《独立宣言》和《权利法案》的内容很不错、很有道理,但轮到他们自己解决问题的时候,他们更愿意认为:"自由"就是"放纵"的代名词,至于《权利法案》,则是卑鄙的恶棍的最后手段。因此,自由也好,民权也罢,都是不可靠的。在战争期间,人们发现:通过制订法律、进行宣传和恐吓胁迫等手段,就可以很容易地迫使别人顺从。因此,战争结束、和平年代到来之后,这些人继续用和以前一样的手段,希望别人能够依然和以前一样顺从。

人们把注意力从自由债券运动①转移到其他的公共运动上面，例如社区福利基金计划、大学捐款行动、教籍计划、城镇推进计划，以及很多其他行动计划上。

为了从老百姓手中筹款，各种筹款委员会和理事会轮番上阵，开展宣讲和游说活动；新闻播音员也在广播里反复播放新闻稿，动员人们把钱捐出来。同一篇新闻稿用在不同的筹款项目上，甚至连内容都不用做太大调整。在演说家们的游说、怂恿，甚至是逼迫下，如果还有人紧紧攥住自己的钱包不肯掏钱，那他就显得有些太不识时务了。

在美国社会里，战争期间与战后有那么多惊人的相似。正如人们所看到的那样，战争期间，社会对国外敌人和假想的亲德国主义者采取高压政策，而战后，社会又对少数族裔和所谓的"亲布尔什维克主义者"采取压制态度；战争期间，政府对发往国外的邮件进行严格的审查，战后，政府又对报纸、书籍和公开演讲推行审查策略；战争期间，政府开始立法限制一些社会活动，战后，政府又将禁酒令永久性地写进宪法，还试图将各种道德准则写进《法令全书》。不过，尽管在1917和1918年的时候，商业曾经受到过束缚，但在战后，商业已经从这些束缚中解脱出来，因为美国大众自身的利益和商业利益息息相关，他们不希望经济生活受到种种约束。

当巨大的红色恐惧时代逐渐进入中期，尽管美国中产阶级多数派在推行自由主义鼓励商业发展的同时，还采用严厉措施打击激进主义，但几乎没有人敢对他们表示反对。那些被压制的工人阶层或者屈服于警察震慑力，或梦想也有一天能拥有股票成为富翁。回想几年前，具有良好教育背景的自由主义者为了争取最低工资的法律保障、争取公平选举

---

① 自由债券运动：第一次世界大战爆发后，为了支持战争，美国政府花费了大量金钱。为了解决财政危机，筹集军费，时任美国财政部长的麦卡杜主要从增税和举债两方面下工夫。对德宣战后不久，麦卡杜便要求国会立法增税。由于增税立法难以迅速通过，联邦政府又提出可先举债筹款。因举债的办法引起争议较小，国会于1917年4月24日通过了《自由公债法》。5月14日，财政部正式公开发行第一批自由公债，至战争结束前，共发行4批。战后，1919年4月，又发行了一批胜利公债。在这5次公债的发行中，共筹得约230亿美元的款项，其中，70亿美元来自年收入2000美元以下低收入者的认购；100亿美元来自年收入2000美元以上个人的认购；公司（包括银行）认购了约60亿美元。这些公债在短期内为联邦政府支撑战争筹得了巨额款项；但同时，由于允许私人使用银行贷款购买公债，同时向银行出售了相当一部分公债，加上联邦储备银行为满足政府、工商界等各方面的需求而实行放松银根的政策，因而引发了严重的通货膨胀。——译者注

权以及争取劳资双方平等对话权的时候，甚至愿意为这些权利付出生命的代价；可现在他们除了沮丧还是沮丧，他们觉得看不到任何希望。他们认为，政治中充满了尔虞我诈。在参与政治的人中，文明人太少了，到处都是愚蠢的家伙，这些家伙只会唯那些吐着烟圈的选区领导人的命令是从。既然这样，谈何选举权？谈何政治自由？

至于社会福利事业？这也是一句空话！它充满了乏味、感伤和专横的气息。在1915年的时候，那些血气方刚的大学毕业生们即使与双亲决裂，也要去参加社会主义者的示威游行；可到了1925年，他们一听到"社会主义"这个字眼就厌倦得直打哈欠，因为"它普通得让人提不起神来"；而美国钢铁公司的雇员们也失去了反抗精神，无论薪水高还是低，他们都没有任何反应。社会风尚也变了，年轻人充满叛逆精神，他们不但反对一夫一妻制，也反对上帝，他们甚至敢于和父辈们叫板。

到了战后10年的中期，巨大的红色恐惧渐渐平息，大多数中产阶级也放松了对激进主义分子的迫害，转而对自身进行调节，这时他们却遇到了前所未有的反对。这些反对一方面来自年轻的大学毕业生，另一方面则来自美国的知识分子阶层——他们富有阶级意识，被《美国信使》杂志誉为"文明的少数民族"。

这些知识分子并没有形成有组织的反抗，因为他们虽然有知识，但个性极强，因此即便组织起来，也形同一盘散沙。他们分布在美国各地，但纽约是相对扎堆的地方。这些知识分子主要由艺术家、作家、职业人士、大学里激进活跃的教职人员组成，还有受过高等教育的商业人士，只要他们能轻松地阅读并理解《星期六晚邮报》和《麦考氏》杂志，都可以算作知识分子。还有一些追求时尚的人也可以算作知识分子，虽然他们不是传统意义上的知识分子，但他们愿意接受新事物、新观念。

因此，如果给知识分子下一个定义，他们应该是这样的一类人：他们都听说过詹姆斯·乔伊斯、普鲁斯特、塞尚、荣格、伯特兰·罗素、约翰·杜威、佩特罗尼乌斯、尤金·奥尼尔，以及艾廷顿；一般的电影根本进入不了他们的法眼，但查理·卓别林的电影却例外，他们对卓别林推崇备至；虽然他们不见得完全理解相对论，但也能就这个话题侃侃而谈；他们也知道心理学上的一些情结的名称；他们喜欢收藏早期的美国家具；他们对美国进步主义教育运动①有独到的看法；并且，他们觉得亨利·福特和卡尔文·柯立芝并非完美，认为这二人也存在不少缺点。知识分子虽然在美国民众中只占少数，但却以敢说敢讲而著称，他们主导了美国文学的发展，并且将他们的思想渗透到美国人的思维中去。

当战争刚刚结束，美国老百姓还对《凡尔赛条约》心存幻想时，这些知识分子已经对《凡尔赛条约》不抱任何希望了，他们认为这只不过是一种唯利是图的收拾战争残局的方案。他们在作品中对残酷无情的战争进行了深入的描写，比如：英国作家和战地记者菲利浦·吉比斯的《现在可以说了》(Now It Can Be Told)、约翰·多斯·帕索斯根据自己参加一战的经历写成的《三个士兵》(Three Soldiers)、卡明斯的《巨大的房间》(The Enormous Room)，以及约翰·梅纳德·凯恩斯的《和平的经济后果》(Economic Consequence of the Peace)。他们在思想上深受弗洛伊德学说的影响，笃信破坏性的新派心理学。

查理·卓别林备受知识分子的推崇

很多知识分子都不约而同地感到：来自新科学知识的确定性已经丧失。他们反对美国文学中的身穿礼服、循规蹈矩的正式礼节。

在他们中间涌现了大批文学先锋，比如西奥多·德莱塞、薇拉·凯瑟、卡尔·桑德堡、埃德加·李·马斯特斯、罗伯特·弗罗斯特、维切尔·林赛、艾米·洛威尔、意象派诗人以及素体诗的代表人物们，这些人早在战争开始前就已经开辟了文学的新天地。在由20名知识分子共同撰写的《美国文明》(Civilization in the United States)一书中，他们指出："现如今，缺乏感情和美感是美国社会生活中最为可笑而可悲的事

---

① 进步主义教育运动，是指19世纪末、20世纪初发生在美国的一场教育革新运动。其基本目的是，在现代城市-工业文明的条件下，从根本上改革美国学校教育制度，进而最大限度地解放儿童，使儿童真正得到自由的发展。如运动所提出的传统与变革、效率与人性、社会进步与个人发展等关系问题，深刻揭示了现代教育发展进程中普遍存在的矛盾，并解决这些时常困扰我们的问题。——译者注

实。"这句话代表了数千知识分子的普遍观点。但是,知识分子虽然看到了社会的弊端,却没有对这种"缺乏感情和美感"进行过有力的反抗,直到辛克莱·路易斯在1920年10月推出了《布衣街》与两年之后推出了《巴比特》(Babbitt)这两本著作之后,知识分子才开始产生巨大的影响力。

《布衣街》与《巴比特》这两本著作的影响相当巨大。在《布衣街》一书中,路易斯通过极富内涵的文学表现力和毫不留情的讽刺手法,将一个美国小镇的丑陋揭示在广大读者面前:女主人公卡罗尔结婚后随丈夫一起到格佛草原镇定居。这个小镇面貌寒碜、丑陋、单调、呆板,人际环境糟糕。镇上的人,包括可以左右镇上事务的上层人物,大都心胸狭隘,思想保守,自满自足,庸碌粗俗,爱搬弄是非,爱打听别人的闲事,甚至偷窥别人的一举一动。卡罗尔想改造小镇的想法最终也失败了。

而《巴比特》一书的主人公乔治·福兰斯比·巴比特是泽尼斯市一个生意兴旺的房地产经纪人。他家境富有,追求享受。有一天他突然对一成不变的生活感到厌倦,于是开始想方设法去开辟新的生活天地。但他的行为遭到非议。他无力摆脱外界的压力,最后不得不回到原来的生活轨道上。巴比特这个形象,把唯唯诺诺而又沾沾自喜的美国人的特性表现得淋漓尽致。"巴比特"这个名字从此成为鼠目寸光的庸俗市侩的同义词。

不过,在这两部书中,作者也只是片面地刻画了格佛草原镇和泽尼斯市丑陋的一面,小镇和城市的慷慨、积极和友好的一面,并没有在书中体现。但正因为这种片面之词,这两部书反而受到读者的高度重视和热烈欢迎。到1922年底,《布衣街》的销量已达39万册。

正是读了路易斯的著作后,知识分子们才意识到,原来乔治·福兰斯比·巴比特式的人才是文明社会的主要敌人,而"大街"式的思想状态则成为美国文明发展的绊脚石。

在《巴比特》一书之后,陆续涌现了很多著作,表现了知识分子反对商人对美国社会规则的控制,以及知识分子日益强烈的幻灭感。而门肯就是其中的代表性人物。

2

门肯生于巴尔的摩，他曾在《巴尔的摩太阳报》担任过记者，文字功底相当深厚。随后，他又加盟《聪明组》(*Smart Set*)杂志多年，与乔治·简·纳森一起担任该杂志的编辑。但由于《聪明组》的名字听上去和激进主义有点瓜葛，因此该杂志发展得步履维艰。就在这时，出版商阿尔弗雷德·克瑙夫找到了门肯和纳森，希望他们俩担纲运作一本新的杂志——《美国信使》。于是，1923年底，《美国信使》面世了，这本杂志主要面向的是知识分子阶层中的左翼分子。这个时候，也正是伍德罗·威尔逊总统去世的前几个星期；沃尔什参议员正围绕福尔部长展开调查；理查德·西蒙开始萌生编辑填字游戏书的想法；查尔斯·利维莫即将获得博克和平奖。

《美国信使》这本杂志的封面是绿色的，传统而稳重，其风格就如同门肯在巴尔的摩的寓所前面的大理石柱一样坚若磐石，但就是这样一本看似稳重的杂志，内容却极富冲击力。翻开这份杂志，可以看到《聪明组》的一些风格——比如，门肯的文学评论专栏、纳森的戏剧批评栏目，还有一个被叫做"临床笔记"的栏目，主要是编辑的手记。在《美国信使》中还开辟了一个叫做《美国博览》的栏目，上面刊登了许多美国历史上很荒唐的事件。在每期杂志上，门肯亲自撰写大篇幅的文学评论，对那些学识浅薄的大多数人和他们的作品进行批评与驳斥。不过《美国信使》也高度评价了一批作家，比如德莱塞、卡贝尔、舍伍德·安德森、薇拉·凯瑟以及辛克莱·路易斯，因为他们敢于通过作品反抗美国艺术文学院一贯承袭的礼仪传统；另外，《美国信使》也对一些作品中的故作多愁善感、逃避行为和学术浮夸现象进行了深刻的揭露和批判；《美国信使》对"巴比特式"的市民、扶轮社①成员、卫理公会派教徒和改

---

① 扶轮社：世界上第一个扶轮社是由一名年轻的律师保罗·哈理斯于1905年2月23日在美国伊利诺州芝加哥组织成立的。现在已经发展成一个以培养"服务精神"为准则的国际性公益组织。——译者注

革家进行了严厉的谴责;同时,《美国信使》也对柯立芝执政时期取得的繁荣表示了不屑一顾。总之,《美国信使》的批判和嘲笑几乎涉及美国社会的方方面面。

H·L·门肯

《美国信使》一经面世便以其新鲜的内容、大胆的用词,以及敢于颠覆传统而广受读者欢迎,因此大获成功。它大声地喊出了许多人心中的疑惑。《美国信使》的绿色封面一出现在大学校园中,顿时就刮起一阵旋风,让那些追逐新事物的年轻大学生推崇备至。而身在消息相对闭塞的小镇里的小职员们在报摊上翻开这本杂志时,他们感到惊讶万分:社会上居然有这样一本杂志!这本杂志的主编门肯要么是一个堕落放荡、不知羞耻的怪物,要么是魔鬼派到这个世界上的爪牙。当戴顿小镇"猿猴审判案"发生期间,门肯前去进行采访报道,他在报道中称戴顿小镇的人是"庄稼汉""山民"或是"农夫"。面对门肯对戴顿人的抨击,斯特里布林牧师也反唇相讥,说门肯是"一个只会耍弄笔杆子的无聊下贱之人";看到牧师这样回击门肯,大量愤怒的门肯支持者们都准备高喊"阿门"。其实门肯对各种辱骂早已经见怪不怪了,如果把对门肯的辱骂搜集起来,编辑一本《骂人全书》都绰绰有余了。在骂声中,门肯的《美国信使》的销售量不但没降,反倒节节攀升,到1927年已经超过了77,000本;连美国作家、记者、传播学史上具有重要影响的学者之一的沃尔特·李普曼都对他不吝赞美之辞,称他为"对整整这一代受过教育的人群产生最大影响力的个人"。

也许人们会有这样一种印象:门肯反对一切,抨击一切,其实并不尽然。但是,门肯的确极具反叛精神,这种精神对他来说就像呼吸一样,是一种本能。他反对所有的"只会纸上谈兵的理论家、教授、社论作者、右翼思想家,甚至改革运动者"。也有人问门肯,为何他还"反对爱国主义",门肯回答:"因为所谓的爱国主义精神总是要求人们遵守一些愚蠢至极的主张——比如,一个美国长老教会员居然能和阿纳托尔·

法郎士①、勃拉姆斯或者是鲁登道夫②平起平坐。"他反对"文明的生活可能存在于民主政治之下"这一观点。他认为社会主义者、无政府主义者和傻瓜没什么区别。门肯对禁酒法令、审查制度以及所有干涉个人自由的法令条例都持反对态度。他甚至视各种传统道德规范和基督教婚姻为腐朽没落的垃圾。显然，在他这么多的偏见中，有些方面也是自相矛盾的。比如，一些评论家就提出质疑：既然门肯崇尚精英统治社会，那么这种社会怎么会容下他所坚持的自由精神呢？那除非有一种可能，就是在这种统治环境中，所有人的想法都和门肯一样——但这种可能性微乎其微。然而，这些质疑对门肯没有带来丝毫影响，也不影响他的信徒对他一如既往地崇拜。因为门肯那气势磅礴、洋洋洒洒、充满穿透力的文风让人们忽略了他观点的自相矛盾之处。

　　门肯使用了无比丰富的词汇，对那些教养浅薄之人进行讽刺和谩骂——门肯斥责他的敌人们是江湖骗子、欺诈者、吹牛者、傻瓜、猪、巫婆和智障儿；在批评多愁善感者时，门肯说他们四处喷洒玫瑰味的香水；在批评布莱思时，门肯说"他天生一副粗声大嗓，并且总是对一些笨蛋搞恶作剧"。门肯将所有他不喜欢的书籍都指斥为"垃圾"，将那些淳朴诚实的田纳西州的农民称之为"穴居灵长类"或"一群类人猿的乌合之众"。不过在谈论学术的时候，比如门肯在他的学术著作《美国语言》(*The American Language*) 里，他用的是非常标准精确的英语。但当他写到情绪激动、慷慨激昂时，大量夸张和隐喻的语句就禁不住从他的笔端流出，跃然纸上了。只要他一出现，整个空气中就立即充满了批评和贬斥的话语。如果你第一次读到门肯的文章，假如你没有变得盲目愤

---

① 阿纳托尔·法朗士：法国作家、文学评论家、社会活动家。本名蒂波，"法朗士"是他父亲法朗索瓦的缩写，又因他爱祖国法兰西，因此以祖国的名字作为自己的笔名。法朗士65年创作的杰出成就，使他成为"一位真正的文坛宗师"，他那"博学、富于幻想、清澈迷人的风格，还有他融合讽刺和热情所产生的神奇效果"（诺贝尔文学奖颁奖词）以及他创作的众多脍炙人口的人物形象等，为作家在国内外赢得了极高的声望。1921年，为了"表彰他辉煌的文学成就，其特点是高贵的风格、深厚的人类同情、优雅和真正高卢人的气质"，法朗士获得诺贝尔文学奖。1924年法朗士逝世，法国政府为他举行了盛大的国葬。——译者注
② 鲁登道夫：德国军队将领。1914年第一次世界大战爆发后，调往东线任第八集团军参谋长，从此成为兴登堡将军的得力副手。曾先后参与1920年卡普暴动和1923年希特勒的未遂政变。1925年为纳粹党总统候选人，1924～1928年为国家社会党的国会议员。鲁登道夫创立了"总体战"理论，并于1935年著《总体战》传世，堪称德国一代军神。——译者注

《哈珀斯》封面上的知识分子

怒,那么就会体验到一种发自内心的极度愉悦感,那种感觉就好像在游乐场中用棒球砸烂陶瓷器皿一般畅快。

一直以来,门肯致力于将人们心中曾经的权威、偶像打成碎片,在门肯的批判行为最活跃的时期,也正是柯立芝执政期间社会最为繁荣的时期。在这个时期,布鲁斯·巴顿为了将他的广告推销技巧推上一个高峰,甚至"修改"了基督教的历史;原教旨主义者正在与进化论的支持者唇枪舌剑地展开论战;赞成禁酒的卫理公会教派、禁酒法令以及公共道德正在试图将美国打造成一个冷静的统一体。在门肯出现之前,面对传统和权威的压迫,知识分子们还处于被动防守状态。可是门肯以他充满战斗力的言论让知识分子们充满了信心,这些知识分子也开始试着发出自己的声音了,尽管这些声音没有《美国信使》那样响亮,但也是知识分子不满的一种公开表达。1925年,改版后的《哈珀斯》杂志以橙色封面出现在读者面前,这本杂志从全新的角度批评、反思美国人的生活,结果大受读者好评,发行量也翻了一番;《论坛》杂志从小说《布衣街》中发掘了许多新的话题,进行深入地探讨;《亚特兰大月刊》也刊登了美国作家、历史学家詹姆斯·特拉斯洛·亚当斯的责难文章;《斯克里布纳》也对海明威的小说进行了连载,甚至该杂志为此还在波士顿遭禁。出版社也纷纷出版知识分子评价美国及美国生活的著作,市面上对社会持抗议观点的书籍越来越多。到了1926年或1927年,如果你走进某人的家,看见他家的墙上挂着毕加索或玛丽·洛朗森画作的仿制品,看到书架上摆着《太阳照常升起》(The Sun Also Rises)或《民主笔记》(Notes on Democracy),可接下来,你听到这家的主人居然还支持扶轮社或布莱恩,你一定会觉得这家的主人是一个无可救药的低能儿。

3

在知识分子反抗的过程中，他们所秉承的信条究竟是什么呢？下面这几点就是对知识分子信条的大致概括，尽管并不是每个知识分子都认同下面所有的信条，但至少能对他们的总体看法有一个大致的反映。

1. 知识分子认为，美国社会对性的尺度太过严厉，应该更加开放才是。对性的探讨不仅应该是自由的，而且，其中的一部分人认为这种探讨还应该是持续不断的。本书第五章介绍战后10年美国的习惯和道德的革命，而引发这场革命的，就是这群知识分子。早在战后10年的初期，他们就被斯科特·菲兹杰拉德小说中描写的那些年轻、新锐的思想家们参加的爱抚晚会所吸引；他们也对埃德娜·圣·文森特·米莱①的大胆和直率佩服不已，因为米莱公开宣称：她与男人共度良宵的时候耗尽了全部的精力，以致两个人无法坚持整个晚上；到了战后10年的中期，这些知识分子又开始对同性恋题材的文学作品发生兴趣，甚至还受到尤

埃德娜·圣·文森特·米莱

---

① 埃德娜·圣·文森特·米莱：美国诗人兼剧作家，一个自称的女权主义者。米莱于1923年与波依斯万结婚。根据米莱本人的说法，他们夫妇俩跟单身没有区别，整个26年的婚姻期间他们一直保持"性开放"，直到1949年波依斯万去世。1950年，埃德娜·圣文森特·米莱也去世。在很多人的心目中，米莱代表了20世纪20年代新的解放了的女性。——译者注

金·奥尼尔①的作品《奇怪的间歇》(Strange Interlude)的影响，开始关注起精神病理学的知识来。总之，知识分子对性更加开放，他们阅读性，讨论性，思考性，任何反对他们意见的人必定招来他们的蔑视。

2. 知识分子讨厌各种礼节，对那些通过立法手段来强制执行的礼节更是无比厌恶。一听到卫理公会教派的游说议员者约翰·萨姆纳的名字，以及其他那些支持审查制度的人的名字，知识分子们都恨得牙根痒痒；清教徒，甚至一直追溯到殖民地时代的清教徒，在知识分子的笔下个个都是青鼻子哑嗓子的小人；维多利亚时代的风格在知识分子的眼里则是下流和可笑的同义词。

在知识分子的眼中，萨克雷、丁尼生、朗费罗②以及19世纪的波士顿的文学家们，他们的成就简直一钱不值。这些年轻的知识分子们相信，只有在这样一个超短裙和调情的时代，才能给他们带来新的启迪，于是他们不仅对《生活》杂志里描述的"19世纪90年代"(Gay Nineties)③大加嘲弄，他们还对托马斯·毕尔的作品《紫红色十年》(Mauve Decade)④大加贬斥。事实上，在他们看来，除了古希腊时代、卡萨诺瓦⑤时代的意大利、交际花盛行的法国和18世纪的英国以外，其他任何的历史时期都是不值一提的。

---

① 尤金·奥尼尔：美国著名剧作家，他曾经在1936年凭借代表作《天边外》获诺贝尔文学奖。他是美国史上的一座丰碑。他卓有成就的戏剧创作，标志着美国民族戏剧的成熟，并使之赶上世界水平。奥尼尔一生最关注的主题，是人在外在压力下性格的扭曲，乃至人格的分裂过程。作为现代悲剧作家，他的大量心理悲剧既烙下了现代各种心理分析学（尤其是弗洛伊德主义）的印记，又沉重地渗透着古希腊的悲剧意识。——译者注

② 朗费罗：19世纪美国最伟大的浪漫主义诗人之一。——译者注

③ Gay Nineties：特指1890～1900年这10年间。这10年是美国经济高速发展的10年，尤其是纽约和波士顿在这段时间积累了大量的社会财富。美国的贸易达到了有史以来的顶点，城市迅速发展，大量国外移民纷纷涌入。Gay Nineties这个词语首次出现在1920年，艺术家Richard V. Culter首先在《生活》杂志上使用了这个词语。——译者注

④ 《紫红色十年》：是托马斯·毕尔于1926年创作的一本小说的名字，小说回顾了1890～1900年的美国，认为美国从那个时候开始丧失了"新英格兰"的传统，进入了一个"腐朽、无意义"的时代。——译者注

⑤ 贾科莫·卡萨诺瓦：极富传奇色彩的意大利冒险家、作家、"追寻女色的风流才子"。18世纪享誉欧洲的大情圣。——译者注

3. 这些知识分子中的绝大多数人都强烈反对禁酒令，对审查制度也恨之入骨，并且他们对政客们所宣称的"政治重建"和"社会重建"都充满怀疑。而这些心态，也让他们对任何改革运动和改革者都充满了不信任。在1915年时，"改革家"这个称谓听上去还带有一丝赞美之意，可到了1925年，在知识分子中，这个词已经变成了一个贬义词。知识分子不把自己看作他们兄弟的监护人，他们不能容忍那种不懂得忍耐的人。假如在一个完全是高级的思想家参加的晚宴上，有人说"现在的法律泛滥了"，应该放开人们的手脚，让他们自己做主。那么这样的言论，保证能在100个晚宴上都能听到。

4. 知识分子中的大部分人对宗教持怀疑态度。不过也许你会感到奇怪，为什么在19世纪90年代经常有一些不可知论者和无神论者会跑到公众面前，高喊着反对宗教的宣传口号；而到了20世纪20年代，反倒没人出来大喊大叫了呢？那主要是因为多数人已经认同了对宗教的怀疑态度，不再把怀疑宗教当作一件耸人听闻的事了。另一方面原因，也因为那些不相信宗教的知识分子们，失去了把自己的想法宣传给他人的动力，因此他们也就不会到公众场合大喊大叫了。20世纪20年代，政府在研究是否在大学取消做小礼拜的惯例的时候，官员对大学生做了民意调查，很多大学生平静地说"聪明人是不会相信上帝的"；假如这次民意调查发生在19世纪90年代以前，美国大学生是绝对不会态度温和地说这样一番话的。另外，现在各大出版社都面向理性的、不相信宗教的公众出版了很多书籍，这在此前都是难以想像的。

5. 在对待中产阶级多数派的态度方面，这些知识分子空前团结起来，一致地对他们进行嘲弄和挖苦。知识分子认为，中产阶级多数派正是禁酒法令、审查制度、原教旨主义以及其他各种对人性的压迫行为的罪魁祸首。这些知识分子也学着门肯的样子，抨击"巴比特"们、扶轮社成员、三K党党徒、微笑服务、足球运动员，甚至超级推销员。长期生活在市中心的知识分子对那些生活在偏僻闭塞的乡镇的居民非常蔑视，他们有着很强的优越感，认为那些乡镇居民个个都是鼠目寸光的庸俗市侩。比如，知识分子刊物的代表《纽约客》创于战后10年中期，它创刊的宣言就是："不面向来自迪比克的老年妇女读者。"知识分子们对本国的一些暴发户也看不起，尤其是那些潮水般涌入欧洲的美国观光客。如

果你在法国乘坐汽船,旁边有一人正在阅读一本阿道斯·赫胥黎①新出版的小说,那么这位读小说的人肯定会善意地提醒你:法国某地有一个非常不错的小餐馆还"没有被美国暴发户们搞得变了味儿",并推荐你去那里看看。

6. 知识分子乐此不疲地对人们心目中的权威形象进行着颠覆。1922年,利顿·斯特雷奇②出版的畅销传记作品《维多利亚女王》(Queen Victoria)就是其中的代表作。继斯特雷奇之后,又陆续出现一大批去除名人神话光环,还原其历史原貌的传记作品。比如:鲁伯特·休斯1926年出版的三卷本的乔治·华盛顿的传记,就让华盛顿走下了神坛。休斯甚至还在后来的一次演讲中宣称:"华盛顿是打牌的行家里手、蒸馏威士忌的专家、骂人的冠军,而且他曾经和手下将领的夫人连续不停地跳3个小时的舞。"——休斯的这通言论一出,差点引发了华盛顿崇拜者的一场骚乱。还有很多其他传记也真实地揭示了美国名人们不够完美的一面,同时,传记作家还重新审视美国历史上那些声名狼藉的流氓恶棍们,发掘出他们身上独具魅力的一面。因此,读者们一度认为:传记作家想成功简直太容易了,只需把公认的东西进行颠覆即可。比如,传统认为是白色,你偏说成黑色,反之亦然——这样肯定能成功。

7. 知识分子们对日益发展的大工业生产和机器的现代化感到忧心忡忡,担心这种"标准化"的形式对他们自身和美国文化带来冲击。在美

---

① 阿道斯·赫胥黎(1894~1963),英国作家,出身萨里郡的名门,父亲是编辑兼诗人,母亲是批评家马修·阿诺德的侄女,著有《天演论》的大生物学家托·亨·赫胥黎是他的祖父。他从小爱好自然科学和文艺,早年入伊顿公学,打算从事医学,因严重眼疾而辍学,后入牛津大学攻读文学,并开始创作诗歌。1915年毕业,翌年发表第一部诗集。1919年起任文学期刊《雅典娜神庙》编辑,相继出版两部诗集和一部短篇小说集。1921年第一部长篇小说《克鲁姆庄园》问世,从此专门从事创作。20世纪20年代遍游欧洲,在意大利结识劳伦斯,与他终生保持友谊,并受其思想影响。30年代后期积极参加英国反战运动,晚年沉醉于东方哲学和神秘主义。40年代移居美国加利福尼亚,直至去世。——译者注

② 利顿·斯特雷奇:斯特雷奇是与汉威格、莫洛亚齐名的英国传记作家,毕业于剑桥大学。《维多利亚女王》是其最富盛名的作品,它与以往那种冗长琐碎、一味歌功颂德的传统传记不同,在他的笔下,高高在上、凛凛不可侵犯的女王,也是有凡人之七情六欲的可爱女人。她像这世上任何一个女人那样普通,却也让人明白,国家的强盛与否,更多地取决于为这个国家作出努力的人才们,而统治者仅仅是个风向标与催化剂。作者从不包庇她的缺点,具有强烈的破坏偶像个性的风格。本书文笔优美、颇富文学趣味,字里行间流露出一种深远而冷静的英国式幽默。——译者注

国生产环境中,处处是流水线作业的"福特模式",以及千篇一律的"连锁经营模式",知识分子们认为,受这种思想的影响,美国的文化也将变得毫无个性可言。知识分子认为他们正在进行着争取成为独立个体权利的斗争。他们努力想挣脱管制,这种努力不仅推动了学校的革新,还促进了一系列高等教育制度的创新。比如,安提奥克大学和罗林斯学院的创新,还有米克尔约翰①在威斯康星创办的实验学院,以及在斯沃斯莫尔学院等地推行的荣誉学院计划。

知识分子的这种努力也为文学作品带来了一些新鲜活力。受此影响,当时的小说里也常常会出现这样的故事:主人公在家乡生活了许多年,但家乡沉闷、刻板、一成不变的气氛让他感到窒息。为了打破现状,追求梦想,主人公离家出走,前往曼哈顿,甚至跑到更远一点的法国的蒙彼利埃或里维埃拉。当主人公来到法国巴黎时,他必定能碰到和自己同样从美国逃出来的人。他们坐在法国街边的小餐馆里暗自庆幸,庆幸自己脱离了标准化的生活方式。但他们显然没有意识到,法国街边小餐馆的生活未必比美国这个遍布汽车和收音机的国度的生活更悠闲。对于大量国外的媒体对美国文化铺天盖地的批评,美国的知识分子们非常重视,但他们却对来自国内媒体的批评视而不见。在国内的许多主流杂志常年刊登诸如《论国民的愚蠢性》《幼稚的美国人》这样的批评文章,看到这些标题,知识分子们却一点也不愤怒。

知识分子们认为:如今的美国正在日益堕落,从文明的国度堕落成一个野蛮、荒谬的国度,在这里不适合文明人的生存。詹姆斯·特拉斯洛·亚当斯②也在《大西洋月刊》里以一种悲哀的语气说道:"我最近在思考一个很私人化但却人人都必须面对的问题,像我们这样乐于思考、收入一般、安于现状的老百姓,怎样在我们的国家找到一席之地,

---

① 米克尔约翰:哲学家、高校管理者、言论自由的倡导者。他在威斯康辛大学麦迪逊分校工作期间,在那里建立了一个实验学院,在学生中间推行跨学科的通才教育。——译者注
② 亚当斯:美国历史学家,被认为是第一个提出"美国梦"概念的人。他在1931年写的一篇文章里提到了美国梦。在他眼里,美国梦是"每一个人的生活都应该越来越好,越来越丰富和充实,根据能力和成就,每个人都有机会的境界"。总之,这个梦想就是对自由和机会的期待。它激励人们不断奋斗。谁都可以努力,都可以成功。如果你没有一点梦想,你干脆就别干了。大家总是怀着美好的理想,想方设法去实现它。你也知道他们永远不会成功,但是他们就靠这个理想生活着。现在,美国梦已经成为一个被众多美国人普遍信仰的信念,即通过努力的工作、非凡的勇气与意志力,每个人都可以致富,实现自己的梦想。——译者注

喧嚣而粗俗的美国让知识分子备感失落

并且怎样生活下去?"

上面的条款就是20世纪20年代的美国知识分子所认同的一些观点。但是我需要强调的是,他们中只有很少一部分人接受上述所有条款,大部分知识分子对上述条款是有选择地接受;当然,如果一个人对上述条款一条都不接受,那他恐怕就不是一个真正的文明人,他也就不是一个"现代"的人。社会日渐繁荣,历史的车轮也在滚滚前进,那些知识分子们却站在路边,提高音量表达着他们对社会前进的嘲笑和失落。

4

门肯虽然行为上表现得非常愤世嫉俗,但他却在这种斗争中寻找着乐趣。他坚持不懈地冲在与敌人战斗的第一线,并且在他如连珠炮的言论中,还不忘通过发出"哈哈"的笑声来嘲弄对手。在美国文明的诸多方面，任何地方都可能出现纰漏之处，但这些纰漏都变成了门肯攻击的靶子。门肯在《偏见》(*Prejudices*)第五卷中这样问："既然在美国你看到那么多污七八糟的东西，那你为什么还要在这个国家生活呢？"接着他自己回答道："人们为何要去动物园呢？"能从美国这个"人类动物园"里享受到如此开心的感觉，也许天下除了门肯再无第二人了吧。门肯甚至能从田纳西的"类人猿"身上获得欢乐。

然而，尽管门肯在战斗中自得其乐，但他的大多数战友们却没这么乐观。这段时期，知识分子常挂在嘴边的就是"幻灭"这个词语，即"幻想破灭"。因为，在20世纪20年代，尽管商业发展带来了物质条件的改善，但美国社会的总体基调还是"幻灭"二字。也许很多美国人并没有明确意识到这种基调的存在，但他们能亲身体会到这种基调带来的影响。战争结束后，大多数美国人有一种强烈的失落感，他们感到生活辜负了他们的期望，他们也感到，一些曾经对他们很重要的价值观，现在已经消失得无影无踪了。但是他们仍然保持一种愉悦的心情，而丝毫没有意识到这种变化正在他们的心灵深处悄然发生。当然，无论是美国还是其他地方的知识分子，也都很清楚自己对生活、对社会抱有的幻想已经破灭了。只不过，不幸的是，这些知识分子中没几个人能像门肯那样，对人性抱有较低的期望值。就如同，你不得不置身于一个动物园内，如果你认为这里住着一群文明人，那么你就无法尽情地从这个动物园里获得乐趣。

知识分子们认为社会应该对性自由更加宽容，可是当他们通过直接的个人体验，或者通过文艺作品的间接了解，真的获得了性的自由，他们又觉得很失望。因为他们发现，爱情在这种环境下变成了克鲁奇所谓的"被仔细编辑成目录的一种感受"。克鲁奇很尖锐地指出："爱情因稀有而变得高贵，但现在，爱情太容易获得，而且太具有动物性，因此现在的爱情不再是一种高贵的事物了。"著名的新闻记者和作家埃尔默·戴维斯在文章中记载了这样一位女人："如果我没有记错的话，这个女人和259个男人先后产生过感情，但在和这所有的200多位男人交往的过程中，她从未体验到感情上的喜悦。假如回到维多利亚时代，一位淑女哪怕只受到一次诱惑，她的内心里也会发生奇妙的情感变化。"前面提到的这位经历过许多感情的女人在美国社会中还有很多，这些人

浮华时代的年轻人

内心也很清楚:"浪漫是无法批量化生产的,一旦爱情太容易获得,那么它也就变得平淡无奇,最终归于无聊和乏味。"

知识分子们与标准化抗争,反对受压制,一往无前地追逐自由。但他们追逐的自由究竟是什么呢?固然,禁酒法令的限制令知识分子们感到不爽,商业协会的颐指气使也让知识分子感到郁闷,但从另一个角度看,费尽力气追求来的自由,却不知道如何利用它,岂不是更让知识分子感到不快?瑞奇蒙德·巴雷特在《哈珀斯》杂志上发表的名为《波伊斯的孩子》一文中,描述了这样一幅令人沮丧的情景:一群美国青年为了享受自由,从美国跑到法国巴黎,在那里他们狂饮杜松子酒,与异性狂欢,尽情地做一些在美国被禁止的事情,最后喝得酩酊大醉,光着身子醉倒在小酒馆的桌子下面。尽管,巴雷特笔下描写的这群年轻人只是知识分子中的个例,但是,在20世纪20年代,有谁分辨不出他们其实就是斯科特·菲茨杰拉德[①]的短篇小说集《所有悲伤的年轻人的故事》中所描述的那些年轻人呢?美国颇负盛名的报纸专栏作家和政论家沃尔特·李普曼写道:"自从战后理想主义破灭以来,这一代年轻人逐渐走向成熟,他们成熟的标志既不是他们对宗教的抵制,也不是他们对父母

[①] 弗朗西斯·斯科特·菲茨杰拉德:20世纪二三十年代美国文坛上富有传奇色彩的作家,他是"迷惘的一代"的代表作家,是"爵士乐时代"的桂冠诗人。他最有名的作品是《了不起的盖茨比》。——译者注

所持道德观念的反抗，而是他们对这种反抗行动本身所持幻想的破灭。叛逆行为在年轻男女身上非常普遍，但是这种叛逆却是非常盲目的，而且他们对新获得的自由也持一种怀疑态度——这才是问题的关键所在。"这种现象不仅发生在年轻人身上，一些更加年长、更加富有社会经验的人也常常会感到困惑：在获得自由之后，接下来该追求什么呢？

这些知识分子也相信科学知识和科学方法。他们相信，科学可以移除笼罩在上帝头上的神圣光环，将上帝直接定义为"某种为了满足人们的心理需要而在头脑中虚构出来的东西"。

克鲁奇在《现代趋势》(*The Modern Temper*)中指出：对人类而言，人类的想法无论是正确还是错误，都没有先验性的权威。在作出科学证明之前，断言"这是正确的"或"这是错误的"都是不对的。同样一件事，在威斯康星州被认为是正确的，而在婆罗洲可能被认为是错误的。即使是在威斯康星州被认为某种行为正确的观点，也只不过是人类的意见——而人类是一种非常容易犯错误的动物。这告诉我们，生活本身是缺乏确定性的。更糟糕的是，科学本身似乎也失去了确定性。在前几年，人们抛弃了神的秩序，开始信奉科学带来的秩序，可是，现在似乎连科学秩序也不稳定了——相对论和量子论的相继提出，打破了原有的科学框架，让人们对科学产生了新的怀疑。人们内心疑窦重重，在这个世界上，仿佛再也没有什么是坚实可靠的——生活的目标在哪里？而生命的目标又在何处？人们仿佛置身于一团迷雾之中。

5

就在这些不确定性中，美国的艺术领域却焕发了勃勃的生机。因为原有的价值观念已经崩溃，在艺术领域中，古老而刻板的评判标准也冰消瓦解。这样一来就给那些独树一帜的艺术作品创造了机会，它们得以脱颖而出。更令人感到欣慰的是，新的观念开始被人们普遍接受——独树一帜的艺术作品具有真实的本土色彩，它们的存在让美国不仅在经济上成为世界上最强大的国家,甚至能让美国的文化脱离对欧洲的附庸地位,变成世界上最为强大的文化。

当然,"美国也能出现世界一流的油画和音乐作品"这句话要想让专家学者们接受,还具有一定难度。那些财大气粗的收藏家们轻蔑地看着美国本土艺术家的精美作品,然后兴致勃勃地奔赴欧洲,去拍卖会上竞拍法国的现代派艺术家及其模仿者的作品。难怪有艺术家大声疾呼:从艺术的角度看,美国几乎变成了法国的殖民地。

在音乐方面,美国似乎也没有完全"独立"。尽管美国有许多不错的管弦乐队,但其指挥则清一色都是外国人,演奏的几乎也都是外国作品。美国本土的作曲家即使写出了好的作品,也没有乐队愿意演出。尽管艺术家们的生存环境比较艰难,但形势也开始向好的趋势发展了。艺术家们不再执着于传统的绘画题材,开始考虑将代表现代文明的摩天大楼和机器流水线画到作品中去;乔治·贝洛斯①的艺术价值也慢慢被人们发现,他的以美国职业拳击运动为题材的油画和版画作品,在艺术品市场上价格一路攀升,甚至有些收藏家们盼望着贝洛斯早点去世,这样他的作品就更值钱了。黑人音乐也在音乐爱好者中间闯出了一片天地,音乐爱好者也意识到乔治·格什温②有可能让爵士乐焕发新的生命力。同样,马里恩·泰利和劳伦斯·蒂贝特这样的美国本土歌手也渐渐得到承认,成为众人瞩目的大歌星。人们也去欣赏迪姆斯·泰勒作曲的美国歌剧,并衷心地为他喝彩。

在建筑领域,本土的建筑风格要更受人们欢迎。尽管在美国的乡村,还有很多欧式的建筑,比如佐治亚风格的院落、法国风格的农舍或西班牙风格的别墅,只不过这些建筑虽然外表是古朴的欧式风格,而内

---

① 乔治·贝洛斯(1882—1925),出生于俄亥俄州哥伦布市。他以所看到的生活景象作为绘画的依据,而不加以任何修饰。他的绘画以充满活力的运动情景、他的家庭和朋友肖像以及他居住的城市风光而著称。贝洛斯也是一个版画家,他有不少反映拳击比赛的蚀刻画。他认为艺术应该反映真实,特别是对城市万象的揭露。作品有热闹喧嚣的一面,也有阴暗险恶的一面,多角度再现都市生活的复杂性。——译者注

② 乔治·格什温:美国著名作曲家,在美国音乐史上占有重要地位。美国音乐长期受欧洲主流音乐影响,20世纪初才有明确表现美国国民性格的音乐出现,先驱者便是格什温。他将美国大陆流行的通俗爵士乐运用在传统音乐中,综合了欧洲音乐艺术、爵士乐、黑人歌曲等各种形式,创造出交响爵士乐,成为美国音乐的一种特色。这方面的代表作《蓝色狂想曲》,被认为是"容许爵士乐从酒吧间门里探出头来"的第一个成功的尝试。——译者注

部装修却很现代,从设备齐全的盥洗室到宽敞的车库一应俱全。而且,在越来越多的地方,建筑采用的是美国式的风格。

虽然美国还有很多经典建筑是欧洲风格的,比如美国的银行是一个神殿的外观,而美国很多大学的建筑是中世纪歌特式的风格;不过,已经有越来越多的人同意刘易斯·芒福德①的观点:随着新建筑材料的出现,新用途的产生,建筑师们应该把着眼点落在新的建筑方式上,比如摩天大楼。

在战争刚刚结束不久,《芝加哥论坛报》举办

伍尔沃斯大厦

了一次建筑设计大赛。最令人惊讶的是亚军获得者萨里宁的设计,他设计了一座摩天大楼,尽管这只是设计图,但至少让人们看到了摩天大楼的可能性。随后,路易斯·沙利文、弗兰克·劳埃德和赖特·卡斯·吉尔伯特联合设计了伍尔沃斯大厦,将摩天大楼的构想由设计图变成了现实。后来,摩天大楼成为美国的特色建筑。逐渐地,美国的建筑业开始

---

① 刘易斯·芒福德:美国一位久负盛誉的学者,1895年10月19日出生于纽约长岛的符拉兴镇,1990年1月29日在纽约州达琪郡的阿米尼亚村的家中安静去世,享年95岁。芒福德学识渊博,治学严谨,极其关注人类命运和文明的未来质量。20世纪20年代末期,美国刚刚度过灯红酒绿的20世纪20年代(Roaring Twenties),许多迹象表明社会进程可能进入萧条时期。就在这个时刻,刚步入"而立"之年的芒福德,以推翻现行制度的誓言开始了自己的人文科学理论研究生涯。此后的60多年里,他撰写了近千篇论文,14部专著,对城市、人工环境和历史文明进行了深入的理论探索,成为享誉世界的著名学者。曾多次获奖,两届美国总统曾经为他颁发大奖。他的研究领域远远超出了城市科学的狭窄界线,涉及社会哲学、文化、文学和技术史、艺术史及城市规划。——译者注

发展。这一阶段的代表性建筑有很多，比如：古德西设计并建造于洛杉矶的公共图书馆和内布拉斯加的州议会大厦；阿瑟·路米斯·哈蒙等人设计并建造于纽约的希尔顿酒店和巴克利-维西电话大楼，以及其他精美的建筑作品，这些建筑代表作日后都为奠定美国的建筑风格起到重要的作用。

下面再让我们看看文学领域，在这个领域里，美国文学已经摆脱了国外文学的束缚，走上了自己的道路。虽然知识分子们也大批购买外国书籍，但他们更希望有朝一日能写出美国自己的优秀文学作品。好在这个时期美国的创作环境不错，社会各界都鼓励知识分子的文学创作。门肯对他们的作品提出了高度赞扬，诸如《星期六文学评论》这样的评论刊物也大量涌现；知识分子也很注重对美国背景进行深入挖掘，从中找到许多本土的文学素材和潜在的文学素材。本土的文学素材，比如保罗·班扬的传说和牛仔歌谣，此外还有活跃在美国西部的亡命之徒的传奇故事，以及那些游弋在河上的戏船。

在这10年间，还出现了许多堪称传世之作的文学作品，比如：辛克莱·刘易斯的《阿罗史密斯》(Arrowsmith)、德莱塞的《美国悲剧》(An American Tragedy)、海明威的《永别了，武器》(A Farewell to Arms)、薇拉·凯瑟的小说、班奈特的《约翰·布朗的尸体》(John Brown's Body)、尤金·奥尼尔的戏剧以及林·拉德纳的《金色蜜月》(Golden Honeymoon)等。这证明，美国文学已经不再跟在欧洲文学的屁股后面，而是逐渐开创了属于自己的新路。

6

在战后10年的末期，由于知识分子反叛的新奇性已经逐渐消退，他们对"巴比特"们的抨击也就慢慢减少了。《美国信使》的发行量以及主编门肯的影响力在1927年达到了巅峰，但此后，就开始走下坡路。《纽约客》减弱了批判性，它不再取笑那些来自迪比克的老年淑女，也不再

迷惘的一代

以敌视的态度对待某一社会群体，转而用轻松、随意的主题风格。其他面向城市知识分子阶层的杂志也变得更加平和，对社会现象采取更宽容的态度。以性为题材的小说也不再富有传奇色彩，曾经风行一时的揭露名人真面目的传记文学也开始走向没落。种种迹象表明，知识分子开始放弃了反抗，选择了妥协。

1929年，克鲁奇出版了《现代趋势》。在本书中，作者对战后10年的哲学觉醒进行了全面的盘点，尽管盘点的结果令人沮丧。沃尔特·李普曼试图为那些幻想破灭的人们建立新的信仰和道德规范体系，他的《道德序论》一经推出就受到很多人的欢迎，这从侧面也反映出人们精神方面的混乱状态到了何等严重的地步。也是在1929年，知识分子开始大声疾呼，要求社会提供更多的人道主义，但这些人自己也没太弄清楚，他们想要的人道主义究竟是什么。此外，在这一年，知识分子还通过对怀特海德、艾廷顿和吉恩斯的哲学讨论，寻求生命的意义。也许这意味着：面对以往的价值观念一去不复返，知识分子们开始探索，寻找

新的、具有替代性的价值观念。

如果这种替代性的价值观真的存在,它也一定会姗姗来迟。因为,早在战争期间,那些内心充满乐观的人就曾经大声宣布新的时代即将来临,可战后10年即将过去,新的价值观念还未找到。人们仿佛置身于一个充满迷雾的世界,不知道该走向何处。他们可以与愚蠢和平庸抗争,他们也可以把自己看做是失落的一代并从中获得些许快乐,但是他们却不能找到和平。

第10章

酒和阿尔·卡彭

1

　　1919年的美国被各种事件所困扰。首先是曾认定国联要比自己的政治生涯更为重要的伍德罗·威尔逊总统还在为成立国际联盟而奔走，但是《凡尔赛条约》在参议院拒绝认可的情况下，仍然悬而未决，国联之事更是让总统心力交瘁。其次是令人恐惧的红色革命依然在搅动着人们脆弱的神经，少数激进分子制造的骚乱更是让美国人战战兢兢。还有禁酒法令带给这个社会的震荡，预计将成为20世纪20年代一个最激烈且最具爆炸性的公共问题。

　　这时美国的父亲和母亲们都在为年轻的一代担忧着，不知道他们的孩子会怎样经历这些。如果你在这时候同一个普通美国人谈起禁酒将带来的后果，他可能根本不信，甚至还会嘲笑你说："你疯啦！"如果你再凭想像为他描绘出一幅之后确实出现的画面时，这个刚才还嘲笑你的普通美国人可能脸色骤变，惊愕得连下巴都掉了。难道不是吗？我想，谁看到这样的画面都会惊惧的——广阔的海面上，有一只装满酒的船在漂摇着，唯恐被巡逻队发现，它只能躲在12英里之外。天色渐渐地暗下来，待海面完全被夜色笼罩时，走私快艇迅速接近船只，把一箱箱威士忌悄悄转移到走私快艇舱中，然后开足马力疾速离去。装运酒的卡车此时正在岸边等待着，以同样的速度装车后，继续在夜色中驶去，但是运酒的卡车在快到下一个城市的道路上被十几个人拦住，这是一些手持汤姆逊机关枪的匪徒，他们喝令司机把车开到指定的地方去；违法酿酒厂在隐蔽的地方继续生产，从根本不符合生产条件的简陋操作间酿出的酒装满了一辆辆货车；有的女士和先生悄悄到用咖啡杯和茶杯盛酒的地下酒吧时，在入门前都要被躲在拉着窗帘的网格窗后的门卫仔细盘问；鸡尾酒是禁运品，但在那些有身份的人们聚会的晚宴上，也总能看到。一些在其他方面遵纪守法的美国人不是在自家浴缸中制作杜松子酒，就是在地窖中发酵葡萄酒。私酒酿造者中有不少都发了大财，而芝加哥的阿尔·卡彭就是其中的一位风云人物，他每天坐在一辆有装甲钢板和防弹窗的汽车上招摇过市，人们不知道是该羡慕他还是该厌恶他。宪法第十八修正案已获国会通过，并将在1920年1月16日开始生效，也就是说，不管你是否赞成，禁酒法令的推行在所难免。

时光的指针到了20世纪30年代，当我们再去回味那段令全社会振荡的历史时，不禁五味杂陈。在那一段美国历史中，最特别的当属民众心理几经或喜或怨的起伏。经过前后30年、几代禁酒论者艰难的斗争，禁酒法令最终被写进了《法令全书》，成为国家的法律，这是被美国"反酒吧同盟"视为可以医治令人烦恼的一切事情——犯罪、贫穷、失业、婚姻不和、童工等的万灵妙药，所以整个国家欣然地接受了，现在看来这种接受是草率和盲目的。回顾当时禁酒法令审批通过速度之快，仍让人记忆犹新。1917年当第十八修正案被送到参议院时，只经过18个小时的讨论便获得了全票通过，修正案的部分内容所用的时间更短，大概不超过10分钟，这也就是所谓的"10分钟原则"；后来当众议院接到该修正案时，历来擅长围着一个议题争执不休的众议员们也一反常态，对这个法案的争论也只持续了一天；之后国家立法部门也很快就批准了这一修正案；到了1919年1月，必需的36个州都已批准（康涅狄格和罗得岛两个州拒不接受禁酒法令），符合法定程序，修正案终于成为了宪法的一部分，一年后将正式生效。

为了保证修正案的执行，国会于1919年10月通过了《沃尔斯台德法案》，此法条文规定：联邦官员有权闯进非法酒店，打碎属于非法的酒桶，搜查被疑为进行私酒交易的小贩。虽然伍德罗·威尔逊总统对这个法案动用了否决权，但该法案还是很快再次获得了通过。这些都充分表明当时上至参众两院，下到民众对禁酒法令出台的普遍支持和拥护。虽然各地也有抗议声，如发生在纽约的集会、巴尔的摩的游行、华盛顿国会大厦前的示威、美国劳工联合会通过的"关于不能剥夺工人饮用啤酒权利的决议"等，但在全民对禁酒法令如此深信不疑，对禁酒充满热情的情形下，这些反对声都是软弱无力的，不足以左右社会舆论。其实反对者对此心中也很清楚，自己无力阻挡历史趋势。

当时，全国民众都沉浸在禁酒法令通过并即将实施的兴奋中，无论是媒体的高谈阔论，还是家庭餐桌上的闲谈，都很少有人涉及这个法

女人始终是支持禁酒的生力军

案是否可以真正实施的问题，比如：真正禁酒后国家会是什么样子？这种强制性的全民清醒会对工业生产、社会秩序产生什么样的影响？这个压倒性的、几乎是在不经意中通过的法案究竟会给美国带来什么？

查尔斯·梅尔兹在他的书中对禁酒法令实施前若干年的情况曾作过记述，他说：其实宪法第十八条修正案背后是有着严密的组织和强大的力量支持的，而反对者根本就没有这个能力。虽然禁酒的呼声由来已久，少数州也采取了行动，但是直到美国参战前，全民禁酒都一直未能实现。在这种情况下，要想动员毫不知情的民众去反对一个并不确知的潜在威胁，简直是痴人说梦。并且，那些由销售私酒人员组成的反对禁酒的主力军，早已失去了民众的支持，因为这些人为了一己之利，在社会愈来愈强烈的禁酒呼声中依然顽固地拒绝关闭酒馆，他们已经是声名狼藉。

在禁酒与反禁酒的斗争中，给禁酒倡导者带来绝好机遇的是美国参加了第一次世界大战。此时国家的存亡都危在旦夕，谁还有精力关注酒的未来地位呢？是战争转移了原本反对禁酒的那部分人的注意力。况且战争的严酷性已经让民众习惯了严厉的战时立法,以便赋予联邦政府新的、更大范围的权力,一切为了战争的需要。战争就像一台巨大的机器,开动时可以把所有零部件都调动运转起来,对于一个国家而言则是万众一心、同仇敌忾。节约粮食对战争显得尤为重要,所以禁酒法令就作为一项节省粮食的具体措施,自然而然地被推荐给了广大爱国民众。战争还使民众对敌对国家产生了极度厌恶情绪,他们排斥与德国有关的任何事物,不巧的是,很多著名的啤酒酿造商和蒸馏酒制造商都来自德国,民众自然憎恨这些人,连同他们的产品——酒。战争还让民众产生了一种斯巴达式的理想主义情绪——为了效率、生产和健康,可以牺牲一切,而宪法第十八修正案则正好是这种情绪的自然体现。人们普遍认为:酒是一切罪恶的根源。一个清醒的战士才是有战斗力的战士,一个清醒的工人才是能干的工人,如果人们都清醒了,还有谁去触犯法律呢?这是对社会、对家庭、对个人都有益的事情,何乐而不为呢?因此,他们认可禁酒法令实施的必要性。另一方面,美国民众对战争前景充满着乐观情绪(或者说是乌托邦式的幻影),他们认为美国的参战将结束所有战争,最终胜利将会给全世界带来新秩序,也会使美国进入一个高效的、清醒的、具有蓬勃生机的新纪元。美国人认为要实现这一切并不难!因此,战争还使民众急于要看到他们期待的效果。基于上述种种情况,在战争还在进行的1917年和1918年这两年,民意凝聚成一股异乎寻常的力量,所有被认为值得做的事情都立即去做,无论是官方文件、反对的理由,还是舒适用品或便利设施。正是在民众情绪膨胀、一边倒的情形下,他们满腔热情却又是轻率盲目地踏上了禁酒的乌托邦之路。

事实上,第十八修正案是很难实施的。显然,无论是1917年国会通过该修正案时,还是1920年它成为国家法律并即将正式实施时,还没有人想过真正实施这个法令的难度。约翰·克莱默是《沃尔斯台德法案》建立的全国禁酒机构的第一任禁酒专员,他对禁酒法令实施充满信心,并以极具权威性和夸张色彩的口气对民众说:"这项法令将在全国大大小小的城市和各处的村庄全面推行,不愿实施的地方会被强制执行……根据立法,政府将确保不会生产、出售、分销任何酒精饮品,更不会采取任何方式托运这些酒类。"仿佛他已经看到了1920年1月16日

以后的情景。美国"反酒吧同盟"是禁酒令的强大推动者,他们也低估了该法令实施的难度,他们乐观地估计国会每年只需拨款500万美元,就可确保这项法令的顺利实施。此时的国会议员先生们终于可以松口气了,他们曾为处理禁酒这件事伤透了脑筋,现在总算可以有精力去考虑国家其他更加紧迫的事情了。他们以及广大民众恐怕都不会想到,当1920年1月16日那个早晨到来及以后的时日里,他们会看到些什么,会是国家承诺的那个清醒时代的开始吗?他们在等待着期望的效果出现。但随着岁月的流逝,禁酒后各种社会问题层出不穷,这也才使国会、禁酒倡导者,以及曾热情支持的公众逐渐觉察到,他们犯了一个多么愚蠢的错误,他们当初为什么要以那样漫不经心的方式处理一个具有重大意义的问题。

2

让我们来看看禁酒法令实施后具体都发生了什么吧。要执行法案就必须先从源头上切断酒的供应,这是最根本的一条,但是能轻易做到这一点吗?实际上有很多难题:一是美国有漫长的海岸线和陆上边境线,天然地为走私者敞开了宽达18,700英里的广阔通道,犹如一张布满网眼的大网,走私者可以轻松地找到隐蔽网眼溜进溜出,让边界巡查人员防不胜防。二是法案允许药剂师可以根据医生的处方卖酒。全国有成千上万的医师和药剂师,难道这其中就没有少数人和酒贩子相互勾结吗?本来这种和医疗治病沾边的事情就很难处置,如果再缺乏严密的跟踪检查,禁酒法令将难以严格执行。三是法案允许人们饮用淡啤酒,这也给酿造商弄虚作假留下了可乘之机。我们知道,淡啤酒唯一的制造方法是先酿出纯啤酒,然后再将其中的酒精去除。但实际上无法将酒精全部去除的情况也很容易发生。此外,还有很多漏洞无法堵塞:比如违法蒸馏问题。当时只要花六七美元就可以买到一个可以加工1加仑酒的便携式蒸馏器,建一个日生产能力为50或100加仑酒的营业蒸馏室也不过

500美元，面对高额的利润回报，那些利欲熏心的人怎能不动心呢？况且，违法蒸馏操作简便，无论是废弃的房子还是住家的地窖里都能进行；还有工业酒精的问题。当工业用的酒精出厂后，是很难追踪掌握它的流向的，说不定有一些就落入酒贩子手中，经过有经验的药剂师提取成食用酒精，再勾兑成饮用酒。

海岸警卫队查获的私酒

  为了《沃尔斯特法案》的执行，政府可谓花费了大气力，在人财物上都给予了充分保证。1920年政府委任的禁酒事务专员有1,520人，到1930年增加到2,836人。像海岸警卫队、海关和移民局这些对禁酒并不热心的部门，也被政府指令抽调人员充实力量。即便如此，禁酒效果还是微乎其微，我们从梅尔兹先生描绘的一幅画面中可以清晰地看到当时的现状：在禁酒令开始实施的1920年，先不说对医用酒精、啤酒厂和工业用酒的监督管理和对非法蒸馏酒的打击整治，如果把所有禁酒事务专员都召集到海岸线和边界线上，一字排开，每一个专员就得要巡查12英里的海岸线、码头、海峡、森林及河岸，如此庞大的工作量是任何人都难以完成的。政府为了调动这些禁酒专员的积极性，还不断增加他们的收入，由1920年的1,200～2,000美元，增加到1930年的2,300～2,800美元。我们相信，每周支付35～50美元雇佣到的这些人，肯定都是些拥有良好品格和专业技能的人，他们会遵从良心的调遣，奉公守法，坚决拒绝走私者的金钱贿赂；也会利用各自的专业知识去有效地监督工业用酒制造厂复杂的化工流程，或者识破狡猾的私自酿酒人和走私贩的设备，应当说他们都是政府和民众大可信赖的人。

  然而，面对着在全国实施禁酒这样艰巨而又复杂的任务，区区几

千人的禁酒队伍还是杯水车薪。另外,虽然他们的报酬增加了,但和每天都会遇到的巨大诱惑相比,又显得那么微不足道。尤其要命的是,民众对禁酒的态度也慢慢地发生了变化,由最初的坚定到现在的动摇,使禁酒队伍得不到公众舆论的一致支持,这是他们虽然每天疲于奔命地禁酒仍难以奏效的最主要原因。战后的1920年,人们生活归于平静,但无酒可酌的太平盛世让他们的情绪也发生了变化,就像曾因产生抵触情绪而导致伍德罗·威尔逊总统建立国际联盟的构想失败那样,公众对当初曾赞成过的禁酒理由也产生了类似的抵触情绪。他们希望放松自己的生活,想做自己喜欢的事情,厌倦了为了崇高的事业而勒紧自己的腰带,过着清教徒式的生活,很多人开始回忆起当年坐在街角小酒馆里端杯浅酌的情景。禁酒法令实施后给他们精神和生活带来的变化是他们始料未及的,于是躁动之下,民众的情绪发生了一百八十度的大转弯,《沃尔斯特法案》实施才短短几个月,就遭到了民众的强烈抨击。原先那微弱的赞成恢复造酒的观点又响亮了起来,受到越来越多的人支持,大有席卷整个美国之势。禁酒法令既然被写入《法令全书》,怎么能轻易废止呢?禁酒倡导者只能鼓足精神,忙着抵御来势汹涌的允许造酒的呼声。

3

禁酒出师不利。接下来几年在这个牵动全国的问题上,更是发生了很多前后自相矛盾的事件,令不少有识之士深感困惑。虽然当时民众反禁酒呼声高涨,但是美国大多数州仍然在推行着禁酒法令。面对"禁酒难"这一难题,一些有识之士猜测政府可能会采取两种方法:要么是增加执法人员数量,在现有基础上翻一两倍,甚至是三倍;要么是重新修改法令。但是这些办法一个也没有被采纳,为什么呢?个中原因无外乎各方都站在有利于自己的角度看待问题,甚至也不乏为禁酒不力而推卸责任。

首先是禁酒倡导者们,他们不愿承认自己低估了在美国彻底肃清酒的艰巨性（否则将落个预见不明的责任），更没有采取有效措施，呼吁国会加大拨款用于执法，他们认为最简便的做法就是，给那些反对禁酒法令的人贴上布尔什维克主义者或是文明破坏者的标签，将公众的注意力引到这些人身上。

作为审批通过法令的权威机构——国会当然也不会主动承担责任。虽然当时两院议员多数都是支持禁酒的，可是支持是一回事，而执行后的利弊得失则是他们要仔细思量的另一回事了。政府和官员们都把禁酒当作了一个烫手的山芋，谨小慎微，惟恐越雷池一步。除了将法令条文中"海岸警卫队巡逻的范围"由3英里扩大到12英里，以及呼吁"不必太多拨款，要努力提高执法效率"之外，再无其他作为。

这一时期在任的哈定总统和柯立芝总统的态度又如何呢？说出来让人失望，他们也不过发表了"遵守法律是一种美德""法律还是要执行的"这样一些无关痛痒的言论，然后又将目光转向他们认为是更重要的地方。在这种大的局势下，各州政府的禁酒力度就可想而知了。有些州政府对禁酒事务的财政拨款少得可怜，到了1927年财政拨款只占各州用于执行捕鱼和娱乐类法令总额的八分之一；有些州的立法机构干脆断绝了对禁酒事务的支持，让它们自生自灭；即便是最支持禁酒的那些州，也是把联邦政府推在最前面冲锋陷阵，自己则躲在旁边作壁上观。打击地下酒吧本是各地方政府义不容辞的责任，但也往往流于形式，因为民众不支持。至于本来就反对禁酒的那些州就更不会出手了。但是他们也清楚，目前指望着废除或者修改修正案都是没有可能的，只要能公开地表达他们的抗议声也就心满意足了。从全国来看，禁酒法令并没有朝着预定的目标前进，虽然人们都心知肚明，但却没有人愿意、也没有人能够采取任何有效的措施。

下面要说的还是禁酒令实施期间走私贩子运酒的情况：那些精心伪装好的运酒船只，定期从比密尼、伯利兹或圣皮埃尔进入美国港口，等候在那里的数只摩托艇接应后，再快速运到那些受保护的小码头，一环扣一环，连接得非常紧密。在底特律周边的湖岸线上，有很多装满优质加拿大威士忌的船只，随时准备靠岸。还有的货船名义上是运来完全合法的、贴明标签的商品，但其中却藏匿了一箱箱走私的杜松子酒。不仅海上是这样，陆路私酒运输同样非常猖獗，尤其加拿大通往美国的边

界上，经常有偷运酒的货车开过来，更让人意想不到的是，人们将酒箱捆在驯养的聪明的海豹身上，让它们神不知鬼不觉地将威士忌私运到美国，这简直就是天方夜谭。形形色色的走私让人瞠目，林肯·安德鲁斯将军是负责执行禁酒法令的财政部副部长，连他也无奈地说：绝大部分走私酒都成功流入社会，他们只截获了区区的5%。至于流入国内走私酒的价值就更高了，据商务部估计，仅是1924年就高达4,000万美元！大量啤酒从酿酒厂被偷运出去，众多小酿酒厂生意兴隆火爆，这让禁酒专员们大伤脑筋。据估算，这10年间被非法转移的工业用酒精每年都在1,300万～1,500万加仑。虽然到1930年政府采取了严格的控制准许制度，并提高了检测水平，但当年

海岸警卫队在追击走私船

被转移掉的酒精仍然高达900万加仑。这也可能是保守的数据，还有的专家认为可能高达1,500万加仑。我们这里所说的每1加仑是什么概念呢？来算一下：每1加仑工业酒精在兑水调味后，足以调制成3加仑的假酒，再装进有苏格兰语标签的酒瓶，就被走私贩子们吹嘘成是"刚下船"的新鲜货，推销给那些上等公民们。可见被转移的上千万加仑的工业用酒精可以勾兑出多少假酒来，就是一个惊人的数字了。

和用工业酒精勾兑假酒相比，违法蒸馏更胜一筹，成为所有酒的来源中最丰富、数量也最大的一种。禁酒专员多兰博士估计说："到1929年左右，由蒸馏提供的酒大约是由工业用酒精勾兑酒总量的七到八倍。"为什么这样说呢？只要看看当时蒸馏酒需要的玉米糖的生产数量便清楚了，将近10年里，全美国玉米糖的产量增加了6倍。虽然在维克山姆的报告中讲到玉米糖的合法用途时，是用"无法确定""可能没有"

这样一些含糊的语句表示的,但可以肯定的是,这数量巨大的玉米糖被当作原料,用来酿造威士忌了。

形形色色的走私、胆大妄为的造假,使酒源源不断地流入了美国社会,居然让酒见证了那一幕幕与一个号称是文明、民主的国家极不相称,甚至是有伤风化的场景:在橄榄球赛场上,坐在看台上的男人和女人们在挥臂呐喊的同时,还不断仰起头来,将手中的扁平小酒瓶口对着嘴巴倾斜;在地下酒吧里,人们围坐在老式吧台前,手中握着的那一瓶瓶酒,也许就是一帮西西里岛的酒精伪造者提供的。这里出售的酒价还不一样,比如由杜松子酒调制成的鸡尾酒,卖给普通顾客每一杯收取75美分,而给警察却是免费的,因为警察对他们的暗中保护比酒钱要重要得多。不远处的黄铜栏杆旁,只见一个出身良好教育家庭的年轻女子把腿搭在栏杆上,旁若无人的样子,仰头将手中的马提尼一饮而尽;为了应对"服务站"人员的检查,喜欢饮酒的年轻夫妇将桶装葡萄酒汁藏在卧室的壁橱内,让其在里面慢慢发酵。

慢慢地人们的胆子又大了些,业务经理去参加贸易会谈前,总要将两瓶杜松子酒装在包里;有客户来公司拜访,销售部经理就很快给他们端上酒杯,就像以前大大方方地拿出一包包香烟招待客人似的;宾馆更是这样,为了表示他们认真执行"不要和含酒精的酒混淆"的规定,服务员会快步跑到417房间,再递给客人一份冰镇的姜汁饮料;很多夜总会和地下酒吧被联邦政府强制关闭后,它们就改名换姓,另找个地方重新开业;为了迷惑走私犯,伊兹·爱因斯坦和摩尔·史密斯这两个禁酒专员还凭借着善于表演的才能,巧妙伪装,出其不意地抓获走私贩;斯梅德利·巴特勒将军当时在海军部供职,他根据上级

女人把酒瓶藏在靴子里

指令参加了打击宾夕法尼亚州的酒贩子运动,由于成果显著获得了提升。但他也对禁酒前景不乐观,曾直言不讳地说:"不要抱有太大的希望,政治不可能使宾夕法尼亚这个地方彻底禁酒。"即使这样一个有着丰富斗争经验的人,最后也是在一片混乱中明智地选择隐退了;政府眼见工业用酒精大量被转移,假酒屡禁不止,非常焦急,就下令在工业酒精里掺入了甲醇和其他有毒成分,结果却被反对禁酒人士指控为谋杀;以文明的方式禁酒不奏效,令政府官员伤透了脑筋,最后他们决定以武力来打击走私犯。但是这样做有时也会带来意想不到的后果,如一艘在加拿大注册的合法船只"独自号",被美国缉私船怀疑走私而盯上了,足足追了它两天半,最后"独自号"不幸在距离美国海岸215英里的地方沉没,这一事件引起了加拿大政府的不满,也令民众感到非常恐慌;这个时期与禁酒有关的诉讼案堆满了联邦法庭,审理起来很困难,因为有的陪审员是来自反对禁酒地区,他们坚决反对给私自酿酒者定罪。

虽然禁酒令实施给政府造成了很大压力,但是它关于饮酒过度的宣传和反宣传,确实在民众中产生了很大影响。支持禁酒的人普遍认为:禁酒为美国战后20世纪20年代的繁荣奠定了基础。因为自从禁酒以后,民众在银行的存款不断增加,人们的工资不再花费在饮酒上,可以去购买汽车、无线电设备和住房,提高生活水平;一些工厂的老板们反映,现在工人们星期一上班时精神振作、操作时动作稳当,不再像以前那样因酗酒而萎靡不振;来自医院和监狱的报告也说,如今因酗酒而死亡的人数减少了,因醉酒造成迷失心智而犯罪的人也少了。

但是,几乎所有反对禁酒的人又会说出与上面完全相反的情况:国家的繁荣与禁酒根本就没有关系。禁酒的结果是犯罪率不断增加,城乡伤风败俗的事情屡屡发生,离婚的人数居高不下。尤其是禁酒让人们藐视法律,这是对一个民主自由政府根基的最大危害。反对禁酒的人指责那些支持禁酒的人,说他们不顾实际,对禁酒法令盲目地支持,实际上是在鼓动布尔什维克主义;而禁酒支持者则反唇相讥,说反对禁酒的人贼喊捉贼,由于他们不满社会就故意违反法律,实际上也是布尔什维克主义的鼓动者。当时如果你留心报纸和广播,就会发现其中也充满了呛人的火药味。即使是一些还不知是否属实的猜测,报纸和广播也都会说成完全相反的论调,比如,A报纸撰文说:现在大街上再也看不到醉汉了,而B报纸却声称:街上的醉汉越来越多;A电台宣布:大学校园已经禁绝饮酒,B电台却广播说:大学校园的饮酒问题非常严重,几乎到了无可救药的地步……"宾夕法尼亚州的矿区用于非法制酒的蒸馏器很多,平均每两户就有一个""宾夕法尼亚州矿区的人们早已改变了饮酒习惯";"因酗酒致贫的例子大大减少了""贫民区饮酒的人数是禁酒法案实施前的3倍";"某主教、某医生和某官员对当前的形势信心倍增""某主教、某医生和某官员忧心忡忡,对眼下的局势深感无奈"……双方唇枪舌剑、互不相让,口水战就这样不断升级,简直让人看得眼花缭乱。

很多支持或反对禁酒的专业人士,都统计分析了大量数据,并且郑重其事地向公众报告。但我们千万不要被其所迷惑,因为许多数据都是不真实,也不可靠的,就像我们前面举的那些例子,双方各执一词,争论不休,怎么能指望他们会为我们提供准确的数据呢?当然这些数据也并非全无用处,至少可以送给一位逻辑学教师,为他今后讲解种种谬论时提供完美的范例。

在这里有一个问题我们还是要尽力弄清楚,那就是在美国战后的整个20世纪20年代实施了第十八修正案和《沃尔斯特法案》后,饮酒的总人数与第一次世界大战之前相比较,究竟是多了还是少了呢?这可是衡量禁酒效果的一条重要标准。据权威者估计,在富有群体中的饮酒者数量未见减少,而其他群体中的饮酒者数量虽有减少但也不明显。这就足以证明美国苦心进行十余年的禁酒,实际上得到了一个令人遗憾的失败结果,远远未达到民众在1919年热烈拥护禁酒令时预想的目标。因此,他们的失望情绪也就可想而知了。

禁酒官员把查获的威士忌倒入下水道

4

其实,自禁酒令开始实施的那一天国内就一直争议不断,只不过当初反对禁酒者的声音很微弱罢了。但是到了1928年情况发生了变化,有关禁酒的争议愈来愈激烈,以至于连总统竞选也绕不开这个问题了,当时的民主党候选人史密斯和共和党候选人赫伯特·胡佛在竞选辩论中,也都对禁酒问题提出了各自主张。史密斯对禁酒虽然不是坚决反对,但他考虑到全国禁酒形势,明确地提出了两条意见:一是国会应对"酒类饮料中酒精含量多少才会致醉确定一个科学标准",以补充《沃尔斯特法案》内容,并允许各州在遵循国会统一要求前提下可以自定标准;二是对第十八修正案进行修订,经全体公民投票表决同意后,各州可以在本州内自行进口、加工及出售酒精饮料,但不得在任何全国性公开场合销售。而赫伯特·胡佛则是坚决地站在了禁酒一边,他发表了可谓气魄宏大的禁酒宣言,称这是"一项动机高尚、意义深远的伟大社会实验和经济实验",呼吁选民们继续支持利国利民的禁酒法令。但是他在演讲或辩论中对禁酒的很多细节却避而不谈,也没有宣称禁酒的结果很高尚,这当然是从竞选策略考虑了。选民们往往会把动机和成绩混淆,他们对动机的认可也等同于对成绩的认可,因此更不会注意到胡佛先生省略的那些内容和很多细节了。

共和党候选人赫伯特·胡佛在竞选中获胜了,这让禁酒支持者们大受鼓舞,到处都有他们欢庆的场面。虽然从当时各州选民投票和舆论调查结果来看都还有些模糊,但他们却声称自己赞同的禁酒主张已经赢得了全国民众和国会两院议员中的大多数,尤其是支持禁酒令的总统人选胜出,使他们更加确信了先前的估计。然而这一选举结果究竟又说明了什么呢?人们不仅对禁酒的疑惑依然大量存在,而且还在不停地琢磨那个来自纽约东部贫民区的勇士为什么会竞选失败,难道就因为他是个反对禁酒者?是个天主教徒?或者是对"柯立芝繁荣"延续构成潜在威胁的民主党人？

新总统赫伯特·胡佛对禁酒者的支持，还不止是停留在对他们高尚动机的认可上，在他入主白宫仅两个半月以后，就按照竞选当初的承诺，任命了以乔治·维克山姆为主席的11人政府调查团，展开对禁酒法案实施情况的调查工作。

这是一项异常繁杂而艰巨的任务。调查团废寝忘食、夜以继日地工作，直到维克山姆主席被任命19个月后的1931年1月，他们才从面前那堆积如山的有关禁酒的事实、理论和论点中钻出来，总算可以透透气了。当维克山姆主席把11个调查员写出的厚厚一摞调查报告放到总统办公桌上时，禁酒早已经过去了10年。下面还是让我们来看看这些被认为是拥有高智商的、公正的、负有责任感的调查员们，对禁酒这一给美国战后20世纪20世纪20年代造成巨大政治冲击的事件所提供的是一份什么样的调查报告吧。

乔治·维克山姆

当你仔细读过报告内容后就会发现，这其实是一份自相矛盾、结论令人困惑不解的报告。首先是调查报告始终都明确地表示，鉴于无法在全国范围内实现禁酒目标，禁酒执法人员们对此而深感内疚；其次是11个调查员递交的表达个人观点的报告中，只有5个人赞成继续执行禁酒法令，另有4个人赞成对修正案进行修改或补充，还有2个人则主张彻底废除禁酒法令，但是"全体"调查员的投票结果出来后又是赞成继续执行禁酒法令。他们还建议联邦政府，如果时间证明禁酒法令执行失败也可以做出修改等等。总之，他们的主张和建议是如此矛盾和含混，真是让人为他们19个月所付出的"辛勤劳动"感到吃惊！对此，弗拉库斯先生专门在《纽约世界》杂志专栏中发表了辛辣嘲讽的文章：

禁酒令彻底失败，
但是我们喜欢它；
它根本做不到想要做到的，

但是我们仍然喜欢它；
它让贪污和谄媚不断，
使这片原本宁静的国土布满堕落和罪恶；
它所禁止的分文不值，
但我们就是赞成它！

如果考虑到当时大的时代背景，你也许对维克山姆调查团的那份自相矛盾、令人困惑的报告就不会感到奇怪了，因为调查团根本无力抗衡当时他们所面临的局面。事实上，美国自1917年开始禁酒立法时就选择了一条错误的道路，及至1920年一直是在这条错误的道路上走着。假如我们再回过头看看就会发现，不仅当初立法时人们完全缺乏初级的化学知识，不晓得酒其实是很容易进行加工制造的；而且也完全缺乏初级的心理学知识，不懂得常人对一种事物引起心理冲动后，是难以被法令所禁止的这样一种心理学常识，所以政府带领民众如此草率和盲目地踏上了一条不可能有方向的歧途。现在没有人清楚怎样才能把国家从错误的道路上拉回来，因为禁酒困境中还有很多问题亟待解决：比如怎样才能通过对法令做部分修改，让那些已经喝惯了杜松子酒的人能喝到淡味啤酒或低度葡萄酒？不少人钻政府法令的空子，坐享违反法律获取不义之财或饮私酒的快乐，政府如何在官方售酒、执法不严等方面堵塞漏洞，防止贿赂腐败的滋生？那些酿私酒和非法走私酒的人中有不少已经大富大贵，现在的行当是他们早已习惯的谋生之道，如果彻底废除禁酒法令，这些人又将何去何从，还有什么罪恶的职业他们不敢去涉足呢？酒这种东西究竟是被视作一切罪恶的祸根呢，还是人们可以适量饮用的福音？饮酒是个人的私事呢，还是涉及国家和公众利益的重要事件？……这些问题不仅是支持禁酒和反对禁酒者激烈争论的焦点，就是那些希望修改法令的人也对此各执一词，难以调和。在这种错综复杂的形势下，即便政府对禁酒出台一些新的政策或措施，也不一定会被有效地贯彻执行；抑或大多数民众已经清醒，找到了走出歧途的良策，但那13个坚决禁酒的州如果不改初衷，阻止国会对修正案做出任何修改，这一良策岂不也要付之东流？左也不是，右也不能，总之，美国历史上从未面临过如此棘手的难题。

5

随着20世纪20年初禁酒法令的实施，很快就在社会上催生了形形色色的人物，其中不乏一些黑社会老大。芝加哥的约翰·托里奥就是这样一个令人恐惧的黑社会人物，他头脑活泛、工于心计，从政府刚刚颁布的禁酒法令中嗅出今后在违法酒的销售业务中会大有赚头，于是他私欲极度膨胀，产生了要掌控芝加哥全城私酒分配的念头。虽然这时各种试与法律较量的人物纷纷登场，竞争激烈，但是约翰·托里奥心中明白，只要自己手下有一帮手脚灵活、枪法精准、肯于效忠而又纪律严明的人，就能够控制住局面。他们对那些与自己竞争的私酒酿造人采取胁迫手段予以打击；对那些到地下酒吧的人，则"劝"他们必须买托里奥的酒，否则就不会有好果子吃。

纽约有个地区是五条大街的交汇处，因此被叫做"五街顶"。当地的黑帮臭名昭著，约翰尼·托里奥曾是其中的佼佼者。后来约翰尼·托里奥来到芝加哥发展自己的事业，他和"左撇子"路易和"血手"吉普臭味相投、往来密切，相约要把违法酒销售的事业做大。约翰尼·托里奥寻思必须要找一个帮手，他把目光自然转向纽约的"五街顶"，希望从那里找到合适人选。终于他物色到了一个刚刚23岁的那不勒斯恶棍，别看这个人年纪轻轻，但在黑帮组织里也是小有名气。约翰尼·托里奥很中意，他向对方许诺说："如果你愿意到芝加哥来帮助我，我不但可以支付你一笔丰厚的年收入，还可以让你分享私酒贸易所获利润的一半。"于是，那个年轻的恶棍来到了芝加哥并很快崭露头角，在托里奥的投机冒险事业中逐步确立了自己的地位。这位年轻人起初的时候唯一财产仅仅是一本家庭用的《圣经》和一套业务名片，上面印着两行字：

阿尔·卡彭

二手家具经销商　南万柏大街2220号

这个年轻恶棍果然能力非凡！托里奥慧眼识人，他猜得没错。实际上包括这件事在内，他已经有三件事都猜对了，另外两件中有一件是对私酿酒利润的估计，现有数据已证明他在芝加哥私酿酒的利润十分巨大，并且让他有足够的时间和空间来缓和法律的制裁；另一件是他预想的激烈竞争也被后来的事实所证明，因为他不时地发现竞争对手已经与某个地下酒吧搭上了关系，要求那里的客人都买他们的啤酒而不是托里奥和卡彭的酒，如果谁敢拒绝就会遭受毒打，甚至不得不关门走人。托里奥认为阿尔·卡彭作为自己的接班人确实是最适合的人选，因为经过这段时间的"学习"和"磨炼"，卡彭已经具有了很强的组织能力和应对各种突发事件的技巧。

芝加哥黑社会头子——阿尔·卡彭

据知情者透露，才短短3年时间，阿尔·卡彭这个来自"五街顶"的恶棍手下就聚集了700多人。他们装备良好，有不少人手持短把猎枪和汤姆逊冲锋枪，随时听候他的差遣。随着私酿酒的利润如滚雪球般的成倍增长，阿尔·卡彭不但掌握了敛钱之道，还学会了很多政治手腕，他对政客们施加影响，使他们在制定政策时往往受到这个年轻恶棍的制约。到了1925年左右，西塞罗市的郊区已经完全在他的势力掌控之内了，在这里他可以为所欲为，不仅在荷桑宾馆设有私人总部，在160多家酒吧和完全开放的赌博场所安置了代理人，甚至还可以让自己的亲信担任市长，这时他掌控的资金足有几百万美元。卡彭的崛起让托里奥逐渐退隐幕后，卡彭成了托里奥帮派财大气粗的霸主。随着他对权力的强烈欲望，接下来上演的就是他与竞争对手欧班宁帮、吉纳斯帮以及艾洛斯帮的血腥争斗。这些人试图阻止卡彭日益扩大的统治范围，结果是一轮又一轮的火拼流血事件发生，让芝加哥饱受了从未经历过的大规模残杀。在帮派相互残杀中，各方都把花样频出的新技巧发挥得淋漓尽致，下面我们就来介绍几种：

在帮派之间的争斗中，想方设法除掉对手是唯一目的，为此他们手段残忍，不惜一切。要么是事先准备好一辆偷来的赃车，满载着配有短把猎枪和冲锋枪的打手，如果发现另一结怨帮派的车后就紧追不放，待追上后就把车上的人逼到路边，朝着他们疯狂扫射，短短一两分钟后就迅速离开现场，再开着赃车混入公路上来来往往的车流中，直至找到一个安全的地方后再把那辆偷来的车抛掉，然后扬长而去；要么是找到受害人，谎称带他"出去转悠转悠"，以熟人的名义诱骗他上一辆汽车，然后把他打死，再开车到离城市很远的荒郊野外，把尸体扔到水里；要么是在受害人住宅对面的高楼上，找一套公寓或是一间屋子租住下来，由几个雇来的枪手整日在窗口静静地守候，当某一天下午他们看到受害人从自家前门走出时，"突突突……"几十梭机关枪子弹会立即从紧拉着的窗帘后面射出，受害人必定喋血当场。除此之外，还有更多具有独创性甚至是更为简捷的杀人方式也被使用。

我们这里再举一个例子，是对一个帮派头目的刺杀过程。芝加哥地区是卡彭王国的势力范围，但曾经有一段时间欧班宁帮插足这里，对卡彭王国构成很大威胁，于是卡彭和下属精心策划了对该帮头目迪翁·欧班宁的谋杀，其设计周密、手法娴熟程度丝毫不亚于当初耶稣的门徒谋划杀死犹大那样。欧班宁这个人性格古怪、狡猾多变、行踪诡秘，他的习惯是夜里贩卖私酒，为所欲为，而到了白天则深居简出，精心种花养草，他既是一个鉴赏兰花的行家，也是一个杀人不眨眼的刽子手。卡彭除掉他的行动开始了：一个阳光明媚的上午，欧班宁的花店门口停下一辆私家车，只见3个衣着讲究的人从车里走出来，还有一个人留在车里，双手紧握着方向盘。这3个人缓缓朝前走着，他们显然是设法赢得了对方的信任，只见欧班宁从花丛中走出来迎接他们，这时可以看出他是神情自然、放松警惕的，虽然他身上总共带着3把枪。3个人里走在中间的那位客人看到欧班宁就像见到多年的老朋友似的，上前一步和他热切地握手，就在他紧握住欧班宁一只手的时候，砰砰砰！身边的两个同伙几乎同时开枪，6发子弹瞬间射进这个横行一时、双手沾满别人鲜血的黑帮头目的胸膛，随后这3个人走出花店，上了等候在门口的汽车疾驰而去。这次谋杀震动了整个芝加哥，欧班宁帮受到沉重打击，而全城民众却暗自庆幸。事后那3个杀人者从未受到审判，也没有哪一个人因

自责而自杀。被杀的欧班宁身后得到了黑帮匪徒中头等级别的哀荣——满满26卡车鲜花簇拥着一个价值1万美元的棺材缓缓驶向墓地，其中一个花篮上题着的话语尤其让人感动，就像失去一个多年挚友那样悲痛，落款是"阿尔·卡彭敬献"，这就是年轻的恶棍卡彭！其实欧班宁帮心知肚明。

尽管欧班宁帮已是群龙无首，但他们还是劣性不改，心存怨恨，继续兴风作浪，又给帮派争斗带来了新的血腥。1926年的一天，在熙熙攘攘的西塞罗市大街上，一伙欧班宁帮的人开动8辆巡逻车，在光天化日之下用机关枪扫荡了阿尔·卡彭设在荷桑宾馆的总部。当时，这些巡逻车沿着荷桑宾馆外的街道缓缓地行进，到了宾馆门口时，第一辆车先朝天打了几梭子弹，为的是驱散无辜的路人，并将总部里的人吸引到临街的门窗前。紧接着，依次排开的8辆车里同时喷射出如雨点般的子弹，荷桑宾馆和相邻的建筑物很快就弹痕累累，子弹打在周围的地面上，噗噗地扬起阵阵烟尘，附近的行人们被眼前的情景惊呆了，纷纷四处逃散。欧班宁帮的人几乎打红了眼，有一个枪手甚至下了车，单腿跪在荷桑宾馆门外的人行道上，以宾馆门口和临街的窗户为目标，端着冲锋枪一通疯狂扫射，一口气打出了100多发子弹，那子弹出膛声就像炒豆似的爆响。我们猜想，这次激烈的枪击一定会让毫无提防的卡彭帮伤亡不少，然而让人不可思议的是他们却伤亡极小，阿尔·卡彭也因为一直趴在荷桑宾馆的地面上而安然无恙。在行人如织的城市街道公开进行如此大规模的枪击，引起了公众的极大愤慨，即便这是一个可以把金条放在配有装甲设备的车辆来运输的年代，也不允许把一条城市街道当作射击场肆意妄为。

在接下来的打打杀杀中，诸多帮派一个接一个地覆灭，但是争斗始终没有停息，而且愈加惨烈疯狂。发生在1929年情人节的那一次现在让人想起来都胆战心惊，可以说是上演了大规模屠杀的高潮，无论是独创性还是残忍程度都是史无前例的。1929年2月14日上午10点半，欧班宁帮的7个人正坐在位于北克拉克大街的SMC货运公司车库里，等待着接应一批抢劫来的酒。他们或许没有注意到，这时正有一辆凯迪拉克警车悄悄停在路边，从车里走出3个警察模样的人，身后还紧随着两个穿便衣的人。这5个人不动声色地来到欧班宁帮候车的地方，两个便衣人暂时停在车库门外的走廊里,那3个警察模样的人径直进入车库,趁欧班宁帮不备,迅速靠前解除了这7个人的武器并要求他们面朝墙壁站成一排。面对这突如其来的袭击,欧班宁帮并没有感到特别惊慌,因为以前他们也曾多次遇到过警察突然搜查的情况,而且后来都会轻易脱身。所以他们很顺从地背过身并乖乖地举起了双手,此刻他们心里在想,这一次也不会有什么大事,应该会像往常一样很快脱身的。但接下来发生的事情却是他们始料未及的,就在这7个人举起双手,面向墙壁站定的时候,门外走廊里那两个穿便衣的人突然闯了进来,举起机关枪就朝他们扫射,欧班宁帮这7个人还没有弄清是怎么回事,就倒在了血泊里。这一幕戏剧的结尾很可笑,那3个警察模样的人面孔冷峻地押着两个穿便衣的凶手从车库里走出来,从容不迫地穿过人行道,走近等候在那里的巡逻车,然后5个人一起坐进车里。车辆启动后扬起的微微白雪,让情人节走在冬日街道上的行人们,看到了一幅以法律的力量逮捕罪犯的精彩画面。

下面我们再简要地说一下杰克·林格被枪杀事件。1930年的一天,在一辆开往伊利诺伊州郊区火车总站拥挤的地铁列车中,杰克·林格在众目睽睽之下被不明身份的杀手枪杀了。凶手是谁一直没有搞清楚,后来人们只知道杰克·林格是一个具有"《芝加哥论坛报》记者"和"黑帮同伙"双重身份的人物,这一事件和前面讲的许多杀戮,都成为禁酒法令实施10年期间最轰动的事件。虽然10年期间帮派混战不断,但在总共发生的

杰克·林格

500多起帮派谋杀案中,很少有杀人犯被绳之以法,大多数谋杀案最后都是不了了之。这是为什么呢?除了因为那个年代很多人无视法律的存在外,还有每次谋杀的精心策划、事前事后的金钱诱惑、黑帮老大施加的影响力、犯罪集团对证人的恐吓以及所有牵涉到的匪徒都不愿当庭作证等,都是不能执法的原因。所以,无论发生的谋杀是多么残忍、多么令人发指,都有可能在上面说到的种种情形下,无法得到公正的裁判。

芝加哥这座城市正在以它频频发生的暴力和谋杀,在为全体美国人,甚至是全世界的人进行着一次在暴力和惩治犯罪面前无可奈何的生动教学。这种事情的发生和实施禁酒到底有没有关系?不少有识之士还在深入思索。

如果说是由于禁酒法令的实施或者"公众拒绝遵守禁酒法令"才导致了违法犯罪势力如此猖獗,暴力和谋杀屡屡发生的话,这个解释似乎有些道理,可还是显得过于简单,也缺乏说服力。难道还有其他的什么原因吗,比如是汽车这种便捷的交通工具让抢劫银行的歹徒能轻而易举地逃离现场?是战后被改造过的新兵工厂生产出的轻便、致命武器,又成了黑帮手中制造暴力和谋杀的工具?是来自西西里岛的匪徒承袭了黑手党杀人不眨眼的传统?是反对禁酒的团体纵容为这些人提供啤酒和杜松子酒,由此这种贸易的"副产品"——枪支和杀人也自然应运而生?是那些派头十足、根本不关心民生的大都市社团,让民众无法将注意力放到和自己眼前利益密切相关的任何方式的掠夺上?还是那个时代很多人表现出的对政治的淡然和冷漠呢?难道这些都是致使帮派激增、犯罪率居高不下的原因吗?

不容置疑的是,禁酒法令绝对是帮派激增的直接诱因,或者更确切地说是啤酒的走私与偷运助长了帮派的嚣张气势。他们要想在啤酒贸易中获利,就必须设法解决运输和通行问题,因为啤酒瓶的体积比威士忌酒瓶大,要用卡车才能运输,而卡车这种大家伙又很难掩饰,所以偷运时必须以贿赂打通禁酒工作人员和警察的关节,为他们提供通行方便和允许携带武器。由于啤酒从生产、运输到销售每个环节都有巨大利润空间,所以帮派团体就是铤而走险也要干。弗雷德·帕斯利是阿尔·卡彭传记的作者,据他说联邦官员在1927年曾估计过,卡彭帮每年可从酒类收入中获取6,000万美元利润,其中绝大部分都来自于啤酒私运和销售。这就像让一个人口袋里塞满钱,使他卷入非法生意中,那么即使他遭到攻击时也不会产生寻求法律的念头,况且他还有自如地行贿甚至杀人的机会,更不必担心受到法律惩处,在巨额金钱的驱使下,他还惧怕什么呢?帮派和匪徒在美国人的生活中从来就没有消失过,这种状况会继续存在;官员阶层中的贪污腐败也不会杜绝,这种状况也会继续存在,两者之间相辅相成、相互依存,这真是一种很有意思的社会现

阿尔·卡彭在佛罗里达的庄园

象。极具讽刺的是，芝加哥将屡屡出现的腐败及犯罪统统归咎于酒的诱惑，为此还展开了将酒驱逐出美国的各种尝试。

阿尔·卡彭这个来自纽约"五街顶"的年轻恶棍，自1920年占据帮派霸主地位以来便一发而不可收，到了1929年以后他居然成为和查尔斯·埃文斯·休斯、基因·滕尼一样大名鼎鼎的人物了。短短10年工夫，他就从一个一无所有的恶棍，变为在芝加哥可以呼风唤雨的人物，不仅芝加哥地区1万个地下酒吧的大部分酒类供应都由他控制，而且据说还控制了加拿大和佛罗里达海岸的供货来源。他的财富究竟有多少无人知晓，据联邦事务官估计应该有2,000万美元，他的发迹简直就是当年美国的一个奇迹！阿尔·卡彭平时给人一种遵纪守法的印象，只有一次因为在费城持枪而被逮捕关进监狱，此外再没有这方面的记录了。他每次外出时，乘坐的是一辆配备装甲的专用汽车，每当行使在芝加哥街头时，总会有一辆汽车在前面巡逻开路，紧跟其后的是一辆满载荷枪实弹保镖的汽车，形成了一条流动的防线，安全防范极为严密。当他到戏院看戏时，会有身着正装的18个保镖环绕其左右，枪是必带的，只不过

是挂在左腋下，丝毫不影响应对突发事件。卡彭的姐姐结婚时，他送给新郎和新娘的礼物是一个9英尺的婚礼蛋糕和一辆造价不菲的特制蜜月轿车。在举行婚礼的教堂外，有几千人在雪地里转来转去，担负着安全保卫任务。卡彭在迈阿密有一处房产，内部装修极为豪华奢侈，他经常在那里设宴款待宾客，据说一次可以宴请75位客人。他还和不少高官，甚至是法官都结下了深厚的关系，据说他经常从芝加哥一家商业中心的宾馆里发出指令，这些人都会乖乖地从电话里接听。要知道，阿尔·卡彭这时才只有32岁，我们不由地想到拿破仑在32岁时又做着什么呢？根据拿破仑年谱，我们知道这位法国奇才在32岁时已经担任了法国终身执政，掌握了国家最高权力，稍后两年他又加冕为法国皇帝。而卡彭走的则是一条歧途。

芝加哥是最早饱受帮派暴力与犯罪侵害的城市，后来这种暴力和犯罪又快速向美国的其他许多城市蔓延渗透，不仅托莱多感受到了，底特律也感受到了，还有纽约……

6

到了战后20世纪20年代中期，帮派经营的业务范围不断扩大，不仅是酒类，还有赌博、卖淫等等。帕斯利先生有一份根据联邦事务官评估的记录，表明卡彭帮在1927年的总收益中，来自于非法销售啤酒、各种酒精饮料和蒸馏酒的有6,000万美元；来自于经营赌博场所和赛狗场的有2,500万美元；来自于组织卖淫嫖娼、经营酒店和其他途径的有1,000万美元；还有1,000万美元是勒索诈骗所得。这说明卡彭帮正逐渐涉入酒类以外的其他新兴领域，从发展势头上看，他们要雄心勃勃地打造出一片新天地。

前面我们几次说到"勒索"（racket）一词，其实这个词从广义上讲是指一种很容易搞到钱的职业，在50多年前曾被纽约的坦慕尼派广泛使用过，它目前这种带有贬义色彩的使用只是战后20世纪20年代中期才开始,至于以后又衍生出"敲诈勒索"(racketeering)这个人人厌恶的术语则是1927年才有的,当萨科和万泽蒂被处死、林德伯格飞越大西洋、卡尔文·柯立芝决定不再隐退这些重大事件震动美国的那一年,才被收进美国词典。这是一个战后20世纪20年代的产物,它所包括的含义和所表现的行为,自然也是这个年代的缩影了。

从美国这一阶段的历史中我们不难看出,敲诈勒索的出现与盛行与酿私酒帮派的暴力和谋杀活动一样,也是有着复杂的历史和现实原因的,其中极端的劳工联邦主义便是一个重要因素。自从莫利·马格瑞斯事件发生后,有组织的劳工为了保护自己的权益,就开始把铜制的钩子和炸弹作为武器经常使用了。当红色恐惧大潮逐渐消退后,劳工联盟也在公众中失去了影响力,这让数千联盟成员感到无所依托,尤其是"柯立芝繁荣"使他们意识到,仅凭一张联盟成员证是解决不了任何问题的,不要说得不到财富,就是他们的处境也愈发艰难。1919年那种洋溢着激进主义的情绪早已不复存在,原先期待着继续壮大劳工力量,建立新的工业秩序的希望也破灭了,这让他们心中感到愤懑。而那些联盟领袖同样心理失衡,他们发现别人都在拼命地捞一把,而自己不过是只得到了属于自己的那一份,为了不被视为工贼,他们甚至去掀翻反联盟工厂的屋顶;为了表明自己是敢作敢为、言出必行,有很多时候他们也会雇佣暴徒、杀手去实施,并不止一次地在组织劳工斗争中使用了炸弹;为了使自己免受法律追究,他们还会行贿或在政治上施加影响,甚至与那些黑社会之流暗中勾结,因为这些人凭借私酿酒非法贸易,已经变得非常富有,他们可以撒出大把金钱,为所欲为,甚至动辄开枪杀人,所以这些邪恶联盟更容易达成。这种社会风气给许多政客和违法生意人提供了大规模行贿受贿和同流合污的土壤,也让帮派匪徒和一些诡计多端的家伙看透了劳工领袖们的丑陋嘴脸,因此他们趁机大肆敲诈并使之逐步盛行起来。到了1927年,芝加哥这座滋养了黑帮老大阿尔·卡彭的城市,又催生了众多稀奇古怪的行当和形形色色的人。

在实行勒索诈骗活动的人中,有的是跌进了犯罪深渊无法自拔的原劳工联盟成员,有的是冒充劳工联盟成员来进行敲诈的,还有的则是这两类人的结合体,他们对敲诈有个几乎完全一致的定义:敲诈这种做法无可非议,这只是向那些生意人提供保护,使他们免受损失而收取的

费用。他们还乐观地预测这个行当将会兴旺发达,因为那些拒绝接受保护的人很快就会看到或是自己的店铺被炸,或是卡车被毁,或是货物遭抢,甚至连他这个人都有可能性命不保,原因就是他们不交纳保护费。而这些受害者还得打掉了牙齿往肚子里咽,别指望当局能给予他们任何帮助,因为那些当局人士不是遭到恐吓不敢出手,就是已被腐蚀拉拢,不愿出手。

  洗衣业是深受其害的一个行业。敲诈勒索者不仅从熟练洗衣工和零散洗衣店主那里诈骗到大量钱款,还曾一度控制了整个芝加哥市洗衣业的行市,在他们的干预下,洗衣费上涨了很多,原来人们洗一套衣服需要1.25美元,现在则要1.75美元,如果哪个洗衣工或店主不甘心这种明目张胆的敲诈,那他的厄运就来了,不是店铺被炸就是送货车被泼上汽油后点燃,再不就是被人狠狠地收拾一顿。敲诈者还想出了更为歹毒的方法,他们事先把易燃易爆的化学品塞进裤子的缝合线中,然后再送到那些不愿顺从的店里去清洗,后果可想而知。化名"斜眼"莫里根的大卫·艾布林精心琢磨的对修车厂的敲诈也很典型,他先成立了一个中西部修车协会,如果哪个修车厂的厂主不按规定入会的话,敲诈者就会找上门来,按照大卫·艾布林事先已设计好的这个行业先前所授予的权力,或是炸毁他的修车厂,用棍棒袭击员工;或是组织一伙暴徒深夜闯进他的店里,抄起大锤击碎停放在一旁的私家车挡风玻璃,再叮叮当当对车身进行一番"雕刻",最后再用一种特制的碎冰锥扎破汽车轮胎,按照授权完

芝加哥是20世纪20年代组织化犯罪泛滥的重灾区

成任务后他们扬长而去。敲诈者甚至对橱窗清洁工也不放过,可怜的马克斯·威尔纳就遭到了灭顶之灾。他先前在克里夫兰干活,后来搬到芝加哥并打算在这里做生意,这时有人跑来告诉他说:"你做生意可以,但必须要拿出一笔钱来,这样我们就能让别的承包商放弃已招揽到的生意由你来做,否则你在这里是做不成任何生意的,懂吗?"他不想任人摆布而拒绝了,结果很惨,他不是遭受拳打脚踢这样的皮肉之苦,而是直接被人开枪打死了。这一时期发生在芝加哥的各种敲诈勒索案和暴力谋杀案难以细数,据国家律师事务所统计,仅1929年这一年就发生了91起敲诈勒索案,其中有75起正在审理中。如此多的犯罪让全体公民损失巨大,据雇主协会估计每年高达1.36亿美元,实在是让这座城市蒙羞!

如果说速射机关枪是酿私酒帮派最喜欢使用的武器,那么炸弹就是敲诈者们惯用的工具了。当时只需要花费100美元就可以雇一个投弹手,让他携带一枚黑火药炸弹去完成一般性的任务,还是很划算的。如果是一项复杂而危险的任务,不但炸弹要威力巨大,而且雇佣杀手的价码也要高许多,至少要1,000美元才行。1927年10月至1929年1月的15个多月里,在芝加哥地区放置或是引爆的炸弹就有157枚,声声爆炸和一个个无辜者的受害让民众胆战心惊,人们巴不得把那些歹徒都送上法庭。但遗憾的是,无论哪一次敲诈案都没有一个凶手受到惩罚,戈登·贺斯泰德和托马斯·安恩·比斯利搜集了各种翔实的资料,在《这是敲诈》(*It's a Racket*)一书中对此作了详尽描述。

对于那些敲诈者来说,可以不费吹灰之力就获取财富,而且还不用担心法律追究,这简直就是一个既安全又实惠的行当,何乐而不为呢?因此到了战后20世纪20年代末期,芝加哥的敲诈业得以迅速发展,几乎所有的生意人都摆脱不了敲诈者的威逼,以至于他们不得不转向阿尔·卡彭寻求保护,当然找卡彭帮助也是要付费的。卡彭派出的人会经常秘密潜入敲诈帮的各种聚会打探情况、进行恐吓。在当时隶属工会的工人组织中虽然也不乏一些强势、霸道人物,但还没有哪一个人能强悍于这个酿私酒行业的霸主,卡彭在芝加哥可以呼风唤雨,说一不二。很快,美国其他许多城市也陆续出现了敲诈勒索行当,纽约先前还曾嘲笑芝加哥当局整治违法无序不力,现在也轮到它自己了,如今这里

也有大量的敲诈案发生,像洗衣业、自动贩卖机业、贩鱼业、面粉销售业等都是受害者,现在的纽约和芝加哥相比也是毫不逊色了。

7

随着美国战后20世纪20年代脚步的渐渐远去,困扰社会多年的禁酒法令所带来的矛盾冲突和帮派、敲诈等问题,也慢慢地淡出人们的视线,但实际上这所有的问题都还依然存在,并对即将开始的30年代当政者的政治才能带来考验。形势依然很严峻:走私朗姆酒的汽艇仍在夜晚的水面上偷偷行驶着;隐藏在各处甚至是各家住户的蒸馏酒设备还在不停地蒸腾,源源不断的酒仍在流淌;私酿酒大佬们对着面前的竞争对手名单仔细地瞧着,不时会在一些名字上划个叉,不定哪一天随着芝加哥街头机关枪响声过后,你就会看到远处有一辆撒满玫瑰花的汽车在缓缓行驶,连同它的匪徒主人一道进入了墓地;小零售商贩无奈地站在那些身材粗壮如牛、目光闪烁不定的绅士面前,因为绅士告诉他们如果不与其合作,很可能会发生令人意想不到的事件;一些小店主看着眼前的一片废墟,强忍着不让泪水流出来,他们苦心经营多年的小店在炸弹爆炸声中已经没了踪影;没有加入联盟的工人蜷缩在墙壁的一角,他们面前正有一伙职业打手舞拳弄棒。只有街头小报的读者们略显轻松些,他们正将目光盯在有关帮派匪徒相互残杀的报道上,面部表情也会随着报道中的刺激冒险、壮观场面和传奇故事而变化着:或平静,或紧张,或微微一笑……

第11章

佛罗里达——温馨的家

啊！美丽的佛罗里达
那里有一片热土
是企业家梦寐以求的圣殿
夕阳里倘佯在海边，坐看那棕榈叶微微摇曳
远处的天边留下了被太阳吻红的印迹
落日、月亮和群星同在苍穹
为茫茫宇宙描绘出色彩斑斓
还有
那轻轻拂面的加勒比海微风
揉进母亲呢喃的摇篮曲中
月亮是天空的银色耳环
它笼罩下的大地余辉璀灿

读了这首热烈奔放、充满向往的小诗，你一定会被诗中所描绘的佛罗里达所吸引，也希望去亲身体验那迷人的落日、苍穹和海风，看一看企业家的圣殿，享受那春风得意的人生吧？从小诗的风格和炽热的情

迈阿密的棕榈和阳光

感来看，很多人都以为是出自一个痴迷于诗歌的文艺女青年之手，其实这是一位银行副总裁在1925年秋天为《迈阿密人》(*Miamian*)杂志所写的一篇文章的结尾。

此时的佛罗里达正像小诗里所描绘的那样美好，那些让人们纷扰的事情都已渐渐远去，比如对斯科普斯案审判的争议、圣巴巴拉地震后带给人们的恐惧等。城市生活依旧色彩斑斓：剧院里正上演着《红色农庄》，观众们不时地为剧情所感染；曼宁大主教筹建的教堂也即将安放奠基石破土动工；打击费城私酒贩运的任务还在进行，是斯梅德利·巴特勒将军自己请命承担的重任；布鲁斯·巴顿那本《无人知晓之人》一书正风靡全国，已经售出了很多册，但购书者依然踊跃……人们毫不怀疑佛罗里达已经站到了繁荣的顶点。在这繁华热闹的同时，如今又有一股更大的热潮——房地产投机在人群中涌动，我们前面引用的那首小诗就是深陷这股热潮旋涡的男男女女当时心情的真实写照。其实，这种投机热在美国由来已久，大约已经延续了近一个世纪。

1

如果我们将时钟再拨回到1925年那个夏天和秋天，就会看到这样一番情景：在位于佛罗里达东南部著名的避暑胜地迈阿密，整座城市的空气里弥漫着一股股灼人的热浪，有2,000多家房地产公司和2,500多个房地产代理机构正在这里忙碌着建房划地的市场运作，很多人顶着佛罗里达的炎炎烈日，顾不上擦去脸上的汗水，卷着袖子步履匆匆，他们究竟在做什么呢？原来是在讨论购房契约内容以及合同如何履行、是否需要添加附加条款、房子要不要建在水边、位置好的房产赢利额会不会达到上千美元等问题，在夏季热浪的烤灼下，整座城市也显得躁动不安。随着城市房地产交易越来越火爆，为了防止一些交通要道或城市特殊部位因居民投资房地产而导致交通紊乱或其他问题的发生，市政当局紧急通过了一项法令，禁止出售所有临街房产，交通部门还特意绘制了一幅

更加详细的城市交通图,以便人们出行使用。在迈阿密温暖海风的吹拂下,如果你踏遍整座城市,浇灌混凝土地基的打桩机声响不绝于耳,建造中的摩天大楼那高耸入云的钢铁脚手架和来来往往的钢筋水泥运输车辆也让你眼花缭乱。即使是在繁华热闹的弗拉格勒街头,也不时地驶过一辆辆公共汽车免费载着兴致勃勃的"未来的业主"们,这其中有不少是美国的家庭主妇和崇尚享乐主义者,他们是受房地产开发商的邀请,要亲眼去看看威力无比的挖掘机和蒸汽铲是如何将比斯坎海湾的沙洲和那些红树湿地变成美丽的水城威尼斯的。如果你站在通往迈阿密的迪克西公路上远远望去,还会看到来自全国各地大大小小的汽车挤满了公路,犹如一条长龙,一位路人因为交通拥堵无法打发难熬的时间,就耐心地数起了公路上那些或昂贵或廉价的轿车,结果竟看到了18个州的车牌照,所有这一切似乎都在告诉人们,迈阿密正在朝着现代化大都市方向迈进。涌往迈阿密的人实在是太多了!无论是在嘈杂的火车站候车室里,还是在颠簸不断的汽车上,都会见到一些困乏至极的人歪倒在那里。大小宾馆也都人满为患,有的人实在找不到住处就干脆席地而卧,任何困难都挡不住迈阿密对他们的诱惑。面对有如潮水一般涌入的人流,迈阿密市政当局采取了紧急措施予以应对:火车站被迫调整计划,停止耐用货物运输,全力以赴赶运人们生活必需品,防止随着人口剧增而出现的饥荒;加大河岸和海运码头的运输能力,用船舶昼夜不停地运进施工建筑材料,保证房地产开发正常进行;新鲜蔬菜和水果由于运输成本较大,也成了人们争相抢购的稀缺品;还有突然激增的水、电、煤气和通讯设施的需求,更是让城市公共设施部门难以招架,他们不得不组织人员全力抢修抢建;甚至是夏季的冰块供应断档也让当局头疼不已……唉!这样一幅城市画面难道就是那个让人向往的避暑胜地迈阿密吗?

这几年迈阿密的发展速度确实惊人。仅以人口为例,从1920年时全城人口的3万到1925年的7.5万,短短5年时间就增长了150%。如果再将接下来几个月新进入的人口也计算在内,这个数字就可能接近15万了。如此大规模的人流不断从北方迁入的现象,在佛罗里达州历史上还从未有过。面对汹涌而入的人潮,当局预测这还只是个开头,按照海陆空运输部长戴维斯·沃费德的说法:未来10年内迈阿密的人口将会达到

20世纪初的迈阿密

惊人的100万！佛罗里达州州长约翰·马丁对此则充满信心："佛罗里达州这几年的巨大变化太不可思议了！当然，这还只是黎明前的一缕曙光，我们期待着更美好的前景出现。"

这里每个人的眼睛都紧盯着土地，希望从中获取更多的金钱，结果导致迈阿密地价一路疯涨，简直到了令人咋舌的程度。此前不少人对炒房地产冷眼旁观，现在他们也坐不住了，纷纷加入到这股投机狂潮中。

不仅是繁荣的迈阿密在疯狂地划地建房，棕榈海滩往南几乎所有的沿海城市都在行动。他们把总长60多英里的海岸地区分割成一个个50英尺左右的休闲度假区，希望也能建成像法国东南部和意大利西北部沿地中海那样的度假旅游胜地。紧接着，美国西海岸的坦帕、萨拉索塔、圣彼得斯堡和其他一些城镇也相继卷入了这股狂潮，其中奥基乔比湖周围和桑福德成了人们争抢建房划地的重点。杰克逊维尔是与佛罗里达州北部边界相临的一个港口城市，此刻也不甘落后，尤其是那些"对杰克逊维尔繁荣充满信心"的人士都跃跃欲试，正谋划着如何给自己的城市也带来繁荣与财富。

第11章 佛罗里达——温馨的家 303

2

为什么佛罗里达州会以如此惊人的速度造就繁荣与财富,尤其是到了1924年以后势头愈发强劲?这里面除了以前些年力量积蓄为基础外,当然还有其他一些原因,下面就让我们来看一下:

1. 这里有着其他州无可比拟的气候优势。佛罗里达州位于美国南部,风光秀丽、四季温暖,是一个夏季避暑和冬季避寒的好去处。

2. 这里有着良好的地理位置和便捷的交通优势。该州与美国东北部人口稠密的各大城市相距较近,并且交通非常方便,这是南加利福尼亚州所无法相比的。

3. 汽车业的迅速发展给人们日常生活带来了巨大变化。随着美国正在变成一个车轮上的国家,汽车为人们外出探险、度假旅游提供了方便,它可以载着你到你喜欢去的任何地方,因此无论是默默无闻的农民,还是不起眼的寄宿屋管理人或汽车修理工,只要是你想享受冬季阳光下的闲暇,那么佛罗里达州绝对是一个理想之地,你可以将全部家当塞进一辆廉价车里,然后一路南下。

4. "柯立芝繁荣"时代带给人们精神上的巨大变化。这一时代让美国人和整个社会都发生了很多改变,其中之一就是空前高涨的自信,人们变得敢于幻想,哪怕是脱离实际的。即使是一些只有区区4,000美元年收入的销售员,也梦想着有一天自己能够凭借某种魔幻力量让腰包鼓起来,轻轻松松地买下一套装修精美的大房子或者是世界上所有的好东西。

5. 战后"逆反心理"的出现。这是一种对任何事物都产生厌恶的反常情绪,虽然只被一部分人所认同,但却蔓延到了全国各地。这些人对国家的都市化、工业化不感兴趣;不赞成人们每天都要行色匆匆,把大量精力投入到工作中;反对吸烟、交通拥堵甚至照章办事。总之,美国20世纪标准的生活模式他们都不喜欢,而这些正是"柯立芝繁荣"存续的基础。商人们靠这种方式挣足了钱,但是当他们要花掉这些钱时,却拼命地想逃离,想到乡下去自由地沐浴阳光;想去欧洲舒适悠闲地生活,尽情领略那里的传统之美;想去不仅有温泉浴场和电冰箱,而且是把美国的运动、舒适与古罗马的神秘完美结合起来的美丽的威尼斯;赛维利亚也是他们想去的地方,因为那里拥有三个18洞的高尔夫球场。看来这些地方就是他们寻求的理想王国。

6. 南加利福尼亚的发展刺激了佛罗里达。论地理位置和交通条件,南加利福尼亚州都要逊色,但南加州曾经以它的气候造势,大张旗鼓地对外宣传它的气候如何宜人,环境如何适合人们投资、居住等等,因而吸引了大量财源。现成的榜样让佛罗里达州人坐不住了,他们说:"我们也完全能这么做,而且还会比他们做得更好!"

7. "柯立芝繁荣"时代带给很多人期待着一夜暴富的梦想。这一时期不少人因大胆冒险而发家致富的传奇故事,极大地刺激了人们的发财欲望,比如普普通通的约翰·琼斯就是这样的人,他梦想着自己有一天也能够买得起位于博卡拉顿的高档房子,也能够享受假日休闲的乐趣,可以去海边钓大鲢鱼,或者去打喜爱的水球。于是他开始寻求快速致富的目标,当看到很多人疯狂地加入炒房地产的行列时,他动心了并且相信这一招是他创造暴富奇迹的最佳选择。"把地皮当作金矿去经营,难道还不会成为富翁吗?"当时并不是只有约翰·琼斯是这样想的,其实很多人都在做着这样的美梦。

我们一直用"疯狂"二字形容房地产开发业,难道那些开发商真的都疯了吗?如果说在1923年他们从一些令人难以置信的工程上足足挣

1926年的迈阿密

到了好几百万美元,确实是有些疯狂的话,可现在已经是1925年了,他们还会那样缺乏理智吗?显然不是!让我们再看看他们广告词上所写的,也足以证明他们现在都很理智和清醒。广告上说他们是"获得灵感的梦想家",而梦想家们灵感设计的结果就在不远处明摆着——海边好莱坞、珊瑚阁、迈阿密沙滩、戴维斯群岛,它们是由实实在在的青砖、水泥和砂浆组合的一幢幢漂亮建筑物。哪个未来业主见到这些不会点头称是?毕竟这不是图纸上的房屋了。可能有人还会说这些建筑并没有完工呀!的确如此,但是当你看到施工方几天或者十几天就搭建一层楼房的工程速度,难道还会有什么怀疑吗?再看看售楼中心排着长队买房的人群,你更不必担心了,要知道他们能买到的每一平方英尺土地的价格仍在快速上涨。

我这里再讲一个故事:很多年以前,一个叫梅瑞克的公理会退休牧师在迈阿密城外买了一块价钱很便宜的土地,那里有一片珊瑚石,景色很不错。梅瑞克精心设计,在珊瑚石上建了一座有许多山墙的房子,并给它起了一个好听的名字——"珊瑚阁"。后来,他的儿子乔治·梅瑞克又购买了"珊瑚阁"周围的土地,打算继续扩建这里的工程,为了吸引人们的注意力,他打出的广告宣称自己正在建造"美国最美丽的郊区"。乔治·梅瑞克很有艺术眼光和先见之明,他仿照着"地中海风格"(当然是有所改进的)进行了总体规划设计,使新建筑与"珊瑚阁"形成了统一

珊瑚阁
(入口)

的风格。到了1926年，这里已经逐步形成了一个以"珊瑚阁"为中心，包括2,000多座已经建成或正在建设的住宅的休闲区域，不仅有商业中心、学校、银行、宾馆、公寓和各种俱乐部，还有绿树成荫的街道、小草茵茵的草坪、湛蓝色的环礁湖水和停泊在码头和湖边的游船，每当熙熙攘攘的人群走在这里时都感叹真的是"美国最美丽的郊区"！不仅如此，梅瑞克还突发奇想，他花重金聘请了气质、演讲俱佳的威廉·詹宁斯·布莱恩先生，让他以大片改进了的"地中海风格"建筑群为背景，悠闲地坐在环礁湖里一只橡皮船的太阳伞下，对着岸边的人群即兴发表演讲。布莱恩既没有宣扬耶稣也没有讲述淘金史，而是凭借他的演讲天赋极力赞美佛罗里达的宜人气候和住在这个美丽郊区的快乐与舒适，听众无不为他的溢美之词所吸引。结束了布莱恩对佛罗里达的阳光、空气和海风的赞颂以后，吉尔达·格雷的舞蹈表演又开始了，也令围观的人群很兴奋。从整个创意和效果看，梅瑞克设计的这个广告既新奇又大胆。为了进一步扩大影响，梅瑞克还对地势低洼处重新进行改造，排干了那里的水，开出一条小运河。为了满足人们对水城威尼斯的向往，他不仅从威尼斯进口了"贡多拉"这种世界上独一无二的小船，还请来了那里的划船人，当人们坐在这种两头尖尖翘起的小船里，看着划船人那独特的服饰，欣赏着周围的美景时该是多么惬意！"珊瑚阁"有一个26层高的"迈阿密-巴尔的摩宾馆"，城里的俱乐部还有两个18洞的高尔夫球场，但是梅瑞克仍不满足，他还在酝酿着更为庞大的计划：要建一座大型游乐城和一个游艇俱乐部，还要建一所设施完备的迈阿密大学。乔治·梅瑞克希望在自己离开这个世界之前，要把"10年辛劳换来的1亿美元全部花掉"。当时关于"珊瑚阁"的宣传有很多，人们普遍表现出对乔治·梅瑞克的敬重和钦佩，雷克斯·比彻就曾这样写道："这简直就是一个奇迹！我们谁也不会想到仅仅10年时间这里竟能发生如此巨大的变化。虽然梅瑞克先生是个很有远见的人，但我认为他自己恐怕也没有想到。"当然后来又发生的事情就让人沮丧了，因为《纽约时报》上刊登了一则公告，提醒持有"珊瑚阁"发放的9个系列的债券持有人，从1930年7月1日起，"珊瑚阁"已经开始拖欠本应支付的大部分债券本息了。如果与前面说的"非凡远见"和"10年巨变"相比较，这件事实在有些令人悲哀。

除了梅瑞克之外，还有其他一些人也同样创造了房地产业奇迹，卡尔·费希尔就是其中的一位，他以开发迈阿密沙滩而闻名。人们大概不知道，迈阿密沙滩原本是一片湿地，生长着茂密的红树林，卡尔·费希尔买下这块沙滩后，决定进行一番彻底改造。他首先派人把这里的红树全部砍倒，裸露的树桩也用沙子深深地埋在5英尺之下，然后他根据地势修建了环礁湖和小岛，还修建了豪华宾馆和别墅，昔日的红树湿地转眼身价倍增，变成了价值约4,000万美元的可供出售的建房用地。还有一位名叫约瑟夫·杨，他买下海边的一块地后，踌躇满志地要把它建成海边好莱坞，为此他投入大量资金，并请来了最好的建筑设计师。当建筑工程紧张进行时，由于货物禁运阻断了他的建筑材料供应，于是他果断决定购买了自己的远航船队，通过海上将建筑材料运送到工地，使他那"城堡"日益发展壮大。戴维斯也是个敢于冒险的人，他在佛罗里达西海岸坦帕的海湾购买了两个小岛，周围朋友都不看好他买的这个地方，因为这里实际上是两个面积很小的红树沼泽地，海水涨潮时几乎全被淹没，很难想像在这里能搞什么建筑。但是戴维斯却不这么认为，他首先采取挖泥堆沙的方法将这两个小岛抬高，然后就在这里开始修路，建造宾馆和私人住宅，才一两年的工夫这里就楼房林立、街道平整，成为一片被人们争相购买的地产。你知道戴维斯公开出售这片地产的第一天卖出了多少钱吗？他竟然卖出了价值300万美元的天价！想不到吧？据说他卖这些规划地时，还没有一台挖掘机开始挖泥作业呢。

这时候的人们都在想方设法地买地，不管地皮的位置有多偏僻，也不管是什么样的地皮，只要是在佛罗里达州就行，尤其是到了1925年，购地达到近乎疯狂的样子。假如某个开发商宣布说他有一个新的开发计划，人们不管他的计划是真是假，也不管他开发的地产在哪里，即使是像内陆荒原这样的地方，也丝毫阻挡不住人们争相抢夺的热潮。有一个开发商早就摸透了人们的心理，在推出他的"曼哈顿庄园"广告里是这样说的：该庄园位置优越、交通方便，距离繁荣的内蒂城不到0.75英里。实际上根本不是这么回事，那个繁荣的内蒂城纯属子虚乌有，只有一个废弃的松脂采集营地叫这个名字。然而在充满诱惑力的夸张宣传下，失去理智的买地人被强烈的购买欲望所驱使，已经顾不得这许多了。还有一个"墨尔本花园"也跟买地人开了个大大的玩笑，这个地产开

迈阿密海滩

发商天花乱坠的广告鼓吹让人生疑而投诉,于是调查人员开始寻找这个"美丽的花园",等找到了这个地方时真是让人哭笑不得。原来,他们根据知情人指引,驱车沿着树林里满是垃圾废品的一条小路艰难地前行,一路上颠颠簸簸,路过了几棵树和几小簇蒲葵,眼看还有3英里就到目的地了,汽车却因前轮陷进一个泥潭而抛锚了,调查人员只好步行前往。就是这样一个蹩脚的地方,购买者还是络绎不绝,不仅有佛罗里达当地人,还有俄亥俄、马萨诸塞和威斯康星州的许多人,甚至来佛罗里达玩的游客也加入到了买地的大军中。买地人中绝大多数都是奉公守法的公民,他们之中有很多人从未去过佛罗里达,为什么也会掏冤枉钱去买那些被开发商吹嘘的画饼呢?什么"美得就如同另一个珊瑚阁"啦;什么"出行极为方便,毗邻新火车站右侧"啦;什么"物有所值,是价值2,000美元的城堡"啦等等,说到底就是因为人们听到过太多关于在佛罗里达买地能赚取巨额利润的传奇故事,几乎所有的买地人都期待着自己也能一夜爆富,因此盲目跟风成了众多人的选择。这方面的例子很多,我们不妨再举几个:迈阿密海滩有一个商业中心,这里有一片可供开发的地块,当初有人花800美元就买到手了,而到1924年他再转手时,地价竟然涨到了15万美元,足足是当初的190倍!八九年之前的佛罗里达

州远没有像现在这样繁荣,当时纽约的一个律师看中棕榈海滩一片狭长的海岸地,就花24万美元买下了,1923年他以80万美元的价格转手卖出了这块地;到1924年这片地又被拥有者规划成好几块建筑用地分别转让,总价值已达到了150万美元;而到了1925年有人宣称这片土地的价值已经飙升到了400万美元。同样是这块地,仅仅3年时间就从当初的24万美元卖到了最后的400万美元,几乎增加了15倍,这样丰厚的利润难道不令人垂涎吗?还有一个生活贫穷的妇女在1896年花25美元买下迈阿密附近的一小块地,到1925年她出让这块地时,价格居然达到了15万美元。类似这样的故事太多了,虽然不可能百分之百都真实,但相当一部分还是确有其事的,相信每一个到佛罗里达"黄金海岸"的游客耳朵里都灌满了这些传闻。当然了,我们说的那些十几万、上百万的利润大部分都是理论上计算出的,实际上卖地者未必会获得那么多,但是即便如此,赚头也肯定是不会少的。坊间曾流传着一个笑谈,说是一个佛罗里达当地人曾问一名游客:"先生,您也想在这儿买地吗?"游客的回答很干脆:"我早就卖了!"

由此我们也看出一些端倪,就是投机很容易,但速度一定要快,否则就会错失机遇,还可能给自己带来损失。由于买地需要进行程序繁琐的资格审查和签订契约,全部完成需要较长的时间,怎么办呢?当时有一种比较盛行的做法,亚特兰大零售信用公司的沃尔特·希尔在他的调查报告中是这样介绍的:"开发商在售地广告里将地皮的位置、范围、特色以及每块地的大约价格都说清楚,买地人了解了这些,看着地块在图纸上的标示就开始买了。比如迈阿密周围规划的一块块可供买卖的建房用地(除了一些特别大的地块外),都是在公开销售的第一天就全部卖出,这实际是预约购买的方法,只需要买地人对自己想买的那块地签一张地皮总价值10%的支票即可。用这种方法售地速度很快,往往是公开销售的第一天,在城里开发商的办公室里,买地人按预约顺序逐一被请进屋内,面前的桌子上摆着一张非常清晰、漂亮的规划设计图,上面明确地标出了所有地块的位置、面积和价格,买地人就从这张图纸上选择一处或是几处地皮,然后从开发商那里拿到一张以'地契'形式表明产权归属的收据,最后是开发商在买地人满怀喜悦的注视下,取出一个刻有'售出'二字的印章盖在他选中的那块'地'上,至此这笔交易就完成了。出售这种地块的基本都是佛罗里达州的土地或者是沼泽地，面积大多为50英尺长、100英尺宽，地皮价格很高，转手的利润空间也很大，有很多第一天卖出的地再一转手就涨到了好几百万美元，着实可以发一笔大财。"沃尔特·希尔在调查报告里还列举了佛罗里达州各处地皮的价格："内地的地价相对较低，在8,000～20,000美元之间；靠近水边的地价要高些，在15,000～25,000美元之间；而海边则由于得天独厚的优势，地价最高，在20,000～75,000美元之间。"说到这里你千万不要以为这些地皮都在迈阿密城里，其实它们是在城外的几英里、十几英里甚至是30英里开外。

前面说过开发商可以出具"地契"收据，按法定程序这样还不算全部办完，但是没有人会担心有什么不妥，就是那些即将到期需支付的欠款，买地人认为也没有什么好担忧的，因为他们买地时就一个想法：转手倒卖。地契反正要过户给别人，自己等着净赚差价就好了，哪怕约定的30天首付期限还没到也无所谓，因为地皮转卖后自然会有人间接付款的。这期间契约买卖成了司空见惯的事情，而且数量很大，因为丰厚的利润让人乐此不疲。

1925年的夏天和秋天让人们的狂热始终难以降温，因为大规模开发迈阿密海滩的新方案又在酝酿中。这一次开发商打算把地块出售给一些"潜在的顾客"，主要是体育运动界那些非常出名而富有的运动家、游艇爱好者以及热衷于各种昂贵运动项目的人士。博卡拉顿的广告商把这些人比作是头顶耀眼光环、置身于上流社会、可以悠闲舒适地享受生活的人，他们不仅"掌握了国际金融和企业财富"，而且由于他们的名气，还"成为媒体追逐的热点，控制着美国的时尚界和很多大事件"。开发商把目光放在这些人身上，自然是希望手中的地皮能卖出更大的价钱。不知这些开发商是否想过，在争相抢购地皮的热潮中，上哪儿去找那么多的游艇爱好者和能享受起昂贵费用运动项目的人呢？又哪儿有那么多的腰揣大把金钱，整日轻松自在、四处闲逛的男男女女呢？

如今的佛罗里达，尤其是迈阿密到处都是喧嚣忙碌的场面。高高的脚手架、轰鸣的挖掘机、运输建筑材料的大卡车随处可见，一幢幢刚建好的高层豪华宾馆、公寓和娱乐城鳞次栉比，可以说这一时期达到了划地建房的鼎盛期。有一位游客对西棕榈海滩一大片空地上的许多浴缸

感到好奇，他走到近前仔细一看，包装这些浴缸的板条箱已经风化了，外皮斑驳，显然这些浴缸搁置在这里时间已经不短了。"这么多浴缸为什么会放在这里？"带着疑问这位游客开始打听，才得知这一大片空地原先是计划建"南部最壮观公寓住宅"的，后来因为货物禁运使工程建筑材料无法运输，只有先期运来的这些浴缸放在了这里任凭风吹雨淋，所谓最壮观公寓计划也就彻底泡汤了，虽然这种情况不止一例，但对当时的划地建房热潮却丝毫没有影响。在那些日子里，整个佛罗里达州到处都充满了各种无限自信的口号和夸张的宣传标语，大大小小的报纸也都充斥了房地产业的广告内容，让这里的人们精神更加亢奋。随着房地产业的持续高温，各家报纸的广告宣传也变换着方式擂鼓助阵，比如1925年夏季的一天，《迈阿密每日新闻报》一次就刊出了共有504页的各种房地产广告，其版面数量之大是任何地方、任何一家报纸都不能比拟的，甚至超过了其他报纸全年刊登的广告数量，创下了报刊史上版面最多一期的纪录。在一浪高过一浪不乏夸张的宣传下，迈阿密享有了"美妙之地""城市中的曼妙女神""世界运动之家"和"无畏城市"等美誉，"热带佳境"成了劳特德尔堡的代名词，"瑰丽之都"是指奥兰多，而"坚固之堡"则非桑福德莫属。

这股浮夸之风蔓延在佛罗里达的大街小巷，尤其是在迈阿密市召集的民众大会上，当市长先生和迈阿密海滩、海厄利亚和珊瑚阁这三大地产开发商发表共同宣言时，更是把这股浮夸风推到了顶点。这三大开发商都"谦虚"地把他们开发的地产尊称为"王国"或者是"美国最优裕、最受民众喜爱的社区"，称住在这里的人都是"世界上最优秀、最有创新力的人"，他们还提议在佛罗里达建立"美国热带地区节"（指1925年的最后一天和1926年的最初两天），并描绘了节日将给人们带来的快乐："居住在这里的人欢聚一堂，尽情地享受着友谊和关爱，男女老少都可以选择各种健康有益的运动，让欢乐和幸福伴随每个人的一生……"他们的煽情话语让民众听得如醉如痴。会上市长先生和这三大开发商还郑重承诺："这里有得天独厚的沙滩和海风，有温暖和煦的阳光，我们保证会让住在这里的人都享受到生活的美好。你们等着看吧，过不了多久这里就会有最宽阔的马路、最漂亮的广场和音响设施最棒的舞池，无论你是在室外餐饮还是在俱乐部或旅馆里，都会看到洋溢着激情的舞者的翩翩身影,即使是希腊歌舞女神特耳西科瑞和她的狂热追随者们也会羡慕我们这里,或许她们还会在这里一展轻盈娇柔的舞姿……"他们承诺的实在是太多了,我们这里只是蜻蜓点水般地说一些,如果把他们所说的全都列出来,恐怕几大张纸也写不下。末了他们还不忘搜刮出更美好的词汇,带人们走进他们打造出的人间仙境:"不久的将来,这里一定会是一派繁花似锦的美好景象,相信温暖的阳光、悄悄的雨丝和轻柔拂面的热带海风也会赐福我们的!"

漂亮的小楼拔地而起

这次大会应该是很成功的,因为人们听到了迈阿密市长和房地产业重量级人物的庄严承诺,还有那么多狂热追随者支撑的盛大场面造势。然而接下来发生的情况却有些不妙,随着1926年的新年刚刚过去,先前还满怀喜悦的人们心情慢慢变得凝重起来,他们似乎总在怀疑着什么,买地人和去年9、10月份相比有明显的减少,还有很多人手里拿着地契焦急地寻找着下家,人们那急于转让的神情和"最优裕、最受喜爱社区的最有进取心的人"总有些格格不入的样子,面对需要及时付清的购地余款,即使阳光再温暖可人,雨丝再点点润面,恐怕也帮不上忙了。也许房地产业也"疲劳过度"了?也许它真该为下一步"健康发展"喘息一下了?那些到佛罗里达观赏冬季景色的游客们也普遍感到遗憾,因为现实与他们的期望值产生了距离。

第11章 佛罗里达——温馨的家 313

3

后来的事实证明，房地产业上述表现绝不仅仅只是"喘息一下"那么轻松的事情，而是崩溃前的预兆。到了1926年春天和夏天，很多手里握着地契却苦于找不到下家的人，只能想方设法拖欠购地款了。有一名男子买卖地的经历更有趣，他和大多数人一样为了转手发财而买了一块地皮，很快他就在1925年初卖出去了，价格是每英亩12美元。后来他听说这块地在同一年内被人再次出售时，价格已经涨到了每英亩17美元，他后悔莫及连声骂自己太糊涂，不该那么早出手。再后来这块地又涨到每英亩30美元、50美元、60美元，这名男子简直不敢再打听了，否则他真要懊恼死了。可是一两年之后令这名男子大吃一惊的是，自他卖出这块地之后的一连串买卖，实际上都只是空头支票，不过是人为地在炒作地价罢了，原本该付给他的卖地钱一直也没能兑付，唯一可补救的是他可以再收回自己的那块地。你看，这块地绕了这么大一个圈子，最终还是"完璧归赵"，不过这可不是这名男子的初衷。还有一些土地交易不仅地皮又回到当初卖地人手中，而且他还要负担各种税收和评估费用，加起来比他当初卖地所得还要多。还有的情况更糟糕，是一块地经过一系列转手又回到原主人手上时，地皮已经被那些开发得半半拉拉的工程项目弄得面目全非了，结果是原主人清理也难，再卖更难。

看来地价大幅下跌是不可避免的了。正当人们逐步看清这一趋势并为此而忧虑的时候，又有两次飓风猛烈袭击了这里，让佛罗里达雪上加霜。这两股来自西印度洋的"轻轻拂面的热带海风"一改它往日的温柔，以惊人的时速和巨大的破坏性，让人们领略到了它令人恐怖的威力。

其中第二次飓风的破坏力之强、造成的损失之大都是佛罗里达州历史上前所未有的，而且它袭击的中心恰恰是房地产业最繁荣也是最狂热的迈阿密地区。1926年9月18日清晨，猛烈的飓风从黄金海岸登陆，飓风的中心卷起冲天水柱，将比斯坎海湾的海水瞬间倾泄进了那个有着"贡多拉"小船的威尼斯开发区，顿时汪洋一片；一艘有5个桅杆的铁帆船被飓风轻轻抓起，然后又被重重地抛在了珊瑚阁街头；海边游乐场的一艘艘大型蒸汽游艇像儿童玩具一样被甩到了迈阿密的大街上；大树被连根拔起，建筑工地上成堆的木料、钢筋、水管和瓦片、碎石，甚至是小汽车都被搅成一团，高高地扬起后又被狠狠地砸向房屋，顿时房倒屋塌，一片惨象；那些偷工减料建成的大大小小的别墅房顶也禁不住飓风的撕扯，纷纷被卷上天空，不见了踪影；奥基乔比湖畔的摩尔港镇几乎被飓风夷为平地，有400多人死亡，6,300多人受伤，50,000多人无家可归。飓风带给人们的心理创伤和物质损失都是巨大的，但佛罗里达州政府没有畏惧，他们始终坚信可以通过自己的方式来弥补一切损失，因此不愿接受任何组织的援助。他们的做法遭到了美国红十字协会会长约翰·巴顿·佩恩的指控，认为该州政府官员置无家可归者的困境于不顾，"强行阻碍"了红十字协会对这些人的救助。面对如此重创，迈阿密市市长罗姆夫则表现得很乐观，他说："迈阿密的冬季依然美好，仍可以像过去那样接待前来的游客，我们对此丝毫不怀疑"。但事实却是这两次变了脸的"轻柔拂面的热带海风"，让佛罗里达和迈阿密的繁荣与富足顷刻间都了无痕迹。

1926年的迈阿密

1927年的迈阿密已经是一派萧条破败景象。原先弗拉格勒大街上有很多装饰精美、人来人往的房地产办公室，现在已是人去楼空，即使是勉强维持开业的几处也门可罗雀，无人光顾。曾经被报纸广告大肆宣

传的戴维斯岛项目,也难逃"工程尚未完结便宣告破产"的厄运,一大片半截子工程摆在那里,让人不禁又回想起飓风的肆虐。后来这项浩大的工程转手给了斯通和韦伯斯特组建的财团。佛罗里达州的税收也成了一道难题,由于经济窘迫,包括迈阿密市在内的许多城市根本征缴不上来。《国家》(The Nation)一书的作者亨利·维拉德1928年曾驱车前往迈阿密,他真实地描述过当时的景象:"……一路颠簸,映入眼帘的到处都是残垣断壁、破败不堪,一块块荒芜的建房地块横卧在道路两旁,任凭杂草丛生,少有人迹。在一片地皮的北端依稀还能看到当初土地所有人在简易大门上用水泥刷着的名字,现在早已是人去'地'空了……车子继续向前行驶,从车窗向外望去,一连几英里的水泥人行道两旁见不到一个人影,空荡荡的住宅前长满了杂草和蒲葵,不停地在风雨中摇晃,一个个路灯柱上还缠绕着杂乱的电线,孤零零地站在那里,似乎还在向人们追忆着往日的荣耀……迈阿密城尚且如此,那些偏远一些的地方更是令人叹息,到处都是无人居住的房屋,只剩下道路还趴在那里,我们的车子经过这些地方时,仿佛被这骇人的寂静压得喘不过气,不由得踩紧油门,加快车速,竭力穿过这座仿佛被死神扼住咽喉的城市。"灾难毁坏了佛罗里达州的方方面面,1928年全州有31家银行被迫倒闭,到1929年又增加到57家,其负债总资产超过了美国其他任何一个州有记录的负债总数。根据迈阿密市的银行资产清算结果显示,在1925年的繁荣鼎盛期,银行资产大幅攀升,曾达到了惊人的10亿多美元,而之后这个数字如同魔术般地一路狂跌,让人始料不及。具体数字是这样的:

1925年为1,066,528,000美元;1926年为632,867,000美元;1927年为260,039,000美元;1928年为143,364,000美元;1929年为142,316,000美元。从这一组数字中可以看出其下滑的速度是多么惊人!

佛罗里达州真是祸不单行,在遭受1926年9月的飓风重创后,1929年大片柑橘林又受到了地中海果蝇的袭击,柑橘的大面积减产更让当地经济陷入低谷,然而这几年也正是"繁荣压倒一切"的硬道理在全国各地叫响的时候。从1930年6、7月份开始,佛罗里达州的20多座城市都出现了债券本金和利息被拖欠情况,其中迈阿密、西棕榈海滩、桑福德和沃斯湖最为严重。有一个人在迈阿密市购买了一笔数额很小的债券,到了1930年8月的债券兑付期时,偌大的迈阿密市竟不得不公开承认无力

飓风过后的迈阿密

按时兑付,请求债券持有人再宽限些日子。

前些年,佛罗里达州的房地产开发项目通常是自成体系,无论在什么地方开发建设,都形成了一个个独立的"城堡"。在开发资金筹集上,开发商们往往采取以各自在繁华地段的新建筑作担保,向社会发行房地产债券的形式来进行,而政府为资助各种市政设施改进,也采取了"免税市政债券"的方式。现在这些做法的弊端暴露无遗,房地产泡沫令开发商们总额高达几百万美元的账面利润大多成为水中月,而他们投入项目开发的几百万资金也似泥牛入海,再不见踪影,那些获得"灵感的梦想家"们怎么也没有预料到会是这种结局,他们的痛苦也可想而知。这一时期,无论是房地产开发商还是普通的买地人,都在承受着地价低廉带来的苦涩。人们或许会从中汲取一些教训:土地增值策划应建立在科学、合理的基础上,像现在这样不切实际的规划、浮夸虚假的宣传和人们过高的期望值,只能是一种经济诈骗,会把所有人都拖入深渊。

曾经繁荣的佛罗里达州太让人惋惜了。值得庆幸或者说还能给人一些安慰的是,这里还有一些值得人们信赖的东西存在:比如她那温暖宜人的气候和富饶丰厚的自然资源，尤其难能可贵的是佛罗里达人依然精神昂然、意志顽强，他们没有被一系列的无情惩罚所击倒，而是从中吸取教训，有信心战胜希望破灭的伤痛，重新建设他们美好的家园。绝大多数北方人都是在佛罗里达州繁荣时期迁入的，他们没有在这个州最困难的时候选择离开，而是依然眷恋热爱着她。根据1930年的人口统计，佛罗里达州的人口从1920年至今增长了50%以上，在全国范围内其增幅仅次于加利福尼亚州，其中迈阿密市的人口在这期间竟增长了400%。有人就会有希望，人们对佛罗里达州的未来仍然充满自信！客观地讲，我们也不应当把1925年那疯狂举动的责任全部加到佛罗里达人头上，他们固然有过近乎歇斯底里的状态，疯狂地为土地销售助威呐喊，助长了房地产的不断升温，但是后来那种头脑发热愈演愈烈的局面，却是在大量怀揣着"一夜暴富"梦想的外地人涌入的推波助澜下才形成的。说到底这只不过是在那个特殊年代，全体美国人歇斯底里的一种集中体现罢了。

4

美国战后曾出现过多次土地交易和划地建房热潮，对国民经济和百姓生活都产生过很大影响，但佛罗里达州的这股房地产热却是全国范围内最惊人，也最具影响力和代表性的一次。

战后初期，由于战争期间的特殊政策和战后恢复时期的需要等因素，美国国内一度小麦和其他农作物价格不断上涨，令农业用地炙手可热，很多人正是看到农产品价格上涨的势头，也不管这种价值

是否有水分，就不惜将成千上万的抵押和贷款都投在了农业用地交易市场上。但是到了1920~1921年，农产品市场价格一路下滑直至跌入低谷，这突如其来的变化让农民们陷入了困境，很多人没有能力支付即将到期的银行贷款利息和某些农作物被评估价值上涨后所要缴纳的税，导致大量抵押和贷款无法履行，众多农村银行被迫宣告破产。有一个州的农作物产量居全国各州之首，农产品价格看好时它的日子很好过，但现在就不行了，这个州包括国家和地方在内的所有银行，1924~1929年的平均收入还不到1.5%，虽然这期间正值全国的经济繁荣期，但也没有惠及它。据另外7个州的统计，在1920年之前成立的银行中，在短短10年里竟有一半倒闭了。我们还无法确定那么多银行的倒闭是否与房地产市场价格无序有关，但有一点是明确的，就是许多农村小银行的倒闭绝对与农业用地的盲目发展有重要关系，这些农村小银行无法抵御农业用地市场萧条的重创，倒闭也就成了必然结局。

在佛罗里达州房地产业达到繁荣鼎盛时期，曾有不少房地产业大鳄和他们的狂热追随者踌躇满志地策划出一整套规划宣传方案，他们要将佛罗里达的繁荣局面传播到美国的各个地方，让全国都能分享佛罗里达的荣耀。为此他们给佛罗里达以外的这些地方冠以"崛起的现代工业中心""财富的新平台"等称谓，还不惜花巨资制作广告或是印刷大量宣传单，硬塞给各家商会随同他们的各种出版物发行全国。在这些策划中有不少都失败了，但也不乏个别成功之例，比如加利福尼亚州就是这样，它在全方位精心宣传的包装下，已经完美得像诗人和画家笔下描述的那样，于是企业投资人、餐馆和旅店老板以及期待到这里淘金的生意人都纷至沓来。还有每年来这里的将近100万人的目的更简单，就是

繁荣高峰时期的迈阿密海滩

"到处看看、开心玩玩"，他们来到这里的消费是一笔庞大的数字，自然也就留在加利福尼亚了。虽然每个城市都希望吸引更多人到自己的地盘上来投资，或开发实业，或游览观光，但是有能力投资的企业家和腰包鼓鼓的游客毕竟还是有限的，所以这些城市的很多期待并不现实，但他们还是竭力做着争取工作，反复强调自己的"优越之处"，宣传自己"与众不同的魅力"，并且通过各种渠道使这些信息广为传播。后来这些策划人发现原先设计的吸引工厂投资人的策略有些不妥，就像是拆东墙补西墙似的，如果这些工厂都能发展起来，它们又可能在另一轮策划攻略中成为策划人眼中新的"东墙"或者"西墙"了。这就像佛罗里达热带地区的开发商们所发现的现状一样，在围绕能打得起水球的富人阶层而展开的开发竞争中，有能力也愿意去角逐的开发商要远远多于那个富人阶层里的成员，因此，在北卡罗来纳州或者别的什么地方专为富人而修建各种运动场所的投资人，最终不得不沮丧地接受这样的事实：富人们不可能一次去遍每一个运动场所。不仅如此，他们那些辉煌希望的破灭又会引起金融业的连锁反应，他们的破产最终导致了一家又一家银行的倒闭。

在战后整个20世纪20年代，全国每一个城市周边的郊区用地都出现过买卖热潮，当农业用地市场遭受打击后，约400万难以摆脱困境的农民被迫离开了他们的农场，涌进城市寻求谋生之道，使城市居民比例由51.4%迅速上升到了57.6%，城市人口大量增加带来的直接后果是交通越发拥挤不畅，秩序变得喧闹杂乱，新的高层建筑阻挡居民视线，阳光和新鲜空气显得更加珍贵。于是人们将目光转移，越来越多的家庭选择离开喧嚣的城市，到城乡结合部去定居，那里临近的绿色田野、农舍炊烟和清新淳朴的民风是城里享受不到的。在迁移中汽车再一次发挥了重要作用，它的穿梭不停将城市、郊区火车站和绵延不断的原野与林地轻松地连接起来，让人们举家迁移或出行都变得非常方便，这在几年前还是不可能的事情。城市郊区不只是风景不错，它的发展速度也很惊人，放眼望去到处都是配有车库并体现着美国殖民时代风格的崭新农庄，有西班牙式灰泥庄园和建筑样式别致、带有古老的松垂屋顶的都铎式小别墅。老式的带有果园和雏菊地的杰克逊农场，也在蒸汽铲的力量之下变成了詹姆斯一世风格的高地，具有殖民时代风格的阳台，或者是阿尔汉布拉宫式的花园，脚下都是铺砌一新的整齐马路，在这里你既可以享受20世纪的便利设施，又能领略到古老传统的古典魅力，更重要的是这些土地都是可以分期付款购买的。

纽约、洛杉矶、芝加哥和底特律这些大城市的郊区开发规模都还不算最大的，纽约曼哈顿横跨东河的皇后街区开发速度也很惊人，并且吸引了人口大量增加，已经达到了100万人，是10年前的一倍多。底特律郊区划分出的那些小块地被很多经济困难的人买下了，他们就地建造了供栖身的一间小房，想等以后再建造真正的房屋，但实际上他们一连几年都是住在这里，根本无力再建新房。由于开发商之间的激烈竞争，仅仅才一年时间，芝加哥郊区多次划分出的土地就完全能容纳该城今后20年发展所增加的人口。更让人惊叹的是，到了20世纪20年代末期，像帕楚格、长岛和纽约郊区划出的建房土地，足可以为一个600万人口的大都市解决居住问题。

各个城市在郊区开发的思路上也或多或少地受到了佛罗里达州繁荣发展的模式影响，有不少城市的郊区开发也都仿照了佛罗里达州建造的威尼斯样式，比如从纽约沿长岛前行约34英里，有个地方就被称为"美国威尼斯"，开发商计划在这里仿照威尼斯著名的"麦秆桥"的样子也建一座桥，还要让这里的景致及建筑格局和样式也都和威尼斯相似，对此开发商们的说法是："人们来到这里，就会想起那个远在意大利，拥有勉马可广场、总督宫和水城风情的著名城市，会觉得住在'美国的威尼斯'同样幸福快乐，或许这里比威尼斯还要迷人。"针对经常有股票经纪人和保险承揽人上住户家里推销业务，搅得不少人很烦恼，开发商推出的一则广告是这样写的："'美国的威尼斯'没有这些骚扰，在这里你可以尽情地享受生活……任凭南方海湾的海水轻轻地拍打着海岸，不时扬起小小的浪花，犹如一个顽皮的孩子在嬉戏，蔚蓝色的天空飘浮着朵朵白云，它缓缓掠过美丽的意大利花园，那里的绿宝石礁被湖水缠绕，上面摇动着小巧悠闲的贡多拉……"一幅多么宁静自然的画面！还有由电影业的威廉·福克斯和服装业的雅各布·弗兰克尔联手沿长岛开发的毕尔特摩海岸，也被广告形容为"由运河和河道形成的完美艺术体系"，但是直到1926年它始终是"仍在整修完善中"。

威尼斯式的城市郊区开发所带来的繁荣并没有持续多长时间，自

1926年以后就开始衰退,到了1928年和1929年则更加明显,这时如果谁再提起有关礁湖和运河水道的话题,马上会勾起人们内心痛苦的回忆。由于很多郊区过度过滥地开发,造成的局面是许多房屋长期闲置而无人居住;许多商店门面偌大却空无一物;许多半截子工程撂在公路两边,四周仍堆满沙子和石块;许多已接近尾声或"正在改进"的工程被迫停止,孤零零地立在那里;许多郊区公寓不得不被多次转手,因为人们担心抵押品赎回权会被取消;许多土地所有人还背负着土地税收和置业评估费的压力。即便如此,人们对城市郊区的未来发展仍然没有丧失信心,就像佛罗里达州虽遭受了沉重打击仍顽强站立那样。总之,所有的一切都没有完结,人们还要继续向前走,因为他们需要空间、自由和前往人群集中地带的顺畅通道。

纽约帝国大厦

纵观美国19～20世纪的房地产业,虽然有繁荣鼎盛也经历过萧条打击,但最后阶段还是走向了符合城市自身规律的发展道路。如果你问这些年来在美国大地上究竟发生了什么变化?我们真的很难在短时间内说清楚,但是当你看过在1920年和1930年两次航拍到的美国所有大城市的照片,就会比较清楚了。从1930年航拍的照片中可以看到,成群的摩天大厦几乎遍布所有城市的中心,因为它们也是城市的形象广告,所以很多大城市都热衷于兴建超高楼层。纽约市在这方面最抢眼,尤其是曼哈顿中央地区的高楼群占据了巨大比例，有40层、50层甚至更高的，人们仰望着那一个个直插云霄的"尖塔"惊叹着。从1918年到1930年，曼哈顿地区兴建的现代建筑中可用于办公的就翻了10倍！其中有一张纽约非商业区住宅的照片非常引人注目，这是1931年初从靠近东河的角度拍摄的，照片中的20个最显著建筑物都是在战后的20世纪20年代建造的，其中最高的两座是直到1929年才完工，虽然当时刚刚经历过大恐慌。当被拆掉脚手架的帝国大厦终于露出它那巍峨而壮丽的庐山真面目，挺拔地屹立在人们面前时，曾吓得楼下路边卖水果的小商贩直发抖。这幢著名的大厦完全可以作为一座纪念碑，因为它的孕育产生代表了那个自信心空前高涨的年代。

后来在这种过分自信的驱使下，摩天大厦建造也过热了，以至于到了1931年的春天，曼哈顿中央地区很多大型办公建筑和离商业区稍远的广场地区，分别有17%和40%的办公室都没有收回投入成本，面对着不少空楼层，其拥有者们只能采取免除部分租金或将其他较好地段楼盘一并出租等方式，吸引一些公司前去租赁，纽约房地产出现的投资不稳定情形也让金融界备感担忧。当然，这些大城市也同样还有美好的发展前景，只不过由于人们过分热衷于投机而一度偏离了正常轨道，这在城市发展历史进程中恐怕也是在所难免的。

5

遭受飓风袭击后的佛罗里达房地产业骤然降温，除了那些在郊区开发项目中有自己的房产，或者是在现代派开发的超高层(40层)实验建筑中有房产的人以外，绝大多数老百姓的目光都已经转移，不再关注曾让他们遭遇投资厄运的房地产了，那么他们此刻关注些什么呢？实际上，1925年那股将人们注意力和金钱吸引到佛罗里达"黄金海岸"的全民投机热依然在他们内心涌动："在佛罗里达房地产投资押宝肯定是错了，现在把宝押在哪里才能获得丰厚回报呢？"人们不停地思索、选择

着,因为他们不愿让"柯立芝繁荣"所带来的无限机遇白白丢掉。人哪,真是个奇怪的动物!就像大海潮涨潮落一样。很快,新一轮的全民投机热又在更大范围内蓄势待发了,只不过这一次是在与房地产业完全不同的另一个领域,不仅是投机热的方向改变了,而且地点也由迈阿密城的弗拉格勒大街转移到了纽约的百老汇街和华尔街,即将登台表演的是股市大牛市。

第12章

大牛市

1

这是1928年2月的一天。在一家高档餐厅里,一位股票投资人正和一位银行家共进晚餐,并借机向银行家请教购买普通股的诀窍。只见银行家表情严肃地摇着头说:"别去碰普通股,因为现在股票价格高得太离谱了!"他接着又说道:"虽然近期股价有所回落,但你知道,这一轮牛市行情已经持续了很久,天下不会有永远上升的股价,股票市场瞬息万变,因此大幅下跌很可能就在不远的将来发生。当然,如果你选对了股票,也许会躲过下跌的危险,甚至还可能获得一些利润,但我可不敢冒这个风险,我宁可静观其变。"

从保守的资本操作原则看,银行家说得没错。但当时的美国人已经被柯立芝时代的繁荣景象冲昏了头脑,他们对今后的优越新生活充满了百分之百的信心。早在1924年开始,那些在佛罗里达房地产热潮中获利的人们就开始将资金投入到纽约股票市场了,后来随着大量热钱的涌入,普通股的价格也被拉到一个相当高的位置,最后甚至令一些保守的金融专家都坐不住了,他们纷纷站出来敲响警钟。1927年全年股票市场持续升温,下面这个数字就能说明问题——证券经纪人贷出的、用来资助投资的贷款从2,818,561,000美元上升到3,558,355,000美元,增加了近7.4亿美元。在1927年12月3日所在的那个星期,纽约股票交易市场的股票交易量创造了历史新高。与之相关的是持股人群的迅速扩大,无论是在纽约、旧金山这样的繁华大都市,还是在地处低海拔的平原地区的乡村小镇,股民比比皆是,他们在晚餐之后谈论的话题永远只有一个,那就是股票。他们兴致勃勃地交流着购买股票的窍门,甚至为究竟应该选择靠汽车制造业起家的斯图贝克公司还是休斯顿石油公司的股票而争论不休。这些人曾经对股票一窍不通,甚至在前两年还不知证券报价机为何物,可他们现在已经对GL、X和ITT这些符号的含义了如指掌,也养成了浏览财经报纸和查询华尔街下午1点半股市行情的习惯。

1927年8月，美联储采取了一系列手段为已经熊熊燃烧的股市又添上了一把干柴，比如：将美元的再贴现率从4%降低到3.5%，并且允许政府债券进入市场自由交易，导致股市再度升温。

证券交易所的职员在运送已交易的有价证券

美联储这种举措的出发点是好的，因为其决策者们认为，当时欧洲的股票交易市场萎靡不振，好几个欧洲国家为了使本国货币不贬值而疲于奔命，如果将美元的再贴现率从4%下调到3.5%，将防止黄金在美国的进一步集聚，从而帮助欧洲从货币贬值的阴影中走出来，也会给美国的对外贸易带来好处。此外他们还相信，当前美国的商业停滞不前，降低再贴现率或许能刺激贸易市场复苏。然而令美联储没有想到的是，再贴现率下调也让本来就"发烧"的股票市场变得更是高烧不退。

同时，柯立芝总统和财政部长安德鲁·梅隆对股市的鼎力支持，也对华尔街股市起到了推波助澜的作用，因为只要股市稍微出现一点疲软的迹象，这二位就会立即出来发表讲话，让美国民众吃下定心丸，结果是稍微出现下跌苗头的股市就会立刻上扬。1928年1月，总统柯立芝居然匪夷所思地公开宣称："我并不认为证券经纪人放出的资助投资的贷款数额过高。"这等于给了民众一个明显的信号：白宫支持股市的飞速发展。而总统的这番言论也正是令一些金融界人士忧心忡忡的。

与股价一路飙升相反，1927年下半年的商业活动则是一落千丈，其颓势难以挽回。1928年2月，纽约慈善协会会长在一份报告中说："目前的失业率创造了战后的最高纪录。"由于这时的股票价格已经达到有史以来的顶峰状态，而商业活动却是一片惨淡，市场前景丝毫不明朗，因此在1至2月间，股票市场频频出现乱象，不仅股价飘忽不定，而且毫无规律可循。

面对如此的股市现状，一些有良心的股评家和分析人士开始频频向股民发出警告,虽然这些警告看似轻描淡写,但却丝毫不掩饰他们急切的心情。1928年1月5日,穆迪投资者服务公司在评价当前的股市时说:"目前的股票价格已经远超先前的预期,股市是在一种非理性的状态下运行,谁也不知道需要多大的力度才能将股市调整到正常状态。"3月1日穆迪投资者服务公司又宣称:"只有当货币变得过剩,导致银行鼓励信用扩张,这样公众才有可能改变熊市的心理状态。"紧接着的3月3日,哈佛经济协会通过对他们掌握的数据进行分析,得出了这样一条令人不安的结论:"2月份的股市行情表明,股市交易正在进入一个短期的再调整阶段。"这些哈佛预言家所能给出的最乐观的预言就是:"股市中期不可避免地要下跌,但应该不会形成大幅度跌落,甚至演变成股市大萧条。"美国花旗银行也在寻求一些行之有效的方法,尽量改善业务状况。标准统计公司虽暗示股市形势已经出现了开始好转的苗头,但他们也不敢表现得太乐观,而是谨慎地提醒民众:"股市未来几个月的走势如何,这要看货币市场的状况。"

熙熙攘攘的场外经纪人

《纽约时报》金融版的编辑用"犹豫不决"这个词来描述当前货币流通状况。一些投资机构则更加直白,他们在报纸上刊登了这样的广告语:"你还留恋这个大牛市不舍得走吗?""通货紧缩是否已经拉开了序幕?"这些警醒世人的广告语和华尔街那扑朔迷离的行情一起,让股票交易大厅的民众感受到了一种躁动不安的气氛。

在这种形势下,如果还有谁敢跳出来宣称"大牛市行情还将一路高歌猛进,各种风险征兆丝毫不值一提"的话,那他要么是别有用心,要么就是吃错药了。显而易见,本章开头提到的那位银行家的判断是正确的，那些对股市忧心忡忡的分析家也是正确的。但是，他们低估了美国民众的投资热情，在"柯立芝繁荣"时代日益高涨的股市行情已经让股民们迷失了方向。就在哈佛的股市预言家预测股市将迎来下跌和《纽约时报》金融版的编辑用"犹豫不决"这个词来评价当前货币流通状况的时候，1928年3月3日，股市终于迎来了战后10年最令人热血沸腾的发展阶段。

2

现在，让我们翻开第二天——1928年3月4日的报纸吧，因为是星期天，报纸上刊登的都是和节假日有关的信息，比如娱乐广告、打折信息等，报纸版面之多、篇幅之大，让你将这一叠报纸端起来都倍感吃力。

这一天，距离柯立芝总统公开宣布"放弃参加1928年总统大选"已经过去好几个月了，不过人们对他的"弃选"言论显然有点不太相信，柯立芝总统一句话就放弃了总统大选，这未免显得太草率了吧？还有那个自1921年到1928年，先后在哈定和柯立芝两任总统手下担任商务部长的胡佛，也对自己这8年来一直被民众叫做"业余政治家"而恼火不已。为了摘掉这顶羞耻的帽子，他正准备召集各行各业的精英，举行共和党代表大会。

这个时候，面世已经3个多月的A型福特轿车吸引了许多人的目光。无论是衣冠楚楚的绅士，还是珠光宝气的太太，只要看到一辆崭新的福特轿车从身旁开过，都会禁不住以羡慕的目光久久注视，就是那些此前刚刚预订了能在阿拉伯沙漠里驾驶的汽车的人，当看到款式新颖别致的A型福特轿车后，也都后悔自己当初轻率的预订行为。

这个时候，曾经成功不间断飞越大西洋的陆军上校林德伯格还被人们当作民族英雄来崇敬，但此时他还是单身。在1928年3月4日这天报纸的第21版上，就刊登了一条关于他的新闻——国会提出将位于明尼

苏达州小瀑布城的林德伯格故居开辟成博物馆,但遭到林德伯格的拒绝。另一位英雄飞行家伯德中校也在这一时期即将宣布他的新挑战目标——直飞南极。

让我们看看报纸的时尚版面,那上面的广告图片显示,此时妇女们穿的裙子已经达到有史以来最短的程度——刚好盖过膝盖。再翻到报纸的体育版面,满篇都是有关派尔先生组织的名为"Bunion Derby"的长跑比赛的消息,按照赛程,这274名长跑选手将从洛杉矶出发,一直跑到纽约。

在这期报纸的广告版面上,威廉·杰伊夫人、罗伯特·洛·培根夫人和查尔斯·卡里·拉姆塞夫人共同为西蒙斯床单拍摄了一组广告,在广告图片中,她们雍容华贵的贵族气质将所代言产品——西蒙斯床单衬托得非比寻常。

翻开报纸的书评版面,当时最畅销的书籍是《圣路易斯雷的大桥》(The Bridge of San Luis Rey),此书创造了90天销售10万册的佳绩;报纸上还分别对范·达因[①]的《格林家杀人事件》(The Greene Murder Case)、薇拉·凯瑟[②]的《死神来迎大主教》(Death Comes for the Archbishop)和路德维格·刘易森[③]的《内岛》(The Island within)等作品的内容进行了介绍。

报纸的戏剧版面则用大篇幅介绍了已经在纽约连续上演7个月之久的《玛丽·杜根审判案》以及已经上演了5个月的盖茨沃斯的《大逃亡》。报纸上还介绍了当时许多受到好评的戏剧,比如《奇妙的插曲》《戏船》《挺进巴黎》《波吉》和《甜姐儿》等。另外,报纸报道说:阿尔·乔森准备出演《爵士歌手》一片,而这部影片将成为世界电影史上第一部有声

---

① 范·达因:原名威拉得·亨廷顿·莱特,是美国著名作家、评论家。20世纪20年代,他开始动笔创作了红极一时的推理小说名侦探——菲洛·凡斯,并将系列作品搬上大银幕与广播节目。在范·达因的推理小说著作里,《主教谋杀案》与《格林家谋杀案》得到相当高的评价。——译者注

② 薇拉·凯瑟:美国女作家。出生在弗吉尼亚州,幼时随父母迁居到中西部的内布拉斯加州。内布拉斯加大学毕业后曾任中学教员、记者和杂志编辑。1912年开始专事写作,以自幼所熟悉的西部边疆生活为题材,创作富有地方特色的作品。《哦,拓荒者们!》与《我的安东尼亚》两部小说描写第一代东欧和北欧的移民与大自然搏斗的艰苦生活,以及他们处理新旧文化冲突中人与人之间的关系的情形。在《死神来迎大主教》中,歌颂了19世纪在新墨西哥印第安人中间传教的天主教神父的献身精神。——译者注

③ 刘易森:美国犹太裔的批评家和小说家。——译者注

影片。

至于股票市场行情如何？读者根本无需翻到金融版面，因为这么备受关注的消息在报纸头版就有导读预览。

前一天，也就是星期六的早晨，通用汽车股票的开盘价为139.75，仅仅开盘两个小时股价就升至144.25，这意味着自星期五收盘以来，凡购买该公司股票的股民已经稳获5点以上的收益。3月4日这一天的股票交易总数不超过1,200,000股，但通用汽车的股票几乎占了三分之一，由此也拉开了1928年春季那场投资热潮的序幕。

下面的股价信息，是3月3日正处于上升空间的那些股票在当天以及随后几天的价格表现，括号里注释的是每一只股票的股息：

美国制罐公司	（2），77
美国电报电话公司	（9），179.5
亚纳康达铜业公司	（3），54.5
通用电气公司	（5，包括附加费用在内），128.75
通用汽车公司	（5），139.75
蒙哥马利·沃德公司	（5，包括附加费用在内），132.75
纽约中央铁路公司	（8），160.5
美国无线电公司	（没有股息），94.5
联合碳化物公司	（6），145
美国钢铁公司	（7），138.125
西屋电器公司	（4），91.625
沃尔沃思公司	（5），180.75
电力债券与股票公司	（1），89.75

到了3月5日，也就是星期一，通用汽车的股票再度上涨2.25点；而到了星期二，它已经上涨了3.5点。当通用汽车股票的价格突破了150元的那一刻，股市交易大厅爆发出一片轰鸣，人们都在欢呼着庆祝这一历史时刻。然而，通用汽车的股价并没有就此止步，而是继续上涨，股价也被一天天"刷新"。受通用汽车股价的带动，其他公司的股票，诸如美国钢铁、美国收音机、蒙哥马利·沃德公司的股票也开始稳步上涨。在接下来的星期三和星期四两天，通用汽车股票经历了一个短暂横盘。然

而到了星期五,也就是3月9日,通用汽车股票突然猛涨9.25点,令股评家们都大跌眼镜,这一天通用公司对外宣布,在通用汽车股价达到150元的时候,公司为管理层购买了20万股作为奖励。而到了星期六,美国无线电公司的普通股又创造了惊人的12.75点的增幅,增幅超过了通用汽车,最后以120.5的价格收盘。

这种大跃进式的疯涨,让那些小心谨慎的银行家和穆迪投资者服务公司的预测专家们困惑不已:"这究竟是怎么了?在目前贸易疲软、信用膨胀的市场环境下,居然出现了高得吓人的股价,难道人们都疯了吗?"这些金融界人士和专家们陷入了深深的担忧之中:"如果那些逢高买进的股民们在同时将股票抛售可怎么办?那样后果就太可怕了!"他们都在思考着同一个问题,那就是:"这轮大牛市究竟能持续多久?"

然而,那些财力雄厚的投机商们却纷纷嘲笑这些预测专家说:"你们太保守了!这么胆小怎么能赚到钱呢?"这些投机商都是靠将资本投入到汽车业、农业和早期股市中才获得了巨额利润的。以威廉·杜兰特①、阿瑟·卡顿②、费雪兄弟③和约翰·拉斯科布④为代表的这些人不顾股价高企,仍然大举买进股票,他们认为当前国民生产停滞不前只是一种暂时现象,终有一天经济会好转。另外,他们也对通用汽车公司的经营业绩充满信心,因为他们知道,在这一年,通用的头号竞争对手福特公司的T型车退出市场,而新车型又没有设计出来,这意味着福特公司已经远远落后了,故而通用汽车今年一定是个丰收年;他们还知道,现在的无线电产业已经走上了一条成熟的道路,利润非常稳定,随着科学上的不断进步,美国无线电公司有望成为世界上最大的无线电公司。想想看,汽车和收音机这两种产品在战后10年间开始走进千家万

---

① 威廉·杜兰特:美国通用汽车公司的缔造者,他被认为是世界汽车发展史上第一位传奇人物。当他看到汽车的发展前景时,果断地利用自己手中掌握的巨额资金,创建了今天仍名震全球的通用汽车公司。他是一个超级的推销员、一个不知疲倦的经营者、一个白手起家的百万富翁。可惜由于过分扩张,杜兰特让通用多次陷入困境,他也两次被迫离开亲手打造的通用。——译者注

② 阿瑟·卡顿:当时世界上最大的粮食公司的经理,经营小麦生意的投机巨头。据说只要他一句话,卖到世界各地的粮食价格就要上涨或下跌。然而他最后由于商场失利,欠了一大笔债务并流落海外,最后贫病交加死于欧洲。——译者注

③ 费雪兄弟:阿尔伯特·费雪、佛雷德·费雪及查尔斯·费雪三兄弟,于底特律联合创办了费雪车身生产厂。后来费雪车身生产厂的股份被通用汽车购买。——译者注

④ 约翰·拉斯科布:通用汽车公司的首席执行官,也是他后来提出了建造帝国大厦的构想。——译者注

户，就可以知道汽车和无线电这两个行业发展是多么迅猛了，因此，投机者对这两个行业最为青睐。这些在大牛市里呼风唤雨的巨头们也清楚，假如有一天股市要崩盘了，大大小小的股民都会拼命将手中的股票卖出；而当股市好转时，股民们又会疯狂买进，这就是广大股民的投机心理。股市能让人一夜之间变成百万富翁，这种诱惑令大多数美国民众无法抵御，因为每个人都想在最短时间内暴富。因此，只要股市上涨，大多数民众就会毫不犹豫地买进股票，根本不去进行研究和预测，更听不进预测专家的话。所以这些投机巨头们根本不担心，他们知道股民们的热情不会被熄灭。

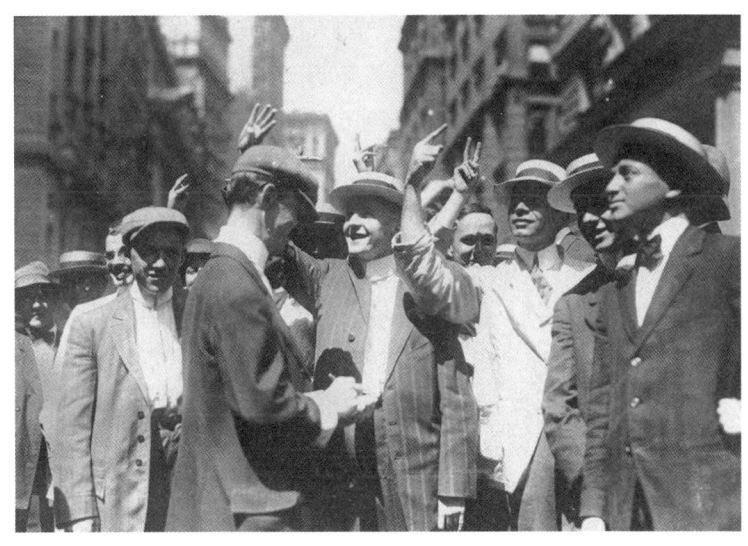

场外经纪人在交易

他们果然猜中了！在股价高企的情况下，公众们还在不停地买股票。

到了3月12日，这天是星期一，早上刚刚拿到报纸的人们诧异地发现，各大报纸的头版头条都是关于股市的报道。这一天从早上开始，股市就疯狂上涨，比如美国无线电公司开盘价是120.5，收盘于138.5，其他的股票也普遍收涨。到了收盘的时候，行情显示器显示总交易量高达3,875,910股，而实际交易量更大，因为行情显示器比市场交易慢了6分钟。据那些在股票交易大厅现场的股民们说，无线电公司股票的行家迈克尔·米汉当时也在现场，他一头红发，在潮水般的股民中甚是抢眼。股民们高喊着，做着各种手势买进和卖出股票，那阵势就好像在战斗，交易大厅俨然成了一个战场。

3月13日是个星期二，美国股民们在这一天可真是体会到了什么叫"坐过山车"的滋味。这天一早，人们就惊讶地发现：美国无线电公司竟然以160元的价格开盘，这比前一天收盘价还多了21.5点。正当买了美

国无线电公司股票的人暗自庆幸发了一笔横财的时候,股票交易所官员们上午发布的一条声明又给他们迎头浇了一盆冷水。原来,这份声明是关于官员要调查股市中是否存在技术垄断,这下子一些人开始抛售无线电股票,使得其股价跌回到140。到了下午,股市上又传来一个消息:某位大户经纪人因为违规操作被清户,这个好消息又让无线电股票的价格上升到155。经过一整天的反反复复,最终无线电股票以146收盘,股民们这时才长出了一口气,因为这个价格比前一天的收盘价还是高出了7.5点。由于当天成交量太大,导致行情显示器比实际交易整整滞后了12分钟。

就这样,股市让股民们时而心花怒放,时而又心惊肉跳。很快又是3天过去了,到了3月16日这天,巨大的交易量已经导致行情显示器滞后了33分钟,人们的期望值也渐渐提升,甚至有人喊出了"日交易量达到500万股不是梦"的口号。这句口号若放在平时,就显得太不可思议了,但在当时几乎没有人怀疑它的可能性。

3月20日这天,各支股票普遍上涨,比如美国无线电公司的股票上升了18点;通用汽车公司的股票也上升了5点。到了3月26日,股市总交易量再创历史新高。然而正当人们满怀期待的时候,到了27日,股市上突然出现了一股抛售狂潮,谁也不清楚是什么原因造成的,这股抛售狂潮让通用汽车股票价格暴跌。遇到这种情况,只有大量买进股票才有可能遏制住下跌的势头。27日这天股市总交易量达到了479万股。

现在,美国全国上下掀起一股投机的热潮,每个人满脑子都想着如何通过股市一夜暴富。一位金融评论家这样形象地描述:现在的美国无论各行各业,甚至三教九流都是三句话不离股票,医生和病人兴致高涨地讨论着炒股;哪怕是理发师正在给顾客理发,他也会经常停下手里的活,发表一通对零售领域里的巨头——蒙哥马利·沃德公司股票前景的评价;妻子们也经常过问和督促丈夫买股票的事,甚至有时会责问丈夫:"你的反应为什么这么慢?为什么不买最热门的股票?"丈夫则胸有成竹地说:"放心吧,已经买了!我今天早上买了整整100股美国亚麻籽公司的股票!"各地的股票交易大厅里都挤满了精神极度亢奋的股民,他们的眼睛死死地盯着交易显示屏上不断变幻的数字。

就这样过了几周。在这段时间内,有几支股票表现特别优秀,逐渐成为人们关注的焦点，其中就包括后来居上的蒙哥马利·沃德公司的股票。另外，航空公司股票涨幅也非常巨大，仅在5月份的某一周内，莱特航空公司的股票就上升了34.75点，达到了190；柯蒂斯公司上升了35.5点，达到了142。由于这段时间每天都有大笔的交易量，纽约证券交易所不得不多次破例在周六停盘，为的是让那些每天处理大量交易工作的股票经纪人喘口气。当然，经纪人依旧放贷，而且有增无减，这导致美国的信用膨胀持续、稳步地扩大。现在的情形让美联储的官员们也搞不懂了，早在2月的时候，他们已经将再贴现率从3.5%调到了4%，就为的是使过热的投资稍微降降温，然而他们诧异地发现，投资热潮不但没有降温，反倒愈演愈烈，尤其是普通个股疯狂上涨，这简直不符合逻辑，也违背经济学原理。

调控失败让美联储官员们很不甘心，到了5月份，他们将再贴现率又上浮到4.5%，这盆"凉水"让股市经历了一个短暂的震荡，但旋即又"沸腾"了起来。为了控制疯狂的股市，美联储官员们又将1927全年的政府公债全部售出，结果不但没有使股市得到控制，反倒让政府公债市场受到重挫，这下美联储真的是无计可施了。

到了1928年5月下旬，股市高歌猛进的势头有所放缓，股价经过一轮轮反复地上升、下跌，再上升、再下跌的过程，让一些预测专家们感到这轮大牛市应该快走到尽头了。

到了6月，股市再度出现大幅下跌，连金融巨头贾尼尼[①]的意大利银行股票也未能幸免，突如其来的崩盘让股民蒙受了巨大的损失。6月

---

① 贾尼尼：具有传奇色彩的意大利裔银行家。他虽然只有小学文化，却在商业方面显示了超人的天赋，1904年，他建立了意大利银行。1906年，旧金山发生了举世震惊的大地震，由于来得突然，这次地震造成了巨大的灾难性后果，两天后，各大报纸共同发起倡议，召集银行家们商讨灾后重建工作，贾尼尼不顾自己身份的低微，参加这次紧急会议。当时所有与会的商人要求银行发放贷款，但大银行家们为了自身的安全，却不肯这样做，双方吵得不可开交，这时贾尼尼站了出来，他说："我是意大利银行的贾尼尼，我们会在明天正式开业！而且是露天营业！"一语惊四座，大家几乎不相信自己的眼睛和耳朵。地震灾难后的第4天，报纸上刊登了大副广告："意大利银行正式开业，时间照旧，露天营业，不受地震威胁！"出人意料的是，广告一登出来，前来存款的人比取款的人还多，因为鉴于地震引起的火灾，人们认为钱还是存在银行比较保险。这次行动令那些拒不开门的银行家们大为悔恨。经过这次事件，意大利银行从一家小银行发展成为众人皆知的大银行，后来它甚至还吞并了美洲银行，并将各分行全部改名为美洲商业银行，真正创立了自己的帝国。在20世纪四五十年代，美洲商业银行一度是美国规模最大的商业银行，也是美国第一家为普通百姓提供金融服务的银行。因为对银行业发展的突出贡献，人们称贾尼尼为"现代银行业之父"。——译者注

纽约证券交易所

11日这天，在旧金山证券交易所，贾尼尼的意大利银行的股票跌了100点，他的另一家控股银行的股票也跌了86点，美国银行跌了120点，联邦安全银行跌了80点。而在纽约的场外交易市场，贾尼尼的控股银行股票从200直降110点，这导致无数小股民破产。连贾尼尼本人也发表声明，认为"当前的股票价格实在太高了"，希望股民警惕，但是仍有许多人根本听不进去，他们觉得这只是暂时的低谷，"股价最终必定朝着1,000点大步前进"。

到了第二天，也就是6月12日，华尔街遭遇了又一股"寒流"——大小股民疯狂地填写出售股票的委托，顷刻间证券交易所交易量达到了500万股。大量的交易使行情显示器发生了延迟，报价比实际交易价格滞后了近2小时。这股"寒流"让美国无线电公司股票这样的曾突破200点的"明星股"也未能幸免，下挫了23.5点。按照我们今天的标准，6月12日那天尽管股价遭到重挫，但实际的损失并非很大，因为后来《纽约时报》对排名在前50位的股票进行了统计，发现平均只下跌了3个点左右。但纽约证券交易市场的分析家们对此却感到不容乐观，他们认定：这预示着股市崩盘的日子不远了。纽约甚至有家一贯保守的报纸在当天头版用黑色的字打出了这样的大标题："华尔街牛市昨日土崩瓦解，全球为之震惊。"凑巧的是在那天的报纸上还有关于胡佛参加总统大选的消息，彩色的标题是"胡佛大选首轮必胜"，看来这两个标题还真是相映成趣。

但是，股市分析家们又一次看走眼了，因为到了6月13日，股市似乎驱散了笼罩在上空的阴霾，又重新站起来了。6月14日是胡佛获得竞选提名的这一天，股市开始转暖，大多数股票的价格依然保持在较高的水平。尽管到目前为止已经有数千名经纪人投资失败而退出了这场游戏，也有几支明星股票轰然倒下，更有无数的财富随之蒸发，但股市分析家先前预测的所谓崩盘并未发生，大牛市还在轰轰烈烈地上演着。

3

1927年8月2日，柯立芝总统宣布他将不再竞选连任。这时许多政治人物希望担任商业部长的赫伯特·胡佛出任总统候选人。1928年6月，在密苏里州堪萨斯城的共和党全国代表大会上，胡佛经第一轮投票就以绝对优势获得提名，参加总统竞选。在胡佛代表共和党出任为候选人之后的几个星期，民主党几经周折最终推出了纽约州州长阿尔弗雷德·史密斯出任总统候选人。史密斯出身于纽约东部贫民区一个贫穷的家庭，但他很早就表现出了政治上的天赋，他经常戴着一顶棕色圆顶窄边礼帽出席正式场合。但史密斯是坦慕尼协会①的会员，该协会的名声在民众当中不佳，另外因他反对禁酒令，也使他失去了很多支持者。还有最重要的一点，他是罗马天主教教徒，因此遭到南部诸州和美国西部大部分选民的排斥。为什么罗马天主教徒要受到这些居民的排斥呢？原来，天主教徒多分布在美国富裕的东北部，而美国南部地区则是新教徒的大本营，新教徒和罗马天主教徒的冲突由来已久。虽然臭名昭著的三K党宣布摘掉吓人的面具，并给自己起了一个颇富正义感的名字"森林骑士"，但他们骨子里仍然是强烈敌视天主教徒的。

民主党总统候选人阿尔弗雷德·史密斯

---

① 坦慕尼协会：也称哥伦比亚团，1789年5月12日建立，最初是美国一个全国性的爱国慈善团体，专门用于维护民主机构，尤其反对联邦党的上流社会理论，后来则成为纽约一地的政治机构，并且成为民主党的政治机器。美国历史上的坦慕尼协会在19世纪曾卷入过操控选举丑闻，因而备受争议。该协会1934年垮台。——译者注

虽然史密斯本身具有种种劣势，但仍能成为民主党推举的总统候选人，可见他的确能力超群。民主党坚信史密斯作为一名移民的后代，又反对禁酒令，他应该能够击败共和党，在北方的工业区和大城市赢得多数选票。尽管南部诸州的人们并不喜欢史密斯本人，但民主党相信他们在南部各个州根深蒂固，也应该能在这里赢得选票。

就这样，两党暗自较着劲，拉开了1928年大选的帷幕。

这次竞选和历史上的竞选不同，只经历了一件事，竞选双方顿时高下立判。史密斯丝毫不掩饰他对禁酒令的厌恶之情。而胡佛却不这样做，他高调地宣称："禁酒令非常伟大，是一项社会实验和经济实验，其出发点非常好，社会意义也非常深远。"胡佛还许诺说，如果自己担任总统，将对禁酒令"富有建设性地执行到底"。

接下来，共和党和民主党开始在全国各个城市进行拉票活动。在美国东部，胡佛的竞选班子向选民宣传说："胡佛对禁酒令的支持，表明他有决心'富有建设性地带领美国人民摆脱社会困境'。"而史密斯的竞选班子向南部和偏远西部的选民这样宣传说："史密斯反对禁酒纯粹是他个人的行为，他并不能代表民主党的观点。"这样一来，民主党内部首先出现了裂痕。两个候选人在禁酒问题上的表现使史密斯明显居于下风。

在对农场和农业的经济支持问题上，两党也产生了争论。但是，他们针锋相对的斗争还是围绕着"谁能解决美国西北部落后现状"的问题展开。史密斯提出要通过在西北部修建水电站来带动当地经济，但史密斯的计划并没有广泛博得选民们的响应，也许是那些选民更希望政府将资金用来建设城市公共设施与服务吧。

当然，还有宗教信仰的原因。比如，几百万选民因为担心信仰罗马天主教的史密斯会把白宫变成梵蒂冈的一个"分支机构"，因而最后投了胡佛的票。不过也有人投史密斯的票，因为他们希望史密斯上台后能树立天主教的地位，打击社会对新教徒的偏袒。

当然，还有许多纯粹个人好恶的原因。比如胡佛的反对者认为他是一个教条主义者，冥顽不灵；而史密斯的反对者也许是因为讨厌史密斯的棕色圆顶窄边礼帽，或者是讨厌史密斯夫人的首饰。

然而，这场竞选还有一个与以往最不同的特点，那就是它在很大程度上与股票牛市行情有关——人们对牛市的期待也影响着他们对总统候选人的选择。

首先，1928年总统大选和1924年的大选不同。1924年那时候除了民主、共和两党外，还有一个非常有实力的第三党派竞选人。然而在1928年，经常跳出来充当"黑马"的激进党派已经失去了以往的锐气和地位，比如在候选人提名阶段，社会党提名了诺曼·托马斯，但竞选刚一开始，诺曼·托马斯就迅速被淘汰了——这已经是他第5次竞选失败了。现在，民主党和共和党都发现，华尔街的股市是全国关注的焦点，谁要是以股市做文章，必定能赢得全国选民的欢心。但民主党又觉得这样一来自己的角色非常尴尬，因为他们一直以来对待金融界和工商界非常冷淡，现在要想获得这些人的支持，必须换一副热情的面孔才可以。另外，在现任是共和党人的柯立芝总统领导下，美国社会空前繁荣，这一点也是民主党无法否认的，而现在民主党要想占据主动，至少是不落后于共和党，那他们只有向选民们许诺：他们也能保证股市价格持续上涨，让每一个美国人得到分红。

柯立芝总统与时任商业部长的胡佛（1928年）

为了和共和党一较高下，民主党也开始为打好"股市"这张牌而展开大量工作：首先是必须选择一位金融和工商界的资深人士作为民主党的代言人。史密斯经过细致的遴选，最后任命国会议员约翰·拉斯科布担任民主党全国委员会主席这一重要职位，让他在华尔街打开一个突破口。这位约翰·拉斯科布先生可是大有来头，他是通用汽车公司副总裁兼财务委员会主席，通用汽车金融服务公司副总裁；他还在杜邦公司任副总裁兼财务委员会委员；此外，他还有美国信孚银行、美国信用担保公司和纽约城镇信托公司主管等一系列头衔，尤其在通用汽车公司，他

第12章 大牛市

是有重要发言权的人。虽然拉斯科布的政治资历和他在商界的经验相比，要匮乏许多，但这又有什么关系呢？民主党需要这样一个精通商业规则的人为他们冲锋陷阵，而拉斯科布无疑是最适合的人选。民主党全党上下都认为，随着约翰·拉斯科布的加盟，那些说"民主党一旦获胜，就会影响普通个股以20倍收益的价格卖出"的人总该闭嘴了吧？

约翰·拉斯柯布

拉斯科布先生担任民主党全国委员会主席之后，为了便于指挥竞选活动，他甚至将民主党总部迁到了位于纽约的通用汽车公司，天下还有哪个地址能比这里还"牛"呢？接着，他向社会宣称："标准石油公司金融家"哈克尼斯先生、"银行家及糖业大亨"斯普雷克尔斯先生、"广泛投资于铁路、证券公司、房地产和商业等领域的纽约金融家"詹姆斯先生等都支持民主党候选人史密斯，他们都认为"史密斯如果当选总统，他们的利益不会有丝毫影响"。明眼人一看便知这是在讨好金融界和商界人士，因为先前民主党人曾支持"新自由"政策，并且对石油巨头和纽约金融家们的"不当举措"大肆抨击，从而得罪了他们，现在正好找机会弥补。同时，为了进一步向商界示好，拉斯科布先生和史密斯州长打出民主党一贯提倡的"降低关税"这张牌，然而这张牌并没能取得理想的效果。

从竞选形势来看，共和党那边比较有优势，因为在共和党人柯立芝总统执政期间，社会空前繁荣，所以共和党更是以此造势。当时的繁荣是明摆着的，每个美国人都亲眼所见、亲身所感，这总比民主党的口头许诺要来得实在，因此赫伯特·胡佛在发表演讲时也显得底气十足，他说："人类最古老、最神圣的愿望无非就是摆脱贫穷的困扰……现在，我们距离这个终极目标只有一步之遥，如果目标达成，我们国家的贫民窟将不复存在。当然，现在我们还没有实现这个目标，如果诸位给我一次机会，我将认真贯彻哈定总统、柯立芝总统这8年来振兴经济的政策,我将使美国人家家锅里有一只鸡,家家有一辆汽车。相信在上帝的保佑下,我们在有生之年都能看到贫穷被彻底消灭的那一天!"

不过,胡佛先生在演讲中的口气过于乐观和自信了,很快他就发现这并不是一件好事情,于是随后就收敛了许多。好在他在演讲中还为自己留了一条退路:他提到目标的达成,也需要得到"上帝的支持"。

说起来,胡佛先生在演讲中透着过于乐观的情绪也无可厚非,因为毕竟1928年的国家经济状况要好于前一年,这也是无可争辩的实情。再说了,如今的大牛市正如火如荼,尽管6月的时候出现了一点振荡,但现在已经回到正轨了。所以,胡佛的自信也并非没有任何根据。

另外,对于胡佛的乐观言辞人们也感到可以理解,毕竟作为总统候选人总要给自己的脸上贴贴金,想方设法拉选票。胡佛原本是工程师和经济学家出身,研究图表是他的本行,但若要实现"根除贫穷"这一伟大使命,胡佛心里还真没什么底。但当胡佛以政治家、总统候选人的身份站在演讲台上时,他立即充满了政客的自信。因为,1928年的的确确是一个大繁荣的年代,这是毫无疑问的。

面对胡佛咄咄逼人的攻势,史密斯立刻反击,"棕色圆顶窄边礼帽"率领着他的竞选班子马不停蹄地穿行在美国的城市之间:他发表演讲历数禁酒令的种种不是之处,谴责人们的偏执行为,甚至还向农场主许诺,他上任之后将下令使用奴隶的合法化……但是,这些没有给他带来多大的优势,命运的天平已经向胡佛那边倾斜了。果然,到了大选那天,胡佛将全国大部分选票收入囊中,他的普选票数竟高达21,500万张,而史密斯只有1,500万张;在选举团投票环节,胡佛将史密斯的基地纽约州的选票包揽,还将摇摆州——俄克拉荷马、田纳西和肯塔基的选票也笑纳,甚至将民主党占优势的南方阵营,诸如佛罗里达州、得克萨斯州、北卡罗来纳州甚至弗吉尼亚州的选票也一网打尽。最终,胡佛以444票对87票的绝对优势完全战胜史密斯。

胡佛的胜利是一场激动人心的胜利,当民众走上街头庆祝胡佛当选时,股市也仿佛坐上了火箭,节节蹿升。大牛市又昂首前进了,而且人们对大牛市又多了一份期许,那就是"再繁荣4年"!

4

赫伯特·胡佛

1928年11月6日，赫伯特·胡佛当上了美国第31任总统。胡佛的当选，在一定程度上遏制了人们的恐慌心理，于是人们对股市的信心更足了，大牛市一路高歌猛进。1928年11月7日，他当选总统后的第一天，股市便出现了"胜利"的暴涨行情，一些领涨股攀升了5～15点，成交量达到了大约490万股。回想年初的时候，一些股市预测家还认为要想达到日交易量500万股还有很长一段路要走。可如今，日交易量上到500万股就如同家常便饭。11月23日那天，股市交易总量甚至达到了惊人的700万。随着交易量的增加，证券交易所会员席位也变得炙手可热——曾经有一个会员席位被卖到了580,000美元的高价，这简直创造了纪录。在今年早些时候，不少股票经纪人还在怀疑："无线电公司股票的股价高达150，这能卖得掉吗？"可到了11月下旬，这根本不算什么问题，因为无线电公司股票的价格已经到了400元。现在的股票动辄获得10%的收益，人们都已经习以为常了。蒙哥马利·沃德公司股票在1928年春天的时候价格是200，而到了11月股价翻了一番还多，达到439.875。铜业、航空公司的股票也节节攀升。当然，股票经纪人对外放贷的金额也越来越大。也许有人会问，放出这么多贷款，能收得回来吗？根本不用担心！因为在这样一个全面繁荣的时代，面对股市的高回报率，美国民众都放心大胆地以贷款的方式投身到股市中去，虽然活期贷款的利率相对高一些，大约在8%～9%左右，但人们根本不在乎，因为人们能从股市获得更多的利益。社会到处是一片繁荣的景象，人们都在憧憬着新的生活，他们仿佛看到：贫穷这个缠绕了人类几千年的痼疾，很快就要在这个时代被消灭了！

可是好景不长，进入12月份，股市也不知中了什么邪，股价全面暴跌，甚至比6月的那轮下跌还要猛烈。12月7日星期六这天，简直令每个炒股的人都难以忘怀。在那天，股票交易所的行情显示器显示：无线电公司的股票在开盘时的价格是361，开盘不久就达到363，正当人们满心欢喜地期待着继续上涨的时候，只见股价开始向下走，慢慢地，最后竟然跌到296！"什么？296点？"人们面面相觑，几乎不敢相信自己的眼睛。无线电公司的股票跌幅高达72点，这令在场的人都难以置信，因为在1928年前3个季度里，无线电公司的收益就已经达到了每股7.54美元，即使按照最理想状态的"10倍收益"标准计算，股价应该处于100多一点，这才是正常的，然而长达数月的大牛市让人们早已突破了"10倍收益"这一心理底线。因此，星期六这天无线电公司的股票价格跌到了296就已经让大多数人感到惶惶不可终日了。无线电公司股票并非唯一的倒霉蛋，还有蒙哥马利·沃德公司股票下跌了29点，万国收割机公司从368.5下降到307。但是，这轮原因不明的下跌很快就停止了，就如同1928年6月那次下跌一样，多数股票下跌了一阵之后，就又纷纷回升了，股市也再度回归稳定状态。

当全美国的股民都松了一口气的时候，美联储官员们却开始坐立不安了，因为他们意识到，日益膨胀的投机活动让越来越多的国家剩余资金流向股市，同时，信用膨胀已经到了岌岌可危的地步。面对这样一个危险的处境，美联储不得不再次提高再贴现率，从而让投机者不得不支付更多的贷款利率，这样就能遏制他们的投机行为。于是在7月份的时候，美联储将再贴现率提高到了5%，这已经很高了。然而这一举措推出之后，投机活动仅仅收敛了几天，便又开始猖獗起来。看来，投机者根本不在乎再贴现率，他们只要能得到贷款，支付再高的利率也心甘情愿，因为他们很快就会从股市上捞回来。

开始的时候，美联储官员们还在静静地等待投资热的降温，但等来等去，投资热不仅没有自行消退，反倒更加变本加厉了，这让美联储陷入了一个进退两难的境地——如果继续上调再贴现率，有可能会给股市带来巨大的冲击，而且这一手段在打击投机的同时，还会拖累正常经

营的企业,因为再贴现率的提高,会迫使企业为贷款支付更高的利率,最终导致整个社会经济的停滞。此外,美联储还有另外一种担忧,这就是黄金会在美国大量集聚,对世界贸易带来不良影响。还有一个特别的原因也导致财政部不敢继续上调再贴现率,就是政府也要通过贷款募集资金,如果再贴现率继续上调,政府也不得不支付更高的利率,这是财政部长梅隆所不愿看到的。总之,美联储可谓是用尽了手段,他们甚至想:除非美国发生一场巨大的自然灾难,否则要想让过热的投资冷却下来简直是痴人说梦。

但是美联储不甘心就这样被股市牵着走,他们聚集了许多经济学家思考了好久,最终想出了一个非常有创意的解决之道。虽然这个方法还未曾实施过,但美联储决定冒险试一试,假如这个方法都不能使投机热降温,那他们真的是黔驴技穷了。

美联储的方法也很简单,说白了就是"釜底抽薪"——禁止美联储会员银行将联邦储备银行资金再次贷给证券经纪人。

1929年2月2日,美联储发布了一份公告说:"根据联邦储备法案的本意,联邦储备银行的资金不得放贷给投机者,也不得用于任何形式的投机。如果哪个美联储会员银行违反这一规定擅自贷款并用于任何投机目的,那么美联储将停止向该银行提供各种便利条件。"公告发布后不到两周,美联储再次向各家会员银行发出通知,希望他们"尽可能阻止联邦储备银行资金以有价证券的形式流入到投机者手中"。同时,美联储也逐渐降低在公开市场上自由出售的有价证券数量,企图在不上调再贴现率的前提下,通过截断投机者资金流的方式,达到釜底抽薪的目的。显然,美联储对这一方法极有信心。

美联储的这份公告还真的起了作用。自1929年2月2日公告发布之后,一夜之间股市哀鸿遍野,几乎所有的股票都遭到重挫。美联储一招得手之后,还想继续扩大战果,便继续向其会员银行发布文件,要求他们只能将贷款贷给那些"合法的国民生产活动",这导致了活期贷款利率进一步上浮。

3月下旬的时候,美联储的新政已经实行了将近两个月。此时,赫伯特·胡佛已经当选总统,而给美国带来空前繁荣的前总统柯立芝也早已卸任,在北安普敦著书立说,过着隐居的生活。两个月来,股市投机

美国联邦储备委员会

热倒是被压下来了，可资金短缺问题又凸显出来。原来，美联储新政让活期贷款利率不断上升，先是12%，再到15%、17%，这还没有完，到了3月26日那天，居然达到了惊人的20%！这可是战后10年来活期贷款利率的最高点。反观股市，随着新政的推出，仿佛给高烧不退的股市迎头浇上一盆冷水，股票价格下跌得令人心惊肉跳。3月26日这天，股票交易所呈现一片抛售狂潮，交易量达到8,246,740股，突破了1928年11月的交易纪录。中小股民的邮箱里塞满了催缴保证金的信件，这些人曾经为国家未来的繁荣建设投入了全部的资财，然而现在他们都被这场下跌狂潮剥夺得一贫如洗。人们都悲哀地想：看来轰轰烈烈的大牛市终于走到了尽头。

虽然中小股民充满了绝望，但银行家们却不愿坐以待毙，尽管他们对美联储的新政看法不一，但眼看股民们的恐慌就要从股市蔓延到经济生活中去了，这些银行家们也坐不住了。在3月26日那天下午，纽约的银行家们坐在一起商讨如何挽救岌岌可危的股市。第二天，美国花旗银行行长查尔斯·米切尔首先宣布：花旗银行将拨出2,000万美元供人们借贷，其中有500万美元的活期贷款利率为15%，还有500万美元的利率为16%，其余的最高利率也不超过20%。花旗银行的举措令不断上升的活期贷款利率最终稳定在15%，民众的恐慌情绪也被稳定了下来。对

第12章 大牛市　345

此，卡特·格拉斯议员将米切尔行长的阵前倒戈称为"打向美联储的一记耳光"。

也许是以花旗银行为首的纽约几家银行联合救市行动奏效了，股市价格慢慢地停止了急速下跌的势头，甚至开始一点点恢复了！

现在美联储的官员们也清楚了：公众对股市的信心还没有丧失，大牛市的气数未尽，除非此时出现一场巨大灾难，否则大牛市的根基根本无可动摇！

随后的几个月中，股价仍然是起伏不定。到5月份的时候，股市又下跌了一段时间，经纪人贷款也有所降低，但随后又慢慢涨了回去。虽然美联储费尽心机，想方设法阻止社会资金流向投机领域，但最终都收效甚微，因为上有政策、下有对策。如果一个公司想将它的富余资金贷给投机者，完全可以绕开美联储的会员银行，通过其他途径将资金以8%到9%的利率贷出。比如，它们可以通过虚构一个名义将款项贷出，然后再偷偷应用在投机领域。随着这种"虚假贷款"的增加，各个公司多余的资金顿时又找到了出口，纷纷流向投机的项目，而美联储的会员银行发现这些资金不再通过自己就能流向市场，他们也觉得自己丧失了盈利的机会，于是开始埋怨起美联储推行的所谓"新政"，最后，这些银行也不愿再听命于美联储了。6月份的时候，股市价格再次上涨，这标志着美联储的新政彻底失败了。

5

时间过得很快，转眼到了1929年的夏天。这时的股价比1928年冬天的时候还高出许多，股票交易大厅的红色曲线仿佛要刺穿屋顶，一直涨到天上去。股市上但凡出现一个新的信号，都会引起股价的上涨，人们也慢慢习惯于每天看着股价节节攀升了，他们心想：既然原价100的股票竟然能涨到300，那么焉知它不会涨到400呢？既然股票一直涨下去，那就一直捏在手里好了，坐等财富从天而降有什么不好？

如果从理性的角度去分析，会发现当前的股市仿佛处在一个火药桶上，随时都有爆炸的可能。回顾1927年时，经纪人贷款总额是35亿美元，当时的通货膨胀就很严重了；再反观如今的1929年，经纪人贷款总额已达到60亿美元，可想而知这时的通货膨胀已经严重到什么程度了。1927年很多经济学家就大呼"股票价格过高"了，如果拿那时的股价和1929年的相比，简直就是小巫见大巫了。

"升得越高，跌得越重"，这是一条亘古不变的真理，对经济学和物理学都适用。可是问题在于投机者们往往是健忘的，他们总是记得股市猛涨带来的财富增值，却忘记股市暴跌造成的痛苦回忆。人们普遍认为过去几年内股市的规律是，每当遇到暴跌都能重新站起来，并且股价再上一个台阶。由此人们也逐渐形成一种观点：因害怕下跌而匆匆将手中股票抛售的股民才是真正的傻瓜蛋。你根本无需卖出股票，因为"股市终归是呈上升趋势的"，只要你确保所选的股票是潜力股，最后终会获利。只有买入就绝不放弃的人才能成为股市的赢家。

理性的经济学家和股市预测专家屡屡向人们发出预警，但就像我们小时候听过的"狼来了"的故事一样，当第一次高喊"狼来了"的时候，人们还有些忌惮，可狼只是露了个面就走了，渐渐地人们再也不怕了，任凭专家们怎样高喊，人们依旧我行我素地买股票，当然最后狼还是真的来了。

美联储也多次大声疾呼"美国正处在通货膨胀之中"，但人们觉得美联储实在是杞人忧天，哪里有通货膨胀？市场不但没有出现低迷，反倒是供需两旺，工厂也开足马力进行生产，而且有数据表明工业的健康状况良好。人们还认为美联储声称"有生产过剩的危险"是危言耸听，工厂生产的产品都能顺利销售出去，商品价格也控制在合理范围之内，何来的"生产过剩"呢？既然美联储声称有"生产过剩"，那么过量生产的产品、积压的货物又在哪里呢？

人们再也不会听信经济学家和美联储的警告了，只关注哪些股票在上涨，尤其是那些有实力的大公司的股票，比如美国钢铁公司、通用电气公司以及美国电报电话公司。越来越多的谨慎股民开始选择这些公司的股票，因为他们看重这些公司的长远发展。由于股民的追捧，也导致这些股票变得更加炙手可热，戴尔-哈德逊公司的乔治·戴尔上将在

接受《波士顿新闻局》(*Boston News Bureau*)采访时就洋洋得意地说："大家可以放心地持有我们公司的股票,包括铁路、钢铁、铜和公用事业公司的股票,只要一直持有,价值就会不断增长!"虽然他的话有些夸大其辞,但也说明美国现在真的处于一个无比繁荣的全盛时期。

尽管还有人对股市抱有一丝戒备心态,但看到越来越多的证据表明大牛市还将继续辉煌下去,这些人也开始动摇了。他们虽然还认为通货膨胀依然存在,但也渐渐地接受了这样一个事实:大牛市虽然多次受到致命打击,但又多次从谷底慢慢站起来,看来命中注定它是"长寿"的。

这时,那些大牛市的鼓吹者又纷纷跳出来,发表蛊惑人心的言论:

"你觉得繁荣快要结束了?不,老兄,一切才刚开始呢!"

"美国股市会一直'牛'下去的,因此千万不要抛售你手中的美国股票!"

"不要以为现在股市达到500点就已经到了顶峰,再过几年你回过头来看,就会觉得现在的价格低得出奇!"

"千万不要抛售那家公司的股票,因为那家公司前景看好!"

"机不可失,时不再来!"

……

这时,有关股市创富的神话也在股民中间广为流传,比如:1919年某人无意中买了100股通用汽车股票,但随即就被他忘在脑后,然而到了1929年他惊讶地发现,他的股票已经增值了好几百万美元。还有著名的金融家和慈善家乔治·贝克关于他那"只要买下股票,就一直持有,直到它增值"的获利诀窍,也鼓舞着人们要坚持。

也有许多名人和专家站出来告诉人们不必担心投机风险,如新泽西州前州长斯托克斯在一次演讲中说:"投机者并非贬义词,哥伦布、华盛顿、富兰克林和爱迪生曾经都是投机者。"约翰·拉斯科布发表在《妇女家庭杂志》(*Ladies Home Journal*)上的一篇文章还使用了具有煽动性的标题:"发财无罪,致富有理——投身于这个国家制造财富运动中和国家一起富裕。"拉斯科布在文章中还为读者算了一笔经济账:如果一个人每月拿出15美元投资于优质的普通股,坚持下来,20年后他至少可以拥有8,000美元股金以及投资所得月股息400美元之上的总收入。可见人人都能致富,贵在坚持。

同时,一些力挺牛市的经济学家也纷纷撰文,从经济学的角度帮助人们树立对大牛市的信心,他们指出:只要建立了清晰的现代原则,就能保证美国工业未来的可持续发展;高盛的合伙人瓦蒂尔·卡钦斯和学者威廉·福斯特都认为:若想达到繁荣的社会阶段,必然要有一个日益剧增的消费过程。只要人人都乐于消费,工厂的机器就会加速转动,股票的股息也将节节攀升;俄亥俄州州立大学一位企业管理专业教授查尔斯·阿摩司·戴斯也在他的《论股市新高》(*New Levels in the Stock Market*)中写道:"工业、对外贸易和金融业正在发生前所未有的变化,股市只不过是一个晴雨表和忠实的记录者。"

戴斯教授说得没错,金融业的确是发生了翻天覆地的变化。以前,民众的投资渠道单一,富余的资金只能投向债券这类利润微薄的渠道,现在好了,有价证券这种高额利润回报的东西出现了。各家公司也纷纷投其所好,发行新的股票来取代传统的债券,吸引投资者购买。如果公司继续发行债券,通常也会向投资者做出如下承诺:这些债券和股票挂钩,可以兑换成股票。这种灵活的方式非常受投资者的欢迎。

发售股票的公司还发现了股民们一个有趣的心理:如果一个人有5,000美元,他更愿意在某只股票价格为50美元时买100股,却不愿在价格为250美元时买20股。这是因为,买的股票数量多会让人有一种富有的感觉。正是抓住股民这一心理特点,许多公司不管股息是

证交所门前
人头攒动

否在短期内将要增长，在发行股票时都会将股票分成若干小股，吸引股民购买。

在营销手段上许多公司也频出新招，在发行新股的时候，会通过让利的方式让投资者尝到一些甜头。另外，公司和银行的合作也更加紧密，因为这样不仅可以减少一些中间费用，而且能够避免激烈的竞争，达到双赢目的。为了尽最大可能获取利润，各个公司还都琢磨着进行拆股、合并或者增发股票，只要在不危及他们投机资本的前提下，什么都愿意尝试。

蒙大拿电力公司的总裁西德尼·米切尔深谙资本运作之道，他想方设法掌控某地的电灯与电力公司、煤气公司和自来水公司，然后将它们整合成一个集团，形成更强的竞争力。随着公用事业的发展，越来越多的企业家效法西德尼·米切尔的做法，导致各地公用设施公司的资本以惊人的速度扩张，而且这些公司之间的股权关系错综复杂，甚至连资深的股票分析专家也很难理清其脉络。比如：A公司拥有B公司的20%股份，B公司拥有了C公司的部分股份，C公司又拥有A公司的股份，而D公司却拥有以上3家公司每一家的股份。这种错综复杂的股权关系掩盖了股票的真实价值。不过，似乎投资者对股票的真正价值也不太在意，只要股价节节攀升这就足够了。

股市的火爆也带动了相关产业的迅猛发展。在股票交易市场周边，大大小小的投资信托公司应运而生，它们开业的速度与蝗虫的繁殖速度相比也毫不逊色。在股市最火爆的几个月内，就有500多家信托公司开张，这些大大小小的信托公司仅注册资本就达到了30亿美元，而它们持有的股份共计20亿股，有很多都是在股价的最高点买进的。这些信托公司良莠不齐、鱼龙混杂，既有正规营业、合法经营的公司；也有少数以投机倒把、招摇撞骗为目的的公司；还有一些公司和银行沆瀣一气，从银行方面吸纳了许多难以在市场公开出售的有价证券。也许你认为：后两类公司应该受到抵制。但别忘记，究竟是什么构成了这两类公司滋生的土壤？就是因为投机太容易得逞了！只要股价一天不跌落，身处股市当中的人们就一刻不会停止投机。人们只看到了大牛市所带来的表面繁荣景象，而这繁荣之下却是礁石丛生、暗流湍急。

现在，流通在股市上的资本就好像堆积起一座巨大的金字塔，分分秒秒都在增长。当超级推销员将汽车、收音机和其他上百种小商品装上货车，准备推销给他们的顾客时，这些推销员的同行——有价证券的超级推销员们也在忙碌着，将投资信托公司的股份推销给同一批客户。

这些投资信托公司的股份成分也是极其复杂的，它们拥有一些控股公司的股票，而这些控股公司又持有一些联合银行的股票，这些银行手中又攥着控股公司的股票。总之，股权关系盘根错节。尽管工厂、批发商和零售商的货架上都没有积压太多商品，生产也没有出现过剩，但各种商品的最终顾客和有价证券的发行对象们都已经被压得喘不过气来了，一场看不见的危机正迫在眉睫。虽然这场危机和1921年美国战后之初发生的危机不同，但其后果却殊途同归，势必给整个国家带来毁灭性的打击。只是到目前为止，这场危机的端倪还没有流露出来。

在1929年那个疯狂的夏天，究竟有多少美国人从大牛市中获利，这一点我们不得而知。但可以肯定的是，获利的股份至少在100万股以上。而据乔治·布臣·罗宾逊估计的数字，至少有3亿股的股份是可以获利的。和那些专业的股票经纪人相比，普通股民的专业精神丝毫不逊色，他们每天都目不转睛地盯着股价显示屏的数字，盘算着应该买进还是卖出。假如你在下午5点27分走进一间小酒馆，或者是坐上一辆有轨电车时，环顾四周的人，你就会发现，至少有3个人正在聚精会神地阅读股市版面。华尔街知名的股票经纪机构将分部开设到各中小城市，甚至遍及城镇和乡村。根据1919年的统计数字，全美国这样的股票经纪分支机构共有500个；到了1928年10月，这个数字翻了一番，达到了1,192个；进入1929年后，这个数字还在以几何级的速度猛涨。由于普通股民对股票经纪人充满了仰慕和迷信，使得经纪人的身价倍增，无论走到那里，都受到人们的追捧与尊敬。普通股民对股票经纪人奉若神明，绝不漏过他们说的每一句话，并希望从中发掘出什么所谓的"内部消息"。如果在一次邻里聚会上，席间一位股票经纪人无意中提到通用工业协会有拆股的可能性，那么不用说，第二天一大早，这些邻居们都会不约而同地奔向股市，指名道姓买进通用工业协会的股票。

这真是一个全民炒股的时代。给金融家开车的司机也不能保证专心致志驾驶，因为只要后座上的雇主和朋友谈论伯利恒钢铁股票的最新走势，司机就不由自主地支起耳朵倾听交谈的内容，因为他正好买了50

股该公司的股票;为经纪人办公室擦玻璃的工人也会偶尔停下手中的活计,瞄一眼屋子里的股票行情显示器,然后心里盘算着是否将自己半生的积蓄拿出来购买一些西蒙斯的股票。当时著名的财经记者埃德文·拉斐尔记载了许多股市上的传奇故事。比如:某人在一位股票经纪人家中做男仆,他靠从主人平日谈话中听来的只言片语指导自己炒股,结果购买的股票居然赚了25万美元;还有一个热心而尽职的护士,病人出于对她的感激之情,给了她炒股的一些小小"提示",结果让她轻易获利3万美元;还有一位怀俄明州的牧场主,他家在距离火车站30英里之外的地方,为了及时买卖股票,他每天要通过广播来收听股票价格,然后通过电话将买卖指令下达给住在很远的城镇上的助手,再由助手从城镇发电报到纽约完成交易——即使如此繁琐的交易,该牧场主每天至少也要买进或者卖出1,000股;在纽约,有一位退出影坛的女演员,看来她迎来了职业生涯的第二春——投机生意。她将自己在帕克大街的公寓改装成一间小公司,房间里张贴的是各种图表、数据和金融报告,而她则通过电话与客户联系,洽谈生意。

讽刺大牛市的漫画

凭借股市一夜暴富的种种传闻经常成为人们茶余饭后的谈资,如果你在餐桌上,侧耳倾听邻桌人们的谈话,就经常能听到这样的故事:一个银行的小职员,辛辛苦苦赚着微薄的薪水,后来他接触了股市,便孤注一掷地将所有的积蓄都购买了纳尔斯-贝蒙特机床公司股票,结果,他几个月里便赚足了够一辈子花的钱,再也不用上班了;还有一个寡妇,曾生活得非常艰难,然而在她买了肯尼科特铜业公司的股票后,她的生活出现了转机,现住在一座位于郊外的大宅子里过着舒适的生活。这些真真假假、虚虚实实的创富故事诱使成千上万的美国人加入到这场投机游戏中，他们中有些人甚至都不去深入了解一下那些上市公司的性质，就争相将自己的积蓄投进去。比如，当时投资者急迫地想参与到未来航空业发展的美好前景中，他们疯狂抢购一家名叫海岸航空公司的股票，而这家公司实际上是一家铁路公司，根本不是航空公司。形形色色的人都加入到这支炒股大军中来，有杂货店老板、司机、水管工、女裁缝，还有那些地下酒吧的服务生，都倾其所有购买了热门股票，甚至连那些一直自命清高的知识分子，也悄悄地放下身段，出没于股市之中。他们也许前一刻还在呼吁"标准化和流水线大生产会对美国人生活带来可怕后果"，可后一刻，他们也怀揣资金，"准备从标准化和流水线大生产的成果中分一杯羹了"。于是，很多具有讽刺意味的场面就出现了：在餐桌上，文学刊物的编辑和诗人们大谈创作的经验，当聚餐结束后，他们就快步跑向股票经纪人的办公室，编辑们打探美国氰胺公司B股股票的消息，而诗人们则去了解城市公共事业股票的行情；艺术家们也不例外，他们拿起画笔时，可以就高更①的艺术成就侃侃而谈，而他们放下画笔后，又能对国立贝勒斯赫斯公司股票的潜在优势评点得头头是道。毋庸置疑，大牛市已经演变成了一种举国上下的投机狂潮。

6

1929年9月，大牛市终于达到了它最辉煌的顶点。

此时，距离赫伯特·胡佛总统冒雨前往白宫宣誓就职已经过去了6个月，这期间，他签署了一系列法令并积极施政：包括成立维克山姆委员会，专门调查法令的执行情况，尤其是对禁酒法令进行调查；要求国会通过了农产品市场法案。新联邦农业局主席亚历山大·雷格曾认为在他的各项职责中，"阻止并控制任何农产品过剩"是非常重要的一项；

---

① 保罗·高更：与塞尚、梵高同为美术史上著名的"后期印象派"代表画家。——译者注

《凯洛格—白里安非战公约》①已经开始生效；英国首相拉姆齐·麦克唐纳正要来美国访问，与总统商讨一项缩减海军军备的新议案；哈定总统及其内阁的石油丑闻事件也终于盖棺定论——斯图尔特上校被迫辞去印第安纳标准石油公司主席的职位，洛克菲勒被选为新的主席，行贿的石油大亨哈里·辛克莱也受到法律的严惩等。另外，驾驶飞机飞越大西洋的林德伯格上校此时也结婚了，他娶了安·莫罗小姐。另一位飞行冒险家伯德中校，他在完成一系列飞行壮举之后，决定挑战南极，此时他和他的飞机正在"小美国号"上，等待合适的时机起飞。他们的飞越壮举引得无数飞行爱好者加入到这一运动中来，其中甚至出现了一些非常荒唐的事情，有一个疯狂的效法者居然避开机组人员，偷偷钻进了飞机"黄鸟号"的机舱，随着飞机从缅因州的老兰花海岸飞到了西班牙海岸；女人们躺在洁白的海滩上，大胆地将泳衣后背的部分敞开，让太阳将她们背部的皮肤晒成古铜色，不过她们也在犹豫，到城里参加宴会的时候，是否可以不穿长袜；还有，现在晚礼服的长度是否像时尚杂志宣称的那样，裙摆都拖到了地上？

在1929年，梯尔登第7次摘得了美国业余网球锦标赛桂冠，这也是他最后一次夺冠，此后他就开始走下坡路了；比·琼斯也在这一年连续第7年夺得业余高尔夫选手大赛和全国公开锦标赛的冠军，他的运动员生涯也在走向尾声；贝比·卢斯依然是当之无愧的本垒打之王，但是岁月不饶人，他的全盛时期也过去了；登普西在一次拳击比赛中被滕尼打倒，现在滕尼成为了新的拳王，到处迎接他的都是鲜花和掌声。

《西线无战事》(All Quiet on the Western Front)成为如今的畅销书；爵士乐大师鲁迪·瓦利的歌曲也是1929年的流行歌曲；在那一年的文学期刊上，知识分子就人文主义的主题正展开一场大讨论。但无论是流行文化、古铜色皮肤、拉姆齐·麦克唐纳访问、人文主义大讨论还是《西线无战事》，这些话题一旦遇到如日中天的大牛市，就统统要靠边站

---

① 《凯洛格—白里安非战公约》：1927年由法国外长白里安、美国国务卿凯洛格提倡，法、美、英、比、德、波、意、捷、日等国于1928年8月27日在巴黎签订。规定禁止缔约国以战争作为推行国家政策的手段，用和平方法解决国际争端。但是缔约同时，英、美、法各国都先后发表备忘录声明保留条件，以保留合法的防卫权为借口，声称各国有权依据情况决定是否"诉诸战争"。该公约是在一战后世界人民反对战争、渴望和平的愿望下缔结的，它反映了帝国主义国家间错综复杂的政治关系，以及资本主义国家中高涨的和平主义倾向。但该公约未明确表示禁止使用武力并区分战争性质和制裁措施。——译者注

了。一直对股市信心十足的高盛公司通过控制美国蓝岭有限公司,将他们的股票以当前的价格换成那些具有极大发展前景的"蓝筹股"。蓝岭公司先后以324的价格交换了联合化学和染料公司的股票;以293的价格交换了美国电报电话公司的股票;以179的价格交换了联合燃气公司的股票;以395的价格交换了通用电气公司股票。

现在,让我们再将目光投向股票交易大厅,看看1929年9月3日这天股票价格显示器上的数字吧,这天道琼斯指数达到了顶点。大概你还记得,1928年3月3日的价格在当时已经被认为是一个"高得惊人的价格"了,如果我们把9月3日这天部分股票的最高价格与1928年3月3日的开盘价比较一下,不知你又会作何感想?

这两组数值如下表所示:从左到右,第一栏是1928年3月的数字,第二栏是1929年9月的数字,最后一栏是将1929年的各项数值转换成1928年条件下的数字,也就是说,将1929年的数字中由于介入的拆股和发行新股而上升的股价予以扣除。这样才能如实地反映这18个月来,大牛市的股价上涨幅度。

	1928年3月开盘价	1929年9月3日最高价	调整后的1929年9月3日最高价
美国制罐公司	77	181.875	181.875
美国电报电话公司	179.5	304	335.625
亚纳康达铜业公司	54.5	131.5	162
通用电气公司	128.75	396.25	396.25
通用汽车公司	139.75	72.75	181.875
蒙哥马利·沃德公司	132.75	137.875	466.5
纽约中央铁路公司	160.5	256.375	256.375
美国无线电公司	94.5	101	505
联合碳化物公司	145	137.875	413.625
美国钢铁公司	138.125	261.75	279.125
西屋电器公司	91.625	289.875	313
沃尔沃思公司	180.75	100.375	251
电力债券与股票公司	89.75	186.75	203.625

（注：1928年3月3日以后，通用电气、美国无线电公司、联合碳化物公司和沃尔沃思公司的价格调整都是因为发生了拆股。美国电报电话公司、亚纳康达铜业公司、蒙哥马利·沃德公司、美国钢铁公司、西屋电器公司以及电力债券与股票公司在这其间发行了新股；它们代表了在1928年持有的每股到了1929年9月3日时的新价值，调整是建立在这期间发行的新股都被认购的假设基础之上的。）

实际上，1929年9月3日这天的股价已经达到了大牛市的顶点，但当时的人们并不知道，还在期待着股价的继续上涨。

美国人的血脉中流淌着拓荒先驱们的血液，他们继承了先辈们憧憬未来的传统。虽然在战后10年经历了很多事情，比如1919年发生的威尔逊理想主义的衰落、犬儒主义在政治上的传播、宗教确定性的逐渐丧失、仁爱和道德的沦丧等等一系列社会思想领域的变化，但美国人对未来依旧保持着强烈的信心。大牛市的存在似乎让美国人的梦想成为可能，每个人都在幻想着通过大牛市淘到金子，然后在一个最恰当的时机，将持有的西屋电器公司的普通股卖掉，去买一所豪宅以及多到可以组成一支车队的汽车，最后携全家去美丽的棕榈海滩度假，慵懒地躺在温暖的沙滩上……此时的美国应该是一个没有贪污、没有罪恶、没有战争、没有对华尔街的控制、没有反宗教、没有贪欲、没有贫穷和劳苦的自由国度；此时的美国处处是繁荣的景象：无数汽车穿梭在公路上，飞机在天空中轰鸣，电力通过架设在群山之间的高压电线为千百万个家庭带来光明，也带动各种电动机器的运转。在平地上，一座座摩天大厦拔地而起，用砖石和混凝土建造的建筑物成片地矗立在城市的每个角落，打扮时尚的市民在逛街购物，在商场里消费。他们的钱是靠非凡的投资远见从大牛市里获得的，因为1929年的这一刻，是他们早就预见到了的。

第13章

大崩盘

1

从9月份开始，纽约股市便起起落落，让人捉摸不定。根据《纽约时报》收集的资料显示：9月初股市再次下跌，可是随后又出现了反弹；9月19日的股市指数比9月3日的还要高，紧接着又出现一次下跌，并且跌幅越来越大；断断续续直到10月4日，多只股票才最终停在了刚上市的价格水平上。几只领先的股票都不乐观，其中美国钢铁公司股票由几周前261.75的高度，跌到了现在204的低谷；美国制罐公司的股票比该年度的最高价下降了20点；通用电气公司股票比该年度的最高价下降了50点；美国无线电公司股票更惨，从114.75一下子跌到了82.5点。

和以往多次股价下跌不同，这次下跌让人们心中似乎有了种情况不妙的预感。其实早在1928年的6月、12月和1929年的3月和5月，就反复出现过股市下跌，这让一些善于捕捉时机，又能全身而退的投机人也从中得出了一条经验：趁股价下跌赶快买进是获利的绝好时机。所以这次虽然下跌幅度很大，他们还是采取了积极买进策略。纽约联邦储备银行统计的数据也表明了这一点，10月2日的经纪人贷款达到了68.04亿美元的新高度。这说明什么呢？至少说明虽然股市震荡，但股民们还没有对股市完全丧失信心，他们还在继续投资，并且数量丝毫没有减少。当然了，我们所说的经纪人贷款数额上涨的数据，可能与股民们手中还有没卖出的有价证券有关，因为各家公司和投资信托公司发行的新股并没有任何减少。莫不是历史又要重演了？那些以109.75和281的价格分别买进亚纳康达铜业公司股票和美国电报电话公司股票的人都很兴奋，他们认为自己在投资上具有远见卓识，并暗暗期待着股价上涨。的确，股市价格真的如人们所愿又一次开始上涨了，而且接下来的日子一直如此，当拉姆齐·麦克唐纳和赫伯特·胡佛总统在10月初的一个星期天会面，一起坐在拉皮丹营的一根木料上讨论海军装备与和平问题时，股价也没有停住上涨的脚步。

但是，股民们的兴奋还没有持续多久，情况就又变了，股价再次下跌。人们不清楚下跌的原因，只是听到华尔街传出的话说：英国的霍曲金融集团是罪魁祸首，因为它的倒闭才迫使外国投资人和投机商大量抛售股票；马萨诸塞州公用事务部也有责任，他们拒不接受波士顿爱迪生公司的拆股计划才导致股价下跌。也有的说钢铁公司为了将市场上没有消化的有价证券聚拢起来，肯定也要拆股等等，各种传言很多，不知道有多少是真实的。总之，在10月21日那个星期之前，纽约股市虽然振荡，但还没有真正响起警报，人们这时的普遍看法是：随着9月份暴风雨的渐渐退去，股市已进入了自我调整阶段，正朝着更健康的证券市场方向迈进。

暴风雨前的平静（纽约证券交易所）

2

鉴于接下来要叙述那令人痛苦的大事件，我们不妨在这里先回顾一下当时金融预言家们对形势的种种预测，或许有助于我们读懂当时所发生的一切。"预言家"——这是些让人们感到多少有些神秘的人物，人们普遍对他们很尊崇，认为他们有股神奇的力量，能预测当今和未来。金融预言家头上自然也顶着这样的光环，人们认为他们有能力对统计师呈送的各种图表、数据进行分析，并且根据图表曲线走向和指数变化预测股市走向，作出股市行情或好或坏的判断，当然这些金融预言家的预

第13章 大崩盘 359

测是各不相同的。同时,我们还要看到,由于一些无法言表的原因,无论是金融预言家的预测还是著名银行家的各种公开声明,有时未必完全真实。比如,当你听到他们作出一种乐观的预测或者声明时,很可能是言不由衷的,因为他们不想看到一个可怕的预测所带来的后果,更不愿意承担由此产生的责任。假如银行手里还有大量有价证券尚未出售时,也别指望他们的预测或言论会真实,他们肯定不会说出不利于这些证券脱手的话。尽管这种失实的、言不由衷的做法会让他们内心产生激烈的思想斗争甚至痛苦,但也只能如此。不过说到底,预言家最终还是一种类似押宝、最需要靠运气的职业。下面我们就具体说说金融预言家的种种预测吧。对于1929年10月的股市,金融界还是普遍看好的,完全不像去年2月和3月股市震荡带给他们的紧张与不安,他们很乐观,尽管还看不出这时的股市天空比那时更晴朗。

还有一些预言家持不同看法,他们告诫股民们要谨慎行事。比如有一个叫罗杰·巴布森的华尔街投资顾问,虽然在业内一直不太被人看重,但他早在9月份就曾预测股市指数会下跌60~80点,并坚持向他的客户作出股市已经潜伏着危险的忠告;标准统计公司的标准贸易和证券服务部,在10月7日也冒险做出预测:"我们预计在今后的几个月里,普通股会趋向更低价位。"并且建议他们的客户不要贸然行动,应当采取更为保守的策略;《每周业务和投资指南》(Weekly Business and Investment Letter)的读者群主要是穷人,这份杂志也撰文大胆预测"股市大抛售即将出现",并提醒股民们不要对普通股存在任何"错觉";保罗·伯格是纽约著名的大银行家,他判断股市已危机四伏,并在几个月前就表明了这一看法;其他还有《商业和金融新闻》(Commercial and Financial Chronicle)主编、《纽约时报》金融主编、评论员等人,也都对股市走向作出了预测,他们的言论无不预示着股市更为猛烈的暴风雨即将来临。后来,事实完全证明了他们的判断,如果要论功行赏的话,他们作为功臣完全有资格荣获1929年的"股市预测"金质奖章。

那么哪些人应该领到一枚"皮质奖章"呢?你一定会说当然是哈佛经济协会了!不,恐怕它还不会得到,因为尽管它有过错误的预测,也有过离谱的判断,但还不算是最愚蠢的。首先看看它的判断错误和离谱吧,10月19日他们对国民经济进行了分析,认为正"面临新一阶段的调整",据此他们预测:"目前还没看出股价暴跌会给国民经济发展带来的严重后果,即便如此,也相信联邦储备体系会采取有效措施减轻货币市场压力,化解风险。"事实很快便证明了哈佛预言家们的错误。当10月26日股市出现第一次大崩盘时,他们对如此严峻的态势居然仍作出乐观的判断:"股价骤降只是股市发展中的阶段性调整,完全不必大惊小怪。虽然股市形势严峻,但不会引发股市大抛售,更不会出现长期的国民经济大萧条。"如此权威经济组织的判断简直让人匪夷所思,怎么会错得这么离谱!当然,哈佛经济协会还是很有远见卓识的,并不是真的很愚蠢。你可能又会说,那把"皮质奖章"授给克里夫兰信托公司的里奥纳德·艾尔斯上校吧。尽管他离摘取这枚奖章的距离最近,但也不一定会得到,因为他对股市的预测虽有错误,但似乎有时还有一些道理。比如他在10月15日是这样说的:"从目前全国的经济形势看,尽管钢铁生产、汽车制造业和建筑业的发展速度都放缓了,但导致严重萧条的因素并没有出现,而且也没有确凿的证据表明股价下跌会预示着国民生产的严重衰退。"艾尔斯上校还认为,股市就像原本晴朗的天空突然飘过来一团云层一样,只是晴转多云。但这团云层的危害有多大呢?他形象地比喻说:"这将有一个过程,就像一个人原本是伶牙俐齿,他怎么会一下子就变成哑巴呢?同样的道理,股市也不会由坚挺一下滑落到疲软状态。"

欧文·费雪教授

还有欧文·费雪教授,他也对股市多次作出预测,基调比艾尔斯上校还要乐观。他的看法是:未来几个月股市价格会"比目前要高许多"。10月17日的报纸还引用了他对采购代理商协会说过的"股价正在高原区,而且永远不会变"的话。即使是10月24日股市已经出现了大恐慌,他当天晚上还告诉股民们不必紧张,股价会很快恢复的。持同样观点的还有麦克尼尔金融服务中心主管麦克尼尔,《波士顿新闻局》曾引述过他的话:"除非我们面临股市大恐慌,否则股票不可能跌至低谷,当然股市恐慌这一点是不存在的,你们没看见那些有远见卓识的投资人都

第13章 大崩盘

还在买进股票吗?"结果,两天之后真的就出现了股市大恐慌,不知麦克尼尔先生如何能自圆其说。甚至像美国花旗银行主席查尔斯·E. 米切尔先生这样著名的银行家,也在不断地向人们传递着股市形势良好的信息。即使是到了股价已经明显下跌的10月初,米切尔先生依然十分肯定地说:"请相信,我们的信用状况没有任何问题,美国工业发展形势也是绝对正常的……可能是公众付给经纪人的贷款利息被人为夸大,所以才引起了人们的误解……"他还特别强调:"或许我们有些过于关注股市了,不否认有些领域出现了过度投机现象,但市场总体上还是健康有序的,过去6周出现的股价下跌不是坏事情,它对市场发展起到了良好的调整作用……我们国家的繁荣发展需要有股票的价值作保障。"10月22日是米切尔先生刚刚从欧洲回国的日子,也正是大恐慌爆发的前两天,他为了安定人心,再次以美国花旗银行主席的身份呼吁民众树立信心,谨防"经纪人贷款恐惧症"。他坚定地说:"……我们的商业发展、信用结构没有问题,我们的股市也不存在根本性问题,股市形势依然良好……"

当时金融界还有不少人也持这种观点,米切尔先生和他们相比只不过是话语权和影响力更大一些而已。转眼到了1929年初秋,这种"股市行情看涨论"仍有很多支持者,如阿瑟·卡顿这些人就一直坚持着他们的乐观看法。还有一位著名的美国银行家私下里与人谈及股市时,也说他看不出股市有什么不祥征兆。到了10月中旬,《波士顿新闻局》杂志的《百老汇杂谈》专栏在谈到近期多次出现的股价下跌时,还认为这是为1929年最后一个季度的大牛市奠定了坚实的基础。总之,在风雨欲来的前几天,很多金融预言家、很多股民还都对纽约股市抱有乐观情绪。也有许多投机商认为股价由前几个月的偏高到现在的反复下跌,意味着紧缩银根已经实现,他们可以放心大胆地再次买进股票了。10月16日和19日,《波士顿新闻局》和其《百老汇闲谈》专栏又分别刊登了编辑观点和有关股市言论,让我们再来看一下:"我们的国家如此繁荣,还有雄厚的国民经济实力为基础,经营又是多样灵活的,即使股市产生一些波动也不会影响到它的发展";"有一些人就是喜欢少见多怪,一听到国民经济出现了什么情况准会吃惊得说不出话来……其实股市总体情况是好的,也基本上是健康有序的……"这些言论一出,立即得到了大多数金融界人士的赞同。

唉！令人痛彻心扉的严重灾难即将降临，但是这些注定会被卷进灾难旋涡的人却没有任何心理准备，他们或困惑或乐观着。这场股市风暴注定是残酷无情的，无论是对有钱的、有权的、有远见的，还是那些手里傻傻地攥着50股保证金股票不肯放的愚蠢的人，都将是重重一击。

3

在接下来的几天里，股市价格并没有像人们期待的那样出现恢复，而是日趋恶化，厄运步步逼近。10月22日是星期二，股价开始出现低迷，股民们全天的收益大多在收盘前的最后一个小时消失了。10月23日是星期三，股市渐呈疯狂状态，人们开始不顾一切地抛售了，全天的交易总量超过了600万股。行情显示器总是滞后于现场交易，当下午15：00宣告交易结束的铃声响起时，它竟然晚了104分钟。据统计，这一天50支领先的铁路和工业公司股票平均跌幅为18.24点，其范围之广、跌幅之大，是先前任何一次股价下跌都不能比拟的。严峻的股市顿时让众多股民心头蒙上了一层阴影，尤其是那些保证金不足的股民们想到自己的信箱里很快就要收到一张追缴保证金的通知单了。"或许明天会出现转机？"人们还是丢不掉幻想。"现在的股价已经跌到了比过去两年的任何一次都要低的水平了，它不应当会持续太久。"人们这样分析着，于是又鼓起了一点信心。

10月24日，也就是星期四，这一天终于到来了，这是难以从人们记忆中抹去的一天。

当日开盘时股价还是相当平稳的，只是交易量很大，远远超过了以往。人们从行情显示器中看到，肯尼科特铜业公司和通用汽车公司都是这一天的交易大户，分别达到了20,000股。但行情显示器的数字跳着跳着又明显滞后于现场交易了，这令在场的人们都十分焦急。虽然滞后一些，但映入人们眼帘的数字一直都是下跌，再下跌……那些急于想把手中股票卖出去的人内心充满了惊恐和不安，以至于在填写委托单时握笔的手都不停地抖动着。股价还在继续下跌，而且下跌的速度很快……人们紧盯着行情显示器，不知道为什么会是这样。当天的第一个小时交易结束时，已明显看出股价下跌幅度是令人震惊的。不仅是纽约股市交易所，散布在全国各地的经纪人办公室里同样充满紧张气氛，那些站在行情显示器前读数的人们惊悸着，疑虑着，让他们困惑不解的是这股抛售洪流究竟来自哪里？

这是一个至今也无法知晓确切答案的问题。事后的普遍看法也许是这样的：10月24日当天第一个小时股市交易就出现了股价大幅下跌，其主要原因很可能并不是由于人们恐惧而大量卖空，而是那些可怜的散户在大倾销，因为股价的无情下跌，已经或即将耗尽他们手中持有的股票所赚取的成百上千利润，他们只能出此无奈之举，而那座由股票价格所构筑的大厦，在这种狂抛和早已被各种投机信用侵蚀得千疮百孔的双重打击下，自然不堪重负，瞬间坍塌也就在所难免了。

时间还在一分一秒地流逝，厄运也并没有延缓它的脚步，仍在一步步逼近。看到股价剧烈下跌而导致的价格体系崩溃，人们惊恐极了，

大崩盘

纷纷想要从这重压下挣脱，大量准备"抛售股票"的股民在11：00又涌进了证券交易所……行情显示器还是滞后，在它报出当时的价格之前，早就有电话和电报将股价已经跌至最低的消息迅速传遍全国各地，于是出售股票的委托单如大潮一般涌来，总量再次翻了一倍。行情显示器上的数字不停地跳动着，股价还在一路跌！跌！跌！……那几只领先的股票相临两笔的售出差价就有2点、3点甚至5点……极度恐慌的人们再也按捺不住了，纷纷发出呼喊和尖叫：为什么没有人出来救市，那些该死的投机商都躲到哪儿去了？那些通常在低价时重新买进，为股市提供软着陆的投资信托公司哪儿去了？那些操纵着股市，一直对股民们宣称大牛市的股市大家哪儿去了？还有那些强势银行家，他们应该是在任何时候都能力挺股价的，为什么也见不到踪影？行情显示器跳动的数字还是跌！跌！跌！……人们再也找不到任何依靠了，绝望的心情顿时汇成一种集体恐慌，伴随着"抛啊，赶快抛吧！"的阵阵喊叫声从纽约证券交易所和天南地北传出。

慢慢地，行情显示器上的数字趋于稳定了，上面显示着美国钢铁股票开盘价是205.5点，跌至200之后价格停在了193.5点；通用电气公司股票由开盘价的315点下滑到283点，几周前它的股价曾达到过400点；无线电股票更糟糕，由开盘价68.75点一路跌破60,50大关，直至跌入44.5点的深渊；至于人们将连锁店视为新经济时代希望的蒙哥马利·沃德公司，情况也大为不妙，从开盘的83点一直跌到了50点……这短短两个小时内的不停下跌，让在大牛市中许许多多只股票好不容易积攒了几个月的收益，顿时消失得无影无踪了。"天哪！为什么会是这个样子？"交易大厅里和全国各地的股民们都欲哭无泪。

让我们回过头来再看看当时的情况就会发现，其实，真正的恐慌是来自于人们无法准确地了解所发生的事情而产生的盲目。假如不是这样，仅仅股票价格的下跌或许还不足以令人害怕！

从12：00至13：00,恐慌还在继续。这时如果有人想了解股市行情而走进一个经纪人的办公室，他一眼就会看到室内的屏幕有一整面墙那么大，上面记录的当日几只领先股票的最低和最新价格让他大吃一惊，但是他很快便小声地自我安慰着："不可能，这是不可能的！"办公室工作人员来回传送着记录行情显示器最新价格的卡片，尽管跑得气喘

恐慌的投资者和经纪人（华尔街）

嘘嘘，但还是赶不上快速变化的股价。他转身再去看行情显示器上那些不停闪烁的数字。凭他的经验，平常只需一眼便能看明白当日股市行情，即使交易所习惯于省略每只股的前几位数而只剩下最后一位，但他也能很快想出省略的那几位数是多少，但是今天他似乎有些看不明白了，他低声读着显示器上的数字：收音机6，5.5，5，4……西屋电器公司9，8.875，8.725，8.5，8.25，8，7.5，7……"收音机的这个6是指的66、56还是46呢？西屋电器公司是从189跌到187了，还是从179跌到177了呢？究竟哪个数字准确呢？"他犹豫着不敢确定。这时他又听说行情显示器比现场交易滞后，现在是下午13：00了，而它报的股价还是上午11：30的，足足相差了一个半小时！这位有炒股经验的人不想再看下去了，因为这些数值对他来说已经没有意义了，还不知道交易所现场实际又是什么情况呢。

　　让我们再回到纽约股票交易所，只见很多经纪人的办事员手里正攥着一卷展开的纸条和剪刀，眼睛紧盯着在拐角处的行情显示器，那里每隔10分钟就会读出从现场挑选出的几只股票价格，他们看准了就迅速用剪刀剪下一块纸条，然后面无表情地向或坐或站的那些脸色惨白的人们读出这些数字，这些数字比之前记录的还要低10点、12点，甚至更多点，让听的那些人手脚直哆嗦。被选中的股票只是极少数，人们还可以知道跌幅是多少，至于那更多未被选中的股票价格变化如何？人们就一无所知了。此时交易所的电话铃声响成一片，都是从全国各地打入的，或者是向纽约证券交易所询问股价，或者是委托股票抛售，负责接听电话的办事员应接不暇，忙得满头是汗，每隔一会儿还会听到一声发疯似的嚎叫:"钢铁,96!"那是坐在经纪人办公室后侧的办事员对着话筒在大声告知对方。不知此刻钢铁公司正在做什么,人们要是知道了可能会稍微感到心安的。其实远不止钢铁公司一家,人们对上市股票的企业现在的情况几乎是全然不知,他们只能凭想像力去揣摩了,无论他们是委托买进或者卖出,都不知道自己填写的这份委托单的结果将如何,只能听从命运之神的摆布了。由于出现了大量的委托单和人们急于询问当前股价这种突发情况,令交易所的整个系统都无法应对,这无疑又加速了恐慌情绪的扩散蔓延。

此刻,从太平洋沿岸到大西洋沿岸,所有经纪人的办公室里都充满了沮丧悲哀的气氛,几乎每个人的脑子里都只有两个字:失败!有一个人低着头,步履沉重地在屋里走来走去,他手里捏着一张记满数字的小纸片,机械地将其撕成碎片,再撕成碎末,再……;有一个人满脸愧色,怪怪地龇着牙,那样子就像一个被墓地葬礼吓得躲在大人身后的小男孩;有一个人正苦苦地哀求一名办事员:"请告诉我吧,我想知道最新的股市行情,美国的,还有国外的!"还有一个人面如死灰,一动不动地坐在那里,眼睛死死地盯在那些不断滚动的数字上:GL:8,7,5,2,1,90,89,7,6……;AWW:3,2.5,2……;JMP:6,5,3,2.5……他或许正在内心狠狠地诅咒着这些很无辜的数字,正是它们无情地击碎了他多年来心中最美好的愿望……

当时针刚刚划过12:00时,一些心有不甘的股民聚集到交易所门外的大街上,他们不知道此时正有一个人拉低帽沿,悄悄溜进华尔街对面拐角处的摩根公司大楼,他就是往日曾极力鼓吹大牛市,现在则惟恐被人认出的美国花旗银行主席查尔斯·米切尔先生。随后到来的还有大通银行总裁阿尔伯特·维金、摩根信托公司总裁威廉·波特、美国信孚银行行长苏沃德·普罗,看来这些金融大腕也被股市搅得坐不住了,他们都是来和摩根财团的托马斯·拉蒙特商谈对策的。9年前,摩根财团大楼曾被华尔街大爆炸的流弹击中,至今外墙上还留有弹痕,而今一场远比当年爆炸更严重的股市巨大灾难又向它的现任总裁袭来。5位总裁和第一国民银行的小乔治·贝克经过简短商议后,一致同意每人代表各自公司注入4,000万美元来救市,总共筹集了2.4亿美元备用资金。摩根财团拉蒙特先生对此举的解释是:"我们筹集这笔钱纯粹是为了在需要时买进股票，以便能让股市有序地交易，而不是为了将股价控制在某个高度。"他还说："我们的第一步是要努力稳定几只领先股票的价格，这将会给整个股市稳定起到标志性的作用。当然这个计划是有风险的，因为随着股民们目前这种极度恐慌情绪的蔓延，天知道还会发生什么情况！除了这一险招，我们实在是别无良策。"拉蒙特先生说的是实情。

位于宽街和华尔街拐角的摩根公司总部

随着银行家们正在碰头的消息迅速传播，交易所的股价也开始稳定了，甚至还出现了一次小幅回升，其中钢铁公司股票又回升到当日开盘时的205.5点。这期间，拉蒙特先生在他的办公室里接见了一群记者。他神情严肃、语调平静地说："我们几个金融机构的总裁刚刚开过会，讨论了目前的股市问题。虽然股市出现了小小的廉价抛售，但是我们没有发现哪个证券交易所陷入困境，而且经纪人的报告也表明客户保证金没有任何问题。"这番开场白堪称"经典"，因为他把眼前凶险的股市描述得如此轻描淡写，这是那时所有关于股市状况描述话语中所绝无仅有的。他还针对当前的股市势态进一步解释说："请诸位不必过于担心，这只是一个市场技术状况问题，而不是发生了根本性的问题。"

面对这个垂死挣扎的大牛市，银行家们即将提供的救市方案仅有摩根总裁这番安慰的话语能奏效吗？不可能！

下午13：30，纽约证券交易所里依然是人头攒动。交易所副总裁理查德·惠特尼费力地挤进持有美国钢铁股票的人群，从他们手中以

205的竞标价（也就是上一笔交易的最后售价）买进了10,000股钢铁股票，但实际上他只买了200股，其余的委托单都转给了专业会员商。这位惠特尼先生通常被认为是代表摩根财团利益的场内经纪人，他的举动自然不同寻常。接着他又挤进了其他几个人群聚集的交易点，同样以上一笔的最后售价陆续买进了另外15~20只股票的10,000股。当然每次他也都是只报出买进的价格，然后将委托单上的股份留给了那些专业会员商。在短短的几分钟之内，股价达2,000万~3,000万美元的股票就被惠特尼先生买入了。如此数额巨大的购买行为一般人是绝对做不到的，更不要说汤姆、迪克、哈里这些人了，显然惠特尼先生动用了银行家们筹集的备用资金。

银行家们的出手补救就像给垂死的大牛市注射了一支强心剂，股市又恢复了表面信心，股价也终于稳定了几个小时。虽然多只股票在收盘前最后一小时又出现了下跌，但结果并没有很惨，大多数领先股票的净亏损还不到10点，而钢铁公司股票的实际价格比10月22日还高了2点。全天的交易量也创造了一个新纪录，达到了12,894,650股，这不禁又让人们回想起华尔街的预言家们在20个月前曾经说过的话："我们可能会看到日交易量达到5,000,000股那一天的。"

这种结果或许会给人们一些安慰。但尽管如此，这一天带给人们的惊恐还是没有退去，直到晚上19：00，全国1,000多个经纪人办公室的灯光还亮着，办事员们仍在盯着行情显示器的读数。显然又是行情显示器滞后的原因，到了19：08读出的才是交易所下午15：00的最后一笔成交价格。大概也是从这一天下午开始，社会上就已经有各种谣言在疯传了："不得了啦，已经有11个投机商因债台高筑而自杀啦！""难道你还没有听说吗？芝加哥和布法罗的交易所已经被迫关闭了！"还有政府已经派军队进驻纽约证券交易所，防止愤怒的人群聚众闹事等等，谣言让本已惶恐的民众更加不知所措，几乎整个国家也都在恐慌的苦涩滋味中煎熬。事态已经很清楚了，任何补救措施都将无济于事，虽然银行家们筹集的2.4亿美元备用资金暂时遏制了股市滑向彻底崩溃的深渊，但是整个经济结构中已经被豁然撕开的大口子却是无法堵塞的了。

4

令人心惊肉跳的10月24日总算过去了。接下来的25日、26日这两天,虽然股市交易量仍然很大,但多只股票价格已经得到了基本控制,表面上看情况似乎又好了一些。于是有的人又开始行动起来,首先是在10月24日动用储备资金买进股票的银行家们,他们正小心谨慎地打算尽可能多地将这些股票卖出,以防备今后再出现紧急情况;再就是前些天曾以略高一些价格卖出手中股票的那些人又准备再次买进了,因为他们最基本的股市常识是一些炒股专家们传授的"当股市看起来最差、股价也最低的时候往往正是可以买进的最好时机",他们判断现在的股价正是他们期待的低价。就像与这两天稍平静的股市相呼应似的,报纸上也刊登了赫伯特·胡佛总统在一次白宫会议上的讲话:"……目前国家的经济形势是好的,商品制造加工业和销售业这一基本行业正在健康地发展,我们国家的繁荣有序不会改变……"这"坚定"的话语出自国家最高领导人之口,无疑会给民众少许安慰。但出乎人们预料的是星期六白宫会议刚刚结束,股价又开始下跌了。

10月28日是星期一,股价再次出现暴跌。从当日的亏损登记上看十分骇人,其中钢铁股票跌了17.5点;通用电气股票跌了47.5点;联合化工股票跌了36点;西屋电器公司股票跌了34.5点,后面还有一长串严重亏损企业的名单。经纪人们的神经又绷紧了,其实从上个星期六下午开始,一直到晚上和星期天,他们就一直不停地忙碌着,记账、检查客户账目、邮寄保证金追缴通知单。人们被这一情景吓坏了,又掀起了新一轮被迫抛售股票的狂潮,这也顷刻间就把交易所副总裁惠特尼先生的计划打破了,他之所以在上个星期四大量买进股票,就是为了稳定领先股票的价格,现在这一努力也彻底失败了。无奈之下,这些自知无力回天的银行家们也只能战略退出了。经纪人办公桌上堆满了股民们要求出售股票的委托单,这些股票被人们形象地称为"充满气孔",通俗地说就是买进的股票是可以卖出的，但这个时候的股票何时会有人出价购买呢？经纪人们为此想了很多办法，都没解决问题，眼看着这大量"充满气孔"的股票，他们伤透了脑筋。此刻，恐怕就是那6位著名的银行家使出浑身解数，也只能在来自全国的抛售狂潮下退却和叹息了，这时他们唯一能为股市做的事情，也只有给些指导或者是到处查看一下罢了。

抛售狂潮（纽约证券交易所一楼大厅）

经纪人、银行家、办事员甚至是电报员、投递员们都昼夜不停地忙碌着，他们从未遇到过如此惊人的业务量，那堆积如山的委托单，一摞又一摞的账目表，仅电报公司就发出了成千上万封催缴保证金以及要求更多担保来支撑银行贷款的电报。他们实在是有些招架不住了，但即使这样他们仍然硬撑着，强迫自己处理业务的速度再快些。这种让人们揪心的日子还能撑多久？谁也不知道。毕竟股市最暗淡的那一天——10月29日还没有到来。

让美国人刻骨铭心的10月29日，也就是星期二终于到了。蜂拥而来的股民在纽约证券交易所里看到了如下一幕：上午10：00，当宣布交易开始的铃声还没有停止，行情显示器上那疯狂滚动的数字就无情地抽打着人们的心，如同狂风骤雨般的股价下跌出现了！数额巨大的股票就像汹涌的大潮似的涌进市场，无论以什么样的价格只要能卖出去就行。拼命抛售的不仅是成千上万的小户散民，还有那些几个星期前还腰缠万贯，自称是新经济时代领导者的大股东们。5,000股、10,000股被一次次抛出，而且交易价格低得惊人。据说当时怀特缝纫机械公司这只股票还有种传言：该公司股票在大牛市期间的价格是48，而到了10月28日跌至11.125，其差距之大令人不寒而栗，于是在29日就有谣言传出了，说是交易所有个工作人员想出了一个聪明的主意，以1美元的价格买进委托，但是没有任何人再出价购买，所以他实际上办了件蠢事，以1美元一股的价格买进了他的股票。交易大厅里有一个炒股专家被一群

群股票经纪人围追堵截着，他们拼命想把手中的股票卖给他。其实现在这种形势下无论是谁，根本就没有人想到要买进。当天虽然出现了拥堵，但是委托单的汇集比人们想像的速度还要快得多，都是要抛售的。交易所现场混乱不堪，以至于有一个疲惫不堪的经纪人在全天交易即将结束刚要坐下来喘息时，却发现当初自己亲手摆放的一大纸篓需要执行的委托单还在那里，他忙得头昏脑胀结果把这些单子给彻底忘了。10月29日的股市交易量迅速攀升，仅开盘半小时就超过了300万股；到中午12：00超过了800万股；到下午13：30已经突破了1,200万股，而当最后响起结束这一天疯狂交易的收盘铃声时，一个前所未有的惊人纪录创下了——16,410,030股！据《纽约时报》的数据显示，虽然在收盘前股价曾有过小幅回升，但50只领先股票还是平均下跌了40点。受纽约股市的影响，其他市场也出现了程度不同的恐慌，如外汇交易市场、小型的美国交易所和谷物市场等。

　　股市崩溃带给人们的冲击力太大了。经纪人和他们的办事员以及证券交易所的工作人员个个都精疲力竭。股市监管委员会在那天中午人们的恐慌情绪几乎达到顶峰时，还曾悄悄商议过是否要关闭股市的问题。关于这件事当时的人们并不知道，还是几个月后理查德·惠特尼先生在一次演讲中透露了细节："考虑到当时股民的恐慌情绪近乎崩溃，为了不让他们再受到谣言打击，所以这次会议没有选择监管委员会的会议室，而是在证券交易所楼下的股票结算公司总经理办公室召开的……因为与上一层喧嚣的交易大厅相隔不远，为了不引人注意，40名监管委员都是三五个人分散地走进来。总经理办公室比较狭小，座位也不多，前来开会的委员大多数只能是站着或者是坐在桌子上。虽然避开了交易大厅，但是楼上传出的呼喊声和尖叫声还是不绝于耳……委员们都神情沮丧，默不作声，不少人习惯性地频频点着一根香烟，吸一两口再掐灭，然后又重新点一根……很快，狭小的房间里就烟雾缭绕，甚至偶尔还会听到有人发出微微的咳声……会议还邀请了两个摩根集团的股东参加，这两个人为了不被人撞见而引起传言，就打算悄悄溜进大楼的会议室，但是他们却被一个门卫拦在了楼外面，因不便解释，只好一直待在那里，直到有一名委员出来解围才被放行。"监管委员会成员们经过一番商议后，最终作出了不能关闭股市的决定。

恐慌的人群

　　遭受10月29日股市"黑色"星期二打击的还有银行业，可以说对它们也是生死攸关。为什么呢？因为在这之前有很多公司为了能获得8%或者9%的利息，满怀希望地把钱通过银行贷给了股市经纪人，现在股市出现危机，他们担心把老本都赔进去，就争相叫嚷着要收回贷款，向银行施加压力。银行被迫面临着两难境地：要么自己接过贷款，充当风险极大的代理人；要么冒险陷进去，但这极有可能走向毁灭——倒闭！现在已经有不少银行背负着几百万美元甚至更多的抵押贷款，也可能有一天这笔钱跌得只是先前价值的一个尾数了。到底该怎么办？这事关银行业生死的大事让银行家们彻夜难眠。然而还是有几个银行家冒险决定接过贷款，庆幸的是居然那天的贷款利息还没有超过6%，好几个华尔街银行机构也没有瞬间破产。当然这只是一时的情况，听说还有一个银行家就惨了，他"顽强"地接过了一笔笔贷款，数额也越来越大……连他自己都不知道下一步要怎么办，直到他的一个助手面色苍白地走进办公室，颤抖着告诉他银行倒闭了。"啊，是吗？"银行家抬起头，平静地说完后随即掩面。他其实很清楚，如果他的银行不倒闭，许多公司注定要倒闭。

　　10月30日（星期三），这一天的股市突然由阴转晴了，大概是天意

垂怜吧？不少公司都开始增发额外红利，如钢铁公司、美国制罐公司等，而且美国制罐公司不仅增发额外红利，还提高了正常股息，这确实是些利好的消息。在偶尔露出阳光的天气下，那些金融家们又出来讲话了，其轻松的神情与前几天的他们简直判若两人。约翰·拉斯科布对外宣称说："我和我的朋友们都在买进股票，因为这时候的股价对股民们最有利。"标准石油公司也被约翰·D.洛克菲勒推出水面，这位石油大亨还言之凿凿地说："勿庸置疑，我们国家的基本形势是很好的。大家不必为上周股价出现的下跌而担忧，它并没有什么正当的理由，我和我儿子就始终在买我们看好的普通股。"胡佛总统的商务部长助理朱利叶斯·克莱因也出面了，他为人们勾勒出一幅美国股市经济繁荣发展的"美好画面"，虽然民众对这些政界、金融界大人物的话将信将疑，但这个时候股价正在稳步上升确实是让他们备感欣慰的，多日来悬着的心终于也可以放下了，几乎每个人都在心里暗暗祈祷：上帝保佑，但愿不要再有什么可怕的事情发生了。当天下午13：40，交易所副总裁惠特尼先生宣布了股市日程调整计划：将休息一天，等到第二天（星期四）中午再开盘，星期五、星期六两天闭市。让他没有想到的是当他的话音刚落，交易大厅里立即响起了阵阵欢呼声，而不是他先前曾担忧的新一轮恐慌发生，这也让他长长地舒了一口气。

虽然星期四的开盘时间只有半天，但股价势头良好，还在逐步恢复中。人们看着显示器上不停滚动的股价，觉得很难再对每只股票的价值作出合理、清晰的判断了，因为前些天的股市暴风雨已经将曾经建立的所有价值标准都摧毁了，让他们无从选择。但是无论如何，这股暴风骤雨袭击最猛烈的时刻似乎已经过去，这终归还是件好事情，至少人们稍稍心安了，国家金融委员会也可以喘口气，有时间打理打理自己的内部事务了。

平静是短暂的，随着在第二个星期多宗短期交易过后的股价再次下跌，恐惧又袭上了人们心头。虽然这时的股价并不是最低的，但接踵而来的就会是大量经纪人要清算账户忍痛抛售；还有银行不断要求有更多的抵押等等，这些都是未来股价不确定的重要因素。纽约股市涨涨跌跌，最终在11月13日出现了1929年全年的最低价，下面我们列一份图表看一下，就会发现它们与9月份时的大牛市股价相比真是凄惨极了。

公司名称	9月3日最高价	11月13日最低价
美国制罐公司	181.875	86　　（下跌　95.875）
美国电报电话公司	304	197.25　（下跌 106.75）
亚纳康达铜业公司	131.5	70　　（下跌　61.5）
通用电气公司	396.25	168.125（下跌 228.125）
通用汽车公司	72.75	36　　（下跌　36.25）
蒙哥马利·沃德公司	137.875	49.25　（下跌　88.625）
纽约中央铁路公司	256.375	160　　（下跌　96.375）
美国无线电公司	101	28　　（下跌　73）
联合碳化物公司	137.875	59　　（下跌　78.875）
美国钢铁公司	261.75	150　　（下跌 111.75）
西屋电器公司	289.875	102.625（下跌 187.25）
沃尔沃思公司	100.375	52.25　（下跌　48.125）
电力债券与股票公司	186.75	50.25　（下跌 136.50）

难道大牛市就此彻底完了吗？人们不敢相信，但是只要看看当时《纽约时报》的统计数据就会清楚了。1929年9月时，50只领先股票的平均价格还是311.90点，但是到了11月13日竟然跌至164.43点；而25家领先企业发行的股票价格更是从平均的469.49点狂跌至220.95点。这些预示着什么呢？它预示着价值十几亿美元的利润（包括账面利润）转瞬之间全部消失殆尽；也预示着股市中成千上万的男男女女，或贫穷或富有，甚至是杂货店主、清洁工、送货司机、女裁缝等人的股市投资包括先前赚取的利润全部荡然无存。股市彻底崩溃了！这一恶果在美国的每一座城市里形成了一幅幅令人惨不忍睹的场景：一些昔日显赫富贵的人家沦落到了四面楚歌、债台高筑的境地，他们往日奢华无忧，如今却要为每天的温饱而思虑；一些上了年纪的投资人原先曾经梦想着依靠股市投资多挣些钱安享晚年，并且一度为大牛市的丰厚回报而欣喜，但现在他们的这个美好愿望破灭了，投出去的钱打了水漂，如今又回到了漫漫致富道路的起点；还有一些人在无奈中选择了自杀，这样的消息屡屡见诸报端，令人唏嘘不已。

1929年即将过去。虽然持续了七八年的"柯立芝-胡佛繁荣"还没有

结束，但已是病体难支。这就像有些人的身体一样，虽然表面上看不出什么大的问题，但实际上病毒正在侵袭着他的肌体，美国目前的整个经济主体正是这样。由于从柯立芝总统到胡佛总统任内的所谓"新世纪"的繁荣并没有确实的基础，因此在空前繁荣中早已埋下了危机的种子。股票市场崩溃的巨大爆发力，一下子让许多过去未曾引起注意或者是被大牛市的乐观态度所掩盖的各种矛盾凸显，客观地说这也应当是在预料之中的。尽管政府采取了很多措施，如美联储降低了再贴现率，加之由经纪人贷出的近30亿美元的股票抛售也使得信用紧缩等，才避免了国家大银行和大公司遭受重创，然而病毒对肌体造成的严重损害却已是不争的事实：资本的高度集中造成了财富分配不均；资本生产和企业扩张野心过度；分期付款和股市利润刺激的商品生产过剩；股票投机盛行带给人们的繁荣假象；工业大发展的同时农业却长期处于萧条状态；欧洲贸易的全面萧条状况等等，所有这些都形成了国家经济的恶性循环。就像后来有一位俄克拉荷马州人在国会的小组委员会作证时说的："所以，在同一时间，同一国家里，既是生产过剩，又是消费不足。"面对这一严酷现实，此时无论是胡佛总统诚挚的安慰话语，还是以白宫会议讨论来弥补损失的郑重表态；也无论多少高级金融预言家出面，十分肯定地预测市场形势还会好转，都无法阻止即将出现的经济大萧条了。

　　应当看到，经济的发展是与民众的思维伴生的。美国战后10年的繁荣绝不仅仅只是经济领域的状态，同时它也是当时美国民众的一种心理状态；股市出现的大牛市也不仅仅只是标志着一个商业周期的顶峰，同时它也是美国民众思维和情绪在这一时期起伏波动的顶峰。在这个国家，几乎所有人的生活态度都或多或少地受到了大牛市的影响和美好希望突然破灭的强烈震撼。随着繁荣的消退和大牛市的远去，美国民众的思维和情绪很快又随着自己生活世界的变化而改变了，他们要重新寻找新的价值秩序、新的观念和新的思维习惯。他们正把目光朝向那新的生活轨道，因为那里有更适应他们的生活潮流在召唤。

　　终于，战后10年这个让人有喜又有忧的年代走到了尽头。

第14章

1930～1931：剧震余波

1

　　看来,这个国家的人们似乎很快就接受了从柯立芝时代的大繁荣到胡佛时代的大崩溃这一巨大反差,虽然这一过程是非常痛苦的,但人们似乎显得很平静地接受了这一残酷现实。这口苦酒必须要咽下。然而,滋味最不好受的是共和党,因为战后大繁荣是共和党一手缔造的,此刻却又毁在了他们手中。共和党的赫伯特·胡佛对此更是久久不能释怀,因为在就任之初,他还向民众承诺要彻底消除贫穷,而现在的局面,却是他始料未及的。

　　1929年10月和11月,美国的股市仿佛一叶扁舟,被卷入尼亚加拉瀑布疯狂的激流中,生死未卜。受到股市崩溃的影响,国民生产也大幅衰退,甚至突破了警戒线。焦急的美国民众纷纷将期待的目光投向了胡佛总统,希望他采取必要措施,力挽狂澜,阻止衰退在社会经济领域疯狂肆虐。胡佛总统是商业出身,也是国家的最高权力拥有者,因此在这危急时刻,总统挺身而出是责无旁贷的。美国人民都认为,胡佛总统一定有办法带领美国走出眼前的困境!

　　胡佛总统迅速采取了一系列的措施:首先是向民众承诺,降低税率;其次是将商界领袖召集到白宫,召开了一系列会议,在会上,胡佛希望工商业界不要降低员工的工资,并提出将注意力转向公共事业的建设,以创造更多的就业机会。胡佛总统和他手下的官员们马不停蹄地到各个城市发表演说,意在稳定摇摇欲坠的人心。总统在演说中表示:目前美国虽然遇到了一些困难,但社会还是有序地发展,并且美国的明天会更美好。用总统的原话说,那就是"现在我们国家的经济形势基本上是健康的,我将采取一系列措施,帮助国民重树信心!"

　　总统内阁的官员们也纷纷在各种场合发表讲话,给民众吃下定心丸。1930年初,财政部长安德鲁·梅隆就宣称:"今年春季,美国经济必将复苏。"1930年2月,商务部长拉蒙特也声称:"不必担心国家的经济形势，今年将会很顺利地度过。"3月的时候，拉蒙特部长甚至给出了一个具体的期限，他预测说："两个月内，商业必将恢复正常。"随后，胡佛总统也亲自做出承诺："政府保证在两个月内解决当前的大范围失业状况！"3月16日，新任国家商务调查委员会主席朱利叶斯·巴恩斯也站出来粉饰太平，他以一种乐观的语气说："现在美国已经从危机之中脱身……用不了多久，美国将重新回到从前繁荣、兴旺的轨道上去！"

总统及其内阁成员的轮番演说，以及推出的一系列政策似乎真的起了作用，工商业界并没有出现大范围的降薪狂潮，经济好像也正在朝健康的方向发展。1929年底，股市大崩盘之后，美国经济从高高的巅峰一下子摔落到深渊，300万人一夜之间失去了饭碗。然而，进入1930年后，工业指数开始逐渐上升了，那蒸发了无数财富的股市也缓慢地有恢复的迹象。好了伤疤忘了疼的股民们也开始试探着重返股市，企图从"那只曾咬过他的狗身上扯几丝狗毛"。

胡佛总统和他的内阁

在1930年第一季度，股市神奇般地出现了一轮上涨，其交易量相当于1929年夏天的数量，部分优秀股票的价格甚至恢复到崩盘前一半的价格水平。人们掩饰不住内心的喜悦，高呼："大牛市又回来了！"一时间，人们满心期待着繁荣的再次降临，并盘算着如何借着这一波牛市行情再捞一笔，以弥补1929年的惨重损失。

谁知好景不长，进入4月份，那些股民们的牛市美梦破灭了。国民生产再次出现衰退势头，眼看着时间已经过了当初总统和部长们承诺的

60天期限,可商品价格下跌的势头仍一发不可收拾,生产指数也连带下降,刚刚有点起色的股市也兵败如山倒,连库埃博士刺激经济的方案也失灵了。希望破灭的美国人内心痛苦不堪,他们纷纷悲鸣:"这次美国经济患上了一种难以治愈的顽疾。"

此刻,华盛顿的那些为国家经济开药方的"医生们"虽然表面上保持着冷静的微笑,但内心却非常焦急和压抑,但目前的形势容不得他们再中途更改策略,于是只能硬着头皮对经济进行诊治。

5月初的时候,胡佛总统发表演说表示:"现在最艰难的时刻已经过去,只要我们精诚团结,共同努力,经济必将迅速恢复。"5月8日,面对企业大量倒闭,股价跌到深谷,失业的人们不得不排着长队领救济的现状,美联储主席也很不情愿地承认:"国家似乎处在一个商业萧条期。"都到了这个时候,他居然还用"似乎"这样含混的字眼。5月28日,胡佛总统再次放出话来:据他预测,当秋天到来的时候,国民生产就会恢复正常。这俨然还是一场闹剧,就像面对身患绝症的病人,"医生们"每天说着安慰和鼓励的话语,却又拿不出行之有效的治疗办法,于是病人的病情只能一天比一天加重,也许只有当病人生命垂危的那一刻,只会说漂亮话的"医生们"才会羞愧地闭嘴。

那么,美国经济的病根到底在哪里呢?主要有以下几个原因:

1.资本和商品过剩。自工业革命以来,工业生产机械化程度提高,大规模的生产得以实现。在1928年和1929年,也就是大牛市最为火爆的那段时间,人们从股市上获得高额利润,以及分期付款消费方式的流行,都增强了人们的购买力。这也引得无数工厂纷纷建造新的生产线,扩大生产规模,银行信用也随之而扩张。但是,当股市一夜之间崩溃后,人们的利润来源一下子断了,连分期付款方式购买的房屋、汽车、电器也无力偿还,就更不用说购买新的产品了,而工厂方面产能已经扩大,大量产品卖不出去,最后必然造成积压。

2.联营导致商品价格的提高。整个1929年,正如密歇根农业大学校长戴维·弗莱德所指出的,联营导致许多商品的价格过高。比如,在美国有铜业和棉业的生产联营;在加拿大有小麦种植联营;在巴西有咖啡生产联营;在古巴有制糖业联营;在澳大利亚有羊毛生产联营……而这些联营人为地抬高了商品的价格,继而导致产品过剩。在股市平稳的时候，这种过剩的危害尚不显现，但生产这些商品的公司发行的股票与这些商品的实际销路并不成比例。当这种负面因素日益积聚，最终有一天当联营再也无力支撑股市价格的时候，这些商品的价格便一泻千里。

3. 白银价格崩溃。主要是由于一些西方大国实行"金本位"制，只认可以黄金为基础的交易，而导致了东方国家购买能力的下降。

4. 黄金外流。由于大量的黄金流入法国，只有少部分在美国，最终导致国际金融紊乱。

5. 国际形势动荡不安。战后，很多国家陷入了萧条的局面，甚至一些国家受战争影响，其政治经济局势发生混乱。随着国际萧条局面的深化，战争导致的政治和经济混乱变得越来越明显，1914~1918年第一次世界大战给世界经济埋下的恶果到了1929年终于爆发，当事国家纷纷牵扯其中。再加上在世界各地如火如荼发生的革命也令美国在海外的投资受到威胁。

6. 经济大萧条带来的直接后果。由于社会经济个体之间联系愈加紧密，因此每一个公司的破产，每一次延期支付，每一次营业进度的缩减，都会对其他企业造成影响。美国的整个商业社会就好像保龄球游戏中的木瓶，一个木瓶倒下有可能连带撞倒其他木瓶。而企业破产以后，大批失业员工被抛上街头，也削弱了国家的潜在购买力。

最后，还有一个原因，就是1929年繁荣给人们带来的深刻心理反应。从本质而言，商业周期也许是一种心理现象的体现，只有当人们对惨痛的回忆彻底忘却之后，信心才能重新树立起来；只有当人们的信心恢复到一个相对健康的程度时，社会经济也才能慢慢复苏。此时，人们的"心理钟摆"正在向下摆动，胡佛总统若想阻止，其难度丝毫不亚于当年美联储设法阻止它向上摆动。

在胡佛总统提出的"60天之后经济必将恢复"预测落空之后，美国经济陷入极其艰难的境地，商品价格跌到令人意想不到的程度。就拿小麦来说吧，1929年末，芝加哥的冬小麦的价格每吨为1.35美元，而1930年末的售价只有76美分；春小麦的价格也在这一年间从1.37美元跌到61美分。由于小麦价格骤降可能会给整个小麦产区带来毁灭性的打击，联邦农业局的负责人雷格先生感到此时必须"解决农产品生产过剩的问题"。雷格先生的办法是，通过政府采购的方式，大举买进小麦，以稳

定小麦的市场价格。然而，当联邦农业局花了大笔资金，购买了近2亿蒲式耳①的小麦后，依然无法阻止小麦价格一落千丈。面对外界的质疑，联邦农业局回应说："虽然购买行为没能阻止小麦价格的下跌，但也使几百家放贷给小麦产业的银行免遭破产的命运。"但这并没有给濒临破产的农民带来太大好处。农民从"柯立芝繁荣"时期就没有获得什么实惠，遭遇了大萧条则更是飞来横祸，人祸之后又逢天灾，1930年夏天全国范围的严重旱灾又给了农产区重重一击。现在，经过几番折腾的农民肯定是1930～1931年受害最为深重的群体。

在农业遭受严重打击的同时，工业的日子也并不好过。到了1930年末，国民生产的水平仅有正常水平的28%，甚至还要低。虽然在1930年夏天股价有所回升，但进入9月份后，股价再次跌得一塌糊涂。到了12月份，股价甚至比1929年大恐慌后的价格水平还要低很多。谁也没想到当初风光无限的大牛市竟然落到如此地步！曾经独领风骚的无线电的普通股在1928年和1929年期间价格高得惊人，可现在的价格呢？和该公司刚上市的时候股价差不多。无线电公司股票尚且如此，其他公司的股票就更可想而知了。

股票经纪人也从云端摔落到地面，经纪人贷款数额急剧减少，业务量也大不如前。在大牛市最红火的时候成立的大大小小的投资公司，如今大部分已是人去屋空，仅存的一些公司也无心经营，办公室内一片狼藉。随着房地产市场和股市双双遭遇崩盘，银行也难以幸免，仅1930年就有1,000多家银行破产，而且这股倒闭的浪潮最终波及到了全国金融中心纽约，1930年12月11日，美国银行宣布倒闭，这是到那时为止，美国有史以来倒闭的最大一家商业银行。而且，虽然它不过是一家普通的商业银行，但它的名称却使国内外许多人认为它是一家官方银行，因而它的倒闭对公众信心的打击尤其严重。

1930年底，据统计，大约有600万人沦为失业者，他们中的许多人只好在大街小巷支起苹果摊，靠售卖苹果谋生。而尚未遭遇裁员的行政人员、小职员和工厂工人也整日担惊受怕，害怕自己有一天也成为失业大军中的一员。当时有这样一个小插曲：就在失业风潮最盛的1931

---

① 蒲式耳：是英制的容量及重量单位，于英国及美国通用，主要用于度量干货，尤其是农产品的重量。1蒲式耳的小麦约合27.22公斤。——译者注

年，正巧一家剧院上映查理·卓别林主演的电影《城市之光》，许多观众在剧院门口排队买票，一个乞丐看到这一情景，就好奇地凑上去问："他们在这里排队做什么？是在领救济金还是在挤兑银行？"

下面让我们再来看看股市。刚进入1930年时，大牛市的"光环"似乎还没有完全褪去，许多股民仍然持有大公司的普通股，固执地期待着股市有朝一日能够翻盘，他们希望能和以前历次危机一样，化险为夷、绝处逢生。然而，一路下跌的股价最终还是让他们失望了，漫长的熊市似乎永无尽头，惨淡的股市和各种小道消息，都让这些可怜的股民们神经备受折磨。1930年12月，在纽约的主要报纸上刊登了这样一则广告："有许多人，从生意人到劳动者，都渴望能听到一些关于股市的消息。然而，那绝大多数都是些不实的小道消息和流言蜚语，这些消息让人们原本就非常脆弱的信心备受打击，甚至引发群体性的恐慌。这些消息对我们的社会是莫大的威胁……它利用了人类的'从众心理'，也正是这种心理反过来导致群体性恐慌的出现。"

这篇广告真是一语中的！正是由于人们的"从众心理"，让大牛市走上巅峰，也让大崩盘一发而不可收拾！

凄风苦雨般的1930年好容易过去了。1931年初，股市似乎出现了一丝转机，但是进入3月份，这一丁点儿希望的火苗也瞬间熄灭了。整个1931年春，股价持续下跌，生产继续衰退，商品的价格也不断下降。股市价格甚至比1929年大崩盘时还要低。许多公司也终于撑不下去而纷纷破产。人们的信心也跌落到了最低点，眼前是一团迷雾，谁也不知道光明究竟在哪里。

曲终人散后（纽约证券交易所门前）

第14章 1930~1931：剧震余波

也许大家还记得两年前,赫伯特·胡佛在参加总统竞选前,曾经向选民许诺:"如果诸位给我一次机会,我将使美国人家家锅里有一只鸡,家家有一辆汽车。相信在上帝的保佑下,我们在有生之年都能看到贫穷被彻底消灭的那一天!"如今再看这句话,看来上帝跟胡佛总统开了一个残酷的、极具讽刺意味的玩笑。就像当年在第一次世界大战中,胡佛在比利时工作期间遭人指责一样,他现在也同样因成为1929年美国大萧条的替罪羊而备受国民的批评①。

胡佛总统和夫人

金融和商业界的人士在危机发生之初,也曾像胡佛总统一样,抱着相对乐观的态度。他们认为眼前的困境只是暂时的,要不了多久生产就会恢复,物价也将回升。但随着时间的推移,眼看着国民生产真的一步步走向深渊时,这些金融和商业界的人士不安了,他们也和民众一道,将抱怨和批评的声音一股脑儿抛向胡佛总统。胡佛总统是一位靠个人奋斗起家的"美国英雄",也曾经是一位经验丰富的经济学家,但他显然对这场经济危机丝毫没有思想准备,在经济危机席卷全美之初,他的确拿出了许多措施企图力挽狂澜,但这次经济危机成因非常复杂,靠胡佛一己之力的确难以挽回,因此所有的责任都让胡佛一人来背负,显然有失公允。

不管怎么说,1931年春,胡佛总统的声望也伴随着物价和股价,一齐跌入谷底。此时,民主党人内心倒有些沾沾自喜,因为他们仿佛已经看到,1932年11月新的总统大选的胜利已经在向民主党招手了。

暗自庆幸的不仅是民主党人,应该还包括前总统卡尔文·柯立芝

---

① 1915年,胡佛担任美国对比利时的救济委员会主席,负责向被德军蹂躏而面临饥荒的比利时供应食物。胡佛做出的巨大成就令他名声大振,但事后也有人指责他利用职务之便发了不义之财。——译者注

和胡佛曾经的竞争者史密斯州长。卡尔文·柯立芝在亲眼目睹胡佛总统的窘境之后，一定会想："感谢上帝！没有让我选择参加1928年的总统竞选。"而在和胡佛竞争中落败的史密斯州长也一定在想："还好，我及时跳下了那辆冲向断桥的火车，否则，我今天一定会像胡佛那样，随着火车一直坠下万丈深渊。"看来，胡佛先生最大的不幸莫过于他碰巧担任了1928～1932年这一届总统。

从上述事实我们能够清晰地看出，大牛市崩盘以后发生的一切，不仅仅是一次简单的股价下跌或生产停滞，而是一次国民经济的重新洗牌。当然，值得庆幸的是，虽然遭受经济危机的洗劫，但资本和劳动力之间尚未出现尖锐的社会矛盾；美联储的实力仍在，依然能阻止货币恐慌的发生。因此，未来美国必将重现昔日的辉煌。然而，那已经是另一个时代的事了。在战后10年，大萧条和大恐慌为这一时期的美国经济画上了一个句号。

2

历史翻到了20世纪30年代，美国社会也出现了这样或那样的变化。有些变化早在大萧条之前就开始了，另一些变化则是在大萧条之后才慢慢出现的。这些变化融合在一起，又构成了美国人在新时期的国民性和生活方式。

下面，就让我们随意走进一座美国城市的社区或者乡村，看看美国人的社会生活出现了哪些变化吧。

首先来看看妇女们的衣着：也许是有趣的巧合——在股价下跌的同时，裙摆的高度也向下降了；妇女白天上班穿的裙子的长度比以前长了几英寸，至于晚装就更夸张了，裙摆都拖到了地面上。短裙子的支持者纷纷发表言论，抗议这一时尚的"倒退"，但最终还是长裙子再度流行了开来，短裙子几乎销声匿迹了。

大街上也很少见到留短发的女性，更多的人又把10年前曾流行过

的蓬松发型、褶皱饰物、荷叶边拾了起来。看到又有生意做了，胸衣制造商们也喜上眉梢。社会礼仪也仿佛回到了10年前：人们手戴白手套，头顶丝质礼帽，身穿燕尾服出席听证会等正式场合。

上述衣着服饰上的变化并非是由服装设计师和服装厂左右，而是公众普遍意愿的反映。服装厂和设计师们能做的只是发布流行趋势，但能否流行开来，还要看公众的意愿。也许我们还记得，早在20世纪20年代，服装行业曾经想引导民众的审美口味，试图让长裙流行起来，但却没有得到民众的认可。为什么在1930年和1931年间，长裙、褶皱饰物和白手套又再度流行起来了呢？原来，进入30年代，男性与女性之间的关系发生了非常微妙的变化，美国女性的审美观点也和以前不同了，她们不再喜欢身体单薄、体型瘦长、浑身充满孩子气的青年男子了，相反，强壮、优雅、成熟、具有浪漫气质的男人成为她们新的爱慕对象。

当然，这并非意味着20世纪20年代的那些被遗忘的老传统全面复辟。现在的"年轻一代"并没有丧失他们追求到的自由，这些自由仍旧被这一代人用于追求美好的生活。

战后10年留给人们的是各种禁忌被打破、道德的改变或者沦丧，乃至整个美国社会行为的变化。这主要是因为，打破习俗只需要付出很低的代价。战后10年，人们对性的看法更加宽容，也更加开放。然后到了战后10年的末期，就好像这时市场出现生产过剩一样，对性探讨也"过剩"了，人们对谈论性也开始感到厌倦了。1930年末，幽默作家罗伯特·本奇利在《纽约客》上的戏剧专栏中发表了他的观点，相信这种观点也代表了大多数人的看法："我郑重宣布：我再也不想在戏剧中看到和性有关的元素了，那些东西就像破烂不堪的债券一样令人生厌。我既不喜欢叛逆的青年，也不喜欢维多利亚式的父母，我之所以反对性在戏剧中出现，并不是担心戏剧会教年轻人学坏，我只是不想再看到和性有关的内容再出现在戏剧里。"

乔治·简·纳森认为："当时非常前卫的戏剧和文学作品现在都走向衰落了。"亨利·塞德·坎比在发表在《星期六文学论坛》(*Saturday Review of Literature*)上的一篇文章中也指出：文学作品中主人公的沉默寡言与深沉含蓄，曾几何时被当作过时的东西遭到抛弃，可现在，它们作为一种美德又回来了！《旅途终点》这部电影用写实的手法描绘了战争的真实与残酷，影片没有太多反映堕落的内容，却受到观众的欢迎，这说明大众的口味在改变。同样，像《好伙伴》(*The Good Companions*)、《天使街》(*Angel Pavement*)和《流泪的吉普赛人》(*The Water-Gypsies*)这些小说的畅销，也说明这种改变已经发生，那就是：性的话题不再占据报刊的头版，曾经被认为是过时的"优雅"又开始流行了。

同样，20世纪30年代的人们在看到维多利亚时代，或19世纪90年代风格的事物的时候，也少了一些浮躁，多了一丝理性。一些收藏家热衷于收藏维多利亚时代的家具，用理性的眼光看待这些物品，也能感受到一种历史的厚重感。而那些对战前的习俗心存好感的人，在阅读过那些揭露真相的书籍，比如《紫红色的十年》后，也对19世纪90年代的一些文学作品萌生了浓厚的兴趣。

生活在20世纪30年代初期的年轻人与20年代中期的人相比，有很多不同点。30年代初期的人们不那么张扬，更为低调务实一些。他们不像20年代的人那样，喜欢努力向全世界证明他们的先锋理念。一位名叫拉马尔·沃里克的伊利诺依州某大学教师在1930年秋天发表在《哈珀斯》上的一篇文章这样说：我班级上的学生已经觉得阿道斯·赫胥黎的生物小说、约翰·沃特森的生物心理学，以及伯特兰·罗素的生物哲学统统过时了。为了证实这位教师的话，《德蒙市星期天登记报》(*Des Moines Sunday Register*)的一名职业记者专门采访了衣阿华州的3所大学的师生，接受采访的师生都表示："沃里克所说的现象不仅在伊利诺伊州存在，在衣阿华州也有。"一位接受采访的衣阿华州的大学生说："在我们的大学，女孩不再以'穿豹皮上衣，开着名贵跑车，四处惹是生非'为荣了。"——而在20年代，这种女孩形象可是当时最流行的风格。

进入30年代，知识分子的抗议声微弱了许多，门肯再也不能像以前那样，靠一篇篇檄文就能将声音传遍全国了；而那些激烈抨击乔治·巴比特和工业标准化危害的知识分子也不那么起劲了；知识分子闭上嘴巴，开始进行冷静的思索：生活的本质是什么，真的就是如今看到的一场可怕的闹剧吗？曾经很流行的虚无主义的哲学和文学的主题，现在仿佛也走到了末路。甚至连被奉为虚无主义的语言大师的海明威，也向读者提出了一个新的暗示。这个新的、充满浪漫的暗示在他发表于1929

股市崩盘后的美国

年末的小说《永别了，武器》中。小说并没有像20年代的流行小说那样，描写低层次的爱情故事，而是把爱上升到了一个伟大的高度。

但是，克鲁奇先生对这些价值观的前景却不看好。不过，作为30年代的知识分子代表，刘易斯·芒福德指出："克鲁奇先生，您应该看到，文明只不过是完成了一次蜕变，而并非彻底毁灭。"芒福德还说："现在失败的情绪已经彻底消亡，我们的旗帜依然在飘扬，就像惠特曼的'小上尉'那样，我们还能齐声高呼'战斗还没有开始呢'。"

看完了知识分子的状况，接下来看看宗教在20世纪30年代怎么样了。宗教找回往日的荣光了吗？根据卡罗尔博士做出的年度汇编来看，1930年，美国所有教堂的会费净利润仅仅有1.1%多一点，这是自1890年到现在的40年中净利润最低的一年。不过，宗教之间的气氛起了变化，天主教徒和新教徒不再进行你死我活的争斗；发生在戴顿小镇的审判案也早被人们抛在脑后了；科学的声音再大，也没有办法完全让宗教信徒放弃"宇宙中存在精神价值"的想法。当艾廷顿和吉恩斯的信徒们提出"科学唯物主义体系中也存在漏洞时"，新教派牧师立即引用作为自己的论据说:"这个裂痕非常大,足以作为上帝的容身之地!"当牧师说完这番话后,并没有像以前那样遭到无神论者的反驳,也许是由于他们之间多年来打了无数嘴仗,现在双方都疲倦和懈怠了。随着30年代的到来,人们对宗教的态度普遍发生了变化,年轻人即使不信宗教,也不会对宗教表现出反感和敌视。人们正以一种宽容、理解的眼光看待宗教这种东西。想必,这也正是宗教为什么没有消亡的原因之一吧。

曾经风靡全国、吸引了无数目光的心理学,它的光芒现在也黯淡了许多。因为弗洛伊德也好,华生也罢,都无法对人性的本质提出一个绝对正确的解释。而且,心理学领域派系林立,纷争四起,这种不团结导致了心理学日渐式微。

普通的美国民众依然偏好传统的消遣方式,比如——收听广播和打高尔夫球。自1929年股市崩盘后,人们不再把盯着股票行情显示屏当作生活的全部了,而是把更多的时间放在家庭上。每天晚上7点,家家户户准时打开收音机,收听家庭喜剧《阿莫斯和安迪》,弗里曼·戈斯登和查尔斯·科雷尔的声音从数百万台收音机中传出,传遍千家万户。剧中的台词——"我烦透了"与"核对,再核对一下"已经成为人们生活中的流行语。广播节目《安迪与餐厅》和《奎恩女士的烦恼》也拥有了庞大的听众群体。1930年9月,国家商务部发现,在各行各业一片暗淡之中,居然存在一个亮点,那就是高尔夫球场的经营。当时,有近3万个小型的高尔夫球场还在经营,而且许多球场都能盈利300%,这在当时可谓一个奇迹。如果用这样的数字平摊到美国全国的人口上,那么平均每个人可以到高尔夫球场打一杆球。

20世纪20年代的英雄们也日渐褪色,不复往日风采。伯德中校凭借成功飞抵南极点的壮举,使他的声誉不亚于民族英雄林德伯格,但若是把他的事迹拿到30年代来看,大多数人不会对此表现出多大兴趣。主要的一个原因就是过度的宣传,导致人们的逆反心理。因为在20年代的时候,媒体炒作这种手段刚刚出现,人们尚觉得好奇。经过统一策划的稿件铺天盖地地出现在当时的各大报纸上,人们很容易被文章中鼓吹的"英雄主义"所感动。而在30年代,人们识破了新闻炒作的伎俩,甚至对这种信息轰炸产生了反感的心理。就在伯德成功飞抵南极点几个月之后,1930年9月1日,法国人考斯特和贝龙特从巴黎起飞,最后飞抵波

士顿,首次成功完成了自东向西横跨大西洋的不间断飞行。然而到了这年年底,人们几乎将他们二人的事迹遗忘得干干净净。看来,英雄主义在这个年代已经不那么吃香了。虽然还是有许多飞行爱好者一次次刷新了前人的纪录,但他们发现,自己受到的关注越来越少,即使飞行活动能够登上报纸头版,但拿到的酬金也少得可怜。至于希普雷克·凯利,这位"坐旗杆"的大师,经常让自己坐在高高的旗杆上几天甚至数周,在打破多项世界纪录的同时也获得了无数民众的关注。不过,在1930年,这位大师准备在百乐门大厦的楼顶上再次创造世界纪录,然而观众却寥寥无几,最后他也只好放弃,讪讪地从楼顶下来,从此从公众的视野中消失。1930年的活动可谓乏善可陈,在这一年,没有一起轰动全国的一级谋杀审判,没有一场顶级的职业拳击赛,也没有一次伟大的新体育赛事好让英雄有一举成名的机会。在这一年,年年由亚特兰大市承办的年度选美大赛也停办了。

在体育运动方面,一个全民热衷于运动的时代已经过去了。著名的拳击经纪人里卡德,成功地操办了一场重量级拳击争霸战,仅门票收入就达250万美元。然而这位拳击界的传奇人物已经不在人世。当年的拳王们——登普西退役在家,滕尼也把兴趣转向了研究莎士比亚的戏剧。棒球明星卢斯还在苦练本垒打,而网球明星琼斯和梯尔登都成为了职业选手。20世纪20年代最伟大的美式橄榄球教练纳特·洛克尼不幸于一次飞机失事中罹难,他的离去让美国总统都代表官方表示惋惜。这些事情都表明,30年代体育运动的衰退也成为一个不争的事实。

随着格鲁佛瓦伦在沃纳梅克①百货公司的昙花一现,一直把自己标榜成"百货公司起源地"的纽约市,也失去了曾经吸引天下人才前往的"西半球奢华之地"的称号。在20年代初,人们喜欢在狂欢中将行情显示器读数纸条或电话号码黄页撕得粉碎,并从窗户抛洒下来,然而到了1930年,这种情况几乎看不到了。世道太艰难了,人们都愁容满面,

---

① 约翰·沃纳梅克是一名美国商人,被认为是百货公司之父。他生于美国宾夕法尼亚州费城。1875年他购买了一个废弃的铁路仓库,改建成一个大商场——沃纳梅克百货公司,一般认为这是美国第一家百货公司。1896年他的第二家商店在纽约正式营业,接下来他的连锁商店不断壮大。格鲁佛瓦伦是美国20世纪三四十年代纽约著名的政治家和商人,他曾担任沃纳梅克百货公司曼哈顿分店的总经理。他的工作极其出色,不过仅仅3年之后,他就离开那里,投身政治领域了。——译者注

谁还有闲工夫去狂欢或者完成什么英雄壮举呢？更重要的是，现在的年轻人已经对新闻炒作、大肆宣传产生了免疫力，他们不会再轻易为之所动了。

战后10年的初期和末期，还有一个显著的对比，那就是公众对待政治的态度发生了变化。第一次世界大战刚刚结束后，公众对待政治一直是持一种冷漠的态度。然而到了1929年，公众对待政治却出人意料地热情了起来。这年秋天，拉姆齐·麦克唐纳访问美国，和美国总统胡佛大谈世界和平。美国民众对他的来访表现出极大的热情，以至于评论家认为这是理想主义即将回归的前兆。而且，人们对政治的热情持续了很长一段时间，当时召开了伦敦海军会议，美国海军部将会议文件《伦敦协定》提交参议院审议，然而这份协定在内容上有一些缺陷，按照以往的情况，参议院很难通过该协定，然而正是由于民众的热情推动，使得协定顺利通过，这也让胡佛总统和伦敦海军会议美国代表团主席斯廷森长长地松了一口气。不过，尽管民众热心政治，但另一方面，玩世不恭的态度和消极绝望的言论也在大行其道，因为人们也看到了政治的种种阴暗面，比如芝加哥市长威廉·汤普森和黑帮头目阿尔·卡彭沆瀣一气，还有纽约市发生的坦慕尼丑闻，都让一些人对政治感到心灰意冷。渐渐地，随着时间进入1931年，民众慢慢又对政治丧失了信心："即使参与了政治又能怎样，黑帮的敲诈勒索依然存在，官员的贪污腐败四处萌生，投机商人私酒交易屡禁不绝——这些依然没有任何改观。"虽然进入20世纪30年代以后，美国人对政治和政治家们不再抱什么希望，对黑帮的横行也抱着能躲就躲的态度，但至少，人们在回想起柯立芝的统治时代时，对他当年所倡导的放任的国民生产政策感到极为不满，认为是他埋下了今天大萧条的恶果。

另外，虽然1930～1931年美国遭遇了大萧条，但美国民众表现得相对平静，不像以前的各次萧条中表现出来那种激烈的态度。20世纪30年代，虽然厂商仍然在肥皂盒上印有反对激进分子的广告，但远没有巨大的红色恐惧时期那样言辞激烈；虽然也有一些演说家四处宣传社会主义言论，但民众却不买他们的账，这说明民众对社会主义不够关注。这说明，一方面是很多企业家采取了安抚人心的措施，尽可能不降低薪水，即使不得不裁员，也尽量能够给他们一笔补偿金；另一方面，无数

美国即将迎来一个萧条时代

潜在的激进分子在大牛市期间受到了保守的金融教育。因此，当危机到来时，人们会自然而然地产生这样的想法："个人的资本主义什么地方出了差错，我们首先要想的是如何尽力去改正和弥补，而不是采取激进的手段去颠覆。"

不过，身处危机和萧条之中的美国人，也把目光投向了世界其他国家，看看是否能拿来一些现成的经验。其中，一些知识分子对苏联的改革经验萌生了莫大的兴趣，虽然其中也掺杂着对苏联的恐惧。莫里斯·辛杜斯在1929年9月出版的《连根拔起的人性》(*Humanity Uprooted*)，刚出版的时候还没有受到关注，然而到了1930年秋一跃登上畅销书排行榜。在1929年夏天时，大多数美国人对苏联还一无所知；可到了1931年，随着经济形势的日益恶化，越来越多的人在街上排队领取救济，也出现了越来越多的对苏联的"五年计划"感兴趣的美国人。工业瘫痪的时间越长，美国人就越盼望着化解危机的经济计划和经济措施能出现。同时，人们也深刻地认识到，再也不能将过度的权力交给一个无能的或者贪污腐化的官僚机构了。

假如社会能够很快地回到大萧条之前的繁荣局面，人们对经济措施的要求也不会如此强烈。现在看来，曾经在20世纪20年代被狂妄自大的个人主义取代的集体主义，如今再度回归了。虽然美国人对国家社会主义或者任何与国家社会主义有关的事物表现出厌恶之情，但是，美国人别无选择。因为经济制度实在太复杂了，机器生产的威力也太过强大了，若是不加任何约束地放任经济自由发展，大萧条局面就难以化解。因此，美国人只能接受国家社会主义。

不过，当前有一个最大的困难，那就是：在这个国度里，究竟谁或者哪个集团能够有相当的聪明才智，力挽狂澜呢？从过去的经验来看，金融家或者经济学家们显然不能胜任这个工作，因为他们对国家经济状况的病因的诊断并不准确，而且公众们对经济学家的"疗法"也并不相信。这个困难不能解决，大萧条也就很难终结。1931年，美国人在艰难中痛苦挣扎，国民经济各个领域如同一片死水，没有一丝复兴的迹象。也许，这个难题对于全体美国人来说才是最要解决的问题。

3

总之，美国进入20世纪30年，社会生活发生了许多变化。当然，各种"变化"都有各自的含义，其中有些变化甚至是错觉。但可以肯定的是，1931年的美国和战后10年间的美国已经大不相同了。旧的秩序正在消亡，新的秩序正在树立！

随着时间的流逝，20世纪20年代的一幕幕也终将成为往事，成为历史，甚至很多被后人所遗忘。当人们在若干年后翻开这样的一些书时，也许会觉得那个疯狂的时代是非常荒诞不经，甚至难以理解的——人们居然会对一台小小的收音机痴迷不已；少女们流行把头发扎在脑后，还穿着长过膝盖的裙子；不间断地飞越大西洋的冒险家，回来以后会被民众当作神明来崇拜；买普通股造就了成百上千的亿万富翁，却更

让数以万计的家庭倾家荡产……

或许若干年后,读者已经忘却了战后的人们希望破灭的那段惶恐日子;忘却了在那个冷酷年代中摸索前进,最后在阵痛中觉醒;至于石油丑闻案件,人们的精神支柱坍塌,以及地下酒吧里那喧嚣的寻欢作乐声,将统统被后人忘记。他们能记起来的,只有那美好的昔日时光……

20世纪30年代等待人们的又将是什么呢?没人会知道。

但有一点是肯定的:历史绝不会重演。虽然历史的长河在千百万年的流淌过程中,经常会发生急转弯,但最终总会选择一条新的渠道继续流淌下去。

附录
材料来源与致谢

在撰写本书的过程中，我大量引用了一些文献和作品中的内容，在此我要向这些作者们表示衷心的感谢。

首先，我要感谢罗伯特·林德和海伦·梅瑞尔·林德夫妇，感谢你们编著了《中心镇》。这是一部伟大的关于美国城市的社会学论著，其资料内容丰富、描述精准，是对战后10年研究的经典著作。我在第五章和其他各章中多次引用了《中心镇》的内容。还要感谢查尔斯·比尔德和玛丽·比尔德夫妇，他们合著的《美国文明的兴起》(*The Rise of American Civilization*)中提供了丰富的素材，对我撰写华盛顿会议召开的前因后果很有帮助。我在描述总统伍德罗·威尔逊、哈定和卡尔文·柯立芝的时候，从威廉·艾伦·怀特的《伍德罗·威尔逊传记》以及《虚伪的面具》(*Masks in a Pageant*)这两部书中获益匪浅。另外，我也借鉴了查尔斯·梅尔兹的《禁酒十年》(*The Dry Decade*)一书中对禁酒令推行历程的介绍；另外，我还参照了梅尔兹的其他著作，比如《福特来了》(*And Then Came Ford*)和《美国大流行》(*The Great American Bandwagon*)等。最后必须提到的是：本书从《世界年鉴》(*World Almanac*)、《纽约时报索引》和纽约公共图书馆的《纽约时报》档案引用了大量的历史数据。我认为这些当时的报刊资料的重要性是不言而喻的，通过这些老报纸，我从中了解了那个时代发生的重大事件。甚至报纸上的广告版面、图像资料都为我提供了当时的流行趋势、思想观念以及整个社会氛围等线索。

在本书的第一章和第四章中，我描述了收音机广播在当时流行的情况，这段描述内容一部分来源于西屋电器公司的副总裁戴维斯于1928年4月21日在哈佛商学院的一次演讲。

在撰写第二章"回归常态"的过程中,我参考了瑞·斯坦纳德·贝克的《伍德罗·威尔逊和世界局势》(Woodrow Wilson and World Settlement)一书。这本书详细地描述了威尔逊出席巴黎和会的过程,以及他在和会上扮演的重要角色。同时,我也借鉴了豪斯上校、兰辛国务卿以及其他人的材料。另外,在艾伦·内文为亨利·怀特所写的传记中,披露了洛奇写给亨利·怀特的一封密信,这段内容我也在本书中加以引用。值得一提的是:1923年11月我曾拜访过伍德罗·威尔逊,那是这位前总统生命中最后一段日子,我也将所见所闻记录在本书中。

在创作第三章"红色大恐惧"过程中,我参考了扎克丽亚·恰费创作的《言论自由》(Freedom of Speech),该书囊括了许多帕尔默夫妇搜集到的事实,可信度非常高。我在书中引用的哈斯廷议员所宣布的内容来自1919年煤矿大罢工时《新共和》的封面文章。至于许多超级爱国者的内容则取材于1924年西德尼·霍华德在《新共和》上发表的几篇文章。对芝加哥大暴动的描述则是来自查尔斯·约翰逊的《芝加哥的黑人们》一书。我对"华尔街大爆炸"的记载则来自1930年4月26日《自由》上刊登的西德尼·萨瑟兰的一篇文章。

在第四章"美国逐渐康复"中,我介绍"萨科-万泽蒂"审判案的内容时,参照了当年的《纽约世界》对此案做的一系列新闻报道。

在第五章"习俗与道德的革命"中,除了引用了许多《中心镇》的内容外,我还参照了保罗·耐斯特姆教授的《时尚经济学》、沃尔特·李普曼的《道德序论》和约瑟夫·伍德·克鲁奇的《现代趋势》。

在第六章"哈定与丑闻"中,我除了引用了怀特的《虚伪的面具》和比尔德的《美国文明的兴起》外,还从拉维奇的《蒂波特山记事》获得了许多第一手的资料,这本书详细介绍了"油田舞弊案件"的始末,从该案件的发生直到1924年此案尘埃落定,都做了翔实的记录;另外,在撰写该案件的时候,我还从费城的蒙哥马利-麦克拉肯律师事务所的乔治·钱德勒律师那里得到了很多素材。我在书中描述关于"俄亥俄帮"的史实时,我参考了布鲁斯·布利文发表在《新共和》上的系列文章。另外,本章开头引用了哈里·多尔蒂的一段话,这段话就出自布利文发表在《新共和》上的一篇文章。

第七章"柯立芝繁荣"在很大程度上要得益于斯图亚特·蔡斯的《繁

荣，事实还是神话》中的大量素材。另外，我还从他的另一本著作《当前经济形势》中引用了许多数据。商业奇才杰西·雷恩斯福德·斯普拉格发表在《哈珀斯》杂志上的许多文章对我撰写当时的超级销售员，以及宗教和商业的背景有很大的帮助。另外，查尔斯·弗格森刚刚撰写的一本尚未发表的著作《参与者》(The Joiners)，为我提供了有关服务俱乐部的一部分资料；我还从亚伯拉罕·弗莱克斯纳的《大学：美国、英国与德国》(Universities: American, English, German)了解到当时大学的商学院课程情况。

在撰写第八章"喧嚣的岁月"的时候，我借鉴了赛拉斯·本特的《大肆喧嚣：报界的声音》(Ballyhoo)的基本思想，我想凡是读过这本书的读者一定都不会陌生。在我撰写战后10年期间宗教的现状时，其统计资料则取材于卢瑟·佛莱尔的《为总统了解社会趋势而对有组织的宗教机构所作调查的初步报告》，在此也对罗伯特·林德表示感谢，是他为我提供了如此重要的素材。关于戴顿小镇审判案的描绘，我在一定程度上参照了阿瑟·加菲尔德·海斯的《让自由飞翔》(Let Freedom Ring)。关于填字游戏，我从西蒙-舒斯特公司的理查德·西蒙那里获得了不少素材。而《路易斯维尔信使报》(Louisville Courier-Journal)的前编辑米勒，也非常热心地向我提供了有关弗洛伊德·柯林斯事件的有关材料。

在这里我还要对沃尔特·李普曼和约瑟夫·伍德·克鲁奇致以特别的感谢，他们的《道德序论》和《现代趋势》是研究20世纪20年代人们梦想幻灭的经典之作。尤其是克鲁奇先生的《现代趋势》，其中翔实细致、观点独特的资料对我撰写第九章"知识分子的反抗"大有帮助。

在第十章"酒和阿尔·卡彭"中，我参照了以下4部作品：查尔斯·梅尔兹的《禁酒十年》和《维克山姆报告》，弗雷德·帕斯利经典的《阿尔·卡彭》(Al Capone)，还有戈登·贺斯泰德和托马斯·安恩·比斯利的《这是敲诈》。我从上述作品中引用了许多内容。

在第十一章"佛罗里达——温馨的家"中，沃尔特·希尔提到的各种数据、记叙和引用文字都是来自霍默·范德布鲁在《土地和公共设施经济学期刊》(Journal of Land and Public Utility Economics，第三卷)上发表的两篇文章。我还借鉴了1926年1月《哈珀斯》杂志上刊登的格特鲁德·马休斯·谢尔的文章——《佛罗里达狂潮》(Florida Frenzy)。另外，我从纽约

的一家金融机构的房地产办公室获得了当时纽约室内写字楼出租情况的第一手数据。

在撰写第十三章"大崩盘"的过程中,我参照了理查德·惠特尼所作的一场演讲的主要内容。这次演讲是在1930年6月10日在波士顿股票交易公司协会上所做的,题目叫《纽约证券交易所在1929年恐慌中所做的工作汇报》。

在最后一章"1930~1931年:剧震余波"中,我参照了詹姆斯·特拉斯洛·亚当斯发表在1930年的《哈珀斯》杂志上的《总统的繁荣》一文,从中引用了胡佛政府对经济形势的乐观的看法。

上面这些文献资料只是我在写作过程中参照的诸多资料的一部分。由于这些引用尚未在书中单独提到,因此在这里专门辟出一块空间提及,以表达我对这些资料的作者的衷心感谢。

在此,我还要向我的朋友们表示感谢。谢谢你们不辞辛劳地帮我搜集各种资料,以及拿出宝贵时间来阅读我的书稿并提出很多中肯的意见。在这里,我要感谢纽约公共图书馆的罗林·阿尔奇·索亚·阿瑟·贝塞、约翰·麦肯提、厄里·贝利叶、艾莉森·斯库利。迈拉·理查森、戈登·阿依玛、艾格尼丝·罗杰斯·海德、斯图亚特·蔡斯、罗伯特·哈斯、阿瑟·候顿和艾米丽·林那德·柯布。

同时我还要向查尔斯·梅尔兹表达我的感激之情。撰写这本书是一个长期而艰巨的任务,自从我接下这个任务开始,他就一直给予我莫大的关心和鼓励。最后,我要提到我亲爱的妻子桃乐茜·彭罗斯·艾伦,她给了我无私的帮助,直到她走到生命的尽头。

弗雷德里克·刘易斯·艾伦
1931年6月
于纽约斯卡斯代尔镇